Contra o método

FUNDAÇÃO EDITORA DA UNESP

Presidente do Conselho Curador
Mário Sérgio Vasconcelos

Diretor-Presidente
Jézio Hernani Bomfim Gutierre

Superintendente Administrativo e Financeiro
William de Souza Agostinho

Conselho Editorial Acadêmico
Danilo Rothberg
João Luís Cardoso Tápias Ceccantini
Luiz Fernando Ayerbe
Marcelo Takeshi Yamashita
Maria Cristina Pereira Lima
Milton Terumitsu Sogabe
Newton La Scala Júnior
Pedro Angelo Pagni
Renata Junqueira de Souza
Rosa Maria Feiteiro Cavalari

Editores-Adjuntos
Anderson Nobara
Leandro Rodrigues

Paul Feyerabend

Contra o método

2ª edição

Tradução
Cezar Augusto Mortari

Título original em inglês: Against method

© 2003 da tradução brasileira:

Fundação Editora da UNESP (FEU)
Praça da Sé, 108
01001-900 – São Paulo – SP
Tel.: (0xx11) 3242-7171
Fax: (0xx11) 3242-7172
www.editoraunesp.com.br
www.livrariaunesp.com.br
feu@editora.unesp.br

CIP – Brasil, Catalogação na fonte
Sindicato Nacional dos Editores de Livros, RJ

F463c
2.ed.

Feyerabend, Paul K., 1924-1994
    Contra o método / Paul Feyerabend; tradução Cezar Augusto Mortari. – 2.ed. – São Paulo: Editora Unesp, 2011.
    373p.: il.

    Tradução de: Against method
    Inclui bibliografia
    ISBN 978-85-393-0139-3

1. Filosofia   2. Teoria do Conhecimento.   3. Epistemologia   4. Racionalismo.
I. Título

11-3400.   CDD: 101
                                                                                          CDU: 101

Editora afiliada:

Asociación de Editoriales Universitarias de América Latina y el Caribe

Associação Brasileira de Editoras Universitárias

Sumário

Prefácio 7

Prefácio à terceira edição 11

Introdução à edição chinesa 19

Índice analítico 25

Introdução 31

Capítulos 1-20 37

Pós-escrito sobre o relativismo 339

Referências bibliográficas 345

Índice remissivo 365

Prefácio

Em 1970, durante uma festa, Imre Lakatos, um dos melhores amigos que já tive, colocou-me contra a parede. "Paul", disse ele, "você tem umas ideias tão estranhas. Por que não as põe por escrito? Eu escrevo uma réplica, publicamos a coisa toda, e eu prometo a você – vamos nos divertir muito". Gostei da sugestão e comecei a trabalhar. O manuscrito da minha parte do livro ficou pronto em 1972 e o enviei a Londres. Lá, ele desapareceu em circunstâncias bastante misteriosas. Imre Lakatos, que adorava gestos dramáticos, notificou a Interpol, que, de fato, encontrou meu manuscrito e devolveu-o a mim. Eu o reli e fiz algumas mudanças finais. Em fevereiro de 1974, poucas semanas depois de ter terminado minha revisão, fui informado do falecimento de Imre. Publiquei, sem sua réplica, minha parte de nosso empreendimento comum. Um ano depois, publiquei um segundo volume, *Science in a Free Society* [A Ciência em uma sociedade livre], contendo material adicional e réplicas a críticas.

Essa história explica o formato do livro. Não é um tratado sistemático; é uma carta a um amigo dirigida às suas idiossincrasias. Por exemplo, Imre Lakatos era racionalista; assim, o racionalismo desempenha grande papel neste livro. Ele também admirava Popper; portanto, Popper aparece com muito mais frequência do que justificaria sua "importância objetiva". Imre Lakatos, meio brincando, chamou-me de anarquista, e não tive objeções a vestir a capa do anarquista. Por fim, Imre Lakatos gostava muito de embaraçar adversários sérios com gracejos e ironia; assim, também eu, ocasionalmente, escrevi em uma veia um tanto irônica. Um exemplo disso é o final do Capítulo 1: "tudo vale" não é um "princípio" que sustento – não penso que "princípios" possam ser proveitosamente usados e discutidos fora da situação concreta de pesquisa que supostamente afetam –, mas é a exclamação aterrorizada de um racionalista que examina a história mais de perto. Lendo as muitas críticas, cabais, sérias, prolixas e completamente equivocadas, que recebi depois da publicação da primeira edição em inglês, recordei com frequência minhas conversas com Imre; como teríamos rido, ambos, caso tivéssemos podido ler juntos essas efusões todas.

Esta nova edição combina partes de *Against Method* [Contra o método] com excertos de *Science in a Free Society*. Omiti material que já não é mais de interesse, acrescentei um capítulo sobre o julgamento de Galileu e outro sobre a noção de realidade que parece ser requerida pelo fato de que o conhecimento é parte de um processo histórico complexo, eliminei erros, abreviei a argumentação onde quer que fosse possível e desvencilhei-a de algumas de suas idiossincrasias anteriores. Mais uma vez, gostaria de defender dois pontos de vista: primeiro, que a ciência pode ficar em pé sobre suas próprias pernas e não precisa de nenhuma ajuda de racionalistas, humanistas seculares, marxistas e movimentos religiosos semelhantes; segundo, que culturas, procedimentos e pressupostos não científicos também podem ficar em pé sobre suas próprias pernas e deveria ser-lhes permitido fazê-lo, se tal é o desejo de seus representantes. A ciência tem de ser protegida das ideologias, e as sociedades, em especial as democráticas, têm de ser protegidas da ciência. Isso não significa que os cientistas não possam tirar proveito de uma educação filosófica, nem que a humanidade não tirou nem nunca vá tirar proveito das ciências. Contudo, tais benefícios não devem ser impostos; devem ser examinados e livremente aceitos pelos participantes da permuta. Em uma sociedade democrática, instituições, programas de pesquisa e sugestões têm, portanto, de estar sujeitos ao controle público; é preciso que haja uma separação entre Estado e ciência da mesma forma que há uma separação entre Estado e instituições religiosas, e a ciência deveria ser ensinada como uma concepção entre muitas e não como o único caminho para a verdade e a realidade. Não há nada na natureza da ciência que exclua tais arranjos institucionais ou mostre que sejam propensos a conduzir a um desastre.

Nenhuma das ideias que subjazem à minha argumentação é nova. Minha interpretação do conhecimento científico, por exemplo, era uma trivialidade para físicos como Mach, Boltzmann, Einstein e Bohr. No entanto, as ideias desses grandes pensadores foram irreconhecivelmente distorcidas pelos roedores neopositivistas e por seus rivais, os roedores pertencentes à igreja do racionalismo "crítico". Lakatos foi, depois de Kuhn, um dos poucos pensadores que notaram essa discrepância e tentaram eliminá-la por meio de uma complexa e muito interessante teoria da racionalidade. Não creio que ele tenha obtido êxito nisso. Mas a tentativa valeu o esforço; ela levou a resultados interessantes na história da ciência e a novos *insights* quanto aos limites da razão. Dedico, assim, à sua memória esta segunda versão, já muito mais solitária, de nosso trabalho comum.

Material anterior relacionado aos problemas tratados neste livro encontra-se agora reunido em meus *Philosophical Papers* (1981). *Farewell to Reason* (1987) [Adeus à razão, 2010] contém material histórico, em especial do início da história do racionalismo no Ocidente e aplicações aos problemas dos dias atuais.

Berkeley, setembro de 1987

Prefácio à terceira edição

Muita coisa aconteceu desde que publiquei *Contra o método* (CM, para abreviar) pela primeira vez. Houve dramáticas mudanças políticas, sociais e ecológicas. A liberdade aumentou – mas trouxe fome, insegurança, tensões nacionalistas, guerras e franco assassinato. Os líderes mundiais reuniram-se para tratar da deterioração de nossas fontes de recursos; como é seu hábito, fizeram discursos e assinaram acordos. Os acordos estão longe de ser satisfatórios; alguns são um embuste. Contudo, ao menos verbalmente, o meio ambiente tornou-se uma preocupação mundial. Médicos, agentes de desenvolvimento e sacerdotes trabalhando com os pobres e desvalidos perceberam que essas pessoas sabem mais a respeito de sua condição do que o supunha a crença na excelência universal da ciência ou da religião organizada, e modificaram suas ações e suas ideias de acordo com isso (Teologia da Libertação; proteção ambiental básica etc.). Muitos intelectuais adaptaram o que aprenderam em universidades e escolas especiais de modo que tornasse seu conhecimento mais eficiente e mais humano.

Em um nível mais acadêmico, historiadores (da ciência, da cultura) começaram a abordar o passado nos próprios termos deste. Em 1933, em sua aula inaugural no Collège de France, Lucien Febvre tinha ridicularizado os escritores que, "sentados a suas escrivaninhas, atrás de montanhas de papel, tendo fechado e coberto suas janelas", emitiam juízos profundos sobre a vida de proprietários rurais, camponeses e trabalhadores agrícolas. Em um campo estreito, os historiadores da ciência tentaram reconstruir o passado mais distante e o mais imediato sem distorcê-lo com crenças modernas a respeito de verdade (fato) e racionalidade. Os filósofos então concluíram que as várias formas de racionalismo que haviam oferecido seus préstimos não apenas tinham produzido quimeras, mas teriam prejudicado as ciências, caso tivessem sido adotadas como guias. Aqui a obra-prima de Kuhn (1962) desempenhou papel decisivo. Ela levou a ideias novas. Infelizmente, também encorajou um monte de disparates. Os termos principais de Kuhn ("paradigma", "revolução", "ciência normal", "pré-ciência", "anomalia", "resolução de quebra-cabeças" etc.) apareceram em várias formas de pseudociência, ao passo que sua abordagem geral confundiu muitos autores: tendo descoberto que a ciência tinha sido libertada dos grilhões de uma lógica e de uma epistemologia dogmáticas, tentaram prendê-la outra vez, desta feita com amarras sociológicas. Essa tendência durou até o início da década de 1970. Por oposição, há agora historiadores e sociólogos que se concentram nos pormenores e admitem generalidades apenas quando são apoiadas por relações sócio-históricas. "A natureza", diz Bruno Latour (1987, p.4 e 98 ss.), referindo-se à "ciência em desenvolvimento", é "o resultado de [uma] resolução" de "controvérsias". Ou, como escrevi na primeira edição de CM:

> A criação de uma *coisa* e a criação mais a compreensão plena de uma *ideia correta* da coisa *são com muita frequência partes de um e o mesmo processo indivisível* e não podem ser separadas sem interromper esse processo.[1]

Como exemplos dessa nova abordagem, temos Andrew Pickering, *Constructing Quarks*, Peter Galison, *How Experiments End*, Martin Rudwick, *The Great Devonian Controversy*, Arthur Fine, *The Shaky Game* e outros.[2] Há estudos das várias tradições (religiosas, estilísticas, de patronagem etc.) que influenciaram cientistas e deram forma à sua pesquisa;[3]

---

[1] Cf. Feyerabend, 1975, p.26. Repetido na p.17 desta edição – grifos no original.
[2] Todos publicados pela Chicago University Press.
[3] Exemplo disso é *Galileo Courtier*, de Mario Biagioli, no prelo.

eles mostram a necessidade de um tratamento do conhecimento científico que seja mais complexo do que aquele que emergira do positivismo e de filosofias similares. De forma geral, temos os trabalhos mais antigos de Michal Polanyi e, então, Putnam, Van Fraassen, Cartwright, Marcello Pera[4] e, sim, Imre Lakatos, que era otimista o suficiente para acreditar que a própria história – uma dama que ele tomava muito a sério – apresentava regras simples de avaliação de teorias.

Na sociologia, a atenção aos detalhes levou a uma situação em que o problema não é mais por que e como a "ciência" muda, mas como se mantém unida. Os filósofos, em especial os filósofos da biologia, suspeitavam havia já algum tempo que não há apenas uma entidade chamada "ciência", com princípios claramente definidos, mas que a ciência compreende grande variedade de abordagens (em alto nível teóricas, fenomenológicas, experimentais) e que mesmo uma ciência particular como a física não passa de uma coleção dispersa de assuntos (elasticidade, hidrodinâmica, reologia, termodinâmica etc.), cada um deles contendo tendências contrárias (exemplos: Prandtl *versus* Helmholtz, Kelvin, Lamb e Rayleigh; Truesdell *versus* Prandtl; Birkhoff *versus* "o senso comum físico"; Kinsman exemplificando todas as tendências – na hidrodinâmica). Para alguns autores, isso não é só um fato, mas é também desejável (Dupré, 1983). Aqui tive novamente uma pequena contribuição a dar, nos Capítulos 3, 4 e 11 de CM,[5] na seção 6 de minha contribuição para o volume *Criticism and the Growth of Knowledge* de Lakatos e Musgrave (1965) (crítica da uniformidade de paradigmas em Kuhn) e, em 1962, em minha contribuição aos *Delaware Studies for the Philosophy of Science* (Feyerabend, 1963).

A unidade desaparece ainda mais quando prestamos atenção não apenas em rupturas no nível teórico, mas na experimentação e, especialmente, na moderna ciência de laboratório. Como Ian Hacking mostrou em seu ensaio pioneiro, *Representing and Intervening* (1983), e como emerge de *Science as Practice and Culture*, de Pickering (1992), termos como "experimentação" e "observação" abrangem complexos processos contendo muitos elementos. "Fatos" surgem de negociações entre grupos

---

[4] *Science and Rhetoric*, no prelo.
[5] Da presente edição. Reproduzidos, sem emendas, da primeira edição.

diferentes, e o produto final – o relatório publicado – é influenciado por eventos físicos, processadores de dados, soluções conciliatórias, exaustão, falta de dinheiro, orgulho nacional e assim por diante. Alguns microestudos sobre a ciência de laboratório parecem-se com o "novo jornalismo" de Jimmy Breslin, Guy Talese, Tom Wolfe e outros; os pesquisadores não mais se reclinam em sua cadeira e leem os artigos em determinado campo, e também não se dão por satisfeitos com visitas silenciosas aos laboratórios – eles entram no laboratório, entabulam conversa com os cientistas e fazem acontecer coisas (Kuhn e seus colaboradores deram início a esse gênero de procedimento em suas entrevistas para a história da mecânica quântica). De qualquer maneira, estamos bem longe da velha ideia (platônica) de ciência como um sistema de enunciados desenvolvendo-se por meio de experimentação e observação e mantido em ordem por padrões racionais duradouros.

CM ainda é, em parte, orientado a propostas; contudo, também tive meus momentos de lucidez. Minha discussão da incomensurabilidade, por exemplo, não "reduz a diferença a uma diferença de teoria", como escreve Pickering (1992, p.10). Ela inclui formas de arte, percepções (grande parte do Capítulo 16 é a respeito da transição da arte geométrica e da poesia gregas ao período clássico) e estágios de desenvolvimento infantil, e assevera

> que os pontos de vista de cientistas, especialmente seus pontos de vista a respeito de assuntos básicos, são com frequência tão diferentes uns dos outros como o são as ideologias de diferentes culturas. (CM, primeira edição, p.274)

A propósito disso, examinei os aspectos práticos da lógica, isto é, o modo pelo qual ideias são relacionadas umas às outras na pesquisa em andamento, em vez de nos produtos acabados (se é que tais produtos existem). Minha discussão dos muitos eventos que constituem o que está sendo observado[6] e, especialmente, minha discussão das descobertas de Galileu feitas com o auxílio do telescópio[7] estão de acordo com os requisitos da nova sociologia de laboratório, exceto que o "laboratório" de Galileu,

---

[6] Ibidem, p.149 ss. Reimpresso nesta edição.
[7] Capítulos 8 a 10 desta edição.

em comparação, era bastante pequeno. Incidentalmente esse caso mostra que, como as mais antigas filosofias da ciência, a nova microssociologia não é uma explicação universal, mas uma descrição de aspectos conspícuos de um período especial. Não importa. Uma descrição universal da ciência, de qualquer modo, pode no máximo fornecer uma lista de eventos.[8] Era diferente na Antiguidade.

Está claro que a nova situação requer uma nova filosofia e, acima de tudo, novos termos. Contudo, alguns dos principais pesquisadores na área ainda estão se perguntando se um exemplo particular de pesquisa produz uma "descoberta" ou uma "invenção", ou até que ponto um resultado (temporário) é "objetivo". O problema surgiu na mecânica quântica, mas é também um problema para a ciência clássica. Devemos continuar usando termos antiquados para descrever *insights* novos, ou não seria melhor começar a usar uma nova linguagem? E não seriam poetas e jornalistas de grande auxílio para encontrar tal linguagem?

Em segundo lugar, a nova situação também levanta a questão de "ciência" *versus* democracia. Para mim, essa era a questão mais importante. "Minha principal razão para escrever o livro", afirmo na "Introdução à edição chinesa",[9] "foi humanitária, não intelectual. Eu queria dar apoio às pessoas, e não 'fazer avançar o conhecimento'". Ora, se a ciência não é mais uma unidade, se partes diferentes dela procedem de maneiras radicalmente diferentes e se as conexões entre essas maneiras são ligadas a episódios particulares de pesquisa, então os projetos científicos têm de ser considerados individualmente. Isso é o que as agências governamentais começaram a fazer há algum tempo. No final da década de 1960,

> a ideia de uma política científica abrangente foi gradualmente abandonada. Percebeu-se que a ciência não era um empreendimento, mas muitos, e que não podia haver uma política única para dar sustentação a todos eles. (Ben-David, 1991, p.525)

---

[8] Cf. nossa contribuição ao Erasmus Symposium de 1992, "Has the Scientific View of the World a Special Status Compared With Other Views?", no prelo.
[9] Contida nesta edição.

Agências governamentais não mais financiam a "ciência", financiam projetos particulares. Mas então a palavra "científico" não pode mais excluir projetos "não científicos" – temos de examinar o assunto em detalhe. Estarão os novos filósofos e sociólogos preparados para considerar tal consequência de sua pesquisa?

Houve muitas outras mudanças. Pesquisadores e tecnólogos médicos não apenas inventaram instrumentos úteis (como aqueles empregando os princípios de fibra óptica que, em muitos contextos, substituem os métodos mais perigosos de diagnóstico por meio de raios X), mas se tornaram mais receptivos a ideias novas (ou mais velhas). Há apenas vinte anos, a ideia de que a mente afeta o bem-estar físico, embora apoiada pela experiência, era bastante impopular – atualmente é predominante. Processos por erros de tratamento fizeram que os médicos ficassem mais cuidadosos, por vezes cuidadosos demais para o bem do paciente, mas também os forçaram a consultar opiniões alternativas. (Na Suíça, uma pluralidade beligerante de pontos de vista quase faz parte da cultura – e eu a utilizei ao organizar confrontações públicas entre cientistas cabeçudos e pensadores "alternativos".[10]) Contudo, aqui, como em outros lugares, as filosofias simples, quer de uma espécie dogmática, quer de uma mais liberal, têm seus limites. *Não há soluções gerais*. Uma liberalidade maior na definição de "fato" pode ter repercussões graves (cf. Huber, 1991), ao passo que faz excelente sentido a ideia de que a verdade é escondida e mesmo pervertida pelos processos cuja intenção é estabelecê-la.[11] Portanto, advirto mais uma vez o leitor de que não tenho a intenção de substituir princípios "velhos e dogmáticos" por outros "novos e mais libertários". Por exemplo, não sou nem populista, para quem um apelo "ao povo" é a base de todo o conhecimento, nem relativista, para quem não há "verdades como tais", mas apenas verdades para este ou aquele grupo e/ou indivíduo. Tudo o que digo é que os não especialistas frequentemente sabem mais do que os especialistas *e deveriam, portanto, ser consultados*, e que profetas da verdade (incluindo os que empregam argumentos) em geral são impelidos por uma

---

[10] Cf. a série editada por Christian Thomas e por este autor, publicada pela Verlag der Fachvereine, Zurique, 1983-87.

[11] Para um relato ficcional, cf. Wolfe, 1987.

visão que conflita com os próprios eventos que, supõe-se, essa visão estaria explorando. Existe ampla evidência para ambas as partes dessa asserção.

Um caso que já mencionei é o desenvolvimento: profissionais lidando com os componentes ecológicos, sociais e médicos da assistência para o desenvolvimento perceberam, entrementes, que a imposição de procedimentos "racionais" ou "científicos", embora ocasionalmente benéfica (supressão de alguns parasitas e doenças infecciosas), pode levar a sérios problemas materiais e espirituais. Eles não abandonaram, no entanto, o que aprenderam na universidade, mas combinaram esse conhecimento com crenças e costumes locais e estabeleceram, assim, um elo bastante necessário com os problemas da vida que nos cercam por toda a parte, no Primeiro, no Segundo e no Terceiro Mundos.

A presente edição contém mudanças de maior vulto (o Capítulo 19 e parte do Capítulo 16 foram reescritos, o antigo Capítulo 20 foi omitido), acréscimos (um parágrafo aqui, outro ali), mudanças estilísticas (espero que sejam mudanças para melhor) e tanto correções quanto acréscimos nas referências bibliográficas. No que me diz respeito, as ideias principais deste ensaio (isto é, as ideias expressas em itálico na "Introdução à edição chinesa") são bastante triviais e parecem triviais quando expressas em termos adequados. Prefiro formulações mais paradoxais, contudo, pois nada embota a mente tão completamente como ouvir palavras e *slogans* familiares. É um dos méritos do desconstrucionismo ter solapado os lugares-comuns filosóficos e, assim, ter feito algumas pessoas pensarem. Infelizmente, afetou apenas um pequeno círculo de iniciados e afetou-os de maneiras que nem sempre estão claras, nem mesmo para eles. É por isso que prefiro Nestroy, que era um excelente, popular e engraçado *deconstructeur*, ao passo que Derrida, apesar de todas as suas boas intenções, não consegue nem mesmo contar uma história.

Roma, julho de 1992

Introdução à edição chinesa

Este livro pressupõe uma tese e extrai consequências dela. A tese é: *os eventos, os procedimentos e os resultados que constituem as ciências não têm uma estrutura comum*; não há elementos que ocorram em toda investigação científica e estejam ausentes em outros lugares. Desenvolvimentos concretos (como a derrubada das cosmologias do estado estacionário e a descoberta da estrutura do DNA) têm características distintas e podemos com frequência explicar como e por que essas características conduziram ao êxito. Mas nem toda descoberta pode ser explicada da mesma maneira, e procedimentos que deram resultado no passado podem causar danos quando impostos no futuro. A pesquisa bem-sucedida não obedece a padrões gerais; depende, em um momento, de certo truque e, em outro, de outro; os procedimentos que a fazem progredir e os padrões que definem o que conta como progresso nem sempre são conhecidos por aqueles que aplicam tais procedimentos. Mudanças de perspectiva de longo alcance, como as assim chamadas "Revolução Copernicana" ou "Revolução Darwiniana", afetam diferentes áreas de pesquisa de maneiras distintas e recebem delas impulsos diferentes. Uma teoria da ciência que delineia padrões e elementos estruturais para *todas* as atividades científicas e os autoriza por referência à "Razão" ou "Racionalidade" pode impressionar os observadores externos – mas é um instrumento grosseiro demais para as pessoas envolvidas, isto é, para os cientistas enfrentando algum problema de pesquisa concreto.

Neste livro, tento dar lastro a essa tese por meio de exemplos históricos. Tal lastro não a *estabelece*; ele a faz *plausível*, e o modo em que se chega a ela indica de que forma enunciados futuros sobre "a natureza da ciência" podem ser enfraquecidos: dada qualquer regra, ou qualquer enunciado geral sobre as ciências, sempre existem desenvolvimentos que são elogiados por aqueles que apoiam a regra, mas mostram que essa regra causa mais dano do que bem.

Uma consequência dessa tese é que *o sucesso científico não pode ser explicado de maneira simples*. Não podemos dizer: "a estrutura do núcleo atômico foi descoberta porque as pessoas fizeram A, B, C...", em que A, B e C são procedimentos que podem ser compreendidos independentemente de seu uso na física nuclear. Tudo o que podemos fazer é dar uma explicação histórica dos detalhes, incluindo circunstâncias sociais, acidentes e idiossincrasias pessoais.

Outra consequência é que *o êxito da "ciência" não pode ser usado como argumento para tratar de maneira padronizada problemas ainda não resolvidos*. Isso poderia ser feito apenas se houvesse procedimentos que pudessem ser destacados de situações de pesquisa particulares e cuja presença garantisse êxito. A tese diz que não existem tais procedimentos. Fazer referência ao êxito da "ciência" a fim de justificar, digamos, a quantificação do comportamento humano é, portanto, um argumento sem substância. A quantificação funciona em alguns casos, fracassa em outros; por exemplo, encontrou-se em dificuldades em uma das aparentemente mais quantitativas de todas as ciências, a mecânica celeste (área especial: estabilidade dos sistemas planetários), e foi substituída por considerações qualitativas (topológicas).

Segue-se também que *procedimentos "não científicos" não podem ser postos de lado por argumentos*. Dizer "o procedimento que você usou não é científico, portanto não podemos confiar em seus resultados nem lhe dar dinheiro para pesquisa" pressupõe que a "ciência" seja bem-sucedida e é bem-sucedida porque usa procedimentos uniformes. A primeira parte da asserção ("a ciência é sempre bem-sucedida") não é verdadeira, caso por "ciência" queiramos nos referir a coisas feitas por cientistas – há também muitos fracassos. A segunda parte – que os sucessos devem-se a procedimentos uniformes – não é verdadeira, porque não há tais procedimentos. Cientistas são como arquitetos que constroem edifícios de diferentes tamanhos e diferentes formas, que podem ser avaliados somente *depois* do evento, isto é, só depois de terem concluído sua estrutura. Talvez ela fique em pé, talvez desabe – ninguém sabe.

Mas, se as realizações científicas podem ser avaliadas apenas depois de o evento ter ocorrido, e se não há uma forma abstrata de garantir de antemão o êxito, então também não existe nenhuma maneira especial de sopesar promessas científicas – os cientistas não são melhores que ninguém nesses assuntos, eles apenas conhecem mais detalhes. Isso significa que *o público pode participar da discussão sem perturbar caminhos existentes para o sucesso* (não há tais caminhos). Nos casos em que o trabalho dos cientistas afeta o público, este até *teria obrigação* de participar: primeiro, porque é parte interessada (muitas decisões científicas afetam a vida pública); segundo, porque tal participação é a melhor educação científica que o público pode obter – uma democratização completa da ciência (o que inclui a proteção de minorias, como os cientistas) não está em conflito com a ciência. Está em conflito com uma filosofia, com frequência denominada "racionalismo", que usa uma imagem congelada da ciência para aterrorizar as pessoas não familiarizadas com sua prática.

Uma consequência, à qual faço alusão no Capítulo 19 e está intimamente relacionada com sua tese básica, é que *pode haver muitas espécies diferentes de ciência*. Pessoas oriundas de antecedentes sociais diferentes abordarão o mundo de maneiras diversas e aprenderão coisas diferentes a seu respeito. As pessoas sobreviveram por milênios antes do surgimento da ciência ocidental; para tanto, precisaram conhecer seus arredores, incluindo-se aí até mesmo elementos de astronomia.

> Vários milhares de índios cuahuila jamais esgotaram os recursos naturais de uma região desértica no sul da Califórnia, na qual hoje em dia apenas um punhado de famílias brancas consegue subsistir. Eles viviam em uma região de abundância, pois nesse território, que aparenta ser completamente estéril, estavam familiarizados com não menos que sessenta espécies de plantas comestíveis e vinte e oito outras com propriedades narcóticas, estimulantes ou medicinais. (cf. Lévi-Strauss, 1966, p.4 ss.)

O conhecimento que preserva os estilos de vida de nômades foi adquirido e é preservado de maneira não científica ("ciência" referindo-se agora à moderna ciência natural). A tecnologia chinesa por longo tempo não teve nenhuma fundamentação científico-ocidental e, contudo, estava bem mais adiantada do que a tecnologia ocidental contemporânea. É verdade que a ciência ocidental agora reina suprema por todo o globo; contudo, a razão disso não foi um discernimento de sua "racionalidade inerente", mas o uso de poder (as nações colonizadoras impuseram seus modos de vida) e a necessidade de armamento: a ciência ocidental até agora criou os mais eficientes instrumentos de extermínio. O argumento de que sem a ciência ocidental muitas "nações do Terceiro Mundo" estariam morrendo de fome é correto, mas dever-se-ia acrescentar que os problemas foram criados, e não mitigados, por formas anteriores de "desenvolvimento". Também é verdade que a medicina ocidental ajudou a erradicar parasitas e algumas doenças infecciosas, mas isso não demonstra que a ciência ocidental seja a única tradição que tem boas coisas a oferecer e que outras formas de investigação não tenham mérito algum. *A ciência do Primeiro Mundo é uma ciência entre muitas*; ao proclamar ser mais do que isso, ela deixa de ser um instrumento de pesquisa e transforma-se em um grupo de pressão (política). Mais a respeito desses assuntos pode ser encontrado em meu livro *Adeus à razão* (1987).

Meu principal motivo para escrever este livro foi humanitário, não intelectual. Eu queria dar apoio às pessoas, não "fazer avançar o conhecimento". Pelo mundo todo, as pessoas desenvolveram maneiras de sobreviver em ambientes em parte perigosos, em parte agradáveis. As histórias que contaram e as atividades em que se ocuparam enriqueceram sua vida, protegeram-na e deram-lhe significado. O "progresso do conhecimento e da civilização" – como está sendo chamado o processo de forçar costumes e valores ocidentais em todos os cantos do mundo – destruiu esses maravilhosos produtos da engenhosidade e compaixão humanas sem uma única olhadela sequer em sua direção. "Progresso do conhecimento" significa, em muitos lugares, a matança de mentes. Hoje, velhas tradições estão sendo revividas e as pessoas tentam outra vez adaptar sua vida às ideias de seus ancestrais. Tentei mostrar, por uma análise das partes aparentemente mais rigorosas da ciência, as ciências naturais, que a ciência, propriamente entendida, não tem argumentos contra tal procedimento. Há muitos cientistas que agem de acordo com isso. Médicos, antropólogos e ambientalistas estão começando a adaptar seus procedimentos aos valores das pessoas que, supõe-se, devam aconselhar. Não sou contra uma ciência entendida dessa maneira. Tal ciência é uma das invenções mais maravilhosas da mente humana. Mas sou contra ideologias que usam o nome da ciência para o assassínio cultural.

Índice analítico
que constitui um resumo do argumento principal

Introdução   *31*
A ciência é um empreendimento essencialmente anárquico: o anarquismo teórico é mais humanitário e mais apto a estimular o progresso do que suas alternativas que apregoam lei e ordem.

1   *37*
Isto é demonstrado tanto por um exame de episódios históricos quanto por uma análise abstrata da relação entre ideia e ação. O único princípio que não inibe o progresso é: tudo vale.

2   *43*
Por exemplo, podemos usar hipóteses que contradigam teorias bem confirmadas e/ou resultados experimentais bem estabelecidos. Podemos fazer avançar a ciência procedendo contraindutivamente.

3   *49*
A condição de consistência, que exige que hipóteses novas estejam de acordo com teorias aceitas, é desarrazoada, pois preserva a teoria mais antiga e não a melhor. Hipóteses contradizendo teorias bem confirmadas proporcionam-nos evidência que não pode ser obtida de nenhuma outra maneira. A

proliferação de teorias é benéfica para a ciência, ao passo que a uniformidade prejudica seu poder crítico. A uniformidade também ameaça o livre desenvolvimento do indivíduo.

4 59

Não há nenhuma ideia, por mais antiga e absurda, que não seja capaz de aperfeiçoar nosso conhecimento. Toda a história do pensamento é absorvida na ciência e utilizada para o aperfeiçoamento de cada teoria. E nem se rejeita a interferência política. Talvez ela seja necessária para superar o chauvinismo da ciência que resiste a alternativas ao status quo.

5 67

Nenhuma teoria jamais está de acordo com todos os fatos em seus domínios; contudo, a culpada nem sempre é a teoria. Os fatos são instituídos por ideologias mais antigas, e um conflito entre fatos e teorias pode ser uma prova de progresso. Tal conflito constitui também um primeiro passo em nossa tentativa de encontrar os princípios implícitos em noções observacionais familiares.

6 85

Como exemplo dessa tentativa, examino o argumento da torre, o qual os aristotélicos empregavam para refutar o movimento da Terra. O argumento envolve interpretações naturais – ideias tão estreitamente ligadas a observações que é necessário um esforço especial para perceber sua existência e determinar seu conteúdo. Galileu identifica as interpretações naturais inconsistentes com a teoria de Copérnico e as substitui por outras.

7 99

As novas interpretações naturais constituem uma linguagem observacional nova e altamente abstrata. São introduzidas e ocultadas, de modo que não se perceba a mudança havida (método da anamnese*). Elas contêm a ideia da relatividade de todo movimento e a lei da inércia circular.*

8 113

Além das interpretações naturais, Galileu altera também as sensações que parecem ameaçar a teoria de Copérnico. Ele admite que há tais sensações, louva Copérnico por tê-las ignorado e afirma tê-las eliminado com o auxílio do telescópio. Contudo, não oferece razões teóricas pelas quais se deveria esperar que o telescópio fornecesse um retrato verdadeiro do céu.

9 123
Nem a experiência inicial com o telescópio fornece tais razões. As primeiras observações telescópicas do céu são indistintas, indeterminadas, contraditórias e entram em conflito com o que qualquer pessoa pode ver a olho nu. E a única teoria que poderia ter auxiliado a separar ilusões causadas pelo telescópio de fenômenos verídicos foi refutada por testes simples.

10 141
Em contrapartida, há alguns fenômenos telescópicos que são claramente copernicanos. Galileu introduz esses fenômenos como evidência independente para Copérnico, embora a situação seja antes a de que uma concepção refutada – o copernicanismo – tem certa similaridade com fenômenos que emergem de outra concepção refutada – a ideia de que fenômenos telescópicos são retratos fiéis do céu.

11 145
Tais métodos "irracionais" de sustentação são necessários por causa do "desenvolvimento desigual" (Marx, Lênin) das diferentes partes da ciência. O copernicanismo e outros ingredientes essenciais da ciência moderna sobreviveram apenas porque, em seu passado, a razão foi frequentemente posta de lado.

12 165
O método de Galileu funciona também em outros campos. Por exemplo, pode ser usado para eliminar os argumentos existentes contra o materialismo e para pôr fim ao problema filosófico mente/corpo (os problemas científicos correspondentes permanecem, contudo, intocados). Não se segue que deva ser universalmente aplicado.

13 169
A Igreja, na época de Galileu, não apenas conservou-se mais próxima à razão tal como esta era definida então e, em parte, mesmo hoje: também

considerou as consequências éticas e sociais das ideias de Galileu. Sua indiciação de Galileu foi racional, e somente oportunismo e falta de perspectiva podem exigir uma revisão.

14   *181*
As investigações de Galileu formaram apenas uma pequena parte da assim chamada Revolução Copernicana. O acréscimo dos demais elementos torna ainda mais difícil reconciliar esse desenvolvimento com princípios familiares de avaliação de teorias.

15   *195*
Os resultados obtidos até agora sugerem abolir a distinção entre contexto de descoberta e contexto de justificação, entre normas e fatos e entre termos observacionais e termos teóricos. Nenhuma dessas distinções desempenha algum papel na prática científica. Tentativas de impô-las teriam consequências desastrosas. O racionalismo crítico de Popper fracassa pelas mesmas razões.

Apêndice 1   *209*

16   *215*
Finalmente, o tipo de comparação essencial à maioria das metodologias é possível somente em alguns casos muito simples. Fracassa quando tentamos comparar concepções não científicas com a ciência e quando consideramos as partes mais avançadas, mais gerais e, portanto, mais mitológicas da própria ciência.

Apêndice 2   *267*

17   *273*
Nem a ciência nem a racionalidade são medidas universais de excelência. São tradições particulares, não tendo consciência de sua base histórica.

18   *293*
Contudo, é possível avaliar padrões de racionalidade e aperfeiçoá-los. Os princípios de aperfeiçoamento não estão nem acima da tradição nem além da mudança, e é impossível estabelecê-los clara e inequivocamente.

19 *303*
A ciência não é nem uma tradição isolada nem a melhor tradição que há, exceto para aqueles que se acostumaram com sua presença, seus benefícios e suas desvantagens. Em uma democracia, deveria ser separada do Estado exatamente como as igrejas ora estão dele separadas.

20 *319*
O ponto de vista implícito neste livro não é o resultado de uma bem planejada cadeia de pensamentos, mas de argumentos instigados por encontros acidentais. Indignação diante da destruição desenfreada de conquistas culturais das quais poderíamos todos ter aprendido, diante da ousadia presunçosa com que alguns intelectuais interferem na vida das pessoas, e desdém pelas frases traiçoeiras que usam para embelezar suas iniquidades foram, e ainda são, a força motivadora de meu trabalho.

Introdução

A ciência é um empreendimento essencialmente anárquico: o anarquismo teórico é mais humanitário e mais apto a estimular o progresso do que suas alternativas que apregoam lei e ordem.

Ordnung ist heutzutage meistens dort,
wo nichts ist.
Es ist eine Mangelerscheinung.*
Brecht

O ensaio a seguir é escrito com a convicção de que o *anarquismo*, ainda que talvez não seja a mais atraente filosofia *política*, é, com certeza, um excelente remédio para a *epistemologia* e para a *filosofia da ciência*.

A razão não é difícil de encontrar.

"A história, de modo geral, e a história da revolução, em particular, é sempre mais rica em conteúdo, mais variada, mais multiforme, mais viva e sutil do que mesmo" o melhor historiador e o melhor metodólogo podem imaginar.[1] A história está cheia de "acidentes e conjunturas e curiosas

---

* Em alemão no original: "Ordem, hoje em dia, encontra-se, em geral, / onde não há nada. / É um sintoma de deficiência". (N. T.)

[1] "A história como um todo, e a história das revoluções em particular, é sempre mais rica em conteúdo, mais variada, mais multiforme, mais viva e engenhosa do que imaginam mesmo os melhores partidos, as vanguardas mais conscientes das classes mais avançadas" (Lênin, 1967, p.401). Lênin dirige-se a partidos e vanguardas revolucionárias em vez de cientistas e metodólogos; a lição, contudo, é a mesma. Cf. nota 3.

justaposições de eventos" (Butterfield, 1965, p.66) e demonstra-nos a "complexidade da mudança humana e o caráter imprevisível das consequências últimas de qualquer ato ou decisão dos homens" (ibidem, p.21). Devemos realmente acreditar que as regras ingênuas e simplórias que os metodólogos tomam como guia são capazes de explicar tal "labirinto de interações" (ibidem, p.25)?[2] E não está claro que a *participação* bem-sucedida em um processo dessa espécie só é possível para um oportunista impiedoso que não esteja ligado a nenhuma filosofia específica e adote o procedimento, seja lá qual for, que pareça mais adequado para a ocasião?

Essa é, com efeito, a conclusão a que têm chegado observadores inteligentes e ponderados. "Duas conclusões práticas muito importantes decorrem desse [caráter do processo histórico]", escreve Lênin (1961),[3] continuando a passagem que acabo de citar. "Primeiro, que a fim de cumprir sua tarefa, a classe revolucionária [isto é, a classe daqueles que desejam mudar quer uma parte da sociedade, como a ciência, quer a sociedade como um todo] tem de ser capaz de dominar, sem exceção, *todas* as

---

[2] Cf. Hegel, 1837, p.9: "Mas o que a experiência e a história nos ensinam é que as nações e os governos jamais aprenderam coisa alguma da história ou agiram de acordo com regras que poderiam ter dela derivado. Cada período apresenta circunstâncias tão peculiares, encontra-se em um estado tão específico, que decisões terão de ser tomadas, e somente *podem* ser tomadas, nele e a partir dele". – "Muito engenhoso"; "astuto e muito engenhoso"; "NB" escreve Lênin (1961, p.307) em suas anotações marginais a essa passagem.

[3] Vemos aqui muito claramente como algumas substituições podem transformar uma lição política em uma lição de *metodologia*. Isso não é de modo algum surpreendente. Metodologia e política são ambas meios de passar de um estágio histórico a outro. Vemos também como um indivíduo, como Lênin, que não é intimidado por fronteiras tradicionais e cujo pensamento não está preso à ideologia de uma profissão particular, pode dar conselhos úteis a todos, até mesmo a filósofos da ciência. No século XIX, a ideia de uma metodologia elástica e historicamente informada era uma coisa natural. Assim, Ernst Mach escreveu em seu *Erkenntnis und Irrtum* (1980, p.200): "Diz-se com frequência que não se pode ensinar a pesquisa. Isso é inteiramente correto, em certo sentido. Os esquemas da lógica *formal* e da lógica *indutiva* pouco adiantam, pois as situações intelectuais nunca são exatamente as mesmas. Mas os exemplos de grandes cientistas são muito sugestivos". Não são sugestivos porque deles podemos abstrair regras e sujeitar a pesquisa futura à sua jurisdição; são sugestivos porque tornam a mente ágil e capaz de inventar tradições de pesquisa inteiramente novas. Para um tratamento mais detalhado da filosofia de Mach, ver nosso ensaio *Farewell to Reason* (Feyerabend, 1987), cap.7, bem como o v.2, caps. 5 e 6, de nossos *Philosophical Papers* (Feyerabend, 1981).

formas ou aspectos da atividade social [tem de ser capaz de entender, e aplicar, não apenas uma metodologia particular, mas qualquer metodologia e qualquer variação dela que se possa imaginar] ...; segundo, tem de estar preparada para passar de uma à outra da maneira mais rápida e mais inesperada." "As condições externas", escreve Einstein (1951, p.683 ss.), "que são colocadas para [o cientista] pelos fatos da experiência não lhe permitem deixar-se restringir em demasia, na construção de seu mundo conceitual, pelo apego a um sistema epistemológico. Portanto, ele deve afigurar-se ao epistemólogo sistemático como um tipo de oportunista inescrupuloso ...". Um meio complexo, contendo desenvolvimentos surpreendentes e imprevistos, demanda procedimentos complexos e desafia uma análise baseada em regras que tenham sido estabelecidas de antemão e sem levar em consideração as condições sempre cambiantes da história.

Ora, é evidentemente possível simplificar o meio em que um cientista trabalha pela simplificação de seus atores principais. A história da ciência, afinal de contas, não consiste simplesmente em fatos e conclusões extraídas de fatos. Também contém ideias, interpretações de fatos, problemas criados por interpretações conflitantes, erros e assim por diante. Em uma análise mais detalhada, até mesmo descobrimos que a ciência não conhece, de modo algum, "fatos nus", mas que todos os "fatos" de que tomamos conhecimento já são vistos de certo modo e são, portanto, essencialmente ideacionais. Se é assim, a história da ciência será tão complexa, caótica, repleta de enganos e interessante quanto as ideias que encerra, e essas ideias serão tão complexas, caóticas, repletas de enganos e interessantes quanto a mente daqueles que as inventaram. Inversamente, uma pequena lavagem cerebral fará muito no sentido de tornar a história da ciência mais tediosa, mais uniforme, mais "objetiva" e mais facilmente acessível a tratamento por meio de regras estritas e imutáveis.

A educação científica tal como hoje a conhecemos tem precisamente esse objetivo. Simplifica a "ciência" pela simplificação de seus participantes: primeiro, define-se um campo de pesquisa. Esse campo é separado do restante da história (a física, por exemplo, é separada da metafísica e da teologia) e recebe uma "lógica" própria. Um treinamento completo em tal "lógica" condiciona então aqueles que trabalham nesse campo; torna *suas ações* mais uniformes e também congela grandes porções do *processo histórico*. Fatos "estáveis" surgem e mantêm-se a despeito das vicissitudes da história. Uma parte essencial do treinamento que faz que tais fatos apareçam consiste na tentativa de inibir intuições que possam fazer que fronteiras se tornem indistintas. A religião de uma pessoa, por exemplo, ou sua metafísica, ou seu senso de humor (seu senso de humor *natural*, não aquele tipo endógeno e sempre um tanto desagradável de jocosidade que encontramos em profissões especializadas) não podem ter a menor ligação com sua atividade científica. Sua imaginação é restringida, e até sua linguagem deixa de ser sua própria. Isso se reflete na natureza dos "fatos" científicos, experienciados como independentes de opinião, crença e formação cultural.

É *possível*, assim, criar uma tradição que é mantida coesa por regras estritas e, até certo ponto, que também é bem-sucedida. Mas será que é *desejável* dar apoio a tal tradição a ponto de excluir tudo o mais? Devemos ceder-lhe os direitos exclusivos de negociar com o conhecimento, de modo que qualquer resultado obtido por outros métodos seja imediatamente rejeitado? E será que os cientistas invariavelmente permaneceram nos limites das tradições que definiram dessa maneira estreita? São essas as perguntas que pretendo fazer neste ensaio. E minha resposta, a essas perguntas, será um firme e sonoro NÃO.

Há duas razões que fazem tal resposta parecer apropriada. A primeira é que o mundo que desejamos explorar é uma entidade em grande parte desconhecida. Devemos, portanto, deixar nossas opções em aberto e não devemos nos restringir de antemão. Prescrições epistemológicas podem parecer esplêndidas quando comparadas com outras prescrições epistemológicas ou com princípios gerais – mas quem pode garantir que sejam o melhor modo de descobrir não somente uns poucos "fatos" isolados, mas também alguns profundos segredos da natureza? A segunda razão é que uma educação científica, como antes descrita (e como praticada em nossas escolas), não pode ser conciliada com uma atitude humanista. Está em conflito "com o cultivo da individualidade, a única coisa que produz ou pode produzir seres humanos bem desenvolvidos" (Mill, 1961, p.258); "mutila, por compressão, tal como mutila o pé de uma dama chinesa, cada parte da natureza humana que sobressaia perceptivelmente, e tende a fazer que certa pessoa tenha um perfil marcadamente diferente" (ibidem, p.265) dos ideais de racionalidade que, por acaso, estejam em moda na ciência ou na filosofia da ciência. A tentativa de fazer crescer a liberdade, de levar uma vida plena e gratificante e a tentativa correspondente de descobrir os segredos da natureza e do homem acarretam, portanto, a rejeição de todos os padrões universais e de todas as tradições rígidas. (Naturalmente, acarretam também a rejeição de grande parte da ciência contemporânea.)

É surpreendente ver quão raramente os anarquistas profissionais examinam o efeito estultificante das "Leis da Razão" ou da prática científica. Os anarquistas profissionais opõem-se a qualquer tipo de restrição e exigem que ao indivíduo seja permitido desenvolver-se livremente, não estorvado por leis, deveres ou obrigações. E, contudo, engolem sem protestar todos os padrões severos que cientistas e lógicos impõem à pesquisa e a qualquer espécie de atividade capaz de criar ou de modificar o conhecimento. Ocasionalmente, as leis do método científico, ou aquilo que um autor particular julga serem as leis do método científico, são até mesmo integradas ao próprio anarquismo. "O anarquismo é um conceito universal baseado em uma explicação mecânica de todos os fenômenos", escreve Kropotkin (1970, p.150-2).[4] "Seu método de investigação é o das ciências naturais exatas ... o método de indução e dedução." "Não está tão claro", escreve um professor "radical" moderno de Columbia,[5] "que a pesquisa científica exija absoluta liberdade de expressão e debate. A evidência sugere, antes, que certos tipos de restrição à liberdade não colocam obstáculos no caminho da ciência ...".

Há, certamente, algumas pessoas para quem isso "não está tão claro". Comecemos, portanto, com nosso esboço de uma metodologia anarquista e de uma ciência anarquista correspondente. Não há por que temer que a

---

[4] "Uma das grandes características de Ibsen é que nada era válido para ele, exceto a ciência." (Shaw, 1921, p.XCVII). Comentando esses e fenômenos similares, Strindberg escreve (*Antibarbarus*): "Uma geração que teve a coragem de livrar-se de Deus, de esmagar o Estado e a Igreja e de subverter a sociedade e a moralidade continuava todavia a curvar--se diante da Ciência. E na Ciência, onde deveria reinar a liberdade, a ordem do dia era 'acredite nas autoridades ou terá sua cabeça cortada'".

[5] Wolff, 1968, p.15. Para uma crítica de Wolff, ver a nota 52 de nosso ensaio "Against Method" (Feyerabend, 1970a).

reduzida preocupação com lei e ordem na ciência e na sociedade, que caracteriza esse tipo de anarquismo, vá levar ao caos. O sistema nervoso humano é por demais bem organizado para que isso ocorra.[6] Poderá, é claro, vir um tempo em que seja necessário dar à razão uma vantagem temporária e em que seja prudente defender suas regras a ponto de excluir tudo o mais. Não creio, contudo, que estejamos, hoje, vivendo nesse tempo.[7]

---

[6] Mesmo em situações indeterminadas e ambíguas alcança-se logo uma uniformidade de ação e adere-se tenazmente a ela. Ver Sherif (1964).
[7] Essa era minha opinião em 1970, quando escrevi a primeira versão deste ensaio. Os tempos mudaram. Considerando algumas tendências na educação nos Estados Unidos ("politicamente correto", *menus* acadêmicos etc.), na filosofia (pós-modernismo) e no mundo em geral, penso que se deveria, agora, dar maior peso à razão, não porque ela seja e sempre tenha sido fundamental, mas porque parece ser necessário, em circunstâncias que ocorrem muito frequentemente hoje (mas que podem desaparecer amanhã), criar uma abordagem mais humana.

1

Isto é demonstrado tanto por um exame de episódios históricos quanto por uma análise abstrata da relação entre ideia e ação. O único princípio que não inibe o progresso é: tudo vale.

A ideia de um método que contenha princípios firmes, imutáveis e absolutamente obrigatórios para conduzir os negócios da ciência depara com considerável dificuldade quando confrontada com os resultados da pesquisa histórica. Descobrimos, então, que não há uma única regra, ainda que plausível e solidamente fundada na epistemologia, que não seja violada em algum momento. Fica evidente que tais violações não são eventos acidentais, não são o resultado de conhecimento insuficiente ou de desatenção que poderia ter sido evitada. Pelo contrário, vemos que são necessárias para o progresso. Com efeito, um dos aspectos mais notáveis das recentes discussões na história e na filosofia da ciência é a compreensão de que eventos e desenvolvimentos como a invenção do atomismo na Antiguidade, a Revolução Copernicana, o surgimento do atomismo moderno (teoria cinética, teoria da dispersão, estereoquímica, teoria quântica) e a emergência gradual da teoria ondulatória da luz ocorreram apenas porque alguns pensadores *decidiram* não se deixar limitar por certas regras metodológicas "óbvias", ou porque as *violaram inadvertidamente*.

Essa prática liberal, repito, não é apenas um *fato* da história da ciência. É tanto razoável quanto *absolutamente necessária* para o desenvolvimento do conhecimento. Mais especificamente, pode-se mostrar o seguinte: dada qualquer regra, não importa quão "fundamental" ou "racional", sempre há circunstâncias em que é aconselhável não apenas ignorá-la, mas adotar a regra oposta. Por exemplo, há circunstâncias em que é aconselhável introduzir, elaborar e defender hipóteses *ad hoc*, ou hipóteses que contradizem resultados experimentais bem estabelecidos e em geral aceitos, ou hipóteses cujo conteúdo é menor que o conteúdo de uma alternativa existente e empiricamente adequada, ou hipóteses inconsistentes, e assim por diante.[1]

Há mesmo circunstâncias – e elas ocorrem com bastante frequência – em que a *argumentação* perde seu aspecto antecipador e torna-se um obstáculo ao progresso. Ninguém sustentaria que ensinar *crianças pequenas* é exclusivamente uma questão de argumentação (embora a argumentação possa fazer parte disso e deveria fazê-lo em maior extensão do que é

---

[1] Um dos poucos pensadores a compreender esse aspecto do desenvolvimento do conhecimento foi Niels Bohr: "... ele jamais tentava esboçar um quadro acabado, mas percorria pacientemente todas as fases do desenvolvimento de um problema, partindo de algum aparente paradoxo e levando gradualmente à sua elucidação. De fato, jamais considerava resultados obtidos como qualquer outra coisa que não pontos de partida para novas pesquisas. Ao especular acerca das perspectivas de alguma linha de investigação, abandonava as considerações usuais de simplicidade, elegância ou mesmo consistência com o comentário de que tais qualidades só podem ser adequadamente avaliadas *depois* [grifo nosso] do evento ..." (Rosenfeld, 1967, p.117). Ora, a ciência jamais é um processo concluído; portanto, está sempre "antes" do evento. Por conseguinte, simplicidade, elegância ou consistência *jamais* são condições necessárias da prática (científica).

Considerações como essa são usualmente criticadas pelo comentário imaturo de que uma contradição "acarreta" tudo. Mas contradições não "acarretam" coisa alguma, a menos que as pessoas as usem de certas maneiras. E as pessoas vão usá-las de certas maneiras somente se aceitarem algumas regras de derivação um tanto simplórias. Os cientistas que propõem teorias contendo falhas lógicas e obtêm resultados interessantes com seu auxílio (por exemplo, os resultados das primeiras versões do cálculo; de uma geometria em que as linhas consistem em pontos, planos, em linhas e volumes, em planos; as predições da Teoria Quântica mais antiga e das primeiras formas da Teoria Quântica da Radiação – e assim por diante) evidentemente procedem de acordo com regras distintas. A crítica, portanto, volta a seus autores, a menos que se possa mostrar que uma ciência logicamente descontaminada obtenha melhores resultados. Tal demonstração, contudo, é impossível. Versões logicamente perfeitas (se é que tais versões existem) em geral surgem apenas muito depois de as versões imperfeitas terem enriquecido a ciência com suas contribuições. Por exemplo, a mecânica ondulatória não foi uma "reconstrução lógica" de teorias precedentes, mas uma tentativa de preservar suas conquistas e resolver os problemas de física que haviam surgido em decorrência de seu uso. Tanto as conquistas quanto os problemas foram produzidos de um modo muito diferente dos modos daqueles que querem sujeitar tudo à tirania da "lógica".

costumeiro), e quase todos, atualmente, concordam que o que parece ser um resultado da razão – o domínio de uma língua, a existência de um mundo perceptual ricamente articulado, a capacidade lógica – é devido, em parte, à doutrinação e, em parte, a um processo de *desenvolvimento* que age com a força de uma lei natural. E quando os argumentos parecem ter efeito, isso se deve com mais frequência à sua *repetição física* do que a seu *conteúdo semântico*.

Tendo admitido isso, devemos também conceder que há a possibilidade de um desenvolvimento não argumentativo tanto nos *adultos* quanto nas (partes teóricas de) *instituições* como a ciência, a religião, a prostituição e assim por diante. Certamente não podemos assumir como dado que o que é possível para uma criança pequena – adquirir, à menor instigação, novos modos de comportamento; incorporá-los sem nenhum esforço visível – esteja além do alcance das pessoas mais velhas. Seria antes de esperar que alterações catastróficas no ambiente físico, guerras, o colapso de sistemas abrangentes de moralidade, revoluções políticas transformem igualmente os padrões de reação dos adultos, inclusive importantes padrões de argumentação. Tal transformação talvez seja, mais uma vez, um processo inteiramente natural e a única função da argumentação racional pode estar no fato de que aumenta a tensão mental que precedeu *e causou* o surto comportamental.

Ora, se há eventos, não necessariamente argumentos, que são *causa* de adotarmos novos padrões, inclusive formas novas e mais complexas de argumentação, não cabe então aos defensores do *status quo* fornecer não apenas contra-argumentos, mas também *causas* contrárias? ("Virtude sem terror é ineficaz", diz Robespierre.) E se as velhas formas de argumentação se revelam uma causa demasiado fraca, não têm esses defensores de desistir ou recorrer a meios mais fortes e mais "irracionais"? (É muito difícil, e talvez inteiramente impossível, combater mediante argumentação os efeitos de uma lavagem cerebral.) Até o racionalista mais rigoroso será então forçado a deixar de argumentar para recorrer à *propaganda* e à *coerção*, não porque deixaram de ser válidas algumas de suas razões, mas porque desapareceram as *condições psicológicas* que as tornam efetivas e capazes de influenciar outros. E qual a utilidade de um argumento incapaz de influenciar as pessoas?

É claro que o problema nunca aparece exatamente dessa forma. O ensino e a defesa de padrões jamais consistem meramente em colocá-los diante da mente do estudante e torná-los tão *claros* quanto possível. Supõe-se que os padrões tenham igualmente a máxima *eficácia causal*. Isso faz que seja realmente muito difícil distinguir entre a *força lógica* e o *efeito material* de um argumento. Assim como um bem treinado animal de estimação obedecerá a seu dono, por maior que seja o estado de confusão em que se encontre e por maior que seja a necessidade de adotar novos padrões de comportamento, da mesma maneira o racionalista bem treinado irá obedecer à imagem mental de *seu* mestre, manter-se-á fiel aos padrões de argumentação que aprendeu, apegar-se-á a esses padrões, por maior que seja o estado de confusão em que se encontre, e será inteiramente incapaz de compreender que aquilo que considera ser a "voz da razão" não passa de um *efeito causal subsequente* do treinamento que recebeu. Ele estará completamente impossibilitado de descobrir que o apelo à razão, ao qual tão prontamente sucumbe, não passa de *manobra política*.

Pode-se também perceber, por uma análise da *relação entre ideia e ação*, que interesses, forças, propaganda e técnicas de lavagem cerebral desempenham, no desenvolvimento de nosso conhecimento e no desenvolvimento da ciência, um papel muito maior do que geralmente se acredita. Admite-se com frequência como certo que uma compreensão clara e distinta de novas ideias precede, e deve preceder, sua formulação e sua expressão institucional. *Primeiro* temos uma ideia, ou um problema; *depois* é que agimos, isto é, ou falamos, ou construímos, ou destruímos. Contudo, certamente não é esse o modo pelo qual se desenvolvem as crianças pequenas. Elas usam palavras, combinam-nas, brincam com elas, até aprenderem um significado que estivera, até então, além de seu alcance. E a atividade lúdica inicial é um pré-requisito essencial para o ato final de compreensão. Não há razão alguma pela qual esse mecanismo devesse deixar de funcionar no adulto. Devemos esperar, por exemplo, que a *ideia* de liberdade só possa ser tornada clara por meio das mesmas ações que, supostamente, *criaram* a liberdade. A criação de uma *coisa* e a criação mais a compreensão plena de uma *ideia correta* da coisa *são com muita frequência partes de um e o mesmo processo indivisível* e não podem ser separadas sem interromper esse processo. Tal processo não é guiado por um programa bem definido e não pode ser guiado por um programa dessa espécie, pois encerra as condições para a realização de todos os programas possíveis. É, antes, guiado por um vago anseio, por uma "paixão" (Kierkegaard). Essa paixão dá origem a um comportamento específico que cria as circunstâncias e as ideias necessárias para analisar e explicar o processo, para torná-lo "racional".

O desenvolvimento da perspectiva copernicana, de Galileu até o século XX, é um exemplo perfeito da situação que quero descrever. Principiamos com uma firme convicção que é contrária à razão e à experiência da época. Essa convicção se dissemina e encontra apoio em outras crenças igualmente desarrazoadas, se é que não o são mais ainda (lei da inércia; o telescópio). A pesquisa é então desviada em novas direções, novos tipos de instrumento são construídos, a "evidência" passa a ser relacionada às teorias em novas maneiras, até que surge uma ideologia rica o suficiente para prover argumentos independentes em defesa de qualquer de suas partes específicas, e versátil o suficiente para encontrar tais argumentos sempre que pareçam ser necessários. Podemos dizer, hoje, que Galileu estava no caminho certo, pois sua busca persistente de algo que, em certa ocasião, pareceu ser uma cosmologia ridícula veio entrementes a criar o material necessário para defendê-la contra todos aqueles que aceitam um ponto de vista somente se for expresso de certa maneira e só confiam nele se contiver certas frases mágicas, chamadas "relatos observacionais". E isso não é uma exceção – é o caso normal: as teorias tornam-se claras e "razoáveis" apenas *depois* que partes incoerentes delas tenham sido usadas por longo tempo. Esse prelúdio desarrazoado, insensato e sem método revela-se, assim, uma precondição inevitável de clareza e de êxito empírico.

Ora, quando tentamos descrever e compreender de maneira geral desenvolvimentos dessa espécie, somos, é claro, obrigados a recorrer às formas de expressão existentes que não os levam em conta e as quais precisam ser distorcidas, mal empregadas e moldadas em novos padrões a fim de se adequarem a situações imprevistas (sem um mau uso constante da linguagem não pode haver descoberta ou progresso algum).

Além disso, uma vez que as categorias tradicionais são o evangelho do pensamento cotidiano (inclusive do pensamento científico ordinário) e da prática cotidiana [uma tal tentativa de compreender], apresenta, com efeito, regras e formas de pensamento falso e de ação incorreta – isto é, falso e incorreta do ponto de vista do senso comum (científico). (Marcuse, 1941, p.130)

É assim que o *pensamento dialético* surge como uma forma de pensamento que "reduz ao nada as determinações detalhadas do entendimento" (Hegel, 1965, p.6), inclusive a lógica formal.

(Incidentalmente, cabe assinalar que o uso frequente de palavras como "progresso", "avanço", "aperfeiçoamento" etc. não significa que eu afirme estar de posse de conhecimento especial acerca do que seja bom ou do que seja ruim nas ciências, nem que queira impor esse conhecimento a meus leitores. *Cada um pode interpretar os termos à sua própria maneira* e de acordo com a tradição a que pertença. Assim, para um empirista, "progresso" significará a transição a uma teoria que permite testes empíricos diretos da maioria de seus pressupostos básicos. Algumas pessoas acreditam que a Teoria Quântica seja uma teoria dessa espécie. Para outros, "progresso" pode significar unificação e harmonia, talvez mesmo à custa da adequação empírica. É assim que Einstein encarava a Teoria Geral da Relatividade. *E minha tese é a de que o anarquismo contribui para que se obtenha progresso em qualquer dos sentidos que se escolha atribuir ao termo.* Mesmo uma ciência pautada por lei e ordem só terá êxito se se permitir que, ocasionalmente, tenham lugar procedimentos anárquicos.)

Está claro, então, que a ideia de um método fixo ou de uma teoria fixa da racionalidade baseia-se em uma concepção demasiado ingênua do homem e de suas circunstâncias sociais. Para os que examinam o rico material fornecido pela história e não têm a intenção de empobrecê-lo a fim de agradar a seus baixos instintos, a seu anseio por segurança intelectual na forma de clareza, precisão, "objetividade" e "verdade", ficará claro que há apenas um princípio que pode ser defendido em *todas* as circunstâncias e em todos os estágios do desenvolvimento humano. É o princípio de que *tudo vale*.

Esse princípio abstrato precisa agora ser examinado e explicado em detalhes concretos.

2

Por exemplo, podemos usar hipóteses que contradigam teorias bem confirmadas e/ou resultados experimentais bem estabelecidos. Podemos fazer avançar a ciência procedendo contraindutivamente.

Examinar o princípio em detalhes concretos significa traçar as consequências de "contrarregras" que se opõem a regras bem conhecidas do empreendimento científico. Para ver como isso funciona, consideremos a regra de que é a "experiência", ou os "fatos", ou "resultados experimentais" que medem o êxito de nossas teorias, que concordância entre uma teoria e os "dados" favorece a teoria (ou deixa inalterada a situação), ao passo que discordância a compromete e talvez mesmo nos force a eliminá-la. Essa regra é uma parte importante de todas as teorias da confirmação e da corroboração. É a essência do empirismo. A "contrarregra" correspondente aconselha-nos a introduzir e elaborar hipóteses que sejam inconsistentes com teorias bem estabelecidas e/ou fatos bem estabelecidos. Aconselha-nos a proceder *contraindutivamente*.

O procedimento contraindutivo dá origem às seguintes questões: É a contraindução mais razoável do que a indução? Existem circunstâncias que favoreçam seu uso? Quais são os argumentos a seu favor? Quais são os argumentos contra ela? Será a indução, talvez, sempre preferível à contraindução? E assim por diante.

Essas questões serão resolvidas em dois passos. Primeiro, examinarei a contrarregra que nos incita a desenvolver hipóteses inconsistentes com *teorias* aceitas e altamente confirmadas. Posteriormente, examinarei a contrarregra que nos incita a desenvolver hipóteses inconsistentes com *fatos* bem estabelecidos. Os resultados podem ser resumidos como segue.

No primeiro caso, sucede que a evidência que poderia refutar uma teoria com frequência só pode ser revelada com o auxílio de uma alternativa incompatível: a recomendação (que remonta a Newton e ainda é bastante popular atualmente) de recorrer a alternativas tão só quando refutações já desacreditaram a teoria ortodoxa coloca o carro diante dos bois. Ademais, algumas das mais importantes propriedades formais de uma teoria são descobertas por contraste, e não por análise. Um cientista que deseja maximizar o conteúdo empírico das concepções que sustenta e compreendê-las tão claramente quanto lhe seja possível deve, portanto, introduzir outras concepções, ou seja, precisa adotar uma *metodologia pluralista*. Ele precisa comparar ideias antes com outras ideias do que com a "experiência" e tem de tentar aperfeiçoar, em vez de descartar, as concepções que fracassaram nessa competição. Procedendo dessa maneira, manterá as teorias do homem e do cosmos encontradas no Gênese ou no Pimandro e irá elaborá-las e usá-las para medir o êxito da evolução e de outras concepções "modernas". Pode ser então que ele descubra que a teoria da evolução não é tão boa quanto em geral se supõe, bem como que ela deve ser complementada, ou inteiramente substituída, por uma versão aperfeiçoada do Gênese. Concebido dessa maneira, o conhecimento não é uma série de teorias autoconsistentes que converge para uma concepção ideal; não é uma aproximação gradual à verdade. É, antes, um sempre crescente *oceano de alternativas mutuamente incompatíveis*, no qual cada teoria, cada conto de fadas e cada mito que faz parte da coleção força os outros a uma articulação maior, todos contribuindo, mediante esse processo de competição, para o desenvolvimento de nossa consciência. Nada jamais é estabelecido, nenhuma concepção pode jamais ser omitida de uma explicação abrangente. Plutarco ou Diógenes Laércio, e não Dirac ou Von Neumann, são os modelos para a apresentação dessa espécie de conhecimento, no qual a *história* da ciência torna-se parte inseparável da própria ciência – é essencial para seu *desenvolvimento* posterior, bem como para dar *conteúdo* às teorias que contém em qualquer momento dado. Especialistas e leigos, profissionais e diletantes, fanáticos pela verdade e mentirosos – todos estão convidados a participar do debate e a dar sua contribuição para o enriquecimento de nossa cultura. A tarefa do cientista, contudo, não é mais "buscar a verdade" ou "louvar a deus" ou "sistematizar as observações" ou "aperfeiçoar as predições". Esses não passam de efeitos colaterais de uma atividade para a qual sua atenção está agora principalmente dirigida que é *"tornar forte a posição fraca"*, como diziam os sofistas, *e, desse modo, sustentar o movimento do todo.*

A segunda "contrarregra" que favorece hipóteses inconsistentes com *observações, fatos e resultados experimentais* não precisa de defesa especial, pois não existe uma única teoria interessante que concorde com todos os fatos conhecidos que estão em seu domínio. A questão, portanto, não é se teorias contraindutivas deveriam ser *admitidas* na ciência; a questão é, antes, se as discrepâncias *existentes* entre teoria e fato devem ser aumentadas, ou diminuídas, ou o que mais deve ser feito com elas.

Para responder a essa questão, é suficiente lembrar que relatos observacionais, resultados experimentais e enunciados "fatuais" ou *contêm* pressupostos teóricos ou os *afirmam* pela maneira em que são usados. (A respeito desse ponto, cf. a discussão das interpretações naturais nos capítulos 6 e seguintes.) Assim, nosso costume de dizer que "a mesa é marrom" quando a contemplamos em circunstâncias normais, com nossos sentidos em boas condições, mas "a mesa parece ser marrom" quando as condições de iluminação são deficientes ou quando nos sentimos inseguros a respeito de nossa capacidade de observação, expressa a crença de que há circunstâncias familiares nas quais nossos sentidos são capazes de ver o mundo "como ele realmente é" e outras circunstâncias, igualmente familiares, em que eles são enganados. Expressa a crença de que algumas de nossas impressões sensoriais são verídicas, ao passo que outras não. Também assumimos como dado que o meio material entre o objeto e nós não exerce nenhuma influência deturpadora e que a entidade física que estabelece o contato – luz – transmite uma imagem verdadeira. Todos esses são pressupostos abstratos e altamente duvidosos que moldam nossa visão do mundo sem serem acessíveis a uma crítica direta. Usualmente, não estamos sequer conscientes deles e percebemos seus efeitos apenas quando deparamos com uma cosmologia inteiramente distinta: preconceitos são descobertos por contraste, e não por análise. O material que o *cientista* tem à sua disposição, inclusive suas teorias mais esplêndidas e suas técnicas mais sofisticadas, estrutura-se exatamente do mesmo modo. Encerra, da mesma maneira, princípios que não são conhecidos e, caso o fossem, seriam extremamente difíceis de testar. (Em consequência, uma teoria poderá conflitar com a evidência não porque não seja correta, mas porque a evidência está contaminada.)

Ora – como nos seria possível examinar algo que estamos utilizando o tempo todo? Como poderemos analisar, para revelar seus pressupostos, os termos em que habitualmente expressamos nossas observações mais simples e diretas? Como descobrir a espécie de mundo que pressupomos, ao agir como agimos?

A resposta é clara: não podemos descobri-lo a partir de *dentro*. Necessitamos de um padrão *externo* de crítica, necessitamos de um conjunto de pressupostos alternativos, ou, já que esses pressupostos serão bastante gerais, constituindo, por assim dizer, um mundo alternativo inteiro, *necessitamos de um mundo imaginário a fim de descobrir as características do mundo real que pensamos habitar* (e o qual, na verdade, talvez seja apenas outro mundo imaginário). O primeiro passo em nossa crítica de conceitos e procedimentos familiares, o primeiro passo em nossa crítica dos "fatos", tem, portanto, de ser uma tentativa de romper esse círculo. Temos de inventar um novo sistema conceitual que suspenda os resultados de observação mais cuidadosamente estabelecidos ou entre em conflito com eles, conteste os princípios teóricos mais plausíveis e introduza percepções que não possam fazer parte do mundo perceptual existente.[1] A contraindução, portanto, é sempre razoável e tem sempre uma chance de êxito.

Nos sete capítulos seguintes, essa conclusão será desenvolvida em mais detalhe e elucidada com o auxílio de exemplos históricos. Poder-se-ia, portanto, ter a impressão de que estou recomendando uma nova metodologia que substitua a indução pela contraindução e utilize uma multiplicidade de teorias, concepções metafísicas e contos de fadas em vez do costumeiro

---

[1] Os temas "entra em conflito" ou "suspende" têm o propósito de ser mais gerais que "contradiz". Direi que um conjunto de ideias ou ações "entra em conflito" com um sistema conceitual se é ou inconsistente com ele, ou faz que o sistema pareça absurdo. Para detalhes, cf. o Capítulo 16.

par teoria/observação.[2] Essa impressão certamente seria errônea. Minha intenção não é substituir um conjunto de regras gerais por outro conjunto da mesma espécie: minha intenção, ao contrário, é convencer a leitora ou o leitor de que *todas as metodologias, até mesmo as mais óbvias, têm seus limites*. A melhor maneira de exibir isso é demonstrar os limites e mesmo a irracionalidade de algumas regras que ela ou ele tenderia a considerar básicas. No caso da indução (inclusive a indução por falseamento), isso significa demonstrar quão bem o procedimento contraindutivo pode ser apoiado por argumentação. Recorde-se, sempre, que as demonstrações e a retórica empregadas não expressam nenhuma "convicção profunda" de minha parte. Elas apenas mostram quão fácil é fazer, de maneira racional, que alguém nos siga cegamente. Um anarquista é como um agente secreto que participa do jogo da Razão de modo que solape a autoridade da Razão (Verdade, Honestidade, Justiça e assim por diante).[3]

---

[2] É assim que o professor Ernan McMullin (1971) interpreta alguns de meus primeiros artigos.

[3] "Dadá", diz Hans Richter em *Dada: Art and Anti-Art* (1965), "não somente não tinha um programa, como era contra todos os programas". Isso não exclui a habilidosa defesa de programas para mostrar o caráter quimérico de qualquer defesa, não importa quão "racional". (Da mesma maneira, um ator ou um dramaturgo poderia mostrar todas as manifestações externas de "amor profundo" a fim de desmascarar a própria ideia de "amor profundo". Exemplo: Pirandello.)

3

A condição de consistência, que exige que hipóteses novas estejam de acordo com teorias aceitas, é desarrazoada, pois preserva a teoria mais antiga e não a melhor. Hipóteses contradizendo teorias bem confirmadas proporcionam-nos evidência que não pode ser obtida de nenhuma outra maneira. A proliferação de teorias é benéfica para a ciência, ao passo que a uniformidade prejudica seu poder crítico. A uniformidade também ameaça o livre desenvolvimento do indivíduo.

Neste capítulo, apresentarei argumentos mais detalhados em favor da "contrarregra" que nos incita a introduzir hipóteses que sejam *inconsistentes* com *teorias* bem estabelecidas. Os argumentos serão indiretos. Terão início com uma crítica da exigência de que hipóteses novas tenham de ser consistentes com tais teorias. Essa exigência será denominada *condição de consistência*.[1]

À primeira vista, pode-se tratar do caso da condição de consistência em bem poucas palavras. É bem sabido (e também foi demonstrado de modo pormenorizado por Duhem) que a mecânica de Newton é inconsistente com a lei de queda livre, de Galileu, e com as leis de Kepler; que a termodinâmica estatística é inconsistente com a segunda lei da teoria fenomenológica; que a óptica ondulatória é inconsistente com a óptica geométrica; e assim por diante (Duhem, 1962, p.180 ss.). Note-se que o que está sendo aqui afirmado é inconsistência *lógica*; pode bem ser o caso que as diferenças de predição sejam pequenas demais para que um experimento as detecte. Note-se também que o que está sendo afirmado não é

---

[1] A condição de consistência remonta pelo menos a Aristóteles. Desempenha um papel importante na filosofia de Newton (embora o próprio Newton a tivesse constantemente violado). É assumida como dada por muitos cientistas e filósofos da ciência do século XX.

a *inconsistência* de, por exemplo, a *teoria* de Newton com a lei de Galileu, mas antes a inconsistência de *algumas consequências* da teoria de Newton, no domínio de validade da lei de Galileu, com a lei de Galileu. Neste último caso, a situação é particularmente clara. A lei de Galileu afirma que a aceleração dos corpos em queda livre é uma constante, ao passo que a aplicação da teoria de Newton à superfície da Terra resulta em uma aceleração que não é constante, mas *decresce* (embora imperceptivelmente) à medida que aumenta a distância do centro da Terra.

Para falar de modo mais abstrato: consideremos uma teoria T' que descreve de maneira bem-sucedida a situação no domínio D'. T' concorda com um número *finito* de observações (digamos, de classe F) e concorda com essas observações em uma margem de erro M. Qualquer alternativa que contradiga T' fora de F e dentro dos limites de M tem o apoio exatamente das mesmas observações e é, portanto, aceitável, se T' era aceitável (pressuporei que F sejam as únicas observações feitas). A condição de consistência é muito menos tolerante. Elimina uma teoria ou uma hipótese não porque esteja em desacordo com os fatos; elimina-a porque está em desacordo com outra teoria, com uma teoria, além do mais, de cujas instâncias confirmadoras ela compartilha. Desse modo, transforma a parte ainda não testada dessa teoria em medida de validade. A única diferença entre tal medida e uma teoria mais recente é a diferença de idade e familiaridade. Se a teoria mais recente tivesse surgido primeiro, a condição de consistência teria operado em seu favor. "A *primeira* teoria adequada tem o direito de prioridade sobre teorias igualmente adequadas surgidas depois" (Truesdell, s.d., p.14). Quanto a isso, o efeito da condição de consistência é bastante similar ao efeito dos métodos mais tradicionais de dedução transcendental, análise de essências, análise fenomenológica, análise linguística. Contribui para a preservação do que é antigo e familiar não por causa de nenhuma vantagem inerente a ele, mas porque é antigo e familiar. Esta não é a única instância em que, em um exame mais detalhado, emerge uma semelhança bastante surpreendente entre o empirismo contemporâneo e algumas das escolas filosóficas que ataca.

Ora, parece-me que essas breves considerações, embora conduzindo a uma interessante crítica *tática* da condição de consistência e a alguns primeiros fragmentos de sustentação da contraindução, não chegam, ainda, ao âmago da questão. Mostram que uma alternativa ao ponto de vista aceito, alternativa que compartilha de suas instâncias confirmadoras, não pode ser *eliminada* por argumentação factual. Não mostram que tal alternativa seja *aceitável*; e mostram muito menos ainda que *deva ser utilizada*. Já é ruim o bastante, poderia assinalar um defensor da condição de consistência, que o ponto de vista aceito não tenha pleno lastro empírico. Acrescentar novas teorias *de caráter igualmente insatisfatório* não irá melhorar a situação, nem faz muito sentido tentar *substituir* as teorias aceitas por algumas de suas alternativas possíveis. Tal substituição não será uma coisa fácil. Talvez tenha de ser aprendido um novo formalismo, e problemas familiares talvez tenham de ser calculados de uma nova maneira. Manuais terão de ser reescritos, currículos universitários, reajustados, resultados experimentais, reinterpretados. E qual será o resultado de todo esse esforço? Outra teoria que, de um ponto de vista empírico, não tem vantagem alguma sobre a teoria que substitui. O único melhoramento real, continuaria o defensor da condição de consistência, deriva do *acréscimo de fatos novos*. Tais fatos novos ou darão sustentação às teorias correntes, ou irão forçar-nos a modificá-las ao indicar precisamente onde estão erradas. Em ambos os casos, darão lugar a um progresso real e não apenas a mudanças arbitrárias. O procedimento apropriado, portanto, tem de consistir na confrontação do ponto de vista aceito com tantos fatos relevantes quanto possível. A exclusão de alternativas é, então, simplesmente uma questão de conveniência: sua invenção não apenas não ajuda, como até estorva o progresso ao absorver tempo e potencial humano que poderiam ser dedicados a coisas melhores. A condição de consistência elimina tais discussões infrutíferas e força o cientista a concentrar-se nos fatos, que, afinal de contas, são os únicos juízes aceitáveis de uma teoria. É assim que o cientista praticante defende sua concentração sobre uma teoria única, à exclusão de suas alternativas empiricamente possíveis.

 Vale a pena repetir o núcleo razoável desse argumento. As teorias não devem ser mudadas, a menos que haja razões prementes para tanto. A única razão premente para mudar uma teoria é o desacordo com os fatos. A discussão de fatos incompatíveis com a teoria, portanto, conduzirá ao progresso. A discussão de hipóteses incompatíveis não o fará. Logo, é um procedimento salutar aumentar o número de fatos relevantes. Não é um procedimento salutar aumentar o número de alternativas factualmente adequadas, mas incompatíveis. Poder-se-ia desejar acrescentar que aperfeiçoamentos formais como aumento de elegância, de simplicidade, de generalidade e de coerência não deveriam ser excluídos. Porém, uma vez que esses melhoramentos tenham sido levados a efeito, coletar fatos para fins de teste parece ser a única coisa que resta ao cientista.

E assim é – contanto que fatos *existam e estejam disponíveis independentemente de considerar-se ou não alternativas à teoria a ser testada.* Denominarei esse pressuposto, do qual depende de maneira decisiva a validade do argumento precedente, de pressuposto da autonomia relativa dos fatos, ou *princípio de autonomia*. Esse princípio não assevera que a descoberta e a descrição de fatos sejam independentes de *todo* teorizar. Assevera, contudo, que os fatos que fazem parte do conteúdo empírico de alguma teoria estão disponíveis, considerem-se ou não alternativas a *essa* teoria. Não estou ciente de que esse pressuposto muito importante tenha alguma vez sido explicitamente formulado como um postulado – distinto de outros – do método empírico. Contudo, ele está claramente subentendido em quase todas as investigações que tratam de questões de confirmação e teste. Todas essas investigações usam um modelo no qual uma *única* teoria é comparada com uma classe de fatos (ou enunciados observacionais) que, supõe-se, estejam de alguma forma "dados". Penso que esse é um retrato demasiadamente simples da situação real. Fatos e teorias estão muito mais intimamente ligados do que o admite o princípio de autonomia. Não apenas é a descrição de cada fato individual dependente de *alguma* teoria (a qual pode, é claro, ser muito diferente da teoria a ser testada), mas também existem fatos que não podem ser revelados, exceto com o auxílio de alternativas à teoria a ser testada, e deixam de estar disponíveis tão logo tais alternativas sejam excluídas. Isso sugere que a unidade metodológica à qual devemos nos referir ao discutir questões de teste e conteúdo empírico é constituída por *todo um conjunto de teorias, parcialmente superpostas, factualmente adequadas, porém mutuamente inconsistentes*. No presente capítulo, apresentarei apenas um esboço de tal modelo de teste. Contudo, antes de fazer isso, quero discutir um exemplo que mostra muito claramente a função das alternativas na descoberta de fatos críticos.

Sabe-se, atualmente, que a partícula browniana é uma máquina de moto-perpétuo de segunda espécie e sua existência refuta a segunda lei fenomenológica. O movimento browniano, portanto, pertence ao domínio dos fatos relevantes para a lei. Ora, poderia essa relação entre o movimento browniano e essa lei ter sido descoberta de maneira *direta*, isto é, poderia ter sido descoberta por um exame das consequências observacionais da teoria fenomenológica que não fizesse uso de uma teoria alternativa do calor? Essa questão divide-se prontamente em duas: 1) Poderia a *relevância* da partícula browniana ter sido descoberta dessa maneira? 2) Poderia ter sido demonstrado que ela realmente *refuta* a segunda lei?

A resposta à primeira questão é que não sabemos. É impossível dizer o que teria acontecido se a teoria cinética não tivesse sido introduzida no debate. Suponho, contudo, que, nesse caso, a partícula browniana teria sido encarada como algo extravagante – de modo igualmente extravagante àquele como foram encarados alguns dos surpreendentes efeitos relatados pelo falecido professor Ehrenhaft – e não lhe teria sido atribuída a posição decisiva que assumiu na teoria contemporânea. A resposta à segunda questão é simplesmente Não. Consideremos o que a descoberta de uma inconsistência entre o fenômeno do movimento browniano e a segunda lei teria requerido. Teria exigido: a) medida do *movimento* exato da partícula a fim de determinar a mudança em sua energia cinética mais a energia despendida para superar a resistência do fluido; e b) medidas precisas da temperatura e transferência de calor no meio circundante a fim de estabelecer que qualquer perda aí ocorrida era de fato compensada pelo aumento na energia da partícula em movimento e pelo trabalho efetuado contra o fluido. Tais medições encontram-se fora do alcance das possibilidades experimentais;[2] nem a transferência de calor nem a trajetória da partícula podem ser medidas com a precisão desejada. Logo, uma refutação "direta" da segunda lei que considere apenas a teoria fenomenológica e os "fatos" do movimento browniano é impossível. É impossível por causa da estrutura do mundo em que vivemos e por causa das leis válidas nesse mundo. E como bem se sabe, a refutação real foi efetuada de maneira muito diferente.

---

[2] Para detalhes, cf. Fürth (1933, p.143 ss.).

Foi efetuada pela teoria cinética e pela utilização desta por Einstein em seus cálculos das propriedades estatísticas do movimento browniano. No decurso desse procedimento, a teoria fenomenológica (T') foi incorporada no contexto mais amplo da física estatística (T), de maneira tal que *a condição de consistência foi violada*, e foi apenas *então* que experimentos cruciais foram feitos (investigações de Svedberg e Perrin).[3]

Parece-me que esse exemplo é típico da relação entre teorias ou pontos de vista razoavelmente gerais e os "fatos". Tanto a relevância quanto o caráter refutador dos fatos decisivos só podem ser estabelecidos com o auxílio de outras teorias, as quais, embora factualmente adequadas,[4] não estão em concordância com a concepção a ser testada. Sendo assim,

---

[3] Para essas investigações (cujo pano de fundo filosófico deriva de Boltzmann), cf. Einstein, 1956, que contém todos os artigos relevantes de Einstein e uma exaustiva bibliografia organizada por R. Fürth. A respeito do trabalho experimental de J. Perrin, ver *Die Atome*, 1920. Para a relação entre a teoria fenomenológica e a teoria cinética de Von Smoluchowski, ver "Experimentell nachweisbare, der üblichen Thermodynamik widersprechende Molekularphänomene", 1912, p.1069, bem como a breve nota de K. R. Popper, "Irreversibility, or, Entropy since 1905", 1957, p.151, que resume os argumentos essenciais. Apesar das descobertas memoráveis de Einstein e da esplêndida apresentação feita por Von Smoluchowski de suas consequências (1927, p.226 ss., 316 ss., 462 ss. e 530 ss.), a situação atual na termodinâmica é extremamente confusa, especialmente em vista da presença continuada de algumas ideias de redução muito duvidosas. Para ser mais específico, faz-se com frequência a tentativa de determinar o equilíbrio de entropia de um processo *estatístico* complexo por meio de referência à (refutada) lei *fenomenológica*, após o que são inseridas flutuações de maneira *ad hoc*. A respeito disso, cf. nossa nota "On the Possibility of a Perpetuum Mobile of the Second Kind", 1966, p.409, e nosso artigo "In Defence of Classical Physics", 1970b.
Incidentalmente, é preciso mencionar que, em 1903, quando Einstein começou seu trabalho na termodinâmica, existia evidência empírica sugerindo que o movimento browniano não poderia ser um fenômeno molecular. Ver Exner, 1900, p.843. Exner afirmava que o movimento era de ordens de magnitude abaixo do valor a ser esperado com base no princípio de equipartição. Einstein (1956, p.63 ss., especialmente p.67) apresentou a seguinte explicação teórica da discrepância: "uma vez que um observador operando com meios definidos de observação de maneira definida jamais pode perceber a trajetória real percorrida em um tempo arbitrariamente pequeno, uma certa velocidade média sempre aparecer-lhe-á como velocidade instantânea. Mas é claro que a velocidade determinada, assim, não corresponde a nenhuma propriedade objetiva do movimento sob investigação". Cf. também Nye, 1972, p.98 ss.

[4] A condição de adequação factual será removida no Capítulo 5.

a invenção e a articulação de alternativas talvez tenham de preceder a apresentação de fatos refutadores. O empirismo, ao menos em algumas de suas versões mais sofisticadas, demanda que o conteúdo empírico de qualquer conhecimento que tenhamos seja aumentado tanto quanto possível. *Em consequência, a invenção de alternativas à concepção que está em discussão constitui parte essencial do método empírico.* Inversamente, o fato de que a condição de consistência elimina alternativas mostra agora estar em desacordo não apenas com a prática científica, mas também com o empirismo. Ao excluir testes valiosos, diminui o conteúdo empírico das teorias a que é permitido permanecer (e estas, como indiquei anteriormente, em geral serão as teorias que surgiram primeiro) e diminui em especial o número daqueles fatos que poderiam mostrar suas limitações. É assim que os empiristas (como Newton ou alguns proponentes do que foi chamado a interpretação ortodoxa da mecânica quântica) que defendem a condição de consistência, não estando cientes da natureza complexa do conhecimento científico (e, quanto a isso, de qualquer forma de conhecimento), esvaziam de conteúdo empírico suas teorias favoritas, transformando-as, assim, no que mais desprezam, a saber, doutrinas metafísicas.[5]

John Stuart Mill apresentou uma fascinante descrição da transformação gradual de ideias revolucionárias em obstáculos para o pensamento. Quando uma nova concepção é proposta, defronta-se com um público hostil, e são necessárias excelentes razões para obter-lhe mesmo uma audiência moderadamente justa. As razões são apresentadas, mas são amiúde desconsideradas ou ridicularizadas, e infelicidade é a sina dos inventores audazes. Mas gerações novas, estando interessadas em coisas novas, ficam curiosas; consideram as razões, levam-nas adiante, e grupos de pesquisadores iniciam estudos detalhados. Esses estudos talvez conduzam a êxitos surpreendentes (também suscitam grande porção de dificuldades). Ora, nada é tão bem-sucedido quanto o sucesso, mesmo que seja sucesso rodeado de dificuldades. A teoria passa a ser um tópico

---

[5] A confirmação mais dramática da concepção ortodoxa que tornou óbvia sua natureza empírica veio por meio do teorema de Bell. Mas Bell estava do lado de Einstein, e não de Bohr, a quem considerava um "obscurantista". Cf. Bernstein, 1991, p.3 ss. (sobre a formação de Bell) e p.84 (sobre "obscurantista").

de discussão aceitável; é apresentada em simpósios e grandes congressos. Os membros intransigentes do *status quo* sentem-se obrigados a estudar um ou outro artigo, a resmungar alguns comentários e, talvez, a tomar parte em sua exploração. Chega então um momento em que a teoria já não é mais um tópico esotérico de discussão para seminários e conferências avançados, mas ingressa no domínio público. Há textos introdutórios e popularizações; questões de exames começam a lidar com problemas a serem resolvidos nos termos da teoria. Cientistas pertencentes a campos distantes e filósofos, tentando exibir-se, fazem alusões aqui e ali, e esse desejo frequentemente mal informado de estar do lado certo é tomado como mais um sinal da importância da teoria.

Infelizmente, esse aumento em importância não é acompanhado por melhor compreensão – ocorre justamente o oposto. Aspectos problemáticos que haviam sido originalmente introduzidos com o auxílio de argumentos cuidadosamente construídos tornam-se agora princípios básicos; pontos duvidosos transformam-se em *slogans*; debates com oponentes passam a ser padronizados e também bastante irrealistas, pois os oponentes, tendo de se expressar em termos que pressupõem o que contestam, parecem usar de subterfúgios, ou empregar mal as palavras. Alternativas são ainda empregadas, mas já não contêm contrapropostas realísticas; servem apenas como pano de fundo para o esplendor da nova teoria. Assim, temos de fato êxito – mas é o êxito de uma manobra executada no vazio, superando dificuldades que foram de antemão estabelecidas de modo que tivessem solução fácil. Uma teoria empírica como a mecânica quântica ou uma prática pseudoempírica como a medicina científica moderna com seus antecedentes materialistas podem, é claro, indicar numerosas conquistas, mas *qualquer* concepção, *qualquer* prática que tenha existido por algum tempo tem conquistas. A questão é de quem são as melhores ou mais importantes conquistas, e *essa* questão não pode ser respondida, pois não há alternativas realísticas que possam fornecer um ponto de comparação. Uma invenção maravilhosa transformou-se em um fóssil.

Há numerosos exemplos históricos do processo que acabo de descrever e vários autores fizeram comentários a respeito dele. O mais importante autor recente é o professor Thomas Kuhn. Em *The Structure of Scientific Revolutions* [A estrutura das revoluções científicas] (1962) ele faz uma distinção entre ciência e pré-ciência e, no interior da ciência, entre revoluções e ciência normal. A pré-ciência, de acordo com ele, é totalmente pluralista e, portanto, corre o risco de concentrar-se sobre opiniões em vez de sobre coisas (Bacon defendeu ponto de vista similar). Os dois componentes da ciência madura estão em perfeito acordo com os dois estágios já mencionados, exceto que Kuhn duvida que a ciência, ou, quanto a isso, qualquer atividade que afirme produzir conhecimento factual, possa funcionar sem um componente normal. Fósseis, parece ele dizer, são necessários para dar substância aos debates que ocorrem no componente revolucionário – mas acrescenta que o último não pode progredir sem alternativas. Dois autores menos recentes são Mill e Niels Bohr. Mill (1965) apresenta uma descrição clara e convincente da transição do estágio inicial de uma concepção nova até sua ortodoxia. Debates e argumentação, escreve ele, são características

> que pertencem a períodos de transição, quando velhas noções e sentimentos foram desestabilizados e nenhuma nova doutrina chegou ainda a ter predominância. Em tais ocasiões, as pessoas de qualquer atividade intelectual, tendo abandonado suas velhas crenças, e não estando inteiramente seguras de que aquelas que ainda retêm possam ficar sem modificações, dão ansiosamente ouvidos a novas opiniões. Mas esse estado de coisas é necessariamente transitório: algum corpo particular de doutrina finalmente arregimenta a maioria em torno de si; organiza instituições sociais e modos de ação em conformidade consigo mesmo; a educação incute esse novo credo à nova geração *sem os processos mentais que conduziram a ele*; e ele, gradualmente, adquire exatamente o mesmo poder de opressão por longo tempo exercido pelos credos cujo lugar tomou. (Mill, 1965, p.119, grifos nossos)

Um tratamento das alternativas substituídas, do processo de substituição, dos argumentos utilizados em seu curso, da força das concepções antigas e das fraquezas da nova, não um "tratamento sistemático", mas um *tratamento histórico de cada estágio de conhecimento*, pode mitigar esses inconvenientes e aumentar a racionalidade de nossos comprometimentos teóricos. A apresentação feita por Bohr de novas descobertas expõe precisamente esse padrão; contém resumos preliminares fazendo um levantamento do passado, segue adiante para o "estado atual do conhecimento" e termina fazendo sugestões gerais quanto ao futuro.[6]

As ideias de Mill e o procedimento de Bohr não são apenas expressões de sua atitude liberal, mas refletem também sua convicção de que um pluralismo de ideias e formas de vida é parte essencial de qualquer investigação racional concernente à natureza das coisas. Ou, para falar de modo mais geral: *a unanimidade de opinião pode ser adequada para uma igreja rígida, para as vítimas assustadas ou ambiciosas de algum mito (antigo ou moderno), ou para os fracos e voluntários seguidores de algum tirano. A variedade de opiniões é necessária para o conhecimento objetivo. E um método que estimula a variedade é também o único método compatível com uma perspectiva humanitarista.* (Uma vez que a condição de consistência delimita a variedade, contém um elemento teológico que reside, é claro, na adoração dos "fatos" tão característica de quase todo empirismo.[7])

---

[6] Para um tratamento mais detalhado, cf. nossos *Philosophical Papers*, v.1, cap.16, seção 6.
[7] É interessante notar que as trivialidades que levaram os protestantes à Bíblia são amiúde quase idênticas às trivialidades que levam empiristas e outros fundamentalistas a *seu* fundamento, a saber, a experiência. Assim, em seu *Novum Organon*, Bacon exige que todas as noções preconcebidas (aforismo 36), opiniões (aforismos 42 ss.) e mesmo *palavras* (aforismos 59, 121) "sejam adjuradas e que se renuncie a elas com resolução firme e solene, e o entendimento deve ser completamente liberado e desembaraçado delas, de modo que o acesso ao reino do homem, que se fundamenta nas ciências, possa assemelhar-se àquele do reino dos céus, onde só é concedida a entrada às crianças" (aforismo 68). Em ambos os casos, a "disputa" (que é a consideração de alternativas) é criticada; em ambos os casos somos convidados a prescindir dela; e em ambos os casos é-nos prometida uma "percepção imediata", aqui, de Deus, e lá, da Natureza. Para o pano de fundo teórico dessa similaridade, cf. Feyerabend; Lakatos, 1970c. A respeito das fortes conexões entre puritanismo e ciência moderna, ver Jones, 1965, caps.5-7. Um exame cabal dos fatores que influenciaram o surgimento do empirismo moderno na Inglaterra encontra-se em Merton, 1970 (versão em livro do artigo de 1938).

4

Não há nenhuma ideia, por mais antiga e absurda, que não seja capaz de aperfeiçoar nosso conhecimento. Toda a história do pensamento é absorvida na ciência e utilizada para o aperfeiçoamento de cada teoria. E nem se rejeita a interferência política. Talvez ela seja necessária para superar o chauvinismo da ciência que resiste a alternativas ao status quo.

Isso encerra a discussão da primeira parte da contraindução, que trata da invenção e da elaboração de hipóteses inconsistentes com um ponto de vista altamente confirmado e de aceitação geral. O resultado foi que um exame cabal de tal ponto de vista pode envolver alternativas incompatíveis, de modo que o conselho (newtoniano) de adiar as alternativas até que tivesse surgido a primeira dificuldade significa colocar o carro diante dos bois. Um cientista interessado em obter o máximo conteúdo empírico, que deseja compreender tantos aspectos de sua teoria quanto possível, adotará uma metodologia pluralista, comparará teorias com outras teorias, em vez de com "experiência", "dados" ou "fatos", e tentará aperfeiçoar, e não descartar, as concepções que aparentem estar sendo vencidas na competição.[1] Isso porque as alternativas, de que ele necessita para que a competição continue, podem ser tomadas também do passado. Na verdade,

---

[1] Logo, é importante que as alternativas sejam contrapostas umas às outras, e não isoladas ou emasculadas por alguma forma de "desmitificação". Ao contrário de Tillich, Bultmann e seus seguidores, devemos encarar as concepções de mundo da Bíblia, do épico *Gilgamés*, da *Ilíada* e dos *Edda* como *cosmologias alternativas* plenamente desenvolvidas que podem ser utilizadas para modificar, e mesmo substituir, as cosmologias "científicas" de determinada época.

podem ser tomadas de onde quer que seja possível encontrá-las – de mitos antigos e preconceitos modernos, das elucubrações dos especialistas e das fantasias dos excêntricos. A história inteira de uma disciplina é utilizada na tentativa de aperfeiçoar seu estágio mais recente e mais "avançado". A separação entre a história de uma ciência, sua filosofia e a própria ciência dissolve-se no ar, e isso também se dá com a separação entre ciência e não ciência.[2]

Tal posição, consequência natural dos argumentos antes apresentados, é frequentemente atacada – não por meio de contra-argumentos, aos quais seria fácil responder, mas por questões retóricas. "Se qualquer metafísica é admissível", escreve a dra. Hesse em sua resenha de um artigo

---

[2] Uma apresentação e uma defesa verdadeiramente humanitarista dessa posição encontram-se em Mill (1961). A filosofia de Popper, que algumas pessoas gostariam de apresentar-nos como o único racionalismo humanitarista existente hoje, não passa de um pálido reflexo das ideias de Mill. É especializada, formalista, elitista e desprovida daquela preocupação com a felicidade individual, que é um traço tão característico de Mill. Podemos compreender suas peculiaridades, se considerarmos a) o pano de fundo do positivismo lógico, que desempenha importante papel na *Logic of Scientific Discovery*, e b) o puritanismo implacável de seu autor (e da maioria de seus seguidores), e se recordarmos a influência de Harriet Taylor na vida e na filosofia de Mill. Não há uma Harriet Taylor na vida de Popper. Os argumentos precedentes devem ter também deixado claro que considero a proliferação não apenas um "catalisador externo" do progresso, como sugere Lakatos em seus ensaios (1971, p.98; 1970a, p.21), mas como parte essencial dele. Desde "Explanation, Reduction, and Empiricism" (1962), e em especial em "How to Be a Good Empiricist" (1963b), venho sustentando que as alternativas aumentam o conteúdo empírico das concepções que eventualmente estejam no centro das atenções e são, portanto, "partes *necessárias*" do processo de falseamento (Lakatos, 1971, nota 27, descrevendo sua própria posição). Em "Reply to Criticism" (1965, p.224), assinalei que "o princípio de proliferação não apenas recomenda a invenção de *novas* alternativas, mas também impede a eliminação de teorias *mais velhas* que tenham sido refutadas. A razão é que tais teorias contribuem para aumentar o conteúdo de suas rivais vitoriosas". Isso está de acordo com a observação feita por Lakatos, em 1971, de que "as alternativas não são meros catalisadores que podem ser removidos posteriormente, durante o processo de reconstrução racional" (1971, nota 27), *exceto* que Lakatos atribui a mim a concepção psicologista e a si próprio minhas *verdadeiras* concepções. Considerando a argumentação no texto, fica claro que a crescente separação entre a história, a filosofia da ciência e a própria ciência é uma desvantagem e deveria findar, no interesse das três disciplinas. Caso contrário, obteremos grande quantidade de resultados minuciosos, precisos, mas completamente estéreis.

anterior deste autor,[3] "coloca-se então a questão de por que não *recuamos* e exploramos a crítica objetiva da ciência moderna que está presente no aristotelismo ou mesmo no vudu?" – e insinua que uma crítica dessa espécie seria totalmente risível. Sua insinuação, infelizmente, pressupõe que seus leitores sejam bastante ignorantes. Progresso foi muitas vezes obtido por meio de uma "crítica com base no passado" precisamente da espécie agora rejeitada por ela. Depois de Aristóteles e Ptolomeu, a ideia de que a Terra se move – essa estranha, antiga e "inteiramente ridícula",[4] noção pitagórica – foi jogada na lata de lixo da história apenas para ser revivida por Copérnico e por ele forjada em uma arma para vencer os que a tinham derrotado. Os escritos hermetistas desempenharam importante papel nesse revivescimento, que ainda não foi compreendido de modo suficiente,[5] e foram cuidadosamente estudados pelo grande Newton pessoalmente.[6] Tais desenvolvimentos não são surpreendentes. Nenhuma ideia é jamais examinada em todas as suas ramificações e a nenhuma con-

---

[3] Hesse, 1967, p.93; cf. Skinner, 1971, p.5: "Nenhum físico moderno recorreria a Aristóteles em busca de auxílio". Isso não é verdade, nem seria vantajoso caso fosse verdade. Ideias aristotélicas continuaram influenciando a pesquisa muito depois de sua suposta eliminação pela astronomia e física modernas em sua fase inicial – qualquer história da ciência do século XVII ou XVIII mostrará isso (por exemplo: o maravilhoso *Electricity in the 17th and 18th Centuries*, de John Heilbron, 1979). Tais ideias ressurgiram na biologia, na termodinâmica dos sistemas abertos e até na matemática. A teoria de Aristóteles sobre a locomoção (que tem a consequência de que um objeto em movimento não tem um comprimento preciso e um objeto tendo uma localização precisa tem de estar em repouso) era mais avançada que a concepção galileana e mostrou que ideias que em nossa época emergiram de pesquisa empírica podem ser obtidas por uma análise cuidadosa dos problemas do contínuo (detalhes sobre este ponto encontram-se no capítulo 8 de nosso *Adeus à razão*, 1987 [2010]). Aqui, como em outros lugares, os propagandistas de um cientificismo ingênuo dão-se o ar de estarem apresentando argumentos quando tudo o que fazem é disseminar boatos não examinados e mal concebidos.

[4] Ptolomeu, *Syntaxis*, citado segundo a tradução de Manitius, *Des Claudius Ptolemaeus Handbuch der Astronomie*, 1963, p.18.

[5] Para uma avaliação positiva do papel dos escritos hermetistas durante a Renascença, cf. Yates, 1963, e a bibliografia aí indicada. Para uma crítica de sua posição, cf. os artigos de Hesse e Rosen, 1970; Westman e McGuire, 1977, bem como Vickers, 1979.

[6] Cf. Keynes, 1956, e, muito mais pormenorizadamente, McGuire e Rattansi, 1966, p.108 ss. Para exposições mais detalhadas, cf. Manuel, 1974, a monumental biografia de autoria de Westfall, 1980, com bibliografia, bem como os capítulos X e XI de Popkin, 1992.

cepção são jamais dadas todas as oportunidades que merece. Teorias são abandonadas e substituídas por explicações que estão mais de acordo com a moda muito antes de terem tido oportunidade de mostrar suas virtudes. Além disso, doutrinas antigas e mitos "primitivos" só parecem estranhos e sem sentido porque a informação que encerram ou não é conhecida ou é distorcida por filólogos ou antropólogos não familiarizados com os mais simples conhecimentos físicos, médicos ou astronômicos.[7] Vudu, a *pièce de resistance* da dra. Hesse, é um exemplo característico. Ninguém o conhece, todos o citam como paradigma de atraso e confusão. Não obstante, o vudu tem uma base material firme, embora ainda não suficientemente compreendida, e um estudo de suas manifestações pode ser empregado para enriquecer, e talvez mesmo revisar, nosso conhecimento de fisiologia.[8]

---

[7] Para o conteúdo científico de alguns mitos, cf. De Santillana, 1961, especialmente o Prólogo. "Podemos ver então", escreve De Santillana, "como tantos mitos de aparência fantástica e arbitrária, dos quais a história dos Argonautas é fruto tardio, pode fornecer uma terminologia de temas de representação, uma espécie de código que está começando a ser decifrado. Tinha o propósito de permitir aos que o conheciam a) determinar inequivocamente a posição de certos planetas em relação à Terra, ao firmamento e de uns em relação aos outros, e b) apresentar o conhecimento que havia a respeito da estrutura do mundo na forma de histórias acerca de "como o mundo começou". Há duas razões por que esse código não foi descoberto antes. Uma é a firme convicção dos historiadores da ciência de que esta não se iniciou antes da Grécia e de que resultados científicos só podem ser obtidos pelo método científico tal como ele é praticado atualmente (e como foi prenunciado por cientistas gregos). A outra razão é a ignorância de astronomia, geologia etc., que têm a maioria dos assiriólogos, egiptólogos, eruditos especializados no Antigo Testamento e assim por diante: o primitivismo aparente de muitos mitos é apenas o reflexo dos primitivos conhecimentos de astronomia, biologia etc. daqueles que os coletam e traduzem. Desde as descobertas de Hawkins, Marshack, Seidenberg, Van der Waerden (1983) e outros temos de admitir a existência de uma astronomia paleolítica internacional que deu surgimento a escolas, observatórios, tradições científicas e interessantíssimas teorias. Essas teorias, expressas em termos sociológicos, e não matemáticos, deixaram vestígios em sagas, mitos e lendas, e podem ser reconstruídas de duas maneiras, *avançando* para o presente, com base nos resquícios materiais da astronomia da Idade da Pedra, como pedras marcadas, observatórios de pedra etc., e *recuando* para o passado, valendo-se dos resquícios literários que encontramos em sagas, lendas e mitos. Um exemplo do primeiro método é *The Roots of Civilization*, de Marshack, 1972. Como exemplo do segundo, temos *Hamlet's Mill*, de De Santillana e von Dechend, 1969.

[8] Cf. o capítulo 9 de Lévi-Strauss, 1967. Para a base fisiológica do vudu, cf. Richter, s.d., bem como Cannon, 1915 e 1942. As detalhadas observações biológicas e meteorológicas feitas por assim chamados "primitivos" são relatadas em Lévi-Strauss, 1966.

Um exemplo ainda mais interessante é o revivescimento da medicina tradicional na China comunista. Começamos com um desenvolvimento bem conhecido (Croizier, 1968):[9] um grande país com grandes tradições é sujeito à dominação ocidental e é explorado do modo costumeiro. Uma geração nova reconhece ou pensa que reconhece a superioridade material e intelectual do Ocidente e atribui-a à ciência. A ciência é importada, ensinada e afasta todos os elementos tradicionais. O chauvinismo científico triunfa: "O que é compatível com a ciência deve viver, o que não é compatível com a ciência deve morrer".[10] "Ciência", nesse contexto, significa não apenas um método específico, mas todos os resultados que o método até então produziu. O que for incompatível com os resultados deve ser eliminado. Médicos da velha espécie, por exemplo, devem ser ou excluídos da prática da medicina ou reeducados. A medicina de ervas, a acupuntura, a moxabustão e a filosofia que lhes dá base são coisas do passado, e não devem mais ser tomadas a sério. Essa era a atitude até por volta de 1954, quando a condenação de elementos burgueses no Ministério da Saúde iniciou uma campanha pelo revivescimento da medicina tradicional. Sem dúvida alguma, essa campanha foi politicamente inspirada. Ela continha pelo menos dois elementos, a saber: 1) a identificação da ciência ocidental à ciência burguesa; e 2) a recusa do partido de isentar a ciência de supervisão política[11] e de conceder privilégios especiais a especialistas. Mas essa campanha supriu a força de reação necessária para superar o chauvinismo científico da época e possibilitar uma pluralidade (na verdade, uma dualidade) de concepções. (Esse é um ponto importante. Ocorre com frequência que partes da ciência se tornam rígidas e intolerantes, de modo que a proliferação deve ser forçada de fora e por meios políticos. É claro que não se pode ter garantia de êxito – ver o caso Lysenko. Mas isso não elimina a necessidade de controles não científicos da ciência.)

Ora, esse dualismo politicamente compelido levou a descobertas interessantíssimas e intrigantes tanto na China quanto no Ocidente e ao

---

[9] O autor apresenta um relato imparcial e muito interessante dos desenvolvimentos, com numerosas citações extraídas de jornais, livros e panfletos, mas se mostra com frequência inibido por seu respeito pela ciência do século XX.
[10] Chou, 1933, apud Croizier, 1968, p.109. Cf. também Kwok, 1965.
[11] Para as tensões entre "vermelho" e "especialista", cf. Schurmann, 1966.

reconhecimento de que há efeitos e meios de diagnóstico que a medicina moderna é incapaz de repetir e para os quais não dispõe de explicação. Revelou lacunas consideráveis na medicina ocidental. E nem se pode esperar que a abordagem científica costumeira vá, no fim, achar uma resposta. No caso da medicina de ervas, a abordagem consiste em duas etapas (cf. Krieg, 1964). Primeiro, a mistura de ervas é analisada em seus constituintes químicos. A seguir, são determinados os efeitos *específicos* de cada constituinte, e o efeito total sobre determinado órgão é explicado com base neles. Isso negligencia a possibilidade de que a mistura de ervas, considerada em sua totalidade, modifique o estado do organismo *inteiro* e seja esse novo estado do organismo inteiro – em vez de uma parte específica da mistura, uma "bala mágica", por assim dizer – o que cura o órgão doente. Aqui, como em outros casos, o conhecimento é obtido antes por uma multiplicidade de concepções do que pela aplicação determinada de uma ideologia preferida. E percebemos que a proliferação talvez tenha de ser efetuada por entidades não científicas cujo poder seja suficiente para superar as mais poderosas instituições científicas. Exemplos disso são a Igreja, o Estado, um partido político, o descontentamento público ou o dinheiro: o elemento mais capaz de levar um cientista moderno a abandonar aquilo que sua "consciência científica" lhe diz que deve perseguir ainda é o *dólar* (ou, mais recentemente, o franco suíço).

O pluralismo de teorias e concepções metafísicas não é apenas importante para a metodologia; é, também, parte essencial de uma perspectiva humanitarista. Educadores progressistas têm sempre tentado desenvolver a individualidade de seus discípulos e fazer florescer os talentos e as crenças específicos, e por vezes únicos, de uma criança. Uma educação desse tipo, contudo, tem com muita frequência dado a impressão de ser um fútil exercício em sonhar acordado. Pois não é necessário preparar os jovens para a vida *como ela realmente é*? Não significa isso que eles têm de aprender *um conjunto particular de concepções*, a ponto de excluir tudo o mais? E, caso um vestígio de sua imaginação ainda permaneça, não encontrará aplicação apropriada nas artes ou em um tênue domínio de sonhos que tem pouco a ver com o mundo no qual vivemos? Não levará esse procedimento, no final, a uma divisão entre uma realidade odiada e fantasias bem-vindas, entre a ciência e as artes, entre descrição cuidadosa e autoexpressão irrestrita? O argumento em favor da proliferação mostra que isso não precisa ocorrer. É possível *conservar* o que se poderia chamar de liberdade de criação artística *e usá-la na íntegra* não somente como via de escape, mas como meio necessário para descobrir, e talvez mesmo modificar, os traços do mundo em que vivemos. Essa coincidência da parte (o indivíduo) com o todo (o mundo em que vivemos), do puramente subjetivo e arbitrário com o objetivo e governado por regras, é um dos argumentos mais importantes em favor de uma metodologia pluralista. Para mais detalhes, recomenda-se ao leitor consultar o magnífico ensaio "On Liberty", de Mill (1961).[12]

---

[12] Cf. nossa menção a esse ensaio no v.1, cap.8, e v.2, cap.4, de nossos *Philosophical Papers*. Cf. também o Apêndice 1 deste ensaio.

5

Nenhuma teoria jamais está de acordo com todos os fatos em seus domínios; contudo, a culpada nem sempre é a teoria. Os fatos são instituídos por ideologias mais antigas, e um conflito entre fatos e teorias pode ser uma prova de progresso. Tal conflito constitui também um primeiro passo em nossa tentativa de encontrar os princípios implícitos em noções observacionais familiares.

Passando agora a considerar a invenção, a elaboração e a utilização de teorias que são inconsistentes não apenas com outras teorias, mas ainda com *experimentos, fatos e observações*, podemos começar assinalando que *nenhuma teoria jamais está de acordo com todos os fatos conhecidos em seu domínio*. E a dificuldade não é criada por afirmações infundadas, nem é resultado de procedimentos descuidados. É criada por experimentos e medições da maior precisão e confiabilidade.

Será conveniente, a essa altura, distinguir duas diferentes espécies de desacordo entre teoria e fato: desacordo numérico e falhas qualitativas.

O primeiro caso é bastante familiar: uma teoria faz certa predição numérica e a diferença entre o valor que de fato é obtido e aquele da predição feita é maior do que a margem de erro. Aqui estão usualmente envolvidos instrumentos de precisão. Desacordos numéricos são abundantes na ciência e dão surgimento a um "oceano de anomalias" que circunda todas as teorias.[1]

Assim, a perspectiva copernicana, na época de Galileu, era inconsistente com fatos tão evidentes e óbvios que Galileu precisou considerá-la

---

[1] A respeito do "oceano" e várias maneiras de lidar com ele, cf. meu ensaio "Reply to Criticism" (1965, p.224 ss.).

"seguramente falsa" (1960a, p.185).[2] "Não há limite para a minha surpresa", escreve ele em obra posterior (1953, p.328), "quando me dou conta de que Aristarco e Copérnico foram capazes de fazer a razão dominar de tal forma os sentidos que, a despeito destes últimos, a primeira tornou-se senhora de sua crença". A teoria de Newton da gravitação esteve, desde o início, assediada por dificuldades sérias o suficiente para fornecer material para sua refutação.[3] Mesmo muito recentemente, no campo não relativista, podia-se dizer que "há numerosas discrepâncias entre observação e teoria" (Brouwer-Clemence, 1961).[4] O modelo atômico de Bohr foi introduzido, e mantido, em face de evidência contrária precisa e inabalável.[5] A Teoria

[2] O "seguramente falsa" refere-se à condenação pelas autoridades da Igreja. Porém, como será explicado no decorrer deste livro e, especialmente, no Capítulo 13, a condenação foi baseada em parte no "absurdo filosófico" da ideia de uma Terra em movimento, isto é, em suas falhas empíricas e sua inadequação teórica. Ver, também, a próxima citação e Galilei, 1953, p.328. "Quanto ao sistema de Ptolomeu", escreve Galileu a respeito desse ponto (184), "nem Tycho, nem outros astrônomos, nem mesmo Copérnico puderam claramente refutá-lo, visto que um argumento importantíssimo, extraído do movimento de Marte e Vênus, sempre os estorvou". O "argumento importantíssimo" e a solução de Galileu são discutidos nos capítulos 9 e 10.

[3] Segundo Newton (1952, p.402), as "ações mútuas de cometas e planetas, cada um agindo sobre os outros" dão surgimento a "algumas pequenas irregularidades ... que tenderão a aumentar, até que o sistema demande uma reforma". O que Newton quer dizer é que a gravitação perturba os planetas de um modo que provavelmente destruísse o Sistema Solar. Dados babilônicos usados por Ptolomeu mostram que o Sistema Solar permaneceu estável por um longo tempo. Newton concluiu que estava sendo periodicamente "reformado" por intervenções divinas: Deus atua como uma força estabilizadora no Sistema Solar (e no mundo como um todo, que está constantemente perdendo movimento por meio de processos como colisões não elásticas). Laplace (1934, p.397) demonstrou que uma das "irregularidades" consideradas por Newton, a grande desigualdade de Júpiter e Saturno, era uma perturbação periódica de grande período. Mais tarde, Poincaré descobriu que os desenvolvimentos de séries habituais nos cálculos com frequência divergem depois de terem mostrado alguma convergência, ao passo que Bruhns descobriu que nenhum outro método quantitativo, além de expansões de séries, poderia resolver o problema dos n corpos. Isso foi o fim do período puramente quantitativo da mecânica celeste (detalhes em Moser, 1973). Ver também Ryabov, 1961, para um exame e resultados quantitativos de vários métodos de cálculo. A abordagem qualitativa é brevemente descrita nas p.126 ss. Assim, passaram-se mais de duzentos anos antes de ser finalmente resolvida uma das muitas dificuldades dessa teoria bastante bem-sucedida.

[4] Ver também Dicke, 1964, p.1-16. Para uma discussão mais pormenorizada de algumas das dificuldades da mecânica celeste clássica, cf. Chazy, 1928, caps.4 e 5.

[5] Cf. Jammer, 1966, seção 22. Para uma análise, cf. seção 3c/2 de Lakatos, 1970b.

Especial da Relatividade foi conservada a despeito dos resultados inequívocos de Kaufmann, em 1906, e a despeito do experimento de D. C. Miller.[6] A Teoria Geral da Relatividade, embora surpreendentemente bem-sucedida em uma série de testes por vezes bastante dramáticos,[7] encontrou várias dificuldades em áreas da mecânica celeste diferentes do avanço do periélio de Mercúrio (Chazy, 1928, p.230). Na década de 1960, os argumentos e as observações de Dicke et al. pareceram ameaçar até mesmo essa predição. O problema ainda não foi resolvido.[8] Em contrapar-

---

[6] Kaufmann (1906, p.487) enunciou sua conclusão de maneira inequívoca e grifou-a: "*Os resultados das medições não são compatíveis com o pressuposto fundamental de Lorentz e Einstein*". A reação de Lorentz (s.d., p.213): "... parece muito provável que tenhamos de abandonar totalmente essa ideia". Ehrenfest (1906, p.302): "Kaufmann demonstra que o elétron deformável de Lorentz é excluído pelas medições". A relutância de Poincaré em aceitar a "nova mecânica" de Lorentz pode ser explicada, ao menos em parte, pelo resultado do experimento de Kaufmann. Cf. Poincaré, 1960, livro III, cap.2, seção V, onde é discutido o experimento de Kaufmann, e a conclusão é de que o "princípio da relatividade ... não pode ter a importância fundamental que se estava inclinado a atribuir-lhe". Cf. também Goldberg, 1970, p.73 ss., e a bibliografia ali apresentada. Só Einstein (1907, p.349) considerou os resultados "improváveis porque seus pressupostos básicos, dos quais se deduz a massa do elétron em movimento, não são sugeridos por sistemas teóricos que abrangem mais amplos complexos de fenômenos". O trabalho de Miller foi estudado por Lorentz durante muitos anos, mas ele não conseguiu encontrar a dificuldade. Foi apenas em 1955, 25 anos depois de Miller ter terminado seus experimentos, que se achou uma explicação adequada dos resultados de Miller. Cf. Shankland, 1963, p.47-57, especialmente p.51, bem como as notas de rodapé 19 e 34; cf. também o debate inconclusivo em "Conference on the Michelson–Morley Experiment", 1928, p.341 ss.
O experimento de Kaufmann foi analisado por Max Planck, que não o considerou decisivo: o que havia detido Ehrenfest, Poincaré e Lorentz não deteve Planck. Por quê? Minha conjectura é de que a firme crença de Planck em uma realidade objetiva e seu pressuposto de que a teoria de Einstein dizia respeito a uma tal realidade deixaram-no um pouco mais crítico. Detalhes no cap.6 de Zahar, 1989.

[7] Tais como o teste dos efeitos da gravidade sobre a luz realizado em 1919 por Eddington e Crommelin e avaliado por Eddington. Para uma vívida descrição desse evento e seu impacto, cf. Will, 1986, p.75 ss.

[8] Repetindo considerações feitas por Newcomb (relatadas, por exemplo, em Chazy, op. cit., p.204 ss.), Dicke assinalou que uma forma oblata do Sol acrescentaria termos clássicos ao movimento de Mercúrio e reduziria o excesso (comparado com a teoria de Newton) de avanço de seu periélio. Medições feitas por Dicke e Goldenberg descobriram então uma diferença de 52 quilômetros entre o diâmetro equatorial e o diâmetro polar do Sol, e uma redução correspondente de três segundos de arco para Mercúrio – um desvio de bom tamanho com relação ao valor relativista. Isso levou a uma controvérsia considerável acerca da

tida, há numerosos testes novos, tanto no interior do sistema solar quanto fora dele,[9] que fornecem confirmações com uma precisão desconhecida apenas vinte anos atrás e não imaginada por Einstein. Na maioria desses casos, estamos lidando com problemas quantitativos que podem ser resolvidos pela descoberta de um conjunto melhor de *números*, mas que não nos forçam a fazer ajustes qualitativos.[10]

---

exatidão do experimento de Dicke-Goldenberg e a um aumento no número de teorias não einsteinianas da gravitação. Detalhes técnicos em Will, 1981, p.176 ss.; uma visão geral popular, incluindo desenvolvimentos posteriores, em *Was Einstein Right?*, cap.5. Note-se como uma nova teoria (a Teoria da Gravitação de Einstein), teoricamente plausível e bem confirmada, pode ser colocada em risco pela exploração de sua predecessora "refutada" e pela realização de experimentos apropriados. Cf. também Dicke, 1964.

[9] Testes fora do Sistema Solar (cosmologia, buracos negros, pulsares) são necessários para examinar alternativas que estejam de acordo com a relatividade einsteiniana no interior do Sistema Solar. Há agora um número considerável de tais alternativas, e foram tomadas medidas especiais para classificá-las e elucidar suas similaridades e diferenças. Cf. a introdução a Will, 1981.

[10] A situação que acabo de descrever mostra quão simplório seria abordar a ciência de uma perspectiva falseacionista ingênua. Contudo, é precisamente isso o que alguns filósofos estiveram tentando fazer. Assim, Feigl (1971, p.7) e Popper (1972, p.78) tentaram transformar Einstein em um falseacionista ingênuo. Feigl escreve: "Se Einstein fiou-se na 'beleza', 'harmonia', 'simetria' e 'elegância' ao elaborar ... sua Teoria Geral da Relatividade, é preciso, não obstante, lembrar que ele também afirmou (em uma conferência em Praga em 1920 – à qual estive presente, ainda um estudante muito jovem): 'Se as observações relativas ao desvio para o vermelho no espectro de estrelas grandes não se mostrarem quantitativamente de acordo com os princípios de relatividade geral, minha teoria estará reduzida a pó e cinzas'". Popper escreve: "Einstein ... disse que se o efeito do desvio para o vermelho ... não fosse observado no caso das anãs brancas, sua Teoria da Relatividade Geral estaria refutada".

Popper não cita a fonte de sua afirmação e, muito provavelmente, está se baseando em Feigl. Mas a história de Feigl e a repetição de Popper põem-se em conflito com as numerosas ocasiões em que Einstein enfatiza a "razão da questão" (*"die Vernunft der Sache"*) em detrimento da "verificação de pequenos efeitos", e isso não apenas em comentários casuais durante uma palestra, mas por escrito. Cf. a citação na nota 6 anterior, que trata das dificuldades da Teoria Especial da Relatividade e é anterior à conferência a que Feigl esteve presente. Cf. também as cartas a M. Besso e K. Seelig citadas em Holton, 1966, p.242, e Seelig, 1960, p.271. Em 1952, Born escreveu a Einstein (*Born-Einstein Letters*, 1971, p.190, tratando da análise de Freundlich da flexão da luz nas imediações do Sol e do desvio para o vermelho): "Realmente parece que sua fórmula não está de todo correta. E parece ainda pior no caso do desvio para o vermelho [o caso crucial a que Feigl e Popper se referem]; o valor obtido é muito menor que o valor teórico, em direção ao centro do disco solar, e muito maior nas bordas ... Poderia ser isto um indício de não linearidade?" Einstein

O segundo caso, o das falhas qualitativas, não é tão bem conhecido, mas é de muito maior interesse. Nesse caso, uma teoria é inconsistente não com um fato recôndito, que pode ser revelado com o auxílio de equipamento complexo e é conhecido apenas pelos especialistas, mas com circunstâncias que são facilmente percebidas e familiares a todos.

O primeiro e, a meu ver, mais importante exemplo de uma inconsistência dessa espécie é a teoria de Parmênides sobre o Uno imutável e homogêneo. Essa teoria ilustra um desejo que impulsionou as ciências ocidentais desde seu início até o presente – o desejo de descobrir uma unidade por trás dos muitos eventos que nos cercam. Atualmente, a unidade que se busca é uma *teoria* rica o suficiente para gerar todos os fatos e leis aceitos; na época de Parmênides, a unidade que se buscava era uma *substância*. Tales tinha proposto a água;[11] Heráclito, o fogo; e Anaximandro, uma substância que ele denominava *ápeiron* e podia produzir todos os quatro elementos, mas não era idêntica a nenhum deles. Parmênides ofereceu o que parecia ser uma resposta óbvia e um tanto trivial: a substância que forma a base de tudo o que é é o *Ser*. Mas essa resposta trivial teve consequências surpreendentes. Por exemplo, podemos afirmar que (primeiro princípio) o *Ser é* e (segundo princípio) o *Não-Ser não é*. Consideremos agora a mudança, pressupondo-a ser fundamental. A mudança, então, pode ir apenas de

---

(carta de 12 de maio de 1952, op. cit., p.192) responde: "Freundlich ... não me abala de modo algum. Mesmo que a deflexão da luz, o deslocamento do periélio ou o desvio das linhas no espectro fossem desconhecidos, as equações gravitacionais ainda seriam convincentes, porque evitam o sistema inercial (o fantasma que afeta tudo, mas não é afetado por nada). *É realmente estranho que os seres humanos normalmente se mostrem surdos aos mais fortes argumentos, ao passo que estão sempre inclinados a superestimar exatidões de medição*" (grifos nossos). Como podemos explicar esse conflito (entre o testemunho de Feigl e os escritos de Einstein)? Não pode ser explicado por uma *mudança* na atitude de Einstein. Sua atitude irreverente para com a observação e a experimentação existiu desde o princípio, como vimos. Talvez possa ser explicado por um engano por parte de Feigl, ou, então, como mais um exemplo do "oportunismo" de Einstein – cf. Einstein, 1951, p.683 ss. Na última página (p.91) de *Über die spezielle und allgemeine Relativitätstheorie*, 1922, Einstein escreve: "Se não existisse o desvio para o vermelho das linhas do espectro, causado pelo potencial gravitacional, então a Teoria Geral da Relatividade seria insustentável". Será que isso conflita com a atitude desdenhosa de Einstein com relação à observação, tal como descrito antes? Não. A passagem fala do *desvio para o vermelho*, não de *observações dele*.

[11] As considerações a seguir são altamente especulativas. Detalhes em Guthrie, 1962 e 1965, bem como nos capítulos 1, 2 e 3 de meu livro *Adeus à razão*.

Ser a Não-Ser. Porém, de acordo com o segundo princípio, o Não-Ser não é, o que significa que não há uma mudança fundamental. Consideremos agora a diferença, pressupondo-a fundamental. A diferença, então, pode se dar apenas entre Ser e Não-Ser. Contudo (segundo princípio), o Não--Ser não é e, portanto, não há nenhuma diferença no Ser – este é um bloco único, imutável e contínuo. Parmênides, é claro, sabia que as pessoas, ele inclusive, percebiam e aceitavam mudança e diferença; porém, como seu argumento mostrou que os processos percebidos não podiam ser fundamentais, ele tinha de considerá-los meramente aparentes ou enganadores. É isso, com efeito, o que ele disse – antecipando, assim, todos aqueles cientistas que contrastaram o mundo "real" da ciência com o mundo cotidiano de qualidades e emoções, proclamaram ser este último "mera aparência" e tentaram basear seus argumentos exclusivamente em experimentos "objetivos" e na matemática. Parmênides também antecipou uma interpretação popular da Teoria da Relatividade, interpretação que vê todos os eventos e transições como estando pré-arranjados em um contínuo quadridimensional e segundo a qual a única mudança é a (enganadora) jornada de uma consciência ao longo de seu trajeto de vida.[12] Seja como for, Parmênides foi o primeiro a propor uma lei de conservação (*o Ser é*), a traçar um limite entre realidade e aparência (criando, assim, o que autores posteriores denominaram "teoria do conhecimento") e a fornecer uma fundamentação mais satisfatória para a continuidade do que fizeram os matemáticos dos séculos XIX e XX, que precisaram invocar a "intuição". Usando os argumentos de Parmênides, Aristóteles elaborou uma teoria do espaço e do movimento que antecipava algumas propriedades muito recônditas da mecânica quântica e evitava as dificuldades da interpretação mais costumeira (e menos sofisticada) de um contínuo consistindo em elementos indivisíveis.[13]

---

[12] Uma vívida descrição do caráter parmenídico da Teoria da Relatividade é apresentada por Weyl, 1949, p.116. O próprio Einstein (1979, p.312) escreveu: "Para nós, físicos convictos, a distinção entre passado, presente e futuro não passa de uma ilusão, embora uma ilusão tenaz". Cf. também p.292. Em resumo: os eventos de uma vida humana são "ilusões, embora ilusões tenazes".

[13] A respeito de Aristóteles, cf. o ensaio citado no Capítulo 4, nota 3. Tentativas modernas de gerar um contínuo com base em uma coleção de elementos indivisíveis são apresentadas em Grünbaum, 1952, p.283 ss. Cf. também Salmon, 1970.

A teoria de Parmênides entra em conflito com a maioria dos princípios metodológicos modernos – mas isso não é razão para desconsiderá-la.

Um exemplo mais específico de uma teoria com defeitos qualitativos é a teoria de Newton sobre as cores. De acordo com ela, a luz consiste em raios de diferente refrangibilidade que podem ser separados, reunidos, refratados, mas nunca são alterados em sua constituição interna e cuja extensão lateral no espaço é muito reduzida. Considerando que a superfície dos espelhos é muito mais irregular que a extensão lateral dos raios, descobre-se que a teoria de raios é inconsistente com a existência de imagens especulares (como admitiu o próprio Newton): se a luz consiste em raios, então um espelho deveria comportar-se como uma superfície irregular, isto é, deveria parecer-nos como uma parede. Newton conservou sua teoria, eliminando a dificuldade com o auxílio de uma hipótese *ad hoc*:

> a reflexão de um raio é efetuada não por um ponto único do corpo refletor, mas por algum poder desse corpo que está uniformemente difundido por toda a sua superfície.[14]

No caso de Newton, a discrepância qualitativa entre teoria e fato foi eliminada por uma hipótese *ad hoc*. Em outros casos, nem mesmo esse artifício muito frágil é usado: conserva-se a teoria *e tenta-se esquecer* suas deficiências. Um exemplo disso é a atitude para com a regra de Kepler, segundo a qual um objeto visto através de uma lente é percebido no ponto em que se intersectam os raios que vão da lente em direção ao olho (Kepler, 1939a, p.72).[15]

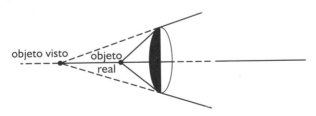

---

[14] Newton, 1952, livro 2, parte 3, proposição 8, p.266. Para uma discussão desse aspecto do método de Newton, cf. meu ensaio "Classical Empiricism" (Feyerabend, 1981, v.2, cap. 2).

[15] Para uma discussão detalhada da regra de Kepler e sua influência, ver Ronchi, 1957, capítulos 43 ss. Cf. também os capítulos 9-11 adiante.

A regra implica que um objeto situado no foco será visto como infinitamente distante.

"Ao contrário, contudo", escreve Barrow (1669, p.125), professor de Newton e seu predecessor em Cambridge, comentando essa predição,

> a experiência nos assegura que [um ponto situado próximo ao foco] aparece a distâncias variadas, de acordo com as diferentes situações do olho ... E quase nunca parece estar mais distante do que estaria se fosse contemplado a olho nu; mas, ao contrário, por vezes parece estar muito mais perto ... E tudo isso parece incompatível com nossos princípios.[16]

"Quanto a mim, porém", continua Barrow, "nem essa nem nenhuma outra dificuldade terá sobre mim influência tão grande a ponto de levar-me a renunciar àquilo que sei ser manifestamente agradável à razão".

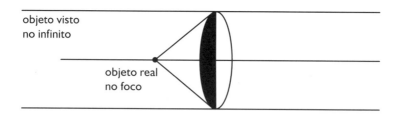

Barrow *menciona* as dificuldades qualitativas, acrescentando que não abandonará a teoria. Esse não é o procedimento usual. O procedimento usual é esquecer as dificuldades, jamais falar sobre elas e proceder como se a teoria não tivesse falhas. Essa atitude é muito comum atualmente.

Assim, a eletrodinâmica clássica de Maxwell e Lorentz implica que o movimento de uma partícula livre é autoacelerado. Considerando a autoenergia do elétron, obtêm-se expressões divergentes para cargas pontuais, ao passo que só se pode fazer as cargas de extensão finita ficarem de acordo com a relatividade pelo acréscimo, no interior do elétron, de tensões e pressões não testáveis (cf. Heitler, 1954, p.31). O problema

---

[16] Berkeley (1901, p.137 ss.) usa essa passagem em seu ataque à óptica tradicional, "objetivista".

reaparece na Teoria Quântica, embora seja aí parcialmente ocultado pela "renormalização". Esse procedimento consiste em riscar os resultados de certos cálculos e substituí-los por uma descrição daquilo que realmente é observado. Admite-se, assim, implicitamente, que a teoria se encontra em dificuldades ao mesmo tempo que se a formula de maneira que sugira que um novo princípio foi descoberto.[17] Não admira que autores a quem falta sofisticação filosófica tenham a impressão de que

> toda a evidência aponta com determinação inexorável na ... direção ... [de que] todos os processos envolvendo ... interações desconhecidas estão em conformidade com a lei quântica fundamental. (Rosenfeld, 1957, p.44)

Um exemplo notável de falha qualitativa é o *status* da mecânica e da eletrodinâmica clássicas posteriormente ao teorema de equipartição de Boltzmann. De acordo com esse teorema, a energia é igualmente distribuída sobre todos os graus de liberdade de um sistema (mecânico ou eletrodinâmico). Tanto os átomos (que tinham de ser elásticos para ricochetear nas paredes de um recipiente e uns nos outros) quanto o campo eletromagnético tinham infinitamente muitos graus de liberdade, o que significava que sólidos e campos eletromagnéticos deveriam ter-se comportado como escoadouros de energia insaciáveis. Porém,

> [c]omo tantas vezes aconteceu na história da ciência, o conflito entre fatos simples e geralmente conhecidos e ideias teóricas correntes foi reconhecido somente de maneira muito vagarosa. (Gottfried; Weisskopf, 1984, v.1, p.6)

---

[17] Entrementes, a renormalização tornou-se a base da Teoria Quântica do campo e levou a predições de surpreendente exatidão (relato, com bibliografia, em Pais, 1986). Isso demonstra que um ponto de vista que parece incorrigivelmente errado, se visto de longe, pode conter elementos excelentes, e sua excelência talvez permaneça oculta para aqueles guiados por regras metodológicas estritas. Tenha-se sempre em mente que meus exemplos não criticam a ciência; criticam os que desejam sujeitá-la às suas regras simplórias, ao mostrar os desastres que tais regras criariam. Cada um dos exemplos apresentados em Galilei, 1953, p.328 e na nota 15 pode ser utilizado como base para estudos de caso do tipo a ser efetuado nos capítulos 6-12 (Galileu e a revolução copernicana). Isso mostra que o caso de Galileu não é "uma exceção caracterizando o início da assim chamada revolução científica" (Radnitzky, 1971, p.164), mas é *típico* da mudança científica em todas as épocas.

Outro exemplo, tirado da física moderna, é bastante instrutivo, pois poderia ter levado a um desenvolvimento inteiramente distinto de nosso conhecimento a respeito do microcosmo. Ehrenfest demonstrou um teorema segundo o qual a teoria clássica do elétron, de Lorentz, tomada em conjunto com o teorema da equipartição, exclui o magnetismo induzido.[18] O raciocínio é extremamente simples: de acordo com o teorema de equipartição, a probabilidade de determinado movimento é proporcional a $\exp(-U/RT)$, em que U é a energia do movimento. Ora, a taxa de trabalho de um elétron em movimento em um campo magnético constante B é, de acordo com Lorentz, $W = Q(E + V \times B)$, em que Q é a carga da partícula em movimento, V é sua velocidade e E, o campo elétrico. Essa magnitude reduz-se a QEV, o que significa que a energia e, portanto, a probabilidade, permanecem inalteradas por um campo magnético. (Dado o contexto apropriado, esse resultado dá forte sustentação às ideias e descobertas experimentais do falecido Felix Ehrenhaft.)

É impossível, por vezes, fazer o levantamento de todas as consequências interessantes, e descobrir assim os resultados absurdos, de uma teoria. Isso talvez se deva a uma deficiência dos métodos matemáticos existentes; pode ser também que se deva à ignorância daqueles que defendem a teoria. Em tais circunstâncias, o procedimento mais comum é usar uma teoria mais velha até certo ponto (que é, com frequência, inteiramente arbitrário) e acrescentar a teoria nova para calcular aspectos mais refinados. De um ponto de vista metodológico, esse procedimento é um verdadeiro pesadelo. Procuremos explicá-lo usando como exemplo o cálculo relativista da trajetória de Mercúrio.

O periélio de Mercúrio desloca-se a uma razão de aproximadamente 5600" por século. Desse valor, 5026" são geométricos, tendo a ver com o movimento do sistema de referência, ao passo que 531" são dinâmicos,

---

[18] Essa dificuldade foi percebida por Bohr em sua tese de doutoramento (cf. Bohr, 1972, v.I, p.158, 381). Ele assinalou que as mudanças de velocidade devidas a mudanças no campo externo seriam igualadas depois que o campo fosse estabelecido, de modo que não poderiam surgir efeitos magnéticos. Cf. também Heilbron e Kuhn, 1969, p.221. O argumento no texto é tirado de *The Feynman Lectures*, 1965, v.2, cap. 34.6. Para um tratamento mais claro, cf. Becker, 1949, p.132.

em virtude de perturbações no Sistema Solar. Todas essas perturbações, exceto os famosos 43", são explicadas pela mecânica clássica. É assim que a situação é habitualmente explicada.

A explicação mostra que a premissa da qual derivamos os 43" não é a Teoria Geral da Relatividade aliada a condições iniciais adequadas. A premissa contém a física clássica *além de* quaisquer pressupostos relativistas que estejam sendo admitidos. Ademais, o cálculo relativista, a assim chamada "solução de Schwarzschild", não trata do Sistema Solar tal como ele existe no mundo real (isto é, em nossa própria galáxia assimétrica); trata de um caso inteiramente fictício de um universo com simetria central contendo uma singularidade em seu centro e nada mais. Quais são as razões para empregar tão estranha conjunção de premissas?

A razão, de acordo com a resposta costumeira, é que estamos lidando com aproximações. As fórmulas da física clássica não aparecem porque a relatividade é incompleta. Nem é o caso da simetria central usado porque a relatividade não oferece nada melhor. Ambos os esquemas derivam da teoria geral, sob as circunstâncias especiais realizadas em nosso Sistema Solar, *contanto que* omitamos magnitudes demasiado pequenas para merecer consideração. Assim, estamos usando do início ao fim a Teoria da Relatividade e a estamos empregando de maneira apropriada.

Ora, no caso em questão, fazer as aproximações requeridas significaria calcular relativisticamente o problema dos n corpos inteiros (inclusive ressonâncias a longo prazo entre diferentes órbitas planetárias), desconsiderando magnitudes inferiores à precisão de observação alcançada e mostrando que a teoria assim restringida coincide com a mecânica celeste clássica tal como corrigida por Schwarzschild. Esse procedimento não foi empregado por ninguém simplesmente porque o problema relativista dos n corpos resistiu, até agora, a uma solução. Quando a discussão teve início, não havia sequer soluções aproximadas para problemas importantes, como o problema da estabilidade (um dos primeiros grandes obstáculos para a teoria de Newton). A parte clássica do *explanans*, portanto, não ocorria apenas por conveniência, *mas era totalmente necessária*. E as aproximações feitas não foram o resultado de cálculos relativistas, mas introduzidas de modo que fizesse a relatividade ajustar-se ao caso em questão. Pode-se apropriadamente denominá-las *aproximações ad hoc*.[19]

Na física matemática moderna, são abundantes as aproximações *ad hoc*. Elas desempenham papel muito importante na Teoria Quântica dos campos e são componente essencial do princípio de correspondência. No momento, não estamos preocupados com as razões para esse fato, estamos apenas preocupados com suas consequências: aproximações *ad hoc* ocultam, e até eliminam, dificuldades qualitativas. Criam uma impressão falsa da excelência de nossa ciência. Segue-se que um filósofo que deseja estudar a adequação da ciência como retrato do mundo ou deseja elaborar uma metodologia científica realista tem de examinar a ciência moderna com especial cuidado. Na maioria dos casos, a ciência moderna é mais opaca e muito mais enganosa do que jamais foram suas ancestrais dos séculos XVI e XVII.

Como exemplo final de dificuldades qualitativas, menciono mais uma vez a teoria heliocêntrica à época de Galileu. Logo terei ocasião de mostrar que essa teoria era inadequada tanto qualitativa quanto quantitativamente, bem como também era filosoficamente absurda.

Para resumir essa lista breve e muito incompleta: para onde quer que olhemos, sempre que tivermos um pouco de paciência e selecionarmos nossa evidência de maneira não preconceituosa, descobriremos que as teorias falham em reproduzir de modo adequado certos *resultados quantitativos* e são *qualitativamente inidôneas* em grau surpreendente. A ciência

---

[19] Hoje, o assim chamado formalismo parametrizado pós-newtoniano satisfaz à maioria dos desideratos esboçados no texto (detalhes em Will, 1981). Meu ponto é que esse foi um resultado posterior, cuja ausência não impediu os cientistas de argumentar, *e argumentar bem*, acerca das novas ideias. Teorias não são apenas empregadas como premissas para derivações; são, ainda mais frequentemente, usadas como pano de fundo geral para novas conjecturas cujas relações formais aos pressupostos básicos é difícil de determinar. "Tenho de ... confessar", escreve Descartes (1965, p.52), "que o poder da natureza é tão amplo e tão vasto, e esses princípios [os princípios teóricos que ele havia elaborado para seu universo mecânico] tão simples e tão gerais, que quase nunca noto efeito particular algum a cujo respeito eu não perceba imediatamente que se pode [fazê-lo conformar-se a esses princípios] de muitas maneiras diferentes; e minha maior dificuldade, usualmente, é descobrir de qual dessas maneiras o efeito é derivado". Os físicos teóricos modernos encontram-se exatamente na mesma situação.

oferece-nos teorias de grande beleza e sofisticação. A ciência moderna desenvolveu estruturas matemáticas que excedem em coerência, generalidade e êxito empírico qualquer coisa que tenha até agora existido. Contudo, para realizar esse milagre, foi preciso atribuir todas as dificuldades existentes à *relação* entre teoria e fato,[20] bem como ocultá-las por hipóteses *ad hoc*, aproximações *ad hoc* e ainda outros procedimentos.

Sendo assim, o que dizer da exigência metodológica de que uma teoria deve ser julgada pela experiência e deve ser rejeitada se contradiz enunciados básicos aceitos? Que atitude devemos adotar com relação às várias teorias da confirmação e da corroboração, uma vez que todas se baseiam no pressuposto de que se pode fazer as teorias concordarem com os fatos conhecidos e usam como princípio de avaliação a medida da concordância alcançada? Vê-se agora que toda essa exigência e essas teorias são inteiramente inúteis. São tão inúteis quanto um remédio que cura um paciente apenas se ele estiver livre de bactérias. Na prática, ninguém jamais as obedece. Os metodólogos podem ressaltar a importância dos falseamentos – mas empregam alegremente teorias falseadas; podem fazer sermões a respeito de quão importante é considerar toda a evidência relevante, mas jamais mencionam aqueles fatos importantes e drásticos que mostram que as teorias que admiram e aceitam talvez estejam em tão má situação quanto

---

[20] A obra de Von Neumann na mecânica quântica é um exemplo especialmente instrutivo desse procedimento. Para chegar a uma demonstração satisfatória do teorema de expansão no espaço de Hilbert, Von Neumann substituiu as noções quase intuitivas de Dirac (e Bohr) por noções mais complexas próprias. As relações teóricas entre as novas noções são suscetíveis de tratamento mais rigoroso que as relações teóricas entre as noções que as precederam ("mais rigoroso" do ponto de vista de Von Neumann e seus seguidores). É diferente no que diz respeito à sua relação com os procedimentos experimentais. Para a maioria dos observáveis, não é possível especificar nenhum instrumento de medição (Wigner, 1963, p.14), e, onde tal especificação é possível, faz-se necessário modificar de maneira arbitrária leis bem conhecidas e não refutadas, ou então admitir que alguns problemas bastante ordinários da mecânica quântica, como o do espalhamento, não têm solução (Cook, 1957). Assim, a teoria torna-se um verdadeiro monstro de rigor e precisão, ao passo que sua relação com a experiência fica mais obscura do que nunca. É interessante notar que desenvolvimentos similares ocorrem no "pensamento primitivo". "Os aspectos mais admiráveis da adivinhação pelo uso de areia feita pelos nupés", escreve Nadel (1954, p.63), "é o contraste entre sua ambiciosa estrutura teórica e sua primitiva e descuidada aplicação na prática". Não se precisa de uma ciência para produzir pesadelos neumannianos.

as teorias mais velhas que rejeitam. Na *prática*, eles repetem servilmente os pronunciamentos mais recentes dos figurões da física, ainda que precisem, ao fazer isso, violar algumas regras muito básicas de seu ofício. É possível proceder de maneira mais razoável? Vejamos![21]

Segundo Hume, as teorias não podem ser *derivadas dos* fatos. A exigência de admitir somente as teorias que decorrem dos fatos deixa-nos sem teoria alguma. Logo, a ciência *tal como a conhecemos* pode existir só se abandonarmos essa exigência e revisarmos nossa metolodogia.

De acordo com nossos resultados atuais, praticamente nenhuma teoria é *consistente com* os fatos. A exigência de admitir apenas as teorias que sejam consistentes com os fatos disponíveis e aceitos deixa-nos, mais uma vez, sem teoria alguma. (Repito: *sem teoria alguma*, pois não há uma única teoria que não se encontre em algum tipo de dificuldade.) Consequentemente, uma ciência tal como a conhecemos pode existir só se abandonarmos também essa exigência e mais uma vez revisarmos nossa metodologia, *admitindo agora a contraindução, além de admitir hipóteses não fundadas*. O método correto não deve conter nenhuma regra que nos faça escolher entre teorias *com base no falseamento*. Ao contrário, suas regras devem capacitar-nos a escolher entre teorias que já tenhamos testado *e foram falseadas*.

Prossigamos. Não apenas se encontram fatos e teorias em constante desarmonia, mas jamais estão tão nitidamente separados como todos entendem que estejam. As regras metodológicas falam de "teorias", "observações" e "resultados experimentais" como se estes fossem objetos bem definidos, cujas propriedades são fáceis de avaliar e os quais são entendidos da mesma forma por todos os cientistas.

Contudo, o material que um cientista *realmente* tem à sua disposição, suas leis, seus resultados experimentais, suas técnicas matemáticas, seus preconceitos epistemológicos, sua atitude com relação às consequências absurdas das teorias que aceita são, em muitas maneiras, indeterminados,

---

[21] A existência de dificuldades qualitativas ou "bolsões de resistência" (Santo Agostinho, *Contra Julianum*, V, xiv, 51 – *Migne*, v.44) foi usada pelos padres da Igreja para desarmar objeções levantadas pela ciência de sua época contra certos aspectos da fé cristã, como a doutrina da ressurreição dos corpos.

ambíguos *e nunca estão inteiramente separados do pano de fundo histórico*. Estão contaminados por princípios que o cientista não conhece e, se conhecidos, seriam extremamente difíceis de testar. Ideias questionáveis a respeito da cognição, tal como a de que nossos sentidos, usados em circunstâncias normais, dão informação confiável a respeito do mundo, podem invadir a própria linguagem observacional, constituindo tanto os termos observacionais quanto a distinção entre aparência verídica e ilusória. Em consequência, linguagens observacionais podem ficar presas a camadas mais velhas de especulação que afetam, dessa maneira indireta, mesmo a metodologia mais progressiva. (Por exemplo: a estrutura de espaço-tempo absoluto da física clássica, codificada e consagrada por Kant.) A impressão sensorial, por mais simples que seja, contém um componente que expressa a reação fisiológica do organismo perceptor e não tem correlato objetivo. Esse componente "subjetivo" funde-se amiúde com o restante e forma um todo não estruturado que deve ser subdividido partindo-se do exterior com o auxílio de procedimentos contraindutivos. (Um exemplo é a aparência que tem uma estrela fixa a olho nu, a qual contém os efeitos de irradiação, difração e difusão, restringidos pela inibição lateral de elementos adjacentes da retina e modificados adicionalmente no cérebro.) Por último, temos as premissas auxiliares necessárias para a derivação de conclusões testáveis, as quais constituem ocasionalmente *ciências auxiliares* inteiras.

Consideremos o caso da hipótese copernicana, cuja invenção, defesa e justificação parcial vão contra quase tudo o que poderíamos atualmente considerar uma regra metodológica. As ciências auxiliares, nesse caso, continham leis descrevendo as propriedades e a influência da atmosfera terrestre (meteorologia); leis ópticas tratando da estrutura do olho e dos telescópios, bem como do comportamento da luz; e leis dinâmicas descrevendo o movimento em sistemas móveis. Contudo, e o que é mais importante, as ciências auxiliares continham uma teoria da cognição que postulava certa relação simples entre percepções e objetos físicos. Nem todas as disciplinas auxiliares estavam disponíveis de forma explícita. Muitas delas se fundiam com a linguagem observacional e levavam à situação descrita ao início do parágrafo precedente.

A consideração de todas essas circunstâncias, de termos observacionais, núcleo sensorial, ciências auxiliares, especulação de pano de fundo, sugere que uma teoria pode ser inconsistente com a evidência não porque seja incorreta, *mas porque a evidência está contaminada*. A teoria é ameaçada porque a evidência ou contém sensações não analisadas que correspondem apenas parcialmente a processos externos, ou porque é apresentada em termos de concepções antiquadas, ou porque é avaliada com o auxílio de disciplinas auxiliares atrasadas. A teoria copernicana encontrava-se em dificuldades por *todas* essas razões.

É esse *caráter histórico-fisiológico da evidência*, o fato de que ela não só descreve algum estado de coisas objetivo *mas também expressa concepções subjetivas, míticas e há muito esquecidas* a respeito desse estado de coisas, que nos força a olhar de maneira nova para a metodologia. Mostra que seria extremamente imprudente permitir que a evidência julgue nossas teorias diretamente e sem mais cerimônia. Um julgamento direto e não qualificado das teorias pelos "fatos" com certeza eliminará ideias *simplesmente porque não se ajustam ao referencial de uma cosmologia mais antiga*. Assumir resultados experimentais e observações como dados e transferir o ônus da prova para a teoria significa admitir a ideologia observacional como dada sem sequer tê-la examinado. (Note-se que os resultados experimentais foram, supõe-se, obtidos com o maior cuidado possível. Por conseguinte, "assumir observações etc. como dadas" significa "assumi-las como dadas *após* o mais cuidadoso exame de sua confiabilidade", pois mesmo o exame mais cuidadoso de um enunciado observacional não interfere com os conceitos em que é expresso, ou com a estrutura da imagem sensorial.)

Ora, como nos será possível examinar algo que usamos o tempo todo e pressupomos em todo enunciado? Como poderemos criticar os termos em que habitualmente expressamos nossas observações? Vejamos!

O primeiro passo em nossa crítica de conceitos comumente usados é criar uma medida de crítica, algo com que esses conceitos possam ser *comparados*. É claro, desejaremos mais tarde saber um pouco mais acerca do próprio padrão de medida; por exemplo, desejaremos saber se é melhor que o material examinado, ou se talvez não tão bom quanto ele. Contudo, a fim de que *esse* exame se inicie, é preciso haver em primeiro lugar um padrão de medida. Portanto, o primeiro passo em nossa crítica dos conceitos costumeiros e reações habituais é pular fora do círculo e/ou inventar um novo sistema conceitual – por exemplo, uma nova teoria, que entre em conflito com os resultados observacionais mais cuidadosamente estabelecidos e confunda os princípios teóricos mais plausíveis – ou importar tal sistema de fora da ciência, da religião, da mitologia, das ideias dos incompetentes,[22] ou das divagações dos loucos. Esse passo é, mais uma vez, contraindutivo. A contraindução é, assim, tanto um *fato* – a ciência não poderia existir sem ela – quanto um *lance* legítimo e muito necessário no jogo da ciência.

---

[22] É interessante notar que Filolau, que desprezava a evidência dos sentidos e colocou a Terra em movimento, era "um confusionista não matemático. Foi esse confusionista que encontrou a coragem que faltava a muitos dos grandes observadores e cientistas matematicamente bem informados de desprezar a evidência imediata dos sentidos a fim de permanecer de acordo com princípios em que ele firmemente acreditava" (Von Fritz, 1971, p.165). "Não é surpreendente, portanto, que o passo a seguir nessa trajetória fosse devido a um homem cujos escritos, tanto quanto os conhecemos, o mostram como um talentoso estilista e popularizador que, ocasionalmente, tinha interessantes ideias próprias, e não a um profundo pensador ou a um especialista nas ciências exatas" (ibidem, p.184). Confusionistas e intelectuais superficiais *avançam*, enquanto os pensadores "profundos" *descem* às regiões mais sombrias do *status quo* ou, para dizer de outra maneira, permanecem atolados na lama.

6

Como exemplo dessa tentativa, examino o argumento da torre, o qual os aristotélicos empregavam para refutar o movimento da Terra. O argumento envolve interpretações naturais – ideias tão estreitamente ligadas a observações que é necessário um esforço especial para perceber sua existência e determinar seu conteúdo. Galileu identifica as interpretações naturais inconsistentes com a teoria de Copérnico e as substitui por outras.

Parece-me que [Galileu] padece grandemente de digressões contínuas e não se detém para explicar tudo o que é relevante a cada ponto; o que mostra que ele não os examinou ordenadamente e meramente buscou razões para efeitos particulares, sem ter considerado ... causas primeiras ...; e, assim, que construiu sem alicerces.

Descartes

Reluto (com efeito) a comprimir doutrinas filosóficas em espaços reduzidíssimos e adotar aquele estilo formal, conciso e deselegante, aquele estilo despido de qualquer adorno que é próprio dos geômetras puros, que não enunciam uma única palavra que não lhes tenha sido imposta por estrita necessidade ... Não considero um erro falar sobre muitas coisas diferentes, mesmo naqueles tratados que tenham um tópico único ... pois acredito que o que dá grandeza, nobreza e excelência a nossos feitos e invenções não se encontra no que é necessário – embora sua ausência fosse um grande erro – mas no que não o é ...

Galileu

Contudo, onde o bom senso acredita que sofistas racionalizadores têm a intenção de abalar o próprio fundamento do bem-estar público, pareceria ser não apenas razoável, mas permissível e até louvável, auxiliar a boa causa com falsas razões do que ceder a vantagem ao ... oponente.

Kant[1]

Como ilustração concreta e base para discussão posterior, descreverei agora brevemente o modo pelo qual Galileu desarmou um importante argumento contra a ideia do movimento da Terra. Digo "desarmou", e não "refutou", porque estamos lidando com um sistema conceitual cambiante, bem como com certas tentativas de dissimulação.

De acordo com o argumento que convenceu Tycho, e é empregado contra o movimento da Terra no próprio *Trattato della sfera*, de Galileu, a observação mostra que

> corpos pesados ... quando caem percorrem uma linha reta e vertical até a superfície da Terra. Esse é considerado um argumento irrefutável em favor da imobilidade da Terra. Com efeito, se esta efetuasse a rotação diária, uma torre de cujo topo se deixasse cair uma pedra, sendo carregada pelo giro da Terra, se deslocaria centenas de metros para o leste durante o tempo que a

---

[1] As três citações são: Descartes, carta a Mersenne, de 11 de outubro de 1638, *Oeuvres*, 11, p.380. Galileu, carta a Leopoldo da Toscana, de 1640, usualmente citada com o título de *Sul Candor Lunare*, *Opere*, VIII, p.491. Para uma discussão detalhada do estilo de Galileu e sua relação com sua filosofia natural, cf. Olschki, 1927. A carta a Leopoldo é citada e discutida nas p.455 ss.
A carta de Descartes é discutida por Salmon (1966, p.136) como um exemplo da questão entre racionalismo e empirismo. Deveria ser antes vista como um exemplo da questão entre metodologias dogmáticas e metodologias oportunistas, tendo-se em mente que o empirismo pode ser tão estrito e inflexível quanto os tipos mais rigorosos de racionalismo. A citação de Kant é tirada da *Crítica da razão pura*, B777, 8 ss. (chamou-me a atenção para essa passagem a obra do professor Stanley Rosen a respeito do *Banquete*, de Platão). Kant continua: "Contudo, penso que não há nada que combine menos com a intenção de defender uma boa causa do que o subterfúgio, a presunção e o engano. *Se* se pudesse admitir ao menos isso como certo, então a batalha da razão especulativa ... teria sido concluída há muito tempo, ou chegaria logo a um fim. Assim, a pureza de uma causa frequentemente está na razão inversa de sua verdade ...". Deve-se também notar que Kant explica o surgimento da *civilização* com base em procedimentos insinceros que "têm a função de elevar a humanidade acima de seu passado rude" (ibidem, 776, 14 s.). Ideias similares ocorrem em sua explicação da história do mundo.

pedra consumiria em sua queda, e, assim, a pedra deveria tocar o solo àquela distância da base da torre. (Galilei, 1953, p.126)

Ao considerar o argumento, Galileu admite imediatamente a correção do conteúdo sensorial da observação feita, a saber, que "corpos pesados ... ao cair, deslocam-se perpendicularmente à superfície da Terra" (ibidem, p.125). Considerando um autor (Chiaramonti) que procura convencer Copérnico pela menção repetida desse fato, ele diz:

> Gostaria que esse autor não se desse tanto ao trabalho de tentar fazer-nos entender, com base em nossos sentidos, que esse movimento de queda dos corpos é simplesmente movimento retilíneo e nenhum outro, que ele não se zangasse nem se queixasse por ser colocada em questão uma coisa tão clara, óbvia e manifesta. Com efeito, ele dá assim a impressão de acreditar, para os que dizem que tal movimento não é absolutamente retilíneo mas, ao contrário, circular, que lhes parece que veem a pedra mover-se visivelmente num arco, já que recorre aos sentidos deles, em vez de à sua razão, para esclarecer esse efeito. Não é esse o caso, Simplício; pois assim como ... jamais vi, nem espero ver, a pedra cair de algum modo que não seja perpendicularmente, assim acredito que pareça aos olhos de todos os demais. É melhor, portanto, pôr de lado a aparência, a cujo respeito todos concordamos, e usar o poder da razão, seja para confirmar sua realidade, seja para revelar sua falácia. (ibidem, p.256)

A correção da observação não está em questão. O que está em questão é sua "realidade" ou "falácia". O que se pretende dizer com esse termo?

A questão é respondida por um exemplo, apresentado por Galileu no parágrafo seguinte,

> a partir do qual ... pode-se ficar sabendo quão facilmente alguém pode ser enganado pela simples aparência, ou, digamos, pelas impressões de seus sentidos. Esse evento é a impressão que têm os que andam por uma rua à noite, de serem seguidos pela Lua com passos iguais aos seus, ao vê-la deslizando por entre os beirais dos telhados. Aí ela lhes parece como lhes aparentaria um gato correndo de fato ao longo das telhas e deixando-as atrás de si; uma

aparência que, se a razão não interviesse, muito obviamente enganaria os sentidos.

Nesse exemplo, somos convidados a iniciar por uma impressão sensorial e considerar um enunciado vigorosamente sugerido por ela. (A sugestão é tão forte que levou a sistemas inteiros de crenças e a rituais, como fica claro por um estudo mais detalhado dos aspectos lunares da bruxaria e de outras hipóteses cosmológicas.) Então "a razão intervém"; o enunciado sugerido pela impressão é examinado, e consideram-se outros enunciados em seu lugar. A natureza da impressão não é alterada em nada por esse procedimento. (Isso é apenas aproximadamente verdadeiro, mas podemos omitir, para nosso propósito presente, as complicações que surgem de uma interação de impressão e proposição.) Porém, essa impressão penetra em novos enunciados observacionais e desempenha papéis novos, melhores ou piores, em nosso conhecimento. Quais são as razões e os métodos que regulam tal troca?

Para começar, devemos ter clareza a respeito da natureza do fenômeno total: aparência mais enunciado. Não há dois atos – um, notar um fenômeno; o outro, expressá-lo com auxílio do enunciado apropriado –, *mas apenas um*, a saber, dizer, em certa situação observacional, "a Lua está me seguindo" ou "a pedra está caindo verticalmente". Podemos, é claro, subdividir abstratamente esse processo em partes e podemos também tentar criar uma situação na qual enunciado e fenômeno pareçam estar psicologicamente separados e aguardando serem relacionados. (Isso é bastante difícil de conseguir, e talvez seja inteiramente impossível.) Em circunstâncias normais, no entanto, tal divisão não ocorre; descrever uma situação familiar é, para o falante, um evento em que enunciado e fenômeno estão firmemente aglutinados.

Essa unidade é o resultado de um processo de aprendizagem que começa na infância. Desde nossos primeiros dias aprendemos a reagir às situações por meio das respostas apropriadas, linguísticas ou outras. Os processos de ensino tanto *moldam* a "aparência", ou "fenômeno", quanto estabelecem uma firme *conexão* com palavras, de modo que, no final, os fenômenos parecem falar por si mesmos, sem auxílio externo ou outros conhecimentos. Eles *são* o que os enunciados associados asseveram que sejam. A linguagem que "falam", é claro, é influenciada pelas crenças de gerações anteriores, crenças mantidas há tanto tempo que não mais aparecem como princípios separados, mas penetram nos termos do discurso cotidiano e, após o treinamento prescrito, parecem emergir das próprias coisas.

A esse ponto, podemos desejar comparar, em nossa imaginação e de maneira completamente abstrata, os resultados do ensino de diferentes linguagens que incorporam ideologias diferentes. Podemos mesmo desejar conscientemente modificar algumas dessas ideologias e adaptá-las a pontos de vista mais "modernos". É muito difícil dizer como isso alterará nossa situação, *a menos que* façamos a suposição adicional de que a qualidade e a estrutura das sensações (percepções), ou pelo menos a qualidade e a estrutura daquelas sensações que fazem parte do corpo da ciência, são independentes de sua expressão linguística. Tenho muitas dúvidas até sobre a validade aproximada desse pressuposto, que pode ser refutado por exemplos simples, e tenho certeza de que estamos privando-nos de descobertas novas e surpreendentes enquanto permanecermos nos limites por ele definidos. Todavia, permanecerei, por enquanto, no interior desses limites.

Fazendo essa suposição simplificadora adicional, podemos agora distinguir entre as sensações e aquelas "operações mentais que decorrem tão imediatamente dos sentidos" (Bacon, 1620, Introdução) e estão tão firmemente conectadas com suas reações que se torna difícil obter uma separação. Considerando a origem e o efeito de tais operações, vou denominá-las *interpretações naturais*.

Na história do pensamento, as interpretações naturais têm sido vistas ou como *pressupostos a priori* da ciência, ou então como *preconceitos* que é preciso eliminar antes que qualquer exame sério possa começar. A primeira perspectiva é a de Kant e, de maneira muito diferente e com base em talentos muito diferentes, a de alguns filósofos da linguagem contemporâneos. A segunda perspectiva é a de Bacon (que teve, contudo, predecessores, como os céticos gregos).

Galileu é um daqueles raros pensadores que não desejam nem *conservar* para sempre as interpretações naturais nem *eliminá*-las completamente. Juízos indiscriminados dessa espécie são totalmente alheios a seu modo de pensar. Ele insiste em uma *discussão crítica* para decidir quais interpretações naturais podem ser mantidas e quais devem ser substituídas. Isso nem sempre fica claro em seus escritos. Muito ao contrário. Os métodos de reminiscência, a que ele recorre tão livremente, são destinados a criar a impressão de que nada mudou e continuamos expressando nossas observações de maneiras velhas e familiares. Porém, é relativamente fácil averiguar sua atitude: interpretações naturais são *necessárias*. Isolados, sem o auxílio da razão, os sentidos não nos podem dar uma descrição verdadeira da natureza. O que é necessário para chegar a tal descrição verdadeira são "os ... sentidos, *acompanhados pelo raciocinar*" (Galilei, 1953, p.255, grifos nossos). Além disso, nos argumentos que tratam do movimento da Terra, é esse raciocinar, é a conotação dos termos observacionais e *não* a mensagem dos sentidos ou a aparência que causa dificuldades.

> É melhor, portanto, pôr de lado a aparência, a cujo respeito todos concordamos, e usar o poder da razão, seja para confirmar sua realidade, seja para revelar sua falácia. (ibidem, p.256)

Confirmar a realidade ou revelar a falácia de aparências significa, contudo, examinar a validade daquelas interpretações naturais que estão tão intimamente ligadas às aparências que não mais as encaramos como pressupostos separados. Passo agora à primeira interpretação natural implícita no argumento das pedras que caem.

De acordo com a concepção copernicana, tal como pressuposta no argumento da torre, o movimento de uma pedra que cai deve ser "misto: retilíneo e circular" (idibem, p.248). Por "movimento da pedra" entende-se não seu movimento relativo a algum marco visível no campo visual do observador, ou seu movimento observado, mas antes seu movimento no sistema solar ou no espaço (absoluto), isto é, seu *movimento real*. Os fatos familiares a que se recorre no argumento apresentam uma diferente espécie de movimento, um movimento vertical simples. Isso refuta a hipótese copernicana somente se o conceito de movimento que ocorre no enunciado observacional é o mesmo que o conceito de movimento que ocorre na predição copernicana. O enunciado observacional "a pedra está caindo verticalmente" deve, portanto, referir-se a um movimento no espaço (absoluto). Deve referir-se ao movimento real.

Ora, a força de um "argumento com base na observação" deriva do fato de que os enunciados observacionais envolvidos estão firmemente ligados às aparências. Não adianta recorrer à observação se não se sabe como descrever o que se vê, ou se só se pode apresentar a descrição hesitantemente, como se se tivesse acabado de aprender a linguagem na qual ela é formulada. Produzir um enunciado observacional, então, consiste em dois eventos psicológicos diferentes: 1) uma *sensação* clara e inequívoca e 2) uma *conexão* clara e inequívoca entre essa sensação e partes de uma linguagem. Essa é a maneira pela qual se faz a sensação falar. Estarão as sensações, no argumento anterior, falando a linguagem do movimento real?

Elas falam a linguagem do movimento real no contexto do pensamento cotidiano do século XVII. Pelo menos é isso o que Galileu nos diz. Ele nos diz que o pensamento cotidiano de sua época admite o caráter "operativo" de *todo* movimento, ou, para usar termos filosóficos bem conhecidos, admite *um realismo ingênuo com respeito ao movimento*: com exceção de ilusões ocasionais e inevitáveis, o movimento aparente é idêntico ao movimento real (absoluto). É claro, essa distinção não é feita de maneira explícita. Não se distingue primeiro o movimento aparente do movimento real para em seguida relacioná-los por uma regra de correspondência. Ao contrário, descreve-se, percebe-se, age-se com relação ao movimento como se este já fosse o movimento real. E nem se procede dessa maneira em todas as circunstâncias. Admite-se que objetos possam mover-se sem que percebamos que se movem e admite-se também que certos movimentos são ilusórios (cf. o exemplo da Lua, já mencionado neste capítulo). Movimento aparente e movimento real nem sempre são identificados. Contudo, há *casos paradigmáticos* em que é psicologicamente muito difícil, se não claramente impossível, admitir engano. É desses casos paradigmáticos, e não das exceções, que o realismo ingênuo com respeito ao movimento deriva sua força. Essas são também as situações em que primeiro aprendemos nosso vocabulário cinemático. Desde nossa infância aprendemos a reagir a elas com conceitos que trazem embutido em si o realismo ingênuo, e os quais ligam de modo inextricável movimento e aparência de movimento. O movimento da pedra no argumento da torre, ou o suposto movimento da Terra, é um caso paradigmático. Como seria possível deixar de perceber o rápido movimento de uma grande porção de matéria tal como a que se supõe que a Terra seja?! Como seria possível deixar de perceber o fato de que a pedra que cai percorre extensa trajetória no espaço?! Do ponto de vista do pensamento e da linguagem do século XVII, o argumento é, portanto, impecável e totalmente convincente. Note-se, contudo, como *teorias* ("caráter operativo" de todo movimento; correção essencial dos relatos dos sentidos) que não são explicitamente formuladas entram no debate sob o disfarce de eventos observáveis. Percebemos, mais uma vez, que tais eventos são cavalos de Troia que é preciso observar o mais cuidadosamente possível. Como se supõe que alguém deva proceder em tal situação difícil?

O argumento das pedras que caem parece refutar a concepção copernicana. Talvez isso se deva a uma desvantagem inerente do copernicanismo, mas pode também dever-se à presença de interpretações naturais que necessitam de aperfeiçoamento. A primeira tarefa, então, é *descobrir* e isolar esses não examinados obstáculos ao progresso.

Bacon acreditava que interpretações naturais poderiam ser descobertas por um método de análise que as fosse removendo por camadas, uma após a outra, até que o núcleo sensorial de toda observação fosse deixado a descoberto. Esse método tem sérias deficiências. Em primeiro lugar, interpretações naturais da espécie considerada por Bacon não são simplesmente *acrescentadas* a um campo de sensações previamente existente. São instrumentais no *constituir* o campo, como diz o próprio Bacon. Eliminem-se todas as interpretações naturais e ter-se-á também eliminado a capacidade de pensar e perceber. Em segundo, desconsiderando essa função fundamental das interpretações naturais, deve estar claro que uma pessoa que se defrontasse com um campo perceptual sem dispor de uma única interpretação natural estaria *completamente desorientada* e não conseguiria nem mesmo *começar* o empreendimento da ciência. O fato de que *realmente* começamos, mesmo após alguma análise baconiana, mostra, portanto, que a análise se deteve de modo prematuro. Deteve-se precisamente naquelas interpretações naturais de que não estamos cientes e sem as quais não conseguimos prosseguir. Segue-se que a intenção de partir do zero, depois de uma eliminação completa de todas as interpretações naturais, é autodestruidora.

Além disso, não é possível, nem mesmo *parcialmente*, desemaranhar o aglomerado de interpretações naturais. À primeira vista, a tarefa pareceria bastante simples. Tomem-se enunciados observacionais, um após o outro, e analise-se seu conteúdo. Entretanto, não é provável que conceitos ocultos em enunciados observacionais venham a revelar-se nas partes mais abstratas da linguagem. Se o fizessem, ainda assim seria difícil identificá-los claramente; conceitos, tal como perceptos, são ambíguos e dependentes do que está como pano de fundo. Ademais, o conteúdo de um conceito é também determinado pela maneira como ele se relaciona à percepção. Contudo, como descobrir essa maneira, sem circularidade? As percepções têm de ser identificadas, e o mecanismo de identificação conterá alguns dos próprios elementos que governam o uso do conceito a ser investigado. Jamais apreendemos completamente esse conceito, pois sempre utilizamos parte dele na tentativa de descobrir seus constituintes. Há apenas um modo de escapar desse círculo, e ele consiste em usar uma *medida externa de comparação*, inclusive novos modos de relacionar conceitos e perceptos. Afastada do domínio do discurso natural e de todos aqueles princípios, hábitos e atitudes que constituem sua forma de vida, tal medida externa certamente parecerá estranha. Isso, todavia, não é um argumento contra seu emprego. Pelo contrário, tal impressão de estranheza revela que as interpretações naturais estão operando e é um primeiro passo na direção de sua descoberta. Expliquemos essa situação com o auxílio do exemplo da torre.

O exemplo pretende mostrar que a concepção copernicana não está de acordo com "os fatos". Do ponto de vista desses "fatos", a ideia do movimento da Terra é bizarra, absurda e obviamente falsa, para mencionar apenas algumas das expressões que foram frequentemente usadas na época e as quais ainda são ouvidas sempre que profissionais retrógrados se defrontam com uma teoria nova e contrária aos fatos. Isso nos faz suspeitar de que a concepção copernicana é um padrão de medida externa precisamente da espécie antes descrita.

Assim, vamos virar o argumento ao contrário, utilizando-o como um *dispositivo detector* que nos ajuda a descobrir as interpretações naturais que excluem o movimento da Terra. Virando o argumento ao contrário, *primeiro asseveramos* o movimento da Terra e *depois inquirimos* que mudanças eliminarão a contradição. Tal inquirição pode levar um tempo considerável e, em certo sentido, não está acabada nem mesmo nos dias de hoje. Pode ser que a contradição permaneça conosco por décadas, ou mesmo séculos. Ainda assim, *deve ser preservada* até que tenhamos concluído nossa investigação; caso contrário, tal investigação, a tentativa de descobrir os componentes antediluvianos de nosso conhecimento, não poderia sequer começar. Isso, como vimos, é uma das razões que se podem oferecer para *conservar* e, talvez, até para *inventar* teorias que são inconsistentes com os fatos. Os ingredientes ideológicos de nosso conhecimento e, mais especialmente, de nossas observações são descobertos com o auxílio de teorias por elas refutadas. *São descobertos contraindutivamente.*

Permitam-me repetir o que foi afirmado até agora. As teorias são testadas e possivelmente refutadas por fatos. Fatos contêm componentes ideológicos, concepções mais antigas que foram perdidas de vista ou que talvez jamais tenham sido formuladas de maneira explícita. Tais componentes são altamente suspeitos. Primeiro, por causa de sua idade e de sua origem obscura: não sabemos por que nem como foram introduzidos; segundo, porque sua própria natureza os protege, e sempre os protegeu, de um exame crítico. No caso de uma contradição entre uma teoria nova e interessante e uma coleção de fatos firmemente estabelecidos, o melhor procedimento, portanto, não é abandonar a teoria, mas usá-la para descobrir os princípios ocultos responsáveis pela contradição. A contraindução é parte essencial de tal processo de descoberta. (Um excelente exemplo histórico: os argumentos de Parmênides e Zênon contra o movimento e a atomicidade. Diógenes de Sinope, o cínico, tomou o caminho simples que seria percorrido por muitos cientistas contemporâneos e por todos os filósofos de nossa época: refutou os argumentos levantando-se e caminhando de um lado para o outro. O caminho oposto, aqui recomendado, levou a resultados muito mais interessantes, como o testemunha a história desse caso. Não devemos, contudo, ser tão severos com Diógenes, pois também se relata que ele surrou um discípulo que se mostrou satisfeito com sua refutação, exclamando que havia apresentado razões que o discípulo não deveria aceitar sem razões adicionais próprias (Hegel, 1840, p.289).)

Tendo *descoberto* uma interpretação natural particular, como poderemos *examiná-la* e *testá-la*? Não podemos, obviamente, proceder da maneira usual, isto é, derivar predições e compará-las com "resultados de observação". Tais resultados não mais se encontram disponíveis. A ideia de que os sentidos, empregados em circunstâncias normais, produzem relatos corretos de eventos reais, por exemplo, relatos do movimento real de corpos físicos, foi eliminada de todos os enunciados observacionais. (Recorde-se ter sido descoberto que essa noção é parte essencial do argumento anticopernicano.) Sem ela, entretanto, nossas reações sensoriais deixam de ser relevantes para os testes. Essa conclusão foi generalizada por alguns racionalistas mais antigos, que decidiram erigir sua ciência apenas com base na razão e atribuíram à observação uma função auxiliar bastante insignificante. Galileu não adota esse procedimento.

Se *uma* interpretação natural causa dificuldades para uma concepção atraente, e se sua *eliminação* remove a concepção do domínio da observação, então o único procedimento aceitável é utilizar *outras* interpretações e ver o que acontece. A interpretação que Galileu usa recoloca os sentidos em sua posição de instrumentos de exploração, *mas apenas com respeito à realidade do movimento relativo*. O movimento "entre coisas que o compartilham" é "não operativo", ou seja, "permanece insensível, imperceptível e sem nenhum efeito que seja" (Galilei, 1953, p.171).[2] O primeiro passo de

---

[2] O relativismo cinemático de Galileu não é consistente. Na passagem citada, ele avança a ideia 1) de que movimento compartilhado *não tem efeito algum*. "O movimento", diz ele, "à medida que é e atua como movimento, existe nessa medida relativamente a coisas que dele carecem; e em meio a coisas que, todas elas, participam igualmente de algum movimento, este não atua e é como se não existisse" (ibidem, p.116); "Qualquer movimento que venha a ser atribuído à Terra deve necessariamente permanecer imperceptível ... contanto que olhemos apenas para objetos terrestres" (ibidem, p.114); "... o movimento comum a muitas coisas móveis é vazio e irrelevante para a relação dessas coisas móveis entre si mesmas ..." (ibidem, p.116). Em contrapartida, 2) ele também dá a entender que "nada ... *se move por natureza em linha reta*. O movimento de todos os objetos celestes é em círculo; navios, carruagens, cavalos, aves, todos se movem em um círculo ao redor da Terra; os movimentos das partes dos animais são todos circulares; em suma – somos forçados a admitir que apenas *gravia deorsum* e *levia sursum* se movem, aparentemente, em linha reta; mas nem mesmo isso é certo enquanto não se tiver provado que a Terra está em repouso" (ibidem, p.19). Ora, se 2) for adotada, então as partes soltas de sistemas movendo-se em linha reta tenderão a descrever trajetórias circulares, contradizendo assim 1). Foi essa inconsistência que me impeliu a dividir o argumento de Galileu em duas etapas, uma tratando da relatividade do movimento (somente o movimento relativo *é notado*), a outra tratando de leis inerciais (e somente o movimento inercial *não afeta a relação entre as partes de um sistema* – admitindo-se, é claro, que movimentos inerciais vizinhos sejam aproximadamente paralelos). Para as duas etapas do argumento, ver o próximo capítulo. É preciso também compreender

Galileu, em seu exame conjunto da doutrina copernicana e de uma interpretação natural familiar mas oculta, consiste, portanto, em *substituir esta última por uma interpretação diferente*. Em outras palavras, *ele introduz uma nova linguagem observacional*.

É claro que esse é um procedimento inteiramente legítimo. Em geral, a linguagem observacional presente em um argumento tem estado em uso há longo tempo e é inteiramente familiar. Considerando a estrutura de expressões comuns, por um lado, e a filosofia aristotélica, por outro, nem esse uso nem essa familiaridade podem ser encarados como um teste dos princípios subjacentes. Esses princípios, essas interpretações naturais, ocorrem em toda descrição. Casos extraordinários que poderiam criar dificuldades são enfraquecidos com o auxílio de "expressões de ajustamento" (*adjustor words*),[3] como "semelhante" ou "análogo", que afastam as dificuldades de modo que a ontologia básica permanece inatacada. Um teste, contudo, faz-se urgentemente necessário. É em especial necessário naqueles casos em que os princípios parecem ameaçar uma nova teoria. É, então, inteiramente razoável introduzir linguagens observacionais alternativas e compará-las tanto com o idioma original quanto com a teoria em exame. Ao proceder dessa maneira, precisamos assegurar-nos de que a comparação é *justa*. Ou seja, não devemos criticar um idioma que se presume funcionar como uma linguagem observacional porque ainda não é bem conhecido e, portanto, menos fortemente ligado a nossas reações sensoriais e menos plausível que outro idioma mais "comum". Críticas superficiais dessa espécie, que foram elevadas à condição de uma "filosofia" inteira, abundam em discussões do problema mente/corpo. Filósofos que desejam introduzir e testar ideias novas veem-se confrontados não com *argumentos*, aos quais provavelmente poderiam refutar, mas com uma muralha impenetrável de

---

que aceitar a relatividade do movimento para trajetórias inerciais significa abandonar a *teoria do ímpeto*, que provê uma causa (interior) para os movimentos e, portanto, supõe um espaço absoluto no qual essa causa se torna manifesta. Isso Galileu parece já ter feito a essa altura, pois seu argumento para a existência de movimentos "ilimitados" ou "perpétuos", que ele esboça nas p.147 ss. do *Dialogue*, recorre a movimentos que são neutros, isto é, nem naturais nem forçados, e talvez se possa admitir, portanto, que perdurem para sempre.

[3] Austin (1964, p.74). Expressões de ajustamento desempenham importante papel na filosofia aristotélica.

reações entrincheiradas. Isso não é muito diferente da atitude de pessoas que ignoram línguas estrangeiras e têm a impressão de que certa cor é muito mais bem descrita por "vermelho" do que por "rosso". Em oposição a essas tentativas de conversão pelo apelo à familiaridade ("eu *sei* o que são dores, e também *sei*, por introspecção, que elas não têm absolutamente nada a ver com processos materiais!"), é preciso enfatizar que uma avaliação comparativa de linguagens observacionais, por exemplo, linguagens observacionais materialistas, linguagens observacionais fenomenalistas, linguagens observacionais teológicas etc., só pode ter início *quando todas elas são faladas com igual fluência.*

Continuemos, agora, como nossa análise do raciocínio de Galileu.

7

As novas interpretações naturais constituem uma linguagem observacional nova e altamente abstrata. São introduzidas e ocultadas, de modo que não se percebe a mudança havida (método da anamnese). *Elas contêm a ideia da relatividade de todo movimento e a lei da inércia circular.*

Galileu substitui uma interpretação natural por outra muito diferente e, até então (1630), pelo menos parcialmente não natural. Como procede ele? Como consegue introduzir asserções absurdas e contraindutivas, como a asserção de que a Terra se move, todavia obtendo para elas consideração justa e atenta? Pode-se prever que argumentos não serão suficientes – uma limitação interessante e importantíssima do racionalismo –, bem como que as asserções de Galileu, na verdade, são apenas na aparência argumentos. Com efeito, Galileu usa *propaganda*. Usa *truques psicológicos*, além de quaisquer razões intelectuais que tenha a oferecer. Esses truques são muito bem-sucedidos: conduzem-no à vitória. Contudo, obscurecem a nova atitude com relação à experiência, atitude que está em formação e adiam por séculos a possibilidade de uma filosofia baseada na razão. Obscurecem o fato de que a experiência na qual Galileu deseja fundamentar a concepção copernicana não passa do resultado de sua própria imaginação fértil, que ela foi *inventada*. Obscurecem esse fato ao insinuar que os novos resultados que emergem são conhecidos e admitidos por todos e precisam apenas ser trazidos à nossa atenção para que apareçam como a mais óbvia expressão da verdade.

Galileu "lembra-nos" de que há situações nas quais o caráter não operativo do movimento compartilhado é tão evidente e tão firmemente acreditado quanto a ideia do caráter operativo de todo movimento o é em outras circunstâncias. (Esta última ideia, portanto, não é a única interpretação natural do movimento.) As situações são eventos que ocorrem em um barco, em uma carruagem deslocando-se suavemente e em outros sistemas que contêm um observador e lhe permitem efetuar algumas operações simples.

Sagredo: Acabo de me lembrar de certa fantasia que me cruzou a imaginação certo dia, quando eu velejava para Alepo, aonde ia na qualidade de cônsul de nosso país... Se a ponta de uma pena estivesse no navio durante toda a minha viagem de Veneza a Alexandreta e tivesse tido a propriedade de deixar marcas visíveis de todo seu percurso, que traço, que marca, que linha teria deixado?

Simplício: Teria deixado uma linha estendendo-se de Veneza até lá; não perfeitamente reta – ou melhor, não descrevendo um perfeito arco de círculo – mas mais ou menos ondulante, de acordo com os balanços que o navio tivesse aqui e ali sofrido. No entanto, essa curvatura, em alguns lugares de um metro ou dois para a direita ou para a esquerda ou para cima ou para baixo, numa distância de muitas centenas de quilômetros, teria feito pouca alteração na extensão inteira da linha. Tais ondulações seriam praticamente imperceptíveis e, sem erro de nenhuma importância, a linha poderia ser considerada parte de um arco perfeito.

Sagredo: Assim, se a oscilação das ondas fosse desconsiderada e o movimento do navio fosse calmo e tranquilo, o movimento verdadeiro e preciso daquela pena teria sido um arco de um círculo perfeito. Ora, se eu tivesse mantido aquela mesma pena continuamente em minha mão e a tivesse movido, às vezes, apenas um pouco para cá ou para lá, que alterações teria eu causado na extensão principal dessa linha?

Simplício: Menores do que aquelas que teriam sido dadas a uma linha reta de mil metros de comprimento que se desviasse aqui e ali da retidão absoluta por menos que a espessura de um fio de cabelo.

Sagredo: Então, se um artista tivesse começado a desenhar com essa pena em uma folha de papel, ao deixar o porto, e tivesse continuado a fazer isso durante toda a viagem até Alexandreta, teria sido capaz de extrair, do movimento da pena, toda uma narrativa composta de muitas figuras, completamente traçadas e esboçadas em milhares de direções, com paisagens, prédios, animais e outras coisas. Contudo, o movimento real essencial efetivo marcado pela ponta da pena teria sido apenas uma linha; longa, é verdade, mas muito simples. Quanto às próprias ações do artista, porém, essas teriam sido conduzidas exatamente da mesma forma se o navio tivesse estado parado. A razão pela qual do longo movimento da pena nenhum traço restaria, exceto as marcas desenhadas no papel, é que o movimento total de Veneza a Alexandreta era comum ao papel, à pena e a tudo o mais no navio. Mas os pequenos movimentos para a frente e para trás, para a direita e para a esquerda, comunicados pelos dedos do artista à pena, mas não ao papel, e pertencendo unicamente à primeira, poderiam assim deixar um traço no papel que permanecesse estacionário com relação a esses movimentos. (Galilei, 1953, p.171 ss.)

Ou

Salviati: ... Imagine-se em um navio, com os olhos fixos em um ponto da verga da vela. Pensa você que, visto estar o barco movendo-se rapidamente, terá de mover os olhos a fim de manter sua visão fixa naquele ponto da vela e seguir seu movimento?
Simplício: Estou seguro de que não precisarei fazer movimento algum; não apenas com respeito à minha visão, mas, se tivesse apontado um mosquete, jamais precisaria movê-lo um fio de cabelo para mantê-lo apontado, não importa como se movesse o barco.
Salviati: E isso ocorre porque o movimento que o barco confere à verga da vela confere também a você e a seus olhos, de modo que você não precisa movê-los nem um pouco para fitar o topo da verga, que, consequentemente, parece-lhe imóvel. (E os raios da visão vão do olho à verga da vela exatamente como se uma corda estivesse esticada entre as duas extremidades do navio. Ora, há uma centena de cordas esticadas entre diferentes pontos fixos, cada uma mantém sua posição, esteja o navio em movimento ou em repouso (ibidem, p.249 ss.).)[1]

---

[1] Que fenômenos do movimento *visto* dependam do movimento *relativo* tinha sido afirmado por Euclides em sua *Óptica*, Theon red. par. 49 ss. Um velho escólio do par. 50 usa o exemplo de um navio deixando o porto: Heiberg, VII, 283. O exemplo é repetido por Copérnico no livro 1, cap.VIII, de *De Revol*. Era lugar comum na óptica medieval. Cf. Witelo, 1572, p.180, par. 138.

É claro que essas situações levam a um conceito não operativo de movimento, mesmo nos limites do senso comum.

Em contrapartida, o senso comum, e com isso refiro-me ao senso comum do artífice italiano do século XVII, também contém a ideia do caráter *operativo* de todo movimento. Essa última ideia surge quando um objeto limitado, que não tem um número excessivo de partes, move-se em um ambiente amplo e estável; por exemplo, quando um camelo troteia pelo deserto ou quando uma pedra cai de uma torre.

Ora, Galileu incita-nos a "recordar", também nesse caso, as condições em que afirmamos o caráter não operativo do movimento compartilhado e a subsumir o segundo caso ao primeiro.

Assim, o primeiro dos dois paradigmas de movimento não operativo mencionado antes é seguido pela afirmação de que

> É também verdadeiro que, estando a Terra em movimento, o movimento da pedra ao cair é na verdade um longo trecho de muitas centenas de metros, ou mesmo muitos milhares; e se ela tivesse sido capaz de marcar seu curso no ar imóvel ou em alguma outra superfície, teria deixado uma linha oblíqua muito longa. Contudo, a parte de todo esse movimento comum à pedra, à torre e a nós mesmos permanece imperceptível, como se não existisse. Permanece observável apenas a parte da qual nem a torre nem nós somos participantes; em resumo, aquela com que a pedra, ao cair, mede a torre. (ibidem, p.172 ss.)

E o segundo paradigma precede a exortação a "transferir esse argumento para o girar da Terra e para a pedra colocada no topo da torre, cujo movimento você não pode discernir porque, em comum com a pedra, você tem da Terra o movimento requerido para seguir a torre; você não precisa mover seus olhos. A seguir, se você acrescentar à pedra um movimento para baixo que é peculiar a ela e não compartilhado por você, e o qual está combinado com esse movimento circular, a porção circular do movimento, que é comum à pedra e ao olho, continuará a ser imperceptível. Somente o movimento retilíneo é perceptível, pois, para segui-lo, você precisa mover os olhos para baixo" (ibidem, p.250).

Isso é, de fato, uma forte persuasão.

Cedendo a essa persuasão, começamos agora *automaticamente* a confundir as condições dos dois casos e tornamo-nos relativistas. Essa é a essência do artifício de Galileu! Em consequência, o conflito entre Copérnico e "as condições que nos afetam e àqueles no ar acima de nós" (Ptolomeu, 1963, i, 1, p.7) dissolvem-se no ar e compreendemos, finalmente

> que todos os eventos terrestres, pelos quais ordinariamente se sustenta que a Terra está imóvel e o Sol e as estrelas fixas estão se movendo, apareceriam necessariamente da mesma maneira para nós se a Terra se movesse e os demais permanecessem imóveis. (Galilei, 1953, p.416)[2]

Examinemos agora a situação de um ponto de vista mais abstrato. Comecemos com dois subsistemas conceituais de pensamento "ordinário" (ver tabela na página 105). Um deles considera o movimento um processo absoluto que sempre tem efeitos, inclusive efeitos em nossos sentidos. A descrição desse sistema conceitual dada aqui talvez seja um

---

[2] Cf. Galilei, 1958, p.164: "O mesmo experimento que, à primeira vista, parecia mostrar uma coisa, ao ser examinado mais cuidadosamente, assegura-nos do contrário". O professor McMullin, em uma crítica a essa maneira de ver as coisas, deseja maior "justificação lógica e biográfica" para a minha afirmativa de que Galileu não apenas argumentou, mas também trapaceou [Feyerabend, 1971, p.39], e objeta à maneira como apresento Galileu introduzindo o relativismo dinâmico. De acordo com ele, "o que Galileu argumenta é que, uma vez que seu adversário *já* interpreta observações feitas em tal contexto [movimentos em barcos] de maneira 'relativista', como pode ele, consistentemente, fazer outra coisa no caso das observações feitas na superfície da Terra?" (ibidem, p.40). É assim, de fato, que Galileu argumenta. Mas argumenta dessa maneira contra um adversário que, segundo ele, "sente grande aversão a reconhecer essa qualidade não operativa do movimento entre as coisas que o compartilham" (1953, p.171), um adversário que está convencido de que um barco, além de ter movimentos relativos, *também tem posições e movimentos absolutos* (cf. Aristóteles, *Física*, 208b8 ss.), adversário que, de qualquer modo, desenvolveu a arte de usar noções diferentes em ocasiões diferentes sem cair em contradição. Ora, se *essa* é a posição a ser atacada, então mostrar que um adversário tem uma ideia relativa de movimento ou usa frequentemente essa ideia relativa em seus assuntos cotidianos não é de modo algum uma "prova da inconsistência de seu próprio 'paradigma'" (McMullin, op.cit., p.40). Apenas revela uma parte daquele paradigma sem tocar na outra. O argumento transforma-se na prova desejada apenas se a noção absoluta for suprimida ou afastada ou então identificada com a noção relativista – é isso o que Galileu realmente faz, embora sub-repticiamente, como tentei mostrar.

tanto idealizada, mas os argumentos dos adversários de Copérnico, citados pelo próprio Galileu e, segundo ele, "muito plausíveis" (Galilei, 1953, p.328), mostram que havia uma tendência muito difundida a pensar nos termos deles, e essa tendência era um sério obstáculo à discussão de ideias alternativas. Ocasionalmente, encontram-se maneiras de pensar ainda mais primitivas, em que conceitos como "acima" e "abaixo" são usados de modo absoluto. Exemplos: a asserção de "que a Terra é pesada demais para alçar-se por cima do Sol e então precipitar-se outra vez abaixo dele" (ibidem, p.327), ou a asserção de que, "depois de um breve lapso de tempo, as montanhas, movendo-se para baixo em virtude da rotação do globo terrestre, chegariam a uma posição tal que, ao passo que pouco antes ter-se-ia de vencer uma subida íngreme para alcançar seus picos, poucas horas depois seria preciso inclinar-se e descer de modo que se chegasse lá" (ibidem, p.330). Galileu, em notas marginais, chama a isso de "razões completamente infantis [que] foram suficientes para fazer imbecis continuar acreditando na imobilidade da Terra" (ibidem, p.327) e acha que é desnecessário "preocupar-se com homens como esses, *cujo nome é legião*, ou prestar atenção às suas tolices" (ibidem, grifos nossos). Contudo, está claro que a ideia absoluta de movimento estava "bem entrincheirada" e que a tentativa de substituí-la estava destinada a encontrar forte resistência.[3]

---

[3] A ideia de que há uma direção absoluta no universo tem uma história muito interessante. Baseia-se na estrutura do campo gravitacional na superfície da Terra, ou naquela parte da Terra que o observador conhece, e generaliza as experiências aí feitas. Essa generalização é apenas raramente encarada como uma hipótese separada; ela antes infiltra-se na "gramática" do senso comum e dá aos termos "acima" e "abaixo" seu sentido absoluto. (Essa é uma "interpretação natural", precisamente no sentido explicado no texto anterior.) Lactancius, padre do século IV, recorre a esse significado ao perguntar (*Divinae Institutiones*, III, De Falsa Sapientia): "Será que alguém vai estar tão confuso a ponto de admitir a existência de humanos cujos pés estão acima de sua cabeça? De árvores e frutos que não crescem para cima, mas para baixo?". O mesmo uso de linguagem é pressuposto por aquela "massa de homens não instruídos" que levantam a questão de por que os antípodas não estão caindo da Terra (Plínio, 1986, p.161-6; cf. também Ptolomeu, 1963, I, 7). As tentativas de Tales, Anaxímenes e Xenófanes de encontrar para a Terra um suporte que a impedisse de "cair" (Aristóteles, *De Coelo*, 294a12 ss.) mostram que quase todos os primeiros filósofos, com a única exceção de Anaximandro, compartilhavam essa maneira de pensar. (Acerca dos atomistas, que supõem que os átomos originalmente "caem", cf. Jammer, 1953, p.11.) Mesmo Galileu, que ridiculariza completamente a ideia dos antípodas

Paradigma I: Movimento de objetos compactos em ambientes estáveis de grande extensão espacial – o cervo observado pelo caçador.		Paradigma II: Movimento de objetos em barcos, carruagens e outros sistemas em movimento.	
Interpretação natural: Todo movimento é operativo.		Interpretação natural: Só o movimento relativo é operativo.	
Pedra caindo *prova* ↓ Terra em repouso	Movimento da Terra *prediz* ↓ Movimento oblíquo da pedra	Pedra caindo *prova* ↓ Não há movimento relativo entre o ponto de partida e a Terra	Movimento da Terra *prediz* ↓ Não há movimento relativo entre o ponto de partida e a pedra

O segundo sistema conceitual está construído em torno da relatividade do movimento e também está bem entrincheirado em seu próprio domínio de aplicação. Galileu tem em vista substituir o primeiro sistema pelo segundo em *todos* os casos, tanto terrestres quanto celestes. O realismo ingênuo com respeito ao movimento deve ser *completamente eliminado*.

Ora, já vimos que esse realismo ingênuo é, em certas ocasiões, parte essencial de nosso vocabulário observacional. Nessas ocasiões (Paradigma I), a linguagem observacional contém a ideia da eficácia de todo movimento. Ou, para expressá-lo no modo material de falar, nossa experiência, nessas situações, é uma experiência de objetos que se movem de modo absoluto. Tomando isso em consideração, é aparente que a proposta de

---

caindo (1953, p.331), ocasionalmente fala da "metade superior da Lua", referindo-se àquela parte da Lua "que é invisível para nós". E não esqueçamos que alguns filósofos da linguagem hodiernos "que são demasiado estúpidos para reconhecer as próprias limitações" (ibidem, p.327) desejam reviver o significado absoluto de "acima-abaixo" pelo menos *em âmbito local*. Assim, o poder que tinha sobre a mente dos contemporâneos de Galileu um esquema conceitual primitivo, pressupondo um mundo anisotrópico, que Galileu também precisou combater, não deve ser subestimado. Para um exame de alguns aspectos do senso comum britânico na época de Galileu, inclusive o senso comum astronômico, ver Tillyard, 1963. A concordância entre opinião popular e o universo centralmente simétrico é frequentemente afirmada por Aristóteles, por exemplo, em *De Coelo*, p.308a23 s.

Galileu equivale a uma revisão parcial de nossa linguagem observacional ou de nossa experiência. Uma experiência que parcialmente *contradiz* a ideia do movimento da Terra é transformada em uma experiência que a *confirma*, pelo menos no que diz respeito às "coisas terrestres" (Galilei, 1953, p.132 e 416). Isso é o que *realmente acontece*. Mas Galileu quer persuadir-nos de que não houve mudança alguma, que o segundo sistema conceitual já é universalmente *conhecido*, ainda que não universalmente *utilizado*. Salviati, seu representante no Diálogo, seu adversário Simplício, e Sagredo, o leigo inteligente, todos eles associam o método de argumentação de Galileu à teoria platônica da *anamnese* – uma hábil manobra tática, tipicamente galileana, estaríamos inclinados a dizer. Contudo, não podemos permitir-nos ser enganados a respeito do desenvolvimento revolucionário que realmente está ocorrendo.

A resistência contra o pressuposto de que o movimento compartilhado é não operativo foi equiparada à resistência que exibem ideias esquecidas à tentativa de torná-las conhecidas. Aceitemos essa *interpretação* da resistência! Mas não esqueçamos sua *existência*. Temos então de admitir que ela restringe o uso de ideias relativistas, confinando-as a uma *parte* de nossa experiência cotidiana. *Externamente* a essa parte, isto é, no espaço interplanetário, essas ideias são "esquecidas" e, portanto, não são ativas. Fora dessa parte, contudo, não há um caos completo. Outros conceitos são utilizados, entre os quais os mesmos conceitos absolutistas que derivam do primeiro paradigma. Não nos restringimos a utilizá-los; temos também de admitir que são inteiramente adequados. Não surgem dificuldades, contanto que se permaneça nos limites do primeiro paradigma. A "experiência", isto é, a totalidade de todos os fatos de todos os domínios, não é capaz de forçar-nos a realizar a mudança que Galileu deseja introduzir. O motivo para uma mudança deve provir de uma fonte diferente.

Provém, em primeiro lugar, do desejo de ver "o todo [corresponder] às suas partes com maravilhosa simplicidade" (ibidem, p.341),[4] como o

---

[4] Galileu retira essa citação da alocução que Copérnico dirige ao papa Paulo III em *De Revolutionibus*; cf. também o cap.10 e a *Narratio Prima* (citada com base em Rosen, 1959, p.165): "Pois todos esses fenômenos parecem estar o mais nobremente ligados entre si, como

próprio Copérnico já havia dito. Provém da "ânsia tipicamente metafísica" pela unidade de entendimento e apresentação conceitual. E o motivo para uma mudança é associado, em segundo lugar, à intenção de abrir espaço para a ideia do movimento da Terra, que Galileu aceita e não está disposto a abandonar. A ideia do movimento da Terra está mais próxima do primeiro paradigma que do segundo, ou pelo menos estava na época de Galileu. Isso deu força aos argumentos aristotélicos e tornou-os plausíveis. Para eliminar essa plausibilidade, era necessário subsumir o primeiro paradigma ao segundo e estender as noções relativas a todos os fenômenos. A ideia de *anamnese* funciona aqui como uma muleta psicológica, como alavanca que suaviza o processo de subsunção ao ocultar sua existência. Em consequência disso, vemo-nos agora prontos a aplicar as noções relativas não apenas a barcos, carruagens e pássaros, mas à "sólida e firme" Terra como um todo. E temos a impressão de que essa disposição existia em nós o tempo todo, embora tivesse sido preciso algum esforço para torná-la consciente. Essa impressão é certamente errônea: é o resultado das maquinações propagandísticas de Galileu. Seria melhor descrevermos a situação de maneira diferente, como mudança de nosso sistema conceitual. Ou, porque estamos lidando com conceitos que pertencem a interpretações naturais, e estão, portanto, associados às sensações de maneira muito direta, deveríamos descrevê-la como a *mudança de experiência* que nos permite acomodar a doutrina copernicana. É essa a mudança subjacente à transição da perspectiva aristotélica para a epistemologia da ciência moderna.

Com efeito, a experiência, agora, deixa de ser o fundamento imutável que é tanto no senso comum quanto na filosofia aristotélica. A tentativa de dar sustentação a Copérnico torna a experiência uma coisa "fluida", da mesma maneira pela qual torna fluidos os céus, "de sorte que cada estrela nele vagueia por si mesma" (Galilei, 1953, p.120). Um empirista que parta

---

se por uma cadeia dourada; e cada um dos planetas, por sua posição e ordem e toda desigualdade de seu movimento, atesta que a Terra se move e que nós, que habitamos o globo terrestre, em vez de aceitar suas mudanças de posição, acreditamos que os planetas vagueiam pelo espaço em todos os tipos de movimentos próprios". Note-se que razões empíricas estão ausentes do argumento e têm de estar, pois o próprio Copérnico admite (*Commentariolus*, op.cit., p.57) que a teoria ptolemaica é "consistente com os dados numéricos".

da experiência e siga confiando nela sem jamais olhar para trás perde agora o próprio chão no qual se firma. Nem a Terra, "a sólida e firme Terra", nem os fatos em que ele usualmente confia podem continuar a merecer confiança. É claro que uma filosofia que recorre a tal experiência fluida e mutável necessita de novos princípios metodológicos que não insistam em um julgamento assimétrico das teorias pela experiência. A *física clássica* adota intuitivamente tais princípios; pelo menos procedem dessa maneira seus grandes e independentes pensadores, como Newton, Faraday e Boltzmann. Sua *doutrina oficial*, contudo, ainda agarra-se à ideia de uma base firme e imutável. O conflito entre essa doutrina e o procedimento real é ocultado por uma apresentação tendenciosa dos *resultados* da pesquisa que esconde sua origem revolucionária e sugere que eles se originam de uma fonte firme e imutável. Esses métodos de encobrimento começam com a tentativa de Galileu de introduzir novas ideias sob o manto da *anamnese* e chegam a seu apogeu com Newton (Feyerabend; Lakatos, 1970c). É preciso que sejam expostos, se desejamos chegar a uma explicação melhor dos elementos progressivos na ciência.

Minha discussão do argumento anticopernicano ainda não está completa. Até agora, tentei descobrir que pressuposto fará que uma pedra *que se move ao longo de uma torre em movimento* pareça estar caindo "diretamente para baixo", em vez de ser vista mover-se em um arco. Viu-se que resolve o problema o pressuposto (que denominarei o *princípio da relatividade*) de que nossos sentidos só notam o movimento relativo e são insensíveis a um movimento que os objetos tenham em comum. O que resta explicar é *por que a pedra acompanha a torre* e não é deixada para trás. A fim de salvar a concepção copernicana, é preciso explicar não apenas por que *permanece despercebido* um movimento que preserva a relação entre objetos visíveis, mas também por que um movimento comum de vários objetos não afeta a relação entre eles. Ou seja, é preciso explicar por que tal movimento não é um agente causal. Invertendo a questão da maneira explicada no texto correspondente à nota 2, página 95, do capítulo anterior, fica agora evidente que o argumento anticopernicano aí descrito baseia-se em *duas* interpretações naturais, a saber: o *pressuposto epistemológico* de que o movimento absoluto é sempre *percebido* e o *princípio dinâmico* de que objetos (como a pedra que cai) com que não se interfere assumem seu movimento natural.

Para os aristotélicos, o movimento natural de um objeto que não sofre interferência é o *repouso*, isto é, a conservação das qualidades e da posição.[5] Isso corresponde à nossa própria experiência, segundo a qual as coisas têm de ser empurradas para que se movam. A descoberta de sementes, bactérias e vírus teria sido impossível sem uma firme crença na parte qualitativa dessa lei – e confirmou-a da maneira mais impressionante. Empregando essa lei, os cientistas inferiram que uma pedra que fosse deixada cair do alto de uma torre situada em uma Terra em movimento seria deixada para trás. Assim, o princípio de relatividade precisa ser combinado com uma nova lei de inércia de maneira tal que o movimento da Terra possa continuar a ser afirmado. Vê-se imediatamente que a seguinte lei, que denominarei o *princípio da inércia circular*, fornece a solução requerida: um objeto que se move ao redor do centro da Terra com certa velocidade angular em uma esfera livre de atrito continuará a mover-se para sempre com essa mesma velocidade angular. Combinando a aparência apresentada pela pedra que cai com o princípio da relatividade, o princípio da inércia circular e alguns pressupostos simples a respeito da composição de velocidades,[6] obtemos

---

[5] Essa é a explicação *geral* do movimento. Na explicação *cosmológica*, temos movimento circular acima da Terra e movimentos para cima e para baixo em sua superfície.

[6] Esses pressupostos nem sempre foram uma coisa indiscutível, mas conflitavam com algumas ideias muito básicas da física aristotélica. O princípio da inércia circular relaciona-se à teoria do ímpeto, mas não é idêntico a ela. A teoria do ímpeto conserva a ideia de que é preciso uma força para causar mudança, mas coloca a força no interior do objeto que sofre a mudança. Uma vez empurrado, um objeto continua a se mover da mesma maneira pela qual um objeto aquecido conserva-se quente – ambos contêm a causa de seu novo estado. Galileu modifica essa ideia de duas maneiras. Primeiro, supõe-se que o movimento circular continue eternamente, ao passo que um objeto que se conserve em movimento por ímpeto diminuirá gradualmente a velocidade, como um objeto aquecido, seu análogo, torna-se gradualmente mais frio. O argumento a favor dessa modificação é apresentado no texto a seguir; é um argumento puramente retórico. Segundo, os movimentos circulares eternos devem originar-se sem uma causa: se movimentos relativos não são operativos, introduzir um movimento com o mesmo centro e a mesma velocidade angular que um movimento circular sustentado por ímpeto não é capaz de eliminar as forças – estamos, do ímpeto, a caminho do momento (cf. Maier, 1949). Todas essas mudanças passam despercebidas para aqueles que supõem que essa transição foi o simples resultado de uma dinâmica nova e melhor e que a dinâmica já se encontrava disponível, mas não tinha sido ainda aplicada de maneira determinada.

um argumento que não mais ameaça a concepção copernicana e pode ser usado para dar-lhe lastro parcial.

O princípio de relatividade foi defendido de duas maneiras. A primeira foi mostrando como ele ajuda Copérnico: essa defesa é *ad hoc*, mas não objetável, visto que necessária para revelar interpretações naturais. A segunda foi indicando sua função no senso comum e generalizando de modo sub-reptício essa função (ver anteriormente). Nenhum argumento independente foi dado para sua validade. O apoio apresentado por Galileu para o princípio da inércia circular é exatamente da mesma espécie. Ele introduz o princípio, mais uma vez não por referência a um experimento ou uma observação independente, mas por referência àquilo que todos supostamente já sabem.

> *Simplício*: Então você não fez uma centena de testes, ou mesmo um? E, contudo, afirma tão francamente que isso está certo?
> *Salviati*: Tenho certeza, sem experimentação, de que o efeito acontecerá como lhe digo, porque tem de ocorrer dessa maneira; e poderia acrescentar que você também sabe que não pode acontecer de outra maneira, não importa o quanto pretenda não o saber... Mas sou tão hábil em questionar pessoas que o farei admitir isso apesar de si mesmo. (Galilei, 1953, p.145)

Passo a passo, Simplício é forçado a admitir que um corpo movendo-se sem atrito em uma esfera concêntrica à Terra executará um movimento "sem limites", "perpétuo". Sabemos, é claro, especialmente depois da análise que acabamos de completar do caráter não operativo do movimento compartilhado, que o que Simplício aceita não é baseado nem em experimento nem em teoria corroborada. É uma sugestão nova e ousada, envolvendo um enorme salto de imaginação.[7] Um pouco mais de análise mostra então que essa sugestão é associada a experimentos, como

---

[7] Para um copernicano, o único salto envolvido consistia na identificação da Terra como um objeto celeste. De acordo com Aristóteles, um objeto celeste move-se em círculos e "um corpo que se move em um círculo não tem nem gravidade nem leveza, pois não pode mudar sua distância em relação ao centro, nem de maneira natural, nem de maneira forçada" (*De Coelo*, 269b34 s.)

os "experimentos" dos *Discorsi*,[8] por hipóteses *ad hoc*. (A quantidade de atrito a ser eliminada não decorre de investigações independentes – tais investigações iniciaram-se apenas muito mais tarde, no século XVIII – mas do resultado a ser atingido, a saber, a lei da inércia circular.) Ver os fenômenos naturais dessa maneira leva a uma reavaliação de toda experiência, como examinamos. Podemos agora acrescentar que leva à invenção de uma *nova espécie de experiência*, que é não apenas mais sofisticada *mas também muito mais especulativa do que* a experiência em Aristóteles ou a do senso comum. Falando de maneira paradoxal, mas não incorreta, pode-se dizer que *Galileu inventa uma experiência que tem ingredientes metafísicos*. É por meio de tal experiência que é alcançada a transição de uma cosmologia geostática para o ponto de vista de Copérnico e Kepler.[9]

---

[8] Incidentalmente, muitas das "experiências" ou muitos dos "experimentos" usados nos argumentos a respeito do movimento da Terra são inteiramente fictícios. Assim, Galileu, em seu *Trattato della Sfera* (*Opere*, II, p.21 ss.), que "segue a opinião de Aristóteles e de Ptolomeu" (p.223), usa o seguinte argumento contra a rotação da Terra: "... objetos que se deixam cair ao chão a partir de lugares altos, como uma pedra soltada do alto de uma torre, não cairiam junto ao pé dessa torre, pois, durante o tempo que a pedra, caindo retilineamente em direção ao solo, gasta no ar, a Terra, fugindo dela, e movendo-se em direção ao leste, recebê-la-ia em um ponto muito afastado do pé da torre, *exatamente da mesma maneira com que uma pedra, deixada cair do mastro de um navio que se move rapidamente, não cairá junto ao pé desse mastro, mas mais em direção à popa*" (p.224). A referência, em itálico, ao comportamento de pedras em embarcações é usada novamente no *Dialogue* (p.126), ao serem discutidos os argumentos ptolemaicos; contudo, não é mais aceita como correta. "Parece ser uma ocasião apropriada", diz Salviati (ibidem, p.180), "para tomar conhecimento de certa generosidade dos copernicanos para com seus adversários ao admitirem, com talvez demasiada liberalidade, como verdadeiros e corretos vários experimentos que seus oponentes nunca realizaram. Tal, por exemplo, é o experimento de um corpo caindo do mastro de um navio em movimento ...". Antes, na p.154, é mais subentendido do que observado que a pedra cairá ao pé do mastro, ainda que o navio esteja em movimento, ao passo que um possível experimento é discutido na p.186. Bruno (1907, p.83) assume como dado que a pedra cairá ao pé do mastro. É preciso notar que o problema não se presta facilmente a uma solução experimental. Experimentos foram realizados, mas seus resultados ficaram longe de ser conclusivos. Cf. Armitage (1941-7, p.342 ss.) e Koyré (1968, p.89 ss.). O argumento da torre pode ser encontrado em Aristóteles, *De Coelo*, 296b22, e Ptolomeu, *Syntaxis*, i, 8. Copérnico discute-o no mesmo capítulo de *De Revol.*, mas tenta desarmá-lo no capítulo seguinte. Seu papel na Idade Média é descrito em Clagett, 1959, cap.10.

[9] Alan Chalmers, em artigo interessante e bem argumentado (1986, p.1 ss.), distingue "entre as contribuições de Galileu para uma nova ciência, por um lado, e a questão das

condições sociais nas quais tal ciência é desenvolvida e praticada, por outro", admite que "propaganda" (embora muito menos do que sugeri) pode ter sido parte de sua tentativa de modificar as últimas, mas enfatiza que não afeta as primeiras. "A principal fonte das contribuições de Galileu para a ciência em si", diz Chalmers, "é seu *Two New Sciences*". Essa é a obra que eu deveria ter estudado para investigar o procedimento de Galileu. Mas as *Two New Sciences* não tratam do tópico que eu estava discutindo, a saber, a transição para Copérnico. *Aqui* Galileu usa procedimentos bastante diferentes daqueles empregados em sua obra posterior. Lynn Thorndike (1941, p.7 e 62), que compartilha da avaliação que Chalmers faz do *Dialogue*, desejaria que Galileu tivesse escrito um tratado sistemático a respeito desse assunto: "Galileu teria feito melhor se tivesse escrito um tratado sistemático em vez de seus diálogos provocativos". Ora, para que tal tratado tivesse substância, ele teria de ser tão geral quanto seu rival aristotélico e teria de mostrar como e por que conceitos aristotélicos precisavam ser substituídos no nível mais elementar. Conceitos aristotélicos, ainda que abstratos, estavam intimamente relacionados ao senso comum. Por conseguinte, era necessário substituir algumas noções comuns por outras (estou agora falando do que Chalmers denomina "relatividade perceptual" – p.7). Duas questões surgem: quão grandes foram as mudanças? E foi necessária a propaganda (retórica, foram necessários "procedimentos irracionais") para executá-las? Minha resposta à última questão é que um discurso tentando produzir grandes mudanças conceituais é parte normal da ciência, do senso comum e da troca cultural (para esta última, cf. Capítulo 16 e Capítulo 17, item vi, "troca aberta") e difere do discurso realizado *no interior* de um referencial mais ou menos estável. Pessoalmente, estou inteiramente disposto a considerá-lo parte da racionalidade. Contudo, há escolas filosóficas que se opõem a ele, ou o chamam de incoerente (cf. o capítulo 10 de *Adeus à razão*, que discute algumas das ideias de Hilary Putnam). É *empregando a terminologia dessas escolas* que falo do "embuste" de Galileu etc. E acrescento que a ciência contém ingredientes que ocasionalmente precisam de tal "embuste" para que se tornem aceitáveis. A diferença entre as *Sciences* e o *Dialogue*, portanto, não é entre ciência e sociologia, mas entre mudanças técnicas, em um campo estreito, e mudanças básicas, realisticamente interpretadas. Minha resposta à primeira questão é que a relatividade perceptual, embora reconhecida por muitos estudiosos (e pelo próprio Aristóteles), não era de domínio comum (Galileu assinala que mesmo alguns de seus colegas cientistas tropeçavam nesse ponto) e, assim, era preciso argumentar em seu favor. Isso não é de modo algum surpreendente, como mostra minha discussão das dificuldades qualitativas no Capítulo 5. Além disso, é realmente verdade que um viajante, em um navio, vê o porto retroceder como se fosse afastado por alguma força estranha? Concluo que o "embuste" de Galileu era necessário para um entendimento apropriado da nova cosmologia, que é um "embuste" apenas para filosofias que impõem condições rigorosas para a mudança conceitual, e deveria ser estendido a áreas ainda restringidas por tais condições (no Capítulo 12 argumento que o problema mente/corpo é uma dessas áreas).

8

Além das interpretações naturais, Galileu altera também as sensações que parecem ameaçar a teoria de Copérnico. Ele admite que há tais sensações, louva Copérnico por tê-las ignorado e afirma tê-las eliminado com o auxílio do telescópio. Contudo, não oferece razões teóricas pelas quais se deveria esperar que o telescópio fornecesse um retrato verdadeiro do céu.

Repito e sintetizo. É proposto um argumento que refuta Copérnico por meio da observação. O argumento é invertido a fim de revelar as interpretações naturais responsáveis pela contradição. As interpretações discordantes são substituídas por outras; propaganda e recurso a partes distantes e altamente teóricas do senso comum são usados para enfraquecer velhos hábitos e entronizar hábitos novos. As novas interpretações naturais, também formuladas explicitamente como hipóteses auxiliares, são estabelecidas em parte pelo apoio que dão a Copérnico e em parte por considerações de plausibilidade e por hipóteses *ad hoc*. Dessa maneira, surge uma "experiência" inteiramente nova. Não há ainda nenhuma evidência independente, mas isso não constitui nenhum obstáculo; é preciso certo tempo para reunir fatos em favor de uma nova cosmologia. Com efeito, o que se faz necessária é uma nova dinâmica que explique tanto os movimentos terrestres quanto os celestes, uma teoria dos objetos sólidos, aerodinâmica, mas todas essas ciências estão ainda ocultas no futuro.[1]

---

[1] A lei circular de Galileu não é a dinâmica adequada. Ela não se ajusta nem aos epiciclos, que ainda ocorrem na teoria de Copérnico, nem às elipses de Kepler. Na verdade, é refutada pelas duas teorias. Ainda assim, Galileu considera essa lei um ingrediente essencial do ponto de vista copernicano e tenta remover do espaço interplanetário corpos como cometas, cujo movimento, obviamente, não é circular. Em seu *Assayer*, "Galileu falou sobre cometas [e interpretou-os como ilusões, semelhantes a arco-íris] a fim de proteger o sistema copernicano de possíveis falseamentos" (Redondi, 1987, p.145, 31).

Sua tarefa, contudo, encontra-se agora bem definida, pois os pressupostos de Galileu, inclusive suas hipóteses ad hoc, são suficientemente claros e simples para prescrever a direção da pesquisa futura.

Observe-se, incidentalmente, que o procedimento de Galileu reduz drasticamente o conteúdo da dinâmica. A dinâmica aristotélica era uma teoria geral da mudança, compreendendo locomoção, mudança qualitativa, geração e corrupção, e podia também ser aplicada a processos mentais. A dinâmica de Galileu e de seus sucessores trata tão só da *locomoção*, e aqui, mais uma vez, somente da locomoção da *matéria*. Outras espécies de movimento são postas de lado com a nota promissória (devida a Demócrito) de que a locomoção, no final, será capaz de explicar todos os movimentos. Assim, uma teoria empírica muito abrangente é substituída por uma teoria restrita acrescida de uma metafísica do movimento,[2]

---

[2] A assim chamada revolução científica levou a descobertas espantosas e estendeu consideravelmente nosso conhecimento de física, fisiologia e astronomia. Isso foi alcançado colocando-se de lado e considerando irrelevantes, *e frequentemente não existentes*, aqueles fatos que haviam dado lastro à filosofia anterior. Assim, a evidência em favor da bruxaria, da possessão demoníaca, da existência do diabo etc. foi desconsiderada *com* as "superstições" que antes confirmavam. O resultado foi que, "ao término da Idade Média, a ciência foi forçada a separar-se da psicologia humana, de modo que mesmo o grande esforço de Erasmo e de seu amigo Vives, os melhores representantes do humanismo, não foi suficiente para efetuar uma reaproximação, e a psicopatologia foi condenada a ficar séculos atrás da tendência desenvolvimentista da medicina geral e da cirurgia. Na verdade ... o divórcio entre a ciência médica e a psicopatologia foi tão definitivo que a última foi totalmente relegada ao domínio da teologia e do direito canônico e civil – dois campos que, naturalmente, foram se afastando cada vez mais da medicina ..." (Zilboorg, 1935, p. 3 ss. e 70 ss.). A astronomia progrediu, mas o conhecimento da mente humana decaiu para um estágio anterior e mais primitivo. Outro exemplo é a astrologia. "Nos primeiros estágios do espírito humano", escreve Comte (1836, p.273-80), "esses elos entre astronomia e biologia foram estudados de um ponto de vista muito diferente, *mas ao menos* foram estudados e não ignorados, como é a tendência comum em nossa época, devido à influência restritiva de um positivismo nascente e incompleto. Por trás da crença quimérica da filosofia antiga na influência fisiológica das estrelas havia uma forte, ainda que confusa, aceitação da verdade de que os fatos da vida eram, de alguma maneira, dependentes do Sistema Solar. Como todas as inspirações primitivas da inteligência do homem, esse sentimento necessitava de retificação pela ciência positiva, mas não de destruição; embora, infelizmente, na ciência, tanto quanto na política, é, com frequência, difícil reorganizar sem passar por um breve período de subversão". Uma terceira área é a matemática. Aristóteles havia desenvolvido uma altamente sofisticada teoria do contínuo, a qual superava as dificuldades levantadas por Zênon e antecipava ideias da teoria quântica a respeito do movimento (ver a nota 13 e o texto do Capítulo 5). A maioria dos físicos retornou à ideia de um contínuo constituído de elementos indivisíveis – isto é, aqueles que consideraram tais questões recônditas.

exatamente como uma experiência "empírica" é substituída por uma experiência que contém elementos especulativos. A *contraindução*, contudo, é agora vista desempenhando um papel importante tanto em relação a teorias quanto em relação a fatos. Ela claramente auxilia o avanço da ciência. Isso conclui as considerações iniciadas no Capítulo 6. Passo agora a tratar de outra parte da campanha de propaganda de Galileu, parte que lida não com as interpretações naturais, mas com o *núcleo sensorial* de nossos enunciados observacionais.

Respondendo a um interlocutor que expressara seu espanto diante do reduzido número de copernicanos, Salviati, que "desempenha o papel de Copérnico" (Galilei, 1953, p.131 e 256), dá a seguinte explicação:

> Você se admira de que haja tão poucos seguidores da opinião pitagórica [de que a Terra se move], ao passo que eu me espanto por já ter havido alguém que a tenha abraçado e seguido. E jamais serei capaz de admirar suficientemente a extraordinária perspicácia daqueles que se ligaram a essa opinião e a aceitaram como verdadeira: fizeram, por pura força de intelecto, tal violência a seus próprios sentidos a ponto de preferirem o que a razão lhes dizia em vez daquilo que a experiência sensível claramente lhes mostrava ser o contrário. Com efeito, os argumentos contra o girar [a rotação] da Terra que já examinamos [os argumentos dinâmicos discutidos antes] são, como vimos, muito plausíveis, e o fato de que os ptolemaicos e os aristotélicos, e todos os seus discípulos, os tenham considerado conclusivos é, realmente, um forte argumento em favor de sua eficácia. Mas as experiências que contradizem manifestamente o movimento anual [o movimento da Terra em torno do Sol] têm, de fato, tão maior força aparente que, repito, não há limites para meu espanto quando penso que Aristarco e Copérnico foram capazes de fazer a razão conquistar de tal forma os sentidos que, a despeito dos últimos, a primeira transformou-se em mestra de sua crença. (ibidem, p.328)[3]

Um pouco adiante, Galileu observa que "eles [os copernicanos] confiavam no que sua razão lhes ditava!" (ibidem, p.335). E conclui sua breve explica-

---

[3] Em outras ocasiões, Galileu exprime-se de maneira muito mais beligerante e dogmática e, aparentemente, sem consciência alguma das dificuldades aqui mencionadas. Cf. suas notas preparatórias para a carta à grã-duquesa Christina, *Opere*, V, p.367 ss.

ção das origens do copernicanismo dizendo que "tendo a razão como guia, ele [Copérnico] continuou resolutamente a afirmar aquilo que a experiência sensível parecia contradizer". "Não consigo superar meu assombro", repete Galileu,

> por estar ele constantemente disposto a persistir dizendo que Vênus poderia girar ao redor do Sol e poderia estar seis vezes mais afastado de nós em dado momento do que em outro, e todavia parecer sempre igual, quando deveria parecer quarenta vezes maior. (ibidem, p.339)

"As experiências que contradizem manifestamente o movimento anual" e "têm tão maior força aparente", maior mesmo que o argumento dinâmico anterior, consistem no fato de que

> Marte, quando próximo a nós ... teria de parecer sessenta vezes maior do que quando está o mais distante. Contudo, não se percebe tal diferença. Ao contrário, quando em oposição ao Sol e próximo a nós, ele se mostra apenas quatro ou cinco vezes maior do que quando, em conjunção, fica oculto por trás dos raios do Sol.
> Outra dificuldade, ainda maior, é-nos causada por Vênus, que, se circulasse ao redor do Sol, como diz Copérnico, estaria ora além, ora aquém dele, afastando-se e aproximando-se de nós em medida equivalente ao diâmetro do círculo que descreve. Assim, quando está abaixo* do Sol e muito próximo a nós, seu disco deveria parecer-nos um pouco menos de quarenta vezes maior que quando está além do Sol e próximo à conjunção. Contudo, a diferença é quase imperceptível. (Galilei, 1953, p.334)

Em um ensaio anterior, Galileu (Galilei, 1960a, p.185) exprimiu-se de maneira ainda mais incisiva. Respondendo a um adversário que tinha levantado a questão do copernicanismo, ele observa que *"nem Tycho, nem nenhum outro astrônomo, nem mesmo Copérnico puderam refutar claramente [Ptolomeu]*, visto que um argumento importantíssimo derivado do movimento

---

* Cf. nota 3 do Capítulo 7, sobre o uso, até por Galileu, de termos absolutos como "acima" e "abaixo". (N. T.)

de Marte e Vênus sempre os estorvou". (Esse "argumento" é mencionado outra vez no *Dialogue* e acaba de ser citado.) Galileu conclui que "os dois sistemas" (o copernicano e o ptolemaico) são "certamente falsos".

Vemos que a concepção de Galileu acerca da origem do copernicanismo difere marcadamente das explicações históricas mais familiares. Ele nem aponta *fatos novos* que ofereçam *apoio* indutivo à ideia da Terra em movimento, nem menciona nenhuma observação que *refutaria* o ponto de vista geocêntrico, mas seria explicada pelo copernicanismo. Pelo contrário, enfatiza que não só Ptolomeu, mas também Copérnico são refutados pelos fatos[4] e elogia Aristarco e Copérnico por não terem desistido em face dessas tremendas dificuldades. Ele os elogia por terem procedido *contraindutivamente*.

Isso, contudo, ainda não é a história toda.

De fato, embora se possa admitir que Copérnico tivesse agido simplesmente baseado na fé, também pode ser dito que Galileu se encontrava em posição inteiramente distinta. Galileu, afinal de contas, inventou uma nova dinâmica. E inventou o telescópio. A nova dinâmica, poder-se-ia desejar assinalar, elimina a inconsistência entre o movimento da Terra e as "condições que afetam a nós e àqueles no ar acima de nós" (Ptolomeu, 1963, I, 7). E o telescópio elimina o conflito "ainda mais evidente" entre as mudanças no brilho aparente de Marte e Vênus, tal como predito com base no esquema

---

[4] Isso se refere ao período anterior ao fim do século XVI; cf. Price, 1959, p.197-218. Price trata apenas das dificuldades *cinemáticas* e *ópticas* das novas concepções. (Uma consideração das dificuldades dinâmicas teria reforçado ainda mais seu argumento.) Ele assinala que, "nas condições mais favoráveis, um sistema geostático ou heliostático usando círculos excêntricos (ou seus equivalentes) com epiciclos centrais é capaz de explicar todos os movimentos angulares dos planetas com uma precisão maior do que 6' ... excetuando-se apenas a teoria especial necessária para explicar ... Mercúrio e excetuando-se também o planeta Marte, que mostra desvios de até 30' com relação à teoria. [Isso é] certamente melhor que a precisão de 10' que o próprio Copérnico declarou um objetivo satisfatório para a sua própria teoria" e o qual era difícil de testar, especialmente em vista do fato de que a refração (quase 1° no horizonte) não era levada em conta na época de Copérnico e que a base observacional das predições era menos do que satisfatória.

Schumacher (1917) descobriu que as predições feitas por Ptolomeu a respeito de Mercúrio e de Vênus diferem no máximo em 30' daquelas de Copérnico. Os desvios encontrados entre as predições modernas e aquelas de Ptolomeu (e Copérnico), os quais, no caso de Mercúrio, podem chegar a 7', são devidos sobretudo a constantes errôneas e condições iniciais equivocadas, inclusive um valor incorreto da constante de precessão. A respeito da versatilidade do esquema ptolemaico, cf. Hanson, 1960, p.150-8.

copernicano e tal como visto a olho nu. Essa, incidentalmente, também é a concepção do próprio Galileu. Ele admite que, "não fosse pela existência de um sentido superior e mais eficaz que o senso natural e comum a juntar forças com a razão", teria estado "muito mais recalcitrante com relação ao sistema copernicano" (Galilei, 1953, p.328). O "sentido superior e mais eficaz", é claro, é o *telescópio*, e fica-se inclinado a observar que o procedimento aparentemente contraindutivo era, na verdade, indução (ou conjectura mais refutação mais nova conjectura), *mas uma indução baseada em uma experiência melhor*, contendo não apenas melhores interpretações naturais, mas também um núcleo sensorial melhor do que aquele disponível aos predecessores aristotélicos de Galileu.[5] É preciso agora examinar essa questão em mais detalhe.

O telescópio é um "sentido superior e mais eficaz" que oferece evidência nova e mais confiável para a avaliação de questões astronômicas. Como é examinada essa hipótese e quais argumentos são apresentados em seu favor?

No *Sidereus Nuncius* (Galilei, 1960b, p.10), a publicação que contém suas primeiras observações telescópicas e também a primeira contribuição importante para sua fama, Galileu escreve que "teve êxito (na construção do telescópio) em vista de um profundo estudo da teoria da refração". Isso sugere que ele tinha razões teóricas para preferir os resultados das observações telescópicas aos de observações realizadas a olho nu. Mas a razão particular que ele apresenta – seu conhecimento da teoria da refração – não é *correta* nem é *suficiente*.

Essa razão não é correta porque há sérias dúvidas quanto ao conhecimento de Galileu daquelas partes da óptica física de sua época que eram relevantes para o entendimento de fenômenos telescópicos. Em carta a Giuliano de Médici, datada de 1º de outubro de 1610 (Galilei, *Opere*, X, p.441), mais de meio ano depois da publicação do *Sidereus Nuncius*, Galileu solicita uma

---

[5] A respeito dessa concepção, cf. Geymonat, 1965, p.184. Para a história da invenção e uso do telescópio por parte de Galileu, cf. Westfall, 1985, p.11 ss. Segundo Westfall, Galileu "via o telescópio mais como um instrumento de patronagem do que de astronomia" (p.26) e teve de ser impelido a aplicações astronômicas por seu discípulo (e copernicano dedicado) Castelli. Os telescópios de Galileu eram melhores que outros em circulação na época e eram muito procurados. Mas ele primeiro satisfez as demandas de potenciais patronos. Kepler, que reclamava da qualidade dos telescópios (cf. o próximo capítulo, nota 19 e texto) e o qual teria adorado possuir um instrumento melhor, teve de esperar.

cópia da *Óptica* de 1604, de Kepler (1939b),⁶ assinalando que ainda não havia sido capaz de obtê-la na Itália. Jean Tarde, que, em 1614, pediu informações a Galileu a respeito da construção de telescópios de grau de aumento preestabelecido, relata em seu diário que Galileu considerava difícil essa questão e achava a *Óptica* de 1611, de Kepler (1941),⁷ tão obscura "que talvez seu próprio autor não a tenha compreendido" (Geymonat, 1965, p.37). Em carta a Liceti, escrita dois anos antes de sua morte, Galileu observa que, no que lhe dizia respeito, a natureza da luz ainda se encontrava na escuridão.⁸ Ainda que consideremos tais declarações com o cuidado necessário no caso de um autor dado a caprichos como Galileu, temos, contudo, de admitir que seu conhecimento de óptica era muito inferior ao de Kepler.⁹ Essa também é a conclusão do professor E. Hoppe, que resume a situação da seguinte maneira:

> A afirmação de Galileu de que, tendo ouvido falar do telescópio holandês, reconstruiu o aparelho por meio de cálculo matemático deve, é claro, ser entendida *cum grano salis*, pois, em seus escritos, não encontramos cálculo

---

⁶ Farei referência a essa obra particular como a "óptica de 1604". Era a única óptica útil que existia na época. A razão da curiosidade de Galileu foram, muito provavelmente, as numerosas referências a essa obra feitas por Kepler em sua resposta ao *Sidereus Nuncius*. Para a história dessa resposta, bem como uma tradução, cf. Kepler, 1965. As numerosas referências a uma obra anterior, contidas na *Conversation*, foram interpretadas por alguns dos inimigos de Galileu como um sinal de que "a máscara tinha sido arrancada de seu rosto" (G. Fugger a Kepler, 28 de maio de 1610, Galilei, *Opere*, X, p.361) e ele (Kepler) "o tinha apanhado", Maestlin a Kepler, 7 de agosto (Galilei, *Opere*, X, p.428). Galileu deve ter recebido a *Conversation* de Kepler antes de 7 de maio (*Opere*, X, p.349) e acusa o recebimento da *Conversation* impressa em uma carta a Kepler em 19 de agosto (*Opere*, X, p.421).

⁷ Essa obra foi escrita depois das descobertas de Galileu. A referência que Kepler faz a elas, no Prefácio, foi traduzida por E. St Carlos, op.cit., p.37, 79 ss. O problema a que Tarde se refere é tratado na *Dioptrice* de Kepler.

⁸ Carta a Liceti, de 23 de junho de 1640. *Opere*, VIII, p.208.

⁹ Kepler, o mais culto e mais amável dos contemporâneos de Galileu, dá uma clara explicação das razões por que, a despeito de seu excelente conhecimento de questões de óptica, "absteve-se de tentar construir o aparelho". "Você, contudo", diz ele, dirigindo-se a Galileu, "merece louvores. Pondo de lado todos os receios, voltou-se diretamente à experimentação visual" (*Conversation*, op.cit., p.18). Resta acrescentar que Galileu, em virtude de sua falta de conhecimento de óptica, não tinha "receios" a superar: "Galileu ... era totalmente ignorante da ciência da óptica, e não é muito ousado admitir que esse foi um acidente muito feliz, tanto para ele quanto para a humanidade em geral" (Ronchi, 1963, p.550).

algum, e o relatório, por carta, que ele faz de seu primeiro esforço diz que lentes melhores não se encontravam disponíveis; seis dias depois, nós o temos a caminho de Veneza tendo nas mãos um aparelho melhor, um presente para o doge Leonardi Donati. Isso não parece cálculo; parece, antes, tentativa e erro. O cálculo bem pode ter sido de diferente espécie, e aqui ele obteve êxito, pois, em 25 de agosto de 1609, seu salário foi aumentado de três vezes. (Galilei, 1926, p.32)[10]

Tentativa e erro – isso significa que, "no caso do telescópio, foi a *experiência* e não a matemática que levou Galileu a uma fé serena na confiabilidade de seu aparelho" (Geymonat, 1965, p.39). Essa segunda hipótese acerca da origem do telescópio é *também* apoiada pelo testemunho de Galileu, em que ele escreve que testou o telescópio "cem mil vezes em cem mil estrelas e outros objetos".[11] Tais testes produziram êxitos importantes e surpreendentes. A bibliografia da época – livros, cartas, colunas de mexericos – testemunha a extraordinária impressão causada pelo telescópio como meio de aperfeiçoar a *visão terrestre*.

Julius Caesar Lagalla, professor de filosofia em Roma, descreve uma reunião realizada em 16 de abril de 1611, na qual Galileu demonstrou seu aparelho:

> Estávamos no topo do Janiculum, perto do portão da cidade chamado Espírito Santo, onde, diz-se, ficava antigamente a vila do poeta Marcial, hoje propriedade do reverendíssimo Malvasia. Por meio desse instrumento, vimos

---

[10] A opinião de Hoppe acerca da invenção do telescópio é compartilhada por Wolf, Zinner e outros. Huyghens assinala que teria sido necessária uma inteligência sobre-humana para inventar o telescópio com base na física e na geometria disponíveis. Afinal de contas, diz ele, ainda não entendemos o funcionamento do telescópio. (1903, 163, parafraseado segundo Kästner, 1800, p.60.)

[11] Carta a Carioso, 24 de maio de 1616, *Opere*, X, p.357; carta a P. Dini, 12 de maio de 1611, *Opere*, IX, p.106: "E nem se pode duvidar de que eu, por um período de mais de dois anos, testei meu instrumento (ou melhor, dúzias de meus instrumentos) em centenas e milhares de objetos próximos e distantes, grandes e pequenos, brilhantes e escuros; assim, não vejo como possa entrar na cabeça de alguém que eu tenha permanecido ingenuamente enganado em minhas observações". As centenas e milhares de experimentos lembram Hooke e são quase com certeza igualmente espúrios. Cf. nota 9 do Capítulo 9.

tão distintamente o palácio do ilustríssimo duque Altemps, nas Colinas Toscanas, que facilmente contamos todas as suas janelas, mesmo as menores; e a distância é de 16 milhas italianas. Do mesmo lugar, lemos tão claramente as letras na galeria que Sixtus erigiu, no Laterano, para as bênçãos, que pudemos distinguir mesmo os pontos entalhados entre as letras, a uma distância de pelo menos duas milhas. (Lagalla, 1612, p.8, apud Rosen, 1947, p.54)[12]

Outros relatos confirmam esse e similares eventos. O próprio Galileu salienta o "número e a importância dos benefícios que se podem esperar que o instrumento proporcione, quando usado em terra ou mar" (Gallilei, 1960b, p.II).[13] O *êxito terrestre* do telescópio estava, portanto, assegurado. Sua aplicação às *estrelas*, contudo, era uma questão inteiramente distinta.

---

[12] Os relatos periódicos (*Avvisi*) do ducado de Urbino sobre os eventos e boatos em Roma contêm o seguinte anúncio do acontecimento: "Galileu Galilei, o matemático, chegou aqui, vindo de Florença, antes da Páscoa. Anteriormente professor em Pádua, está atualmente a serviço do grão-duque da Toscana, com um salário de 1000 escudos. Ele tem observado o movimento das estrelas com o *occiali* que inventou, ou melhor, aperfeiçoou. Contra a opinião de todos os filósofos antigos, declara que há quatro outras estrelas, ou planetas, que são satélites de Júpiter e os quais ele denomina corpos dos Médici, bem como dois acompanhantes de Saturno. Discutiu aqui essa sua opinião com o padre Clavius, o jesuíta. Na quinta-feira à noite, na propriedade de monsignor Malvasia, do lado de fora do portão de São Pancrácio, lugar alto e aberto, foi-lhe oferecido um banquete por Frederico Cesi, o marquês de Monticelli e sobrinho do cardeal Cesi, que era acompanhado por seu parente, Paolo Monaldesco. Na reunião estiveram Galileu; um flamengo chamado Terrentius; Persio, da comitiva do cardeal Cesi; [La] Galla, professor de nossa universidade; o grego, que é o matemático do cardeal Gonzaga; Piffari, professor em Siena, e ainda oito outras pessoas. Alguns deles foram até lá expressamente para realizar essa observação; porém, mesmo tendo permanecido até uma hora da manhã, não chegaram a um acordo em suas opiniões" (citado de Rosen, op.cit., p.31).

[13] De acordo com Berellus (Borel, 1655, p.4), o príncipe Moritz percebeu imediatamente o valor militar do telescópio e ordenou que sua invenção – que Berellus atribui a Zacharias Jansen – fosse mantida em segredo. Assim, o telescópio parece ter começado como arma secreta e só mais tarde passou a ser usado na astronomia. Encontram-se na literatura muitos predecessores do telescópio, mas a maioria deles pertence ao domínio da mágica natural e são usados de acordo. Um exemplo é Agrippa von Nettesheim, que, em seu livro sobre a filosofia ocultista (escrito em 1509, Livro II, cap. 23), escreve "et ego novi ex illis miranda conficere, et speculus in quibus quis videre poterit quaecunque voluerit a longissima distantia". "Assim, o brinquedo de uma época passa a ser o tesouro precioso de outra" (Morley, s.d., p.166).

9

Nem a experiência inicial com o telescópio fornece tais razões. As primeiras observações telescópicas do céu são indistintas, indeterminadas, contraditórias e entram em conflito com o que qualquer pessoa pode ver a olho nu. E a única teoria que poderia ter auxiliado a separar ilusões causadas pelo telescópio de fenômenos verídicos foi refutada por testes simples.

Para começar, há o problema da visão telescópica. Esse problema *é* diferente para objetos celestes e terrestres; e também *se pensava que era* diferente nos dois casos.[1]

Pensava-se que era diferente por causa da ideia, na época, de que os objetos celestes e terrestres são feitos de materiais diferentes e obedecem a leis diferentes. Essa ideia acarreta que o resultado de uma interação da luz (que liga os dois domínios e tem propriedades especiais) com objetos terrestres não pode, sem maior discussão, ser estendido ao céu. A essa ideia física acrescentou-se, inteiramente de acordo com a teoria aristotélica do conhecimento (e também com as concepções presentes acerca da matéria), a ideia de que os sentidos estão *familiarizados* com a aparência próxima dos objetos terrestres e são, portanto, capazes de percebê-los distintamente, mesmo se a imagem telescópica estivesse fortemente distorcida ou desfigurada por franjas coloridas. Não conhecemos de perto as estrelas.[2]

---

[1] Disso quase nunca se dão conta aqueles que argumentam (seguindo Kästner, 1800, p.133) que "não se entende como um telescópio pode ser bom e útil na Terra e ainda assim enganar no que diz respeito ao céu". O comentário de Kästner é dirigido contra Horky. Ver a seguir texto correspondente às notas 9-14 deste capítulo.

[2] Que os sentidos estão familiarizados com nossas circunstâncias cotidianas, mas sujeitos a fornecer relatos enganosos acerca de objetos fora desse domínio, é demonstrado imediata-

Logo, não podemos, no caso delas, usar nossa *memória* para separar as contribuições do telescópio daquelas que provêm do próprio objeto.[3] Além disso, todas as indicações familiares (como pano de fundo, superposição, conhecimento de tamanho do que está próximo etc.), que constituem e auxiliam nossa visão na superfície da Terra, estão ausentes quando lidamos com o céu, de modo que é certa a ocorrência de fenômenos novos e surpreendentes.[4] Só uma nova teoria da visão, contendo tanto hipóteses a respeito do comportamento da luz no telescópio quanto hipóteses a respeito da reação do olho em circunstâncias excepcionais, poderia ter feito uma ponte sobre o golfo entre o céu e a Terra, que era, e ainda é, um tal fato óbvio na física e na observação astronômica.[5] Logo teremos ocasião de comentar as teorias disponíveis na época e veremos que eram inadequadas para a tarefa e foram refutadas por fatos simples e óbvios. Por enquanto, desejo deter-me nas próprias observações e comentar as contradições e as dificuldades que surgem quando se tentam tomar à risca os resultados de observações telescópicas celestes, como indicando propriedades estáveis e objetivas das coisas vistas.

Algumas dessas dificuldades já se anunciam em um relato dos *Avvisi*[6] da época, relato encerrado com a observação de que

---

mente pela *aparência da Lua*. Na Terra, objetos grandes, mas distantes, em circunstâncias familiares, como montanhas, são vistos como grandes e distantes. A aparência da Lua, contudo, nos dá uma ideia inteiramente falsa de sua distância e de seu tamanho.

[3] Não é muito difícil separar as letras de um alfabeto familiar de um fundo formado por linhas não familiares, mesmo que estejam escritas em caligrafia quase ilegível. Não é possível tal separação no caso de letras que pertençam a um alfabeto estranho. As partes de tais letras não se encontram ligadas para formar padrões distintos que se destaquem do fundo de ruído (óptico) geral (da maneira descrita por Koffka, 1922, p.551 ss., reimpresso parcialmente em Vernon, 1966; cf. também o artigo de Gottschaldt no mesmo volume).

[4] Para a importância de indícios como diafragmas, fios cruzados, pano de fundo etc. na localização e na forma da imagem telescópica e as estranhas situações que surgem quando nenhum indício está presente, cf. o capítulo IV de Ronchi, 1957, especialmente p.151, 174, 189, 191 etc. Cf. também Gregory, 1966, *passim* e p.99 (sobre o fenômeno autocinético). Kilpatrick, 1961, contém amplo material a respeito do que acontece na ausência de indícios familiares.

[5] É por essa razão que o "profundo estudo da teoria da refração" que Galileu pretendeu ter efetuado (Galilei, 1960b) teria sido bastante *insuficiente* para estabelecer a utilidade do telescópio; cf. também a nota 14 deste capítulo.

[6] Detalhes no Capítulo 8, nota 12.

embora eles (os participantes na reunião descrita) tivessem ido até lá expressamente para realizar essa observação (de "quatro outras estrelas, ou planetas, que são satélites de Júpiter ... bem como dois acompanhantes de Saturno"[7]); porém, mesmo tendo permanecido até uma da manhã, não chegaram a um acordo em suas opiniões.

Outro encontro que se tornou notório na Europa inteira deixa a situação ainda mais clara. Cerca de um ano antes, nos dias 24 e 25 de abril de 1610, Galileu tinha levado seu telescópio à casa de seu adversário, Magini, em Bolonha, para demonstrá-lo a 24 professores de todas as faculdades. Horky, o alvoroçadíssimo discípulo de Kepler, escreveu nessa ocasião:[8]

> Não dormi nada nos dias 24 e 25 de abril, nem de dia nem de noite, mas testei de mil maneiras[9] o instrumento de Galileu, tanto em coisas aqui de baixo quanto naquelas lá de cima. *Aqui embaixo, ele funciona maravilhosamente*; nos céus, ele nos engana, pois algumas estrelas fixas [Spica Virginis, por exemplo, é mencionada, bem como uma chama terrestre] são vistas duplicadamente.[10] Tenho como testemunhas homens eminentes e nobres doutores ... e todos admitiram que o instrumento engana ... Isso silenciou Galileu e, no dia 26, ele partiu tristemente, de manhã cedo ... nem mesmo tendo agradecido a Magini por seu esplêndido banquete ...

Magini escreveu a Kepler em 26 de maio:

> Ele não alcançou nada, pois mais de vinte homens cultos estavam presentes e, contudo, ninguém viu distintamente os novos planetas (*nemo perfecte vidit*); ele dificilmente será capaz de continuar afirmando sua existência.[11]

---

[7] É assim que o anel de Saturno foi visto na época. Cf. também Gregory, 1970, p.119.
[8] Galilei, *Opere*, X, p.342 (grifos nossos, referindo-se às diferenças comentadas antes entre observações celestes e terrestres).
[9] As "centenas" e "milhares" de observações, tentativas etc. que encontramos aqui pouco mais são do que um efeito retórico (correspondendo ao nosso "já lhe disse mil vezes que"). Não podem ser utilizadas para inferir uma vida de observação incessante.
[10] Aqui, mais uma vez, temos um caso em que os indícios externos estão ausentes. Cf. Ronchi, 1957, no que diz respeito à aparência de chamas, luzes pequenas etc.
[11] Carta de 26 de maio, *Opere*, III.

Alguns meses mais tarde (em carta assinada por Ruffini), ele repete: "Somente alguns, de visão aguçada, foram convencidos até certo ponto" (ibidem, p.196). Depois que esse e outros relatos negativos chegaram de todas as partes a Kepler, como uma avalancha de papel, ele solicitou testemunhos a Galileu:[12]

> Não desejo esconder de você que vários italianos enviaram cartas a Praga afirmando que não conseguiram ver essas estrelas [as luas de Júpiter] com seu próprio telescópio. Pergunto-me como pode ser que tantos neguem o fenômeno, inclusive aqueles que usam um telescópio. Ora, se considero o que ocasionalmente acontece comigo, não julgo impossível que uma única pessoa possa ver o que milhares são incapazes de ver ...[13] Contudo, lamento que a confirmação por parte de outros esteja demorando tanto a chegar ... Portanto, Galileu, suplico-lhe que me envie testemunhos tão logo quanto possível. ...

Galileu, em sua resposta de 19 de agosto, faz referência a si mesmo, ao duque da Toscana e a Giuliano de Médici

> bem como a muitos outros em Pisa, Florença, Bolonha, Veneza e Pádua, que, contudo, permanecem em silêncio e hesitam. A maioria deles é inteiramente incapaz de identificar Júpiter, ou Marte, ou mesmo a Lua como um planeta ... (Caspar e Dyck, 1930, p.352)

– um estado de coisas não muito reconfortante, para dizer o mínimo.

Hoje compreendemos um pouco melhor por que o recurso direto à visão telescópica estava fadado a levar a um desapontamento, em especial nos estágios iniciais. A razão principal, já prevista por Aristóteles, era a de que os sentidos empregados em circunstâncias anormais são propensos

---

[12] Carta de 9 de agosto de 1610, citada de Caspar e Dyck, 1930, p.349.
[13] Kepler, que sofria de poliopia ("a uma grande distância, em vez de um único objeto pequeno os que sofrem desse defeito enxergam dois ou três. Por isso, em vez de uma única Lua, dez ou mais apresentam-se a mim", *Conversation*, op.cit., nota 94; cf. também o restante da nota para citações adicionais) e o qual estava familiarizado com as investigações anatômicas de Platter (cf. Polyak, 1942, p.134 ss. para detalhes e bibliografia), estava bem ciente da necessidade de uma *crítica fisiológica das observações astronômicas*.

a fornecer uma resposta anormal. Alguns dos historiadores mais antigos tinham pressentido essa situação, mas falam *negativamente*, tentam explicar a *ausência* de relatos observacionais satisfatórios, a *pobreza* daquilo que é visto pelo telescópio.[14] Não têm consciência da possibilidade de que os observadores também pudessem se deixar perturbar por *fortes ilusões positivas*. A extensão de tais ilusões só foi percebida recentemente, sobretudo em decorrência da obra de Ronchi e de sua escola.[15] Relatam-se aqui variações consideráveis na colocação da imagem telescópica e, correspondentemente, na *ampliação* observada. Alguns observadores colocam a imagem no interior do telescópio, fazendo que ela mude sua posição lateral de acordo com a posição lateral do olho, exatamente como ocorreria com uma pós-imagem ou com um reflexo no interior do telescópio – uma excelente prova de que se deve estar lidando com uma "ilusão".[16] Outros posicionam a imagem de maneira que não resulta em ampliação

---

[14] Assim, Wohlwill, 1909, p.288, escreve: "Sem dúvida alguma, os resultados decepcionantes deveram-se à falta de prática na observação telescópica, bem como ao restrito campo de visão do telescópio galileano e à ausência de qualquer possibilidade de alterar a distância das lentes a fim de adequá-las às peculiaridades dos olhos dos homens instruídos ...". Um juízo similar, embora expresso de maneira mais dramática, encontra-se em *Sleepwalkers*, de Koestler, s.d., p.369.

[15] Cf. Ronchi, 1957, 1956, 1964a e 1964b; cf. também o resumo de Cantore, 1966, p.333 ss. Gostaria, neste ponto, de deixar registrado que as investigações do professor Ronchi influenciaram muito minhas reflexões sobre o método científico. Para um breve relato histórico da obra de Galileu, cf. o artigo de Ronchi em Crombie, 1963, p.542-61. Quão pouco explorado é esse campo fica claro no livro *Optical Illusions*, de Tolansky, 1964. Tolansky é um físico que, em sua pesquisa microscópica (sobre cristais e metais), foi distraído por uma ilusão de óptica após a outra. Ele escreve: "Isso dirigiu nosso interesse à análise de outras situações, até à inesperada descoberta final de que as ilusões de óptica podem desempenhar, e com efeito desempenham, um papel bastante real afetando muitas observações científicas cotidianas. Isso me deixou de sobreaviso e, como resultado, encontrei muito mais ilusões do que tinha esperado". As "ilusões da visão direta", cujo papel na pesquisa científica está sendo lentamente redescoberto, eram bem conhecidas pelos autores medievais de óptica, que as tratavam em capítulos especiais de seus manuais. Além disso, tratavam as imagens de lentes como fenômenos *psicológicos*, como resultados de um equívoco, pois uma imagem "é meramente a aparência de um objeto fora de seu lugar", como lemos em Pecham (cf. Lindberg, 1965, p.51, bem como o último parágrafo da Proposição ii/19 da *Perspectiva Communis* de Pecham, que se encontra em Lindberg, 1970, p.171).

[16] Ronchi, 1957, p.189. Isso talvez explique o desejo, frequentemente manifestado, de olhar no *interior* do telescópio. Problemas desse tipo não surgem no caso de objetos terrestres, cujas imagens são regularmente colocadas "no plano do objeto" (ibidem, p.182).

alguma, embora possa ter sido prometida uma ampliação linear de mais de trinta vezes.[17] Mesmo uma duplicação de imagens pode ser explicada como resultado da falta de focalização adequada.[18] Acrescentando as muitas imperfeições dos telescópios da época a essas dificuldades psicológicas,[19] pode-se entender a escassez de relatos satisfatórios e fica-se assombrado com a velocidade com que a realidade dos novos fenômenos foi aceita e, como era o costume, publicamente reconhecida.[20] Esse desenvolvimento torna-se ainda mais intrigante ao considerarmos que muitos relatos,

---

[17] Sobre a ampliação produzida pelo telescópio de Galileu, cf. *The Sidereal Messenger*. op.cit., p.11; cf. também Sonnefeld, 1962, p.207 ss. A velha regra "de que o tamanho, posição e arranjo com que uma coisa é vista dependem da magnitude do ângulo através do qual é vista" (R. Grosseteste, *De Iride*, citado de Crombie, 1953, p.120), que remonta a Euclides, é *quase sempre incorreta*. Ainda recordo meu desapontamento quando, tendo construído um refletor com suposta ampliação linear de cerca de 150 vezes, descobri que a Lua era aumentada apenas cinco vezes e situada muito próxima da ocular (1937).

[18] A imagem permanece nítida e inalterada durante um intervalo considerável – a falta de focalização pode mostrar-se por meio de uma duplicação, contudo.

[19] O primeiro telescópio utilizável que Kepler recebeu do eleitor Ernst von Köln (que o tinha recebido de Galileu), e no qual ele baseou sua *Narratio de observatis a se quartuor Jovis satellibus*, 1611, mostrava as estrelas *quadradas* e intensamente *coloridas* (Kepler, 1941, p.461). O próprio Ernst von Köln foi incapaz de ver qualquer coisa com o telescópio e pediu a Clavius que lhe enviasse um instrumento melhor (*Archivio della Pontificia Università Gregoriana*, 530, f 182r). Francesco Fontana, que a partir de 1643 observou as fases de Vênus, nota o caráter irregular da extremidade (e infere a existência de montanhas), cf. Wolf, 1877, p.398. Para as idiossincrasias dos telescópios da época e literatura descritiva, cf. Zinner, 1956, p.216-21. Consultar também o catálogo de autores na segunda parte do livro.

[20] O padre Clavius (carta de 17 de dezembro de 1610, *Opere*, X, p.485), o astrônomo do poderoso Collegium Romanum jesuíta, louva Galileu como o primeiro a ter observado as luas de Júpiter e reconhece sua realidade. Magini, Grienberger e outros logo seguiram-lhe o exemplo. É claro que, ao agir assim, não procederam de acordo com os métodos prescritos por sua própria filosofia, ou então foram muito negligentes na investigação do assunto. O professor McMullin (op.cit., nota 32) dá muita importância a essa rápida aceitação das observações telescópicas de Galileu: "Os períodos regulares observados para os satélites e para as fases de Vênus indicavam fortemente que eles não eram artefatos da fisiologia ou da óptica. Certamente não havia necessidade de 'ciências auxiliares' …". "Não havia necessidade de ciências auxiliares", escreve McMullin, ao mesmo tempo que ele próprio usa a hipótese auxiliar não examinada de que eventos astronômicos distinguem-se de eventos fisiológicos por sua regularidade e sua intersubjetividade. Mas essa hipótese é *falsa*, como é mostrado pela ilusão da Lua, pelo fenômeno da miragem, pelo arco-íris, pelos halos, pelas muitas ilusões microscópicas que são tão vividamente descritas por Tolansky, pelos fenômenos de bruxaria que sobrevivem em nossos manuais de psicologia e psiquiatria, embora com um nome diferente, e por numerosos outros fenômenos. Pecham, Witelo e

mesmo dos melhores observadores, eram ou simplesmente *falsos*, e capazes de serem demonstrados falsos na época, ou então *autocontraditórios*. Assim, Galileu fala de irregularidades, "vastas protuberâncias, abismos profundos e sinuosidades" (Galilei, 1960b, p.8) no limite interno da parte iluminada da Lua, ao passo que o limite exterior

> não parece desigual, rugoso e irregular, mas perfeitamente redondo e circular, tão nitidamente definido como se traçado por um compasso, e sem as indentações de nenhuma protuberância e cavidade. (op.cit., p.24)[21]

---

outros estudiosos medievais que tinham estudado as "ilusões" regulares e intersubjetivas criadas por lentes, espelhos e outros aparelhos ópticos também *sabiam que a hipótese era falsa*. Na Antiguidade, a falsidade de hipótese de McMullin era *corriqueira*. Galileu explicitamente a discute e repudia em seu livro sobre os cometas. Assim, era necessária uma nova teoria da visão, não apenas para *aceitar* as observações de Galileu, mas também para fornecer *argumentos* em favor de sua realidade astronômica. É claro que Clavius talvez não tenha estado ciente dessa necessidade. O que dificilmente é surpreendente. Afinal de contas, alguns de seus sofisticados sucessores do século XX, como o professor McMullin, também não estão cientes dela. Além disso, devemos assinalar que os "períodos regulares" das luas de Júpiter não eram tão bem conhecidos como McMullin insinua. Durante toda sua vida, Galileu tentou determinar esses períodos a fim de encontrar maneiras melhores de determinar a longitude no mar. Ele não teve êxito. Mais tarde, o mesmo problema retornou de forma diferente, quando a tentativa de determinar a velocidade da luz recorrendo a mais de uma Lua levou a resultados conflitantes. Isso foi descoberto por Cassini logo depois da descoberta de Roemer – cf. Cohen, 1940, p.347 ss. Sobre a atitude de Clavius e dos cientistas do Collegium Romanum, cf. o interessantíssimo livro *Galileo in China*, de autoria de D'Elia, 1960. As primeiras observações dos astrônomos do Collegium estão contidas em seu próprio "Nuncius Sidereus". *Opere*, III/1, p.291-8.

[21] Cf. a figura na p.134, extraída da publicação de Galileu. Kepler, em sua *Óptica*, de 1604, escreve (com base em observações a olho desarmado): "Parecia como se algo estivesse faltando na circularidade da periferia mais remota" (*Werke*, v.II, p.219). Ele retorna a essa asserção em sua *Conversation* (op.cit., p.28 ss.), criticando, por meio do que ele próprio tinha visto a olho desarmado, os resultados obtidos por Galileu com o telescópio: "Você pergunta por que o círculo mais externo da Lua também não tem aparência irregular. Não sei quão cuidadosamente você refletiu acerca desse assunto, ou se sua pergunta, como é mais provável, é baseada em uma impressão popular. Pois, em meu livro [a *Óptica* de 1604], afirmo que certamente havia alguma imperfeição naquele círculo externo durante a lua cheia. Estude a questão, e diga-nos mais uma vez como aparece para você ...". Aqui os resultados de observação a olho nu são citados contra os relatos telescópicos de Galileu – e com ràzões perfeitamente boas, como veremos adiante. O leitor que recorda a poliopia de Kepler (cf. a nota 13 neste capítulo) talvez se pergunte como ele poderia confiar a tal ponto em seus sentidos. A resposta está contida na seguinte citação (*Werke*, II, p.194 ss.): "Quando os eclipses da Lua começam, eu, que sofro desse defeito, percebo o eclipse antes

A Lua, então, aparentava ser cheia de montanhas na parte interna, mas perfeitamente lisa na periferia, e isso a despeito do fato de que a periferia *mudava* em decorrência da ligeira libração do corpo lunar.[22] A Lua e alguns dos planetas, tais como Júpiter, eram aumentados, ao passo que o diâmetro aparente das estrelas fixas decrescia: os primeiros eram trazidos para mais perto, ao passo que as últimas eram afastadas. "As estrelas", escreve Galileu,

> tanto as fixas quanto as errantes, quando vistas ao telescópio, de modo algum parecem aumentar de tamanho na mesma proporção em que os demais objetos, e a própria Lua, ganham em tamanho; no caso das estrelas, porém, tal aumento parece muito menor, de modo que você pode considerar que um telescópio, que (para efeitos de ilustração) seja poderoso o suficiente para ampliar outros objetos uma centena de vezes, dificilmente apresentará as estrelas aumentadas quatro ou cinco vezes. (Galilei, 1960b, p.38)[23]

---

de todos os demais observadores. Muito antes de o eclipse começar, eu até mesmo detecto a direção da qual a sombra se aproxima, enquanto os outros, de visão muito aguda, ainda estão em dúvida ... A anteriormente mencionada ondulação da Lua [cf. a citação anterior] desaparece para mim quando a Lua se aproxima da sombra e a porção mais forte dos raios do Sol é cortada ...". Galileu tem duas explicações para a aparência contraditória da Lua. Uma delas envolve a atmosfera lunar (*Messenger*, op.cit., p.26 ss.). A outra explicação (ibidem, p.25 ss.), que envolve a aparência tangencial de cadeias de montanhas que ficam umas atrás das outras, não é realmente muito plausível, já que a distribuição de montanhas próximas ao lado visível do globo lunar não mostra o arranjo que se faria necessário (isso está agora ainda mais bem estabelecido pela publicação da fotografia lunar russa de 7 de outubro de 1959; cf. Kopal, 1966, p.242).

[22] Essas librações foram notadas por Galileu. Righini, 1975, p.59 ss. Assim, não foi descuido nas observações, mas os próprios fenômenos que desencaminharam Galileu.
Em duas cartas à revista *Science* (2 de maio e 10 de outubro de 1980), T. H. Whitaker acusou-me de apresentar um relato enganoso das habilidades observacionais de Galileu – eu o havia chamado de mau observador quando, de fato, suas observações lunares tinham sido muito impressionantes. Essa acusação é refutada pelo texto correspondente às notas 25 e 26 e pela nota 40 deste capítulo. Whitaker obviamente pensou que as citações que fiz de Wolf (texto correspondente à nota 24) refletiam minha própria opinião. Ele também assinala que as gravuras em chapas de cobre das observações de Galileu são muito melhores, do ponto de vista moderno, do que as xilogravuras que acompanharam o *Nuncius*. Isso é verdade, mas não invalida minha descrição do debate com base no relato publicado.

[23] Cf. também a explicação mais detalhada no *Dialogue*, op.cit., p.36 ss. "O telescópio, por assim dizer, afasta os céus de nós", escreve A. Chwalina em sua edição de *Kleomedes, Die Kreisbewegung der Gestirne* (1927, p.90), comentando o decréscimo do diâmetro aparente de *todas* as estrelas, com a única exceção do Sol e da Lua. Mais tarde, a diferente ampliação

Os aspectos mais estranhos dos primeiros tempos da história do telescópio emergem, contudo, quando examinamos mais detalhadamente os *retratos da Lua* feitos por Galileu.

Basta um breve exame dos desenhos de Galileu e de uma fotografia de fases similares para convencer o leitor de que "nenhum dos aspectos registrados ... pode ser identificado com segurança a nenhum marco conhecido da paisagem lunar" (Kopal, 1966, p.207). Examinando tal evidência, é muito fácil pensar que

> Galileu não era um grande observador astronômico, ou então que a excitação devida a tantas descobertas telescópicas por ele feitas na época turvou temporariamente sua habilidade ou senso crítico.[24]

---

de planetas (ou cometas) e estrelas fixas era usada como meio de distingui-los. "Sei, com base na experiência", escreve Herschel no artigo em que relata sua primeira observação de Urano (1781, p.493 ss. – o planeta é aqui identificado com um *cometa*), "que os diâmetros das estrelas fixas não são aumentados proporcionalmente com o uso de potências maiores, como são os planetas; portanto, uso agora as potências de 460 e 932 e descobri que o diâmetro do cometa aumentou em proporção à potência, como deveria ser ...". É digno de nota que a regra não se aplicava invariavelmente aos telescópios utilizados na época de Galileu. Assim, ao comentar um cometa de novembro de 1618, Horatio Grassi (1960, p.17) assinala "que, quando o cometa foi observado através de um telescópio, não sofreu praticamente aumento algum", e infere, em perfeita concordância com a "experiência" de Herschel, que "terá de ser dito que ele se encontra mais afastado de nós do que a Lua ...". Em seu *Astronomical Balance* (ibidem, p.80), ele repete que, segundo a experiência comum de "astrônomos ilustres" de "várias regiões da Europa", o cometa observado com um telescópio muito longo quase não ganhou aumento algum ... Galileu (ibidem, p.177) aceita isso como fato, criticando apenas as conclusões que Grassi pretende extrair disso. Todos esses fenômenos refutam a afirmação de Galileu (1960a, p.204) de que o telescópio "funciona sempre da mesma maneira". Também abalam sua teoria da irradiação (cf. a nota 49 deste capítulo).

[24] Wolf (1877, p.396) comenta a má qualidade dos desenhos da Lua feitos por Galileu ("... seine Abbildung des Mondes kann man ... kaum ... eine Karte nennen" [seu retrato da Lua mal pode ser chamado de um mapa]), ao passo que Zinner (1931, p.473) chama as observações feitas por Galileu da Lua e de Vênus de "observações típicas de um principiante". Seu retrato da Lua, de acordo com Zinner, "não tem semelhança alguma com a Lua" (ibidem, p.472). Zinner também menciona a qualidade muito melhor das observações quase simultâneas feitas pelos jesuítas (ibidem, p.473) e finalmente indaga se as observações que Galileu fez da Lua e de Vênus não foram o resultado de uma imaginação fértil, em vez de um olhar cuidadoso ("sollte dabei ... der Wunsch der Vater der Beobachtung gewesen sein?" [será que foi aí o desejo o pai da observação?]) – uma questão pertinente, sobretudo em vista dos fenômenos brevemente descritos na nota 30 deste capítulo.

Ora, essa asserção bem pode ser verdadeira (embora eu tenda a duvidar dela, em vista da extraordinária habilidade observacional que Galileu exibe em outras ocasiões).[25] Mas seu conteúdo é pobre e, admito, não muito interessante. Não emergem sugestões novas para pesquisa adicional e a possibilidade de *testá-la* é bastante remota.[26] Há, contudo, outras hipóteses que conduzem a novas sugestões e nos mostram quão complexa era a situação na época de Galileu. Consideremos as duas seguintes.

Hipótese I. Galileu registrava fielmente o que via e, dessa maneira, deixou-nos evidência a respeito das deficiências dos primeiros telescópios, bem como das peculiaridades da visão telescópica da época. Interpretados dessa maneira, os desenhos de Galileu são relatos exatamente da mesma espécie que são os relatos feitos partindo-se dos experimentos de Stratton, Ehrismann e Kohler[27] – exceto que as características do aparato físico e o caráter não familiar dos objetos vistos também precisam ser levados em conta.[28] Devemos também recordar as muitas opiniões conflitantes existentes a respeito da superfície da Lua, mesmo na época de Galileu,[29] as quais podem ter influenciado o que os observadores viam.[30] O que

---

[25] A descoberta e a identificação das Luas de Júpiter não foram realizações insignificantes, especialmente porque um suporte estável útil para o telescópio não tinha ainda sido desenvolvido.

[26] A razão, entre outras coisas, é a grande variação, de um observador a outro, no que diz respeito à visão através do telescópio, cf. Ronchi, 1957, cap.IV.

[27] Para uma visão geral e uma bibliografia introdutória, cf. Gregory, op.cit., cap.11. Para uma discussão e bibliografia mais detalhadas, cf. Smith e Smith, 1962, reimpresso em parte em Vernon, 1966. O leitor também deve consultar o artigo de Ames (1961), que lida com a alteração na visão *normal* causada por condições ópticas apenas ligeiramente anormais. Um tratamento abrangente é feito por Rock, 1966.

[28] Muitos dos velhos instrumentos, e excelentes descrições deles, ainda se encontram disponíveis. Cf. Zinner, 1956.

[29] Para interessantes informações, o leitor deve consultar as passagens relevantes da *Conversation* de Kepler bem como de seu *Somnium* (esta obra está agora disponível em nova tradução feita por E. Rosen (in Kepler, 1967), que acrescentou considerável quantidade de material secundário. A obra padrão acerca das crenças da época ainda é *Face on the Moon*, de Plutarco (citações serão feitas com base na tradução de H. Cherniss, 1967).

[30] "Descreve-se a Lua de acordo com objetos que se pensa poder perceber em sua superfície" (Kästner, op.cit., v.IV, p.167, comentando os relatos observacionais de Fontana, de 1646). "Maestlin viu até mesmo chuva na Lua" (Kepler, 1965, p.29 s., apresentando o relato observacional do próprio Maestlin); cf. também Da Vinci, cadernos de notas, citados com base em Richter, 1970, p.167: "Se você mantiver sob observação os detalhes das manchas

seria preciso a fim de esclarecer mais o assunto é uma coleção empírica de todos os primeiros resultados de observações telescópicas, preferivelmente em colunas paralelas e incluindo quaisquer representações pictóricas que tenham sobrevivido.[31] Deixando de lado as peculiaridades instrumentais, tal coleção adicionaria material fascinante para uma história da percepção (e da ciência) ainda por ser escrita.[32] Esse é o conteúdo da Hipótese I.

A Hipótese II é mais específica do que a Hipótese I e a desenvolve em certa direção. Eu a estive considerando, com variados graus de entusiasmo, durante os últimos dois ou três anos, e meu interesse nela foi revivido por uma carta do professor Stephen Toulmin, a quem sou grato por sua clara e simples apresentação dessa concepção. Parece-me, contudo, que a hipótese se defronta com muitas dificuldades e talvez precise ser abandonada.

A Hipótese II, tal como a Hipótese I, aborda os relatos de observações telescópicas do ponto de vista da teoria da percepção, mas acrescenta que a prática da observação telescópica e a familiaridade com os novos relatos telescópicos alteraram não apenas aquilo que era visto através do telescópio, *mas também o que era visto a olho nu*. Isso é, obviamente, de importância para nossa avaliação da atitude contemporânea com respeito aos relatos de Galileu.

Que a aparência das estrelas e da Lua possa ter sido, em certa época, muito mais indefinida do que é hoje foi-me originalmente sugerido pela existência de várias teorias sobre a Lua incompatíveis com o que todos podem claramente ver com seus próprios olhos. A teoria de Anaximandro da parada parcial (que visava explicar as fases da Lua), a crença de Xenófanes

---

da Lua, encontrará com frequência grande variação neles, e isso eu próprio demonstrei ao desenhá-los. Isso é causado pelas nuvens que se levantam das águas na Lua ...". Sobre a instabilidade das imagens de objetos desconhecidos e sua dependência da crença (ou do "conhecimento"), cf. Ronchi, 1957, cap.IV.

[31] O capítulo 35 de Kopal, op.cit., contém interessante coleção exatamente dessa espécie. Escopo mais amplo tem Schulz, 1912.

[32] É preciso, é claro, investigar também a dependência daquilo que é visto dos métodos correntes de representação pictórica. Fora da astronomia, isso foi feito por Gombrich, 1960, e Choulant, 1945 (traduzido, com acréscimos, por Singer et al.), que trata da anatomia. A astronomia tem a vantagem de que *um* lado do quebra-cabeça, a saber, as estrelas, tem estrutura razoavelmente simples (muito mais simples, por exemplo, do que a do útero) e relativamente bem conhecida; cf. também o Capítulo 16 adiante.

na existência de diferentes Sóis e diferentes Luas para as diferentes zonas da Terra, o pressuposto de Heráclito de que eclipses e fases são causados pelo girar das bacias que, para ele, representavam o Sol e a Lua[33] – todas essas concepções opõem-se à existência de uma superfície estável e claramente visível, uma "face" como a que "sabemos" que a Lua tem. Isso também é verdade acerca da teoria de Berossos, que ainda se manifesta na época de Lucrécio[34] e, mais tarde ainda, em Alhazen.

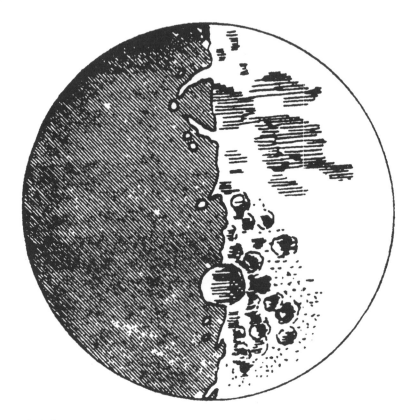

Figura 1. A forma de uma montanha lunar e de uma planície murada, do *Sidereus Nuncius* de Galileu, Veneza, 1610 (cf. p.111).

---

[33] Para essas teorias e bibliografia adicional, cf. Dreyer, 1953.
[34] Sobre Berossos, cf. o artigo de Toulmin, 1967, p.65. Lucrécio escreve (1957, p.216): "Mais uma vez, ela pode girar sobre si mesma / como a esfera de uma bola – se por acaso for – / uma de suas metades tingida por luz brilhante / e pela rotação daquela esfera / pode gerar- -nos suas várias formas / até que volte aquela sua porção chamejante / por inteiro à vista e olhos abertos dos homens ...".

Ora, tal descaso por fenômenos que, para nós, são bastante óbvios talvez se deva a certa indiferença com relação à evidência existente, a qual, contudo, era tão clara e tão detalhada quanto o é hoje, *ou então a uma diferença na própria evidência*. Não é fácil escolher entre essas alternativas. Tendo sido influenciado por Wittgenstein, Hanson e outros, estive, por algum tempo, inclinado pela segunda versão, mas parece-me, agora, que ela fica excluída tanto pela fisiologia (psicologia)[35] quanto pela informação histórica. Basta-nos recordar como Copérnico desconsiderou as dificuldades causadas pelas variações no brilho de Marte e Vênus, as quais eram bem conhecidas na época.[36] E no que diz respeito à face da Lua, vemos que Aristóteles (*De Coelo*, 290a25 ss.) refere-se a ela muito claramente quando observa que "as estrelas não *giram*. Com efeito, o girar envolve rotação, mas a 'face' (como é chamada) da Lua é sempre vista". Podemos inferir, então, que o descaso ocasional pela estabilidade da face da Lua era devido não a uma ausência de impressões claras, mas a algumas concepções amplamente disseminadas acerca da inconfiabilidade dos sentidos. Essa inferência é apoiada pela discussão que Plutarco faz do assunto, a qual claramente trata não do que é visto (exceto como evidência a favor ou contra certas concepções), mas de certas *explicações* de fenômenos que, quanto ao mais, *admite-se serem bem conhecidos* (op.cit., p.37).[37] "Para começar", diz ele,

> é absurdo chamar a figura vista na Lua de uma afecção da visão ... uma condição que denominamos ofuscamento (clarão). Quem quer que afirme isso não percebe que esse fenômeno deveria ocorrer antes com relação ao Sol, uma

---

[35] Cf. o texto às notas 50 ss. de meu "Reply to Criticism", 1965, p.246.

[36] Na Antiguidade, as diferenças entre as magnitudes de Vênus e Marte eram consideradas "óbvias a nossos olhos" (Simplício, *De Coelo*, II, 12, Heiberg, p.504). Polemarco considera aqui as dificuldades da teoria das esferas homocêntricas, de Eudoxo, a saber, que Vênus e Marte "aparecem, no meio do movimento retrógrado, muitas vezes mais brilhantes, de modo que [Vênus], em noites sem Lua, faz que os corpos lancem sombras" (objeção de Autolicus), e ele bem pode estar recorrendo à possibilidade de um engano dos sentidos (que era frequentemente discutida pelas escolas antigas). Aristóteles, que deve ter tido conhecimento de todos esses fatos, não os menciona em lugar algum no *De Coelo* ou na *Metafísica*, embora faça uma exposição sobre o sistema de Eudoxo e sobre os aperfeiçoamentos feitos por Polemarco e Calipo. Cf. Galilei, *Dialogue*, op. cit. p.334.

[37] Cf. também Sambursky, 1962, p.244 ss.

vez que o Sol emite luz sobre nós intensa e violentamente; além disso, não explica por que olhos fracos e embotados não discernem nenhuma diferença de forma na Lua, cuja orbe tem para eles luz igual e cheia, ao passo que aqueles que têm visão aguçada e robusta divisam mais precisa e distintamente o padrão de traços na face da Lua e percebem mais claramente as variações.

"A irregularidade também refuta completamente a hipótese", continua Plutarco (ibidem),[38]

pois a sombra que se vê não é contínua e confusa, e não é mal retratada pelas palavras de Agesianax: "Ela brilha rodeada de fogo, mas no interior / Mais azul que lápis-lazúli mostra um olho virginal / E semblante gracioso, um rosto claro". Na verdade, as manchas escuras submergem por detrás das brilhantes, as quais circundam ... e estão tão completamente entrelaçadas umas com as outras que o delineamento da figura assemelha-se a um quadro.

Posteriormente, a estabilidade da face é usada como argumento contra as teorias que julgam ser a Lua feita de fogo, ou ar, pois "o ar é tênue e sem configuração, e, assim, desliza naturalmente e não permanece no lugar" (ibidem, p.50). A *aparência* da Lua, então, parecia ser um fenômeno bem conhecido e claro. O que estava em questão era a *relevância* do fenômeno para a teoria astronômica.

Podemos assumir, com segurança, que isso também era verdade na época de Galileu.[39]

---

[38] Cf., contudo, a nota 15 deste capítulo, a observação de Plínio (*Hist. Nat.*, II, 43, 46) de que a Lua é "ora manchada, ora de súbito brilha claramente", bem como o relato de Da Vinci, a que se fez referência na nota 30 deste capítulo.

[39] Um forte argumento em *favor* dessa alegação é a descrição que Kepler faz da Lua em sua *Óptica* de 1604: ele comenta o caráter irregular da fronteira entre luz e sombra (*Werke*, II, p.218) e descreve a parte escura da Lua durante um eclipse como parecendo-se a carne dilacerada ou madeira quebrada (ibidem, p.219). Kepler retorna a essas passagens na *Conversation* (op.cit., p.27), em que diz a Galileu que "a essas suas observações muito aguçadas não falta o apoio nem mesmo de meu próprio testemunho. Com efeito [em minha] *Óptica* você tem a metade da Lua dividida por uma linha ondulada. Desse fato, deduzi a existência de picos e depressões no corpo da Lua. [Posteriormente] descrevo a Lua durante um eclipse como parecendo-se a carne dilacerada ou madeira quebrada, com listras brilhantes penetrando na região da sombra". Recorde-se também que Kepler critica os relatos telescópicos de Galileu com base em suas próprias observações a olho nu; cf. a nota 21 deste capítulo.

Mas então temos de admitir que as observações de Galileu podiam ser verificadas a olho nu e podiam, dessa maneira, ser desmascaradas como ilusórias.

Assim, o monstro circular abaixo do centro do disco da Lua[40] encontra-se bem acima do limite da observação a olho nu (seu diâmetro é superior a 3½ minutos de arco), ao passo que um único olhar nos convence de que a face da Lua não se encontra em lugar algum desfigurada por um defeito desse tipo. Seria interessante averiguar o que os observadores contemporâneos tiveram a dizer a respeito do assunto[41] ou, se eram artistas, o que tiveram a desenhar.

Resumo o que ficou claro até agora.

Galileu tinha apenas conhecimento superficial da *teoria* óptica de sua época.[42] Seu telescópio forneceu resultados surpreendentes na Terra, e tais

---

[40] "Há outro ponto que não devo, de modo algum, esquecer, que notei e a cujo respeito tenho pensado. É o seguinte: o meio da Lua, ao que parece, é ocupado por certa cavidade, maior que todo o resto, cuja forma é perfeitamente circular. Observei essa depressão perto tanto do primeiro quanto do terceiro quartos, e representei-a tão bem quanto pude na segunda ilustração já dada. Ela produz a mesma aparência, no que diz respeito aos efeitos de luz e sombra, que produziria na Terra uma região como a Boêmia, caso fosse cercada por todos os lados por montanhas muito elevadas dispostas na circunferência de um círculo perfeito; com efeito, essa região na Lua é cercada por picos de tão enorme altura que o lado mais afastado, adjacente à porção escura da Lua, é visto banhado em luz solar antes que a fronteira entre luz e sombra alcance a metade do caminho através do espaço circular ..." (*Messenger*, op.cit., p.21 ss.) Penso que essa descrição refuta definitivamente a conjectura de Kopal a respeito de negligência observacional. É interessante notar a diferença entre as xilogravuras no *Nuncius* (p.131, Figura I) e o desenho original de Galileu. A xilogravura corresponde muito de perto à descrição, ao passo que o desenho original, com seus aspectos impressionistas ("Kaum eine Karte", diz Wolf), é suficientemente vago para escapar à acusação de um erro grave de observação.

[41] "Não posso deixar de perguntar-me a respeito do significado daquela grande cavidade circular no que usualmente chamo o canto esquerdo da Lua", escreve Kepler (1965, p.28), e passa então a fazer conjecturas a respeito de sua origem (inclusive esforços deliberados por parte de seres inteligentes).

[42] A óptica acadêmica da época ia além de simples construções geométricas (as quais Galileu pode ter conhecido), incluindo uma explicação *daquilo que é visto* quando se olha em um espelho, ou através de uma lente ou combinação de lentes. Excetuando-se a irradiação, Galileu não considera em lugar algum as propriedades da *visão* telescópica. Os aristotélicos que escreveram depois das observações telescópicas de Galileu, contudo, o fizeram. Cf. Redondi, op.cit., p.169 ss.

resultados foram devidamente elogiados. Eram-se de esperar dificuldades no que concerne ao céu, como agora sabemos. E as dificuldades sem demora surgiram: o telescópio produziu fenômenos espúrios e contraditórios, e alguns de seus resultados podiam ser refutados por um simples olhar a olho desarmado. Apenas uma nova *teoria* da visão telescópica podia trazer ordem ao caos (que pode ter sido ainda maior, em virtude dos diferentes fenômenos vistos na época mesmo a olho nu) e separar aparência de realidade. Tal teoria foi desenvolvida por Kepler, primeiro em 1604 e, novamente, em 1611.[43]

Segundo Kepler, encontra-se o lugar da imagem de um objeto puntiforme primeiro traçando-se, de acordo com as leis da (reflexão e da) refração, a trajetória dos raios emergindo do objeto até que atinjam o olho e depois usando-se o princípio (ainda ensinado nos dias de hoje) de que "a imagem será vista no ponto determinado pela intersecção retrógrada dos raios de visão de ambos os olhos"[44] ou, no caso da visão monocular, dos dois lados da pupila (ibidem, p.67). Essa regra, que parte do pressuposto de que "a imagem é produto do ato de visão", é em parte empírica e em parte geométrica. Ela estabelece a posição da imagem em um "triângulo métrico"[45] ou um "triângulo telemétrico"[46] como Ronchi o denomina,[47] construído dos raios que finalmente atingem o olho e utilizado pelo olho *e pela mente* para situar a imagem à distância apropriada. Qualquer que seja o sistema óptico, qualquer que seja a trajetória total dos raios do objeto ao observador, a regra diz que a mente do observador utiliza *somente a parte final* e nela baseia seu juízo visual, a percepção.

---

[43] Desconsiderei aqui a obra de della Porta (*De Refractione*) e de Maurolycus, ambos os quais anteciparam Kepler em certos aspectos (e são devidamente mencionados por ele). Maurolycus toma a importante resolução [1940, p.45 (sobre espelhos) e p.74 (sobre lentes)] de considerar apenas o vértice da cáustica, mas ainda não é estabelecida uma conexão com o que se vê na visão *direta*. Acerca das dificuldades que foram removidas pela simples e engenhosa hipótese de Kepler, cf. Ronchi, 1956, cap.III.

[44] *Werke*, II, p.72. A *Óptica* de 1604 foi parcialmente traduzida para o alemão por Plehn, 1922. As passagens relevantes encontram-se na seção 2 do capítulo 3, p.38-48.

[45] "Cum imago sit visus opus", ibidem, p.64. "In visione tenet sensus communis oculorum suorum distantiam ex assuefactione, angulos vero ad illam distantiam notat ex sensu contortionis oculorum", ibidem, p.66.

[46] "Triangulum distantiae mensorium", ibidem, p.67.

[47] *Optics*, op.cit., p.44. Deve-se também consultar o segundo capítulo desse livro para a história da óptica pré-kepleriana.

Essa regra simplificou consideravelmente a ciência da óptica. Contudo, basta um segundo para mostrar que é falsa: tome-se uma lente de aumento, determine-se seu foco e examine-se um objeto que esteja próximo a ela. O triângulo telemétrico estende-se agora para além do objeto, ao infinito. Uma ligeira alteração na distância traz a imagem kepleriana do infinito para muito perto e de volta ao infinito. Jamais se observa um fenômeno desse tipo. Vemos a imagem, ligeiramente ampliada, a uma distância que, na maioria das ocasiões, é idêntica à distância real entre o objeto e a lente. A distância visual da imagem permanece constante, por mais que variemos a distância entre a lente e o objeto e até mesmo quando a imagem se torna distorcida e, finalmente, difusa (ibidem, p.182, 202).[48]

Essa, então, era a situação real em 1610, quando Galileu publicou suas descobertas telescópicas. Como reagiu Galileu a ela? A resposta já foi dada:

---

[48] Esse fenômeno era conhecido por todos que tivessem usado, pelo menos uma vez, uma lente de aumento, inclusive Kepler. Isso mostra que não fazer caso de fenômenos familiares não acarreta terem sido esses fenômenos vistos de maneira diferente (ibidem, p.50). A explicação de Isaac Barrow para a dificuldade que tem a regra de Kepler foi mencionada anteriormente (texto correspondente à nota 16 do Capítulo 5). Segundo Berkeley (op.cit., p.141), "esse fenômeno ... subverte inteiramente a opinião daqueles que gostariam que avaliássemos distâncias por meio de linhas e ângulos ...". Berkeley substitui essa opinião por uma teoria própria, segundo a qual a mente avalia distâncias com base na clareza ou na confusão das impressões primárias. A ideia de Kepler do triângulo telemétrico foi adotada imediatamente por quase todos os pensadores nesse campo. Recebeu posição fundamental de Descartes, segundo o qual "Distantiam ... discimus, per mutuam quandam conspirationem oculorum" (1657, p.87). "Porém", diz Barrow, "nem essa nem nenhuma outra dificuldade ... fará que eu renuncie àquilo que sei ser manifestamente agradável à razão". É essa atitude que foi responsável pelo vagaroso avanço de uma teoria científica das *lentes* e, em geral, da óptica da visão. "A razão desse fenômeno peculiar", escreve Von Rohr (1934, p.1), "deve ser buscada na estreita relação entre a lente e o olho, e é impossível apresentar uma teoria aceitável das lentes sem entender o que acontece no próprio processo da visão ...". O triângulo telemétrico omite precisamente esse processo, ou, antes, fornece dele uma explicação simplista e falsa. O estado da óptica no início do século XX é bem descrito por Gullstrand, 1962, p.261 ss. Lemos aí como um retorno ao processo psicofisiológico da visão capacitou os físicos a chegar a uma explicação mais razoável até da física das imagens ópticas: "A razão pela qual as leis da imagem óptica real foram, por assim dizer, chamadas à vida pelas exigências da óptica fisiológica deve-se em parte ao fato de que, por meio de cálculos trigonométricos, com certeza tediosos, mas de fácil execução, foi possível para o engenheiro óptico aproximar-se mais das realidades de seu problema. Assim, graças ao trabalho de homens tais como Abbe e sua escola, a óptica técnica atingiu seu esplêndido desenvolvimento atual, ao passo que, com os recursos científicos disponíveis, tem sido realmente impossível uma apreensão abrangente das intrincadas relações no caso da imagem no olho".

ele elevou o telescópio ao estado de um "sentido superior e mais eficaz".[49] Quais foram suas razões para fazer isso? Essa questão leva-me de volta aos problemas levantados pela evidência (contra Copérnico), relatada e discutida no Capítulo 8.

---

[49] "Ó Nicolau Copérnico, que prazer você teria sentido ao ver essa parte de seu sistema confirmada por tão claro experimento!", escreve Galileu, dando a entender que os novos fenômenos telescópicos forneciam apoio adicional a Copérnico (*Dialogue*, op.cit., p.339). A diferença na aparência dos planetas e das estrelas fixas (cf. nota 23 deste capítulo) é por ele explicada pela hipótese de que "o próprio instrumento de ver [o olho] introduz um obstáculo próprio" (ibidem, p.335) e de que o telescópio remove esse obstáculo, a saber, a *irradiação*, permitindo que o olho veja as estrelas e os planetas como realmente são. (Mario Guiducci, um seguidor de Galileu, atribuiu a irradiação à refração produzida pela umidade na superfície do olho. op.cit., p.47.) Essa explicação, ainda que pareça plausível (especialmente em vista da tentativa de Galileu de mostrar como a irradiação pode ser eliminada por outros meios que não o telescópio), não é tão precisa quanto se poderia desejar. Gullstrand (1962, p.426) diz que "devido às propriedades da superfície ondulada do feixe de raios refratados no olho ... é uma impossibilidade matemática que qualquer seção transversal corte a superfície cáustica em uma curva suave na forma de um círculo concêntrico com a pupila". Outros autores apontam para "inomogeneidades nos vários humores, sobretudo no cristalino" (Ronchi, 1957, p.104). Kepler dá a seguinte explicação (1965, p.33 ss.): "Fontes de luz pontuais transmitem seus cones ao cristalino. Aí tem lugar a refração e, por trás do cristalino, os cones contraem-se novamente até formarem um ponto. Mas esse ponto não chega até a retina. Portanto, a luz é dispersada mais uma vez, espalhando-se por uma pequena área da retina quando deveria incidir em um ponto. Por isso o telescópio, ao introduzir outra refração, faz que esse ponto coincida com a retina. ...". Polyak, em sua obra clássica, *The Retina*, atribui a irradiação em parte a "defeitos dos meios dióptricos e a acomodações imperfeitas", mas "principalmente" à "peculiar constituição estrutural da própria retina" (1942, p.176), acrescentando que talvez seja também uma função do cérebro (p.429). Nenhuma dessas hipóteses abrange *todos* os fatos conhecidos acerca da irradiação. Gullstrand, Ronchi e Polyak (se omitirmos sua referência ao cérebro, que pode explicar qualquer coisa que queiramos) não conseguem explicar o desaparecimento da irradiação no telescópio. Kepler, Gullstrand e Ronchi também falham em dar uma explicação para o fato, enfatizado por Ronchi, de que objetos grandes não mostram irradiação em suas bordas ("Qualquer um que tente explicar os fenômenos da irradiação precisa admitir que, quando olha uma lâmpada elétrica de longe, de modo que parece um ponto, a vê circundada por uma imensa coroa de raios, ao passo que, de perto, não vê absolutamente nada em torno dela", Ronchi, 1957, p.105). Sabemos agora que objetos grandes tornam-se definidos pela interação lateral inibidora de elementos da retina (que é aumentada ainda mais pela função do cérebro), cf. Ratliff, s.d., p.146, mas a variação do fenômeno de acordo com o diâmetro do objeto e sob as condições de visão telescópica permanece não investigada. A hipótese de Galileu recebeu apoio principalmente por causa de sua concordância com o ponto de vista copernicano e era, portanto, em grande parte *ad hoc*.

10

Em contrapartida, há alguns fenômenos telescópicos que são claramente copernicanos. Galileu introduz esses fenômenos como evidência independente para Copérnico, embora a situação seja antes a de que uma concepção refutada – o copernicanismo – tem certa similaridade com fenômenos que emergem de outra concepção refutada – a ideia de que fenômenos telescópicos são retratos fiéis do céu.

De acordo com a teoria copernicana, Marte e Vênus aproximam-se e afastam-se da Terra por um fator de 1:6 e 1:8, respectivamente. (Esses são números aproximados.) Sua alteração de brilho deveria ser 1:40 e 1:60, respectivamente (esses são os valores de Galileu). Entretanto, Marte altera-se muito pouco e a variação no brilho de Vênus "é quase imperceptível".[1] Essas experiências "contradizem abertamente o movimento anual [da Terra]" (Galilei, 1953, p.328). O telescópio produz *fenômenos* estranhos e novos, alguns dos quais podem ser revelados como ilusórios por meio de observação a olho nu, alguns contraditórios, alguns tendo até a aparência de ilusórios, ao passo que a única *teoria* que poderia ter posto ordem nesse caos, a teoria da visão devida a Kepler, é refutada por evidência da mais clara espécie possível. Porém – e com isso chego ao que considero um aspecto central do procedimento de Galileu – *há fenômenos telescópicos*, a saber, a variação telescópica no brilho dos planetas, *que estão mais estreitamente de acordo com Copérnico do que com os resultados da observação a olho nu*. Visto através do telescópio, Marte de fato muda como deveria mudar segundo a perspectiva copernicana. Comparada com o desempenho

---

[1] As variações reais de Marte e Vênus são, respectivamente, de quatro magnitudes e uma magnitude.

total do telescópio, essa mudança ainda é bastante intrigante. É tão intrigante quanto a teoria copernicana o é ao ser comparada com a evidência pré-telescópica. Mas essa mudança está em harmonia com as predições de Copérnico. *É essa harmonia e não um profundo conhecimento de cosmologia e óptica que, para Galileu, comprova Copérnico e a veracidade do telescópio* em assuntos terrestres *tanto quanto* em assuntos celestes. E é sobre essa harmonia que ele constrói uma concepção inteiramente nova do universo. "Galileu", escreve Ludovico Geymonat (op.cit., p.38 ss., grifos nossos), referindo-se a esse aspecto da situação,

> não foi o primeiro a voltar o telescópio para os céus, mas ... foi o primeiro a perceber o enorme interesse das coisas assim vistas. E compreendeu imediatamente que essas coisas ajustavam-se perfeitamente à teoria copernicana, ao passo que contradiziam a astronomia antiga. Galileu acreditara por anos na verdade do copernicanismo, mas nunca tinha sido capaz de demonstrá-lo a despeito de suas declarações excessivamente otimistas a amigos e colegas [ele nem mesmo tinha sido capaz de eliminar as instâncias refutadoras, como vimos e como ele próprio diz]. Deveria a prova direta [deveria mesmo a mera *concordância* com a evidência] ser, afinal, buscada aí? Quanto mais essa convicção firmou raízes em sua mente, mais clara tornou-se para ele a importância do novo instrumento. Na mente do próprio Galileu, a confiança na fidedignidade do telescópio e o reconhecimento de sua importância não eram dois atos separados; ao contrário, *eram dois aspectos do mesmo processo.*

Pode a ausência de evidência independente ser expressa de modo mais claro? "O *Nuncius*", escreve Fritz Hammer, no relato mais conciso do assunto que jamais tive ocasião de ler (Kepler, 1939, v.IV, p.447),[2] "contém duas incógnitas, uma sendo resolvida com auxílio da outra". Isso é inteiramente correto, exceto que as "incógnitas" não eram desconhecidas, mas conhecidas

---

[2] Kepler (1965, p.14) fala de "evidências mutuamente autocorroboradoras". Recorde-se, contudo, que o que são "mutuamente autocorroboradoras" são duas hipóteses refutadas e *não* duas hipóteses que têm *apoio independente* no domínio dos enunciados básicos. Em carta a Herwarth, de 26 de março de 1598, Kepler fala das "muitas razões" que deseja aduzir para o movimento da Terra, acrescentando que "cada uma dessas razões, tomada por si mesma, encontraria apenas pouca crença (Caspar; Dyck, 1930, p.68).

como falsas, como diz ocasionalmente o próprio Galileu. É essa situação bastante peculiar, a harmonia entre duas ideias interessantes, porém refutadas, que Galileu explora a fim de impedir a eliminação de qualquer uma delas.

Exatamente o mesmo procedimento é utilizado para preservar sua nova dinâmica. Vimos que também essa ciência encontrava-se ameaçada por eventos observáveis. Para eliminar o perigo, Galileu introduz, com o auxílio de hipóteses *ad hoc*, o atrito e outras perturbações, tratando-os como tendências *definidas* pela discrepância óbvia entre fato e teoria em vez de como eventos físicos *explicados* por uma teoria do atrito para a qual nova e independente evidência poderia algum dia ficar disponível (essa teoria surgiu apenas muito depois, no século XVIII). Contudo, a concordância entre a nova dinâmica e a ideia do movimento da Terra, concordância que Galileu aumenta com o auxílio de seu método da *anamnese*, faz que ambas pareçam mais razoáveis.

O leitor compreenderá que um estudo pormenorizado de fenômenos históricos como esse cria dificuldades consideráveis para a concepção de que a transição da cosmologia pré-copernicana para aquela do século XVII consistiu na substituição de teorias refutadas por conjecturas mais gerais que explicavam as instâncias refutadoras, faziam novas predições e eram corroboradas por observações realizadas com o fito de testar essas novas predições. E perceberá talvez os méritos de uma concepção diferente, a qual afirma que, ao passo que a astronomia pré-copernicana *encontrava-se em dificuldades* (era confrontada por uma série de instâncias refutadoras e implausibilidades), a teoria copernicana *encontrava-se em dificuldades ainda maiores* (era confrontada por instâncias refutadoras e implausibilidades ainda mais drásticas) mas, estando em harmonia *com teorias ainda mais inadequadas*, ganhou força e foi conservada, as refutações sendo tornadas ineficazes por meio de hipóteses *ad hoc* e engenhosas técnicas de persuasão. Isso pareceria ser uma descrição muito mais adequada dos acontecimentos na época de Galileu do que a apresentada por quase todas as explicações alternativas.

Interromperei, agora, a narrativa histórica para mostrar que a descrição não é apenas *fatualmente adequada*, mas também é *perfeitamente razoável*, e qualquer tentativa de impor algumas das metodologias mais familiares do século XX teria tido consequências desastrosas.

11

Tais métodos "irracionais" de sustentação são necessários por causa do "desenvolvimento desigual" (Marx, Lênin) das diferentes partes da ciência. O copernicanismo e outros ingredientes essenciais da ciência moderna sobreviveram apenas porque, em seu passado, a razão foi frequentemente posta de lado.

Uma tendência predominante em discussões filosóficas é a de abordar problemas de conhecimento *sub specie aeternitatis*, por assim dizer. Enunciados são comparados uns com os outros sem levar em conta sua história e sem considerar que possam pertencer a estratos históricos diferentes. Por exemplo, pergunta-se: dados conhecimento prévio, condições iniciais, princípios básicos, observações aceitas – que conclusões podemos extrair a respeito de uma hipótese recém-sugerida? As respostas variam consideravelmente. Alguns dizem que é possível determinar graus de confirmação e que a hipótese pode ser avaliada com seu auxílio. Outros rejeitam qualquer lógica da confirmação e avaliam as hipóteses por seu conteúdo e pelos falseamentos que tenham efetivamente ocorrido. Mas quase todos assumem como dado que observações precisas, princípios claros e teorias bem confirmadas *já são decisivos*; que podem e devem ser utilizados *aqui e agora* quer para eliminar a hipótese sugerida, quer para torná-la aceitável ou, talvez, até mesmo para demonstrá-la.

Tal procedimento faz sentido apenas se pudermos pressupor que os elementos de nosso conhecimento – as teorias, as observações, os princípios de nossa argumentação – são *entidades atemporais* que compartilham o mesmo grau de perfeição, são todos igualmente acessíveis e relacionam-se uns aos outros de maneira independente dos eventos que os produziram. Esse, é claro, é um pressuposto extremamente comum. É assumido como certo pela maioria dos lógicos; está implícito na familiar distinção entre contexto de descoberta e contexto de justificação; e é com frequência expresso dizendo-se que a ciência lida com proposições e não com enunciados ou com sentenças. Contudo, esse procedimento não leva em conta que a ciência é um *processo histórico* heterogêneo e complexo que contém antecipações vagas e incoerentes de ideologias futuras ao lado de sistemas teóricos altamente sofisticados e formas de pensamento antigas e petrificadas. Alguns de seus elementos estão disponíveis na forma de enunciados claramente redigidos, ao passo que outros estão ocultos e tornam-se conhecidos apenas por contraste, por comparação com concepções novas e fora do comum. (Foi dessa maneira que o argumento da torre revertido auxiliou Galileu a descobrir as interpretações naturais hostis a Copérnico. E foi também dessa maneira que Einstein descobriu certos pressupostos profundamente assentados da mecânica clássica, como o pressuposto da existência de sinais infinitamente rápidos. Para considerações gerais, cf. o último parágrafo do Capítulo 5.) Muitos dos conflitos e das contradições que ocorrem na ciência são devidos a essa heterogeneidade do material, a essa "desigualdade" do desenvolvimento histórico, como diria um marxista, e não têm nenhuma significação teórica imediata.[1] Eles têm muito em comum com os problemas que

---

[1] De acordo com Marx, partes "secundárias" do processo social, como demanda, produção artística ou relações legais, podem colocar-se adiante da produção material e arrastá-la. (cf. 1918, p.309, especialmente, a "Introduction to the Critique of Political Economy"): "A relação desigual entre o desenvolvimento da produção material e o da arte, por exemplo. Em geral, a concepção de progresso não deve ser tomada no sentido da abstração usual. No caso da arte etc., não é tão importante e difícil compreender essa desproporção como é no caso das relações sociais práticas – por exemplo, a relação entre a educação nos Estados Unidos e na Europa. O ponto realmente difícil, contudo, a ser discutido aqui é o do desenvolvimento desigual das relações de produção como relações legais". Trotski descreve a mesma situação: "O ponto central da questão está nisso, que os diferentes aspectos do progresso histórico – economia, política, o Estado, o crescimento da classe trabalhadora – não se desenvolvem simultaneamente ao longo de linhas paralelas" ("The School of Revolutionary Strategy", discurso proferido no encontro geral de membros do partido da Organização de Moscou de julho de 1921, publicado em Trotski, 1953, p.5). Ver também Lênin (1967, p.59), acerca do fato de que múltiplas causas de um evento possam estar fora de fase e ter efeito só quando ocorrem simultaneamente. Em forma diferente, a tese do

surgem quando é necessário instalar uma usina elétrica bem ao lado de uma catedral gótica. Ocasionalmente, tais aspectos são levados em conta; por exemplo, quando se afirma que leis físicas (enunciados físicos) e leis biológicas (enunciados biológicos) pertencem a diferentes domínios conceituais e não podem ser comparadas diretamente. Mas na maioria dos casos, e em especial no caso de observação *versus* teoria, nossas metodologias projetam os vários elementos da ciência e os diferentes estratos históricos que ocupam sobre um e mesmo plano, e passam, imediatamente, a produzir juízos comparativos. Isso é como organizar uma luta entre um menino e um homem adulto e anunciar triunfantemente, o que, afinal de contas, é óbvio, que o homem irá vencer (a história da ciência está cheia de críticas inanes dessa espécie, e isso também ocorre com a história da psicanálise e do marxismo). Em nosso exame de novas hipóteses, precisamos obviamente levar em conta a situação histórica. Vejamos como isso irá afetar nosso julgamento!

A hipótese geocêntrica e a teoria de Aristóteles sobre o conhecimento e a percepção estão bem ajustadas uma à outra. A percepção dá lastro à teoria da locomoção, que acarreta uma Terra imóvel e é um caso especial de concepção abrangente do movimento que inclui locomoção, acréscimo e decréscimo, mudança qualitativa, geração e corrupção. Essa concepção abrangente define o movimento como a transição de uma forma, de um agente para um paciente, a qual termina quando o paciente possui exatamente a mesma forma que caracterizava o agente ao início da interação.

"desenvolvimento desigual" lida com o fato de que o capitalismo atingiu diferentes estágios em diferentes países, e mesmo em regiões diferentes do mesmo país. Esse segundo tipo de desenvolvimento desigual pode levar a relações inversas entre as ideologias associadas, de modo que a eficiência na produção e ideias políticas radicais desenvolvem-se em proporções inversas. "Na Europa civilizada, com sua indústria mecânica altamente desenvolvida, sua cultura rica e multiforme e suas constituições, atingiu-se um ponto da história em que a burguesia dominante, temendo o aumento e a crescente força do proletariado, sai em apoio a tudo o quanto é retrógrado, moribundo e medieval ... Mas por toda a jovem Ásia desenvolve-se um poderoso movimento democrático, espalhando-se e ganhando força." (Lênin, "Backward Europe and Advanced Asia", in Lênin, 1961, p.99 ss.). Acerca dessa situação muito interessante, que merece ser explorada para a filosofia da ciência, cf. Meyer, 1957, cap.12, e Althusser, 1970, caps.3 e 6. O pano de fundo filosófico é esplendidamente explicado no ensaio de Mao Tse-tung, "On Contradiction" (1970, especialmente a seção IV).

A percepção, dessa maneira, é um processo no qual a forma do objeto percebido penetra o perceptor precisamente da mesma forma que caracterizava o objeto, de modo que o perceptor, em certo sentido, assume as propriedades do objeto.

Tal espécie de teoria da percepção (que se poderia considerar uma versão sofisticada do realismo ingênuo) não permite nenhuma discrepância maior entre as observações e as coisas observadas. "Que existam no mundo coisas inacessíveis ao homem, não apenas agora e temporariamente, mas em princípio e por causa de suas aptidões naturais, e que, portanto, jamais serão vistas por ele – isso era completamente inconcebível no fim da Antiguidade bem como durante a Idade Média" (Blumberg, 1965, p.13).[2] E a teoria também não encoraja o uso de instrumentos, visto que interferem com os processos no meio. Esses processos transmitem um retrato verdadeiro somente enquanto não forem perturbados. As perturbações criam formas que não mais são idênticas à forma dos objetos percebidos – elas criam *ilusões*. Tais ilusões podem ser facilmente demonstradas pelo exame das imagens produzidas por espelhos curvos[3] ou por lentes de fabricação tosca (e recordemos que as lentes usadas por Galileu encontravam-se longe do nível de perfeição alcançado hoje): elas são distorcidas, as imagens vistas pelas lentes têm franjas coloridas, podem aparecem em um lugar diferente do lugar em que está o objeto, e assim por diante. A astronomia, a física, a psicologia, a epistemologia – todas essas disciplinas colaboram com a filosofia aristotélica para criar um sistema que é coerente, racional e está

---

[2] O próprio Aristóteles era de espírito mais aberto: "A evidência (concernente aos fenômenos celestes) é só escassamente fornecida pelas sensações, ao passo que, no que se refere a plantas e animais perecíveis, temos informação abundante, visto vivermos em seu meio ..." (*De Part. Anim*, 644b26 ss.). No que segue, apresenta-se uma visão altamente idealizada do aristotelismo posterior a Aristóteles. Exceto quando se afirmar o contrário, a palavra "Aristóteles" refere-se a essa idealização. Acerca das dificuldades em formar um retrato coerente do *próprio* Aristóteles, cf. Düring, 1966. Para algumas diferenças entre Aristóteles e seus seguidores medievais, cf. Wieland, 1970.

[3] Mesmo um espelho plano dá origem a uma interessante ilusão. Para percebê-la, primeiro olhe a si mesmo em um espelho plano. Você verá seu rosto em seu tamanho "normal". Deixe então que um pouco de vapor condense na superfície do espelho e desenhe os contornos de seu rosto no vapor condensado. O contorno parecerá ter cerca da metade do tamanho de seu rosto.

em concordância com os resultados de observação, como pode ser visto por um exame da filosofia aristotélica na forma em que foi desenvolvida por alguns filósofos medievais. Tal análise mostra o poder inerente ao sistema aristotélico.

O papel da observação em Aristóteles é muito interessante. Aristóteles é um empirista. Suas injunções contra uma abordagem excessivamente teórica são tão militantes quanto aquelas dos empiristas "científicos" dos séculos XVII e XVIII. Contudo, ao passo que os últimos assumiam como dados tanto a verdade quanto o conteúdo do empirismo, Aristóteles explica a natureza da experiência e por que ela é importante. Experiência é o que um observador normal (um observador cujos sentidos estão em boa ordem e o qual não está embriagado nem sonolento etc.) percebe em circunstâncias normais (dia claro, ausência de interferência com o meio) e descreve em uma linguagem que se ajusta aos fatos e pode ser compreendida por todos. A experiência é *importante para o conhecimento* porque, dadas circunstâncias normais, as percepções do observador contêm formas idênticas às que residem no objeto. Essas explicações não são *ad hoc*. São consequência direta da teoria geral de Aristóteles sobre o movimento, tomada em conjunto com a ideia fisiológica de que sensações obedecem às mesmas leis físicas que o restante do universo. E são confirmadas pela evidência que atesta qualquer uma dessas duas concepções (sendo parte da evidência a existência de imagens de lente distorcidas). Hoje compreendemos um pouco melhor por que uma teoria do movimento e da percepção ora considerada falsa pôde ser tão bem-sucedida (explicação evolucionária da adaptação de organismos; movimento nos meios). Permanece o fato de que nenhum argumento empírico decisivo pôde ser levantado contra ela (embora ela não estivesse livre de dificuldades).

Essa harmonia entre a percepção humana e a cosmologia aristotélica é considerada ilusória pelos defensores do movimento da Terra. Na perspectiva dos copernicanos, há processos em grande escala que envolvem vastas massas cósmicas e, contudo, *não deixam traço algum* em nossa experiência. As observações existentes, portanto, não mais contam como testes das novas leis básicas que estão sendo propostas. Não estão diretamente ligadas a essas leis e podem estar inteiramente desligadas delas. *Hoje, depois que* o êxito da ciência moderna levou à crença de que a relação entre o homem

Figura 2. Lua, depois de sete dias (quarto crescente).

e o universo não é tão simples como pressupunha o realismo ingênuo, podemos dizer que essa foi uma conjectura correta, que o observador está, de fato, separado das leis do mundo pelas condições físicas especiais de sua plataforma de observação, a Terra em movimento (efeitos gravitacionais; lei da inércia; forças de Coriolis; influência da atmosfera nas observações ópticas; aberração; paralaxe estelar, e assim por diante ...), pelas idiossincrasias de seu instrumento básico de observação, o olho humano (irradiação; imagens residuais; inibição mútua dos elementos retinianos adjacentes e assim por diante ...), bem como por concepções mais antigas que invadiram a linguagem observacional e fizeram-na falar a linguagem do realismo ingênuo (interpretações naturais). As observações talvez contenham uma contribuição da coisa observada, mas essa contribuição funde-se com outros efeitos (alguns dos quais acabamos de mencionar) e pode ser completamente obliterada por eles. Consideremos a imagem de uma estrela fixa, tal como vista através de um telescópio. Essa imagem é deslocada pelos efeitos da refração, da aberração e, possivelmente, da gravitação. Contém o espectro da estrela não como ela é agora, mas como era algum tempo atrás (no caso de supernovas extragalácticas, a diferença pode ser de milhões de anos), e distorcido pelo efeito Doppler, matéria galáctica intermediária etc. Além disso, a extensão e a estrutura interna da imagem são inteiramente determinadas pelo telescópio e pelos olhos do observador: é o telescópio que decide quão amplos serão os discos de difração, e é o olho humano que decide quanto será visto da estrutura desses discos. É preciso uma habilidade considerável *e muita teoria* para isolar a contribuição da causa original, a estrela, e usá-la para um teste, mas isso significa que cosmologias não aristotélicas podem ser submetidas a teste apenas depois de termos *separado* observações e leis com o auxílio de ciências auxiliares que descrevem os complexos processos que ocorrem entre o olho e o objeto e os processos ainda mais complexos entre a córnea e o cérebro. Precisamos *subdividir* o que percebemos para encontrar um núcleo que reflita o estímulo e nada mais. No caso de Copérnico, precisamos de uma nova *meteorologia* (no velho sentido da palavra, tratando das coisas que se encontram abaixo da Lua), de uma nova ciência da *óptica fisiológica* que trate dos aspectos subjetivos (mente) e objetivos (luz, meio, lentes, estrutura do olho) da visão, bem como de uma nova *dinâmica* enunciando a maneira em que o movimento da Terra poderia influenciar os processos físicos que se dão em sua superfície. As observações tornam-se relevantes somente *depois* que os processos descritos por essas novas disciplinas tenham sido inseridos entre o mundo e o olho. A linguagem na qual expressamos nossas observações talvez tenha também de ser revista, de modo que a nova cosmologia receba uma chance justa e não seja colocada em perigo por uma colaboração não percebida de sensações e ideias mais antigas. Em suma: *o que é necessário para submeter a teste a concepção de Copérnico é uma visão de mundo inteiramente nova contendo uma nova visão do homem e de suas capacidades de conhecer.*[4]

---

[4] Bacon compreendeu que a mudança científica envolve uma reforma não apenas de umas poucas ideias, mas de uma visão de mundo inteira e, talvez, da própria natureza dos humanos. "Pois os sentidos são fracos e propensos a erros", escreve ele no *Novum Organum*, aforismo 50. "Pois diz-se falsamente do sentido do homem que é o padrão das coisas; pelo

É óbvio que tal nova visão de mundo levará um longo tempo a aparecer e talvez jamais tenhamos êxito em formulá-la em sua totalidade. É extremamente improvável que a ideia do movimento da Terra seja de modo imediato seguida pelo aparecimento, em pleno esplendor formal, de todas as ciências que, diz-se agora, constituírem o corpo da "física clássica". Ou, para ser um pouco mais realista, tal sequência de eventos não

---

contrário, todas as percepções, tanto dos sentidos quanto da mente, fazem referência ao homem e não ao universo, e a mente humana assemelha-se àqueles espelhos irregulares que comunicam suas próprias propriedades a diferentes objetos a partir dos quais são emitidos raios e os distorcem e desfiguram" (aforismo 41). Bacon comenta repetidamente o "embotamento, incompetência e erros dos sentidos" (50) e admite apenas que "julguem ... o experimento" enquanto é o experimento que funciona como um juiz "da natureza e da própria coisa" (50). Assim, quando Bacon fala dos "sentidos sem preconceitos", ele não está se referindo aos dados dos sentidos, ou impressões imediatas, mas a reações de um órgão dos sentidos *que foi reconstruído* de modo que refletisse corretamente a natureza. A pesquisa demanda *que o ser humano inteiro seja reconstruído*. Essa ideia de uma reforma física e mental da humanidade tem traços religiosos. Um "ramo demolidor" (115), um "processo expiatório", uma "purificação da mente" (69) devem preceder a acumulação de conhecimento. "Nossa única esperança de salvação é começar outra vez o trabalho inteiro da mente" (Prefácio), mas apenas "depois de ter limpado, polido e nivelado sua superfície" (115). Noções preconcebidas (36), opiniões (42 ss.) e mesmo as palavras mais comuns (59, 112) "precisam ser abjuradas e renunciadas com resolução firme e solene ... de modo que o acesso ao reino do homem, que é fundamentado nas ciências, possa assemelhar-se àquele ao reino dos céus, ao qual não se concede admissão senão às crianças" (68).
Uma reforma do homem é necessária para uma ciência correta – mas não é suficiente. A ciência, de acordo com Bacon, não apenas ordena eventos, mas supõe-se que também dê razões físicas. Assim, Ptolomeu e Copérnico dão-nos "o número, a situação, o movimento e períodos das estrelas, como um belo exterior dos céus, ao passo que ficam faltando a carne e as entranhas, ou seja, um sistema bem fabricado, ou as razões e as fundamentações físicas para uma teoria justa, que deveria não apenas resolver fenômenos, como pode fazer quase toda teoria engenhosa, mas mostrar a substância, movimentos e influências dos corpos celestes como realmente são". (Bacon, 1944, p.85). Cf. também o *Novum Organum*, op.cit., p.371: "Pois não se deixe ninguém esperar determinar a questão de se a Terra ou o céu giram no movimento diurno, a não ser que ele tenha primeiro compreendido a natureza do movimento espontâneo": o novo homem necessita de uma nova física a fim de dar substância à sua astronomia. Galileu não teve êxito em fornecer tal física.
Filósofos amantes da ciência, inclusive aqueles que se autodenominam "críticos", são rápidos em criticar pensadores que não compartilham de suas ideias prediletas. Bacon foi com frequência criticado por não se ter deixado seduzir imediatamente por Copérnico. Foi criticado por esse crime execrável por filósofos cujo próprio "racionalismo" jamais teria permitido a Copérnico viver. Um exemplo disso é Popper, s.d., p.16.

apenas é extremamente improvável, mas *é impossível em princípio*, dada a natureza dos humanos e das complexidades do mundo que habitam. Hoje Copérnico, amanhã Helmholtz – isso não passa de um sonho utópico. Contudo, é somente *depois* que tenham surgido essas ciências que se pode dizer que um teste faz sentido.

Essa necessidade de *esperar* e de *ignorar* uma grande massa de observações e medições críticas quase nunca é discutida em nossas metodologias. Desconsiderando a possibilidade de que uma nova física ou uma nova astronomia possam ter de ser julgadas por uma nova teoria do conhecimento, podendo requerer testes inteiramente novos, cientistas com inclinações empíricas confrontam-na imediatamente com o *status quo* e anunciam triunfantemente que "ela não está de acordo com os fatos e com princípios aceitos". É claro que eles têm razão, e até trivialmente, mas não no sentido que pretendem. Isso porque, em um estágio inicial de desenvolvimento, a contradição indica apenas que o velho e o novo são *diferentes* e estão *descompassados*. Não mostra qual concepção é a *melhor*. Uma avaliação *dessa* espécie pressupõe que os competidores enfrentam-se em termos iguais. Como devemos proceder a fim de efetuar uma comparação justa?

O primeiro passo é claro: precisamos *conservar* a nova cosmologia até que ela tenha sido complementada pelas ciências auxiliares necessárias. Precisamos conservá-la diante de fatos refutadores claros e indisputáveis. Podemos, é claro, tentar explicar nossa ação dizendo que as observações críticas ou não são relevantes ou são ilusórias, mas não conseguimos uma única razão objetiva para dar sustentação a essa explicação. Qualquer explicação que demos não passa de um *gesto verbal*, um convite gentil a participar no desenvolvimento da nova filosofia. Tampouco podemos, de modo razoável, remover a *teoria* da percepção já aceita, que diz serem relevantes as observações, dá razões para essa asserção e é confirmada por evidência independente. Assim, a nova concepção é arbitrariamente separada dos dados que davam lastro à sua predecessora e é tornada mais "metafísica": um novo período na história da ciência começa com um *movimento de recuo* que nos conduz de volta a um estágio anterior em que as teorias eram mais vagas e tinham conteúdo empírico mais reduzido. Esse movimento de recuo não é apenas um acidente; ele tem uma função definida; é essencial se quisermos alcançar o *status quo*, pois nos dá o tempo e a liberdade necessários para desenvolver a concepção principal em detalhe e para encontrar as ciências auxiliares necessárias.[5]

Esse movimento de recuo é de fato essencial – mas como persuadir as pessoas a seguirem nossa orientação? Como atraí-las, afastando-as de um sistema bem definido, sofisticado e empiricamente bem-sucedido e fazendo que transfiram sua lealdade a uma hipótese incompleta e absurda? A uma hipótese, além do mais, que é contradita por uma observação após outra, se apenas nos dermos ao trabalho de compará-la com o que nossos sentidos mostram diretamente ser o caso? Como convencê-las de que o êxito do *status quo* é apenas aparente e isso será demonstrado em quinhentos anos ou mais, quando não há um único argumento a nosso favor? (Recordemos que os exemplos que usei dois parágrafos antes derivam sua força dos êxitos da física clássica e não estavam disponíveis para os copernicanos.)[6] Está claro que a adesão a novas ideias terá de ser produzida por outros meios que não argumentos. Terá de ser produzida por *meios irracionais*, como propaganda, emoção, hipóteses *ad hoc* e recurso a preconceitos de todos os tipos. Precisamos desses "meios irracionais" a fim de sustentar o que não passa de uma fé cega até que tenhamos encontrado as ciências auxiliares, os fatos, os argumentos que transformem a fé em "conhecimento" sólido.

É nesse contexto que se torna tão importante o surgimento de uma nova classe secular, com uma nova perspectiva e considerável desdém pela ciência das escolas, seus métodos, seus resultados e até sua linguagem. O latim bárbaro falado pelos eruditos, a pobreza intelectual da ciência acadêmica, seu caráter sobrenatural que logo é interpretado como inutilidade, sua ligação com a Igreja – todos esses elementos são agora misturados com a cosmologia aristotélica e o desdém que se sente por eles

---

[5] Um exemplo de movimento de recuo dessa espécie é o retorno de Galileu à cinemática do *Commentariolus* e seu desinteresse pelo mecanismo de epiciclos tal como desenvolvido em *De Revol*. Para uma admirável exposição *racional* desse passo, cf. Lakatos e Zahar, 1978.

[6] Estavam disponíveis para os céticos, especialmente para Enesidemo, que assinala, seguindo Filo, que nenhum objeto aparece tal como é, mas é modificado ao ser combinado com ar, luz, umidade, calor etc.; cf. Diógenes Laércio, IX, 84. Contudo, parece que a concepção cética teve somente uma pequena influência no desenvolvimento da astronomia moderna, o que é compreensível: não se inicia um movimento sendo razoável.

é transferido a todo argumento aristotélico.[7] Essa culpabilidade por associação não torna os argumentos menos *racionais*, ou menos conclusivos, *mas reduz sua influência* na mente daqueles dispostos a seguir Copérnico, pois Copérnico, agora, representa progresso também em outras áreas, ele é um símbolo das ideias de uma nova classe que relembra os tempos clássicos de Platão e Cícero e aguarda ansiosamente uma sociedade livre e pluralista. A associação de ideias astronômicas e tendências históricas e de classe também não produz novos argumentos. Mas engendra um firme comprometimento com a concepção heliocêntrica – e isso é tudo o que é necessário nesse estágio, como vimos. Também vimos com que maestria Galileu explora a situação e como a amplia por meio de truques, anedotas e *non-sequiturs* próprios.[8]

---

[7] A respeito dessas pressões sociais, cf. a magnífica obra de Olschki, *Geschichte der neusprachlichen wissenschaftlichen Literatur*. Para o papel do puritanismo, cf. Jones, 1965, caps.V e VI.

[8] Em um livro admirável, Pietro Redondi (1987 [1982]) descreveu os grupos tanto internos à Igreja (incluindo o próprio papa) quanto externos a ela que encaravam favoravelmente novos desenvolvimentos científicos, entre eles as concepções a respeito da percepção, continuidade, matéria e movimento que tinham sido explicadas por Galileu em seu *Assayer*. Estando em conflito direto com a explicação tradicional da eucaristia, o mais importante dos sacramentos, essas concepções eram consideravelmente mais perigosas do que o copernicanismo e podiam ser toleradas só enquanto esses grupos e o próprio papa tinham o controle sobre os complexos desenvolvimentos políticos da época (a Guerra dos Trinta Anos; a política francesa e a espanhola; a aliança francesa com o papa). A reviravolta política que mudou a sorte do papa, as acusações de leniência com relação a hereges que foram levantadas contra ele por razões políticas lançaram uma sombra também em sua atitude com relação a assuntos científicos (aqui, também, ele parecia apoiar a heresia) e tornaram necessárias medidas protetoras. Redondi tenta mostrar a) que a física da época estava ligada a doutrinas teológicas, como a doutrina da eucaristia, e uma história da ciência que negligencia essa ligação torna-se incompreensível e b) que a atitude com relação a problemas científicos causada por essa ligação e, assim, a atitude com relação à inovação mudaram de acordo com o clima político. A segunda parte de b) bem pode ser verdade, mas há apenas fraca evidência em apoio ao restante: o que Galileu (1960a) diz a respeito do atomismo é por demais breve e indefinido para entrar em conflito com a transubstanciação (é quase uma observação marginal, não um enunciado elaborado) e, com exceção de um documento bastante problemático, não foi percebido nenhum conflito desse tipo. (Cf. Westfall, 1989, p.84 ss.) O que é valioso na explicação de Redondi é que ele amplia o domínio de possíveis influências e, assim, solapa a crença (anacrônica) de que então, como agora, a racionalidade científica estava restrita à situação-problema interna de uma disciplina científica.

Estamos lidando aqui com uma situação que precisa ser analisada e compreendida se quisermos adotar uma atitude mais razoável com relação à questão entre "razão" e "irracionalidade". A razão admite que as ideias que introduzimos a fim de expandir e aperfeiçoar nosso conhecimento podem *surgir* de maneira muito desordenada e que a *origem* de determinado ponto de vista talvez dependa de preconceitos de classe, paixão, idiossincrasias pessoais, questões de estilo e até mesmo de puro e simples erro. Mas também exige que, ao *julgar* tais ideias, nós sigamos certas regras bem definidas: nossa *avaliação* de ideias não deve ser invadida por elementos irracionais. Ora, o que nossos exemplos históricos parecem mostrar é isto: há situações em que nossos juízos mais liberais e nossas regras mais liberais teriam eliminado um ponto de vista que consideramos, hoje, essencial para a ciência e não teriam permitido que prevalecesse – e tais situações ocorrem com bastante frequência. As ideias sobreviveram e, *agora*, diz-se que estão de acordo com a razão. Elas sobreviveram por causa de preconceito, paixão, vaidade, erros e pura teimosia; em resumo, porque todos os elementos que caracterizam o contexto da descoberta *opuseram-se* aos ditames da razão *e porque permitiu-se que esses elementos irracionais agissem à sua maneira*. Para expressar isso de modo diferente: *o copernicanismo e outras concepções "racionais" só existem hoje porque, em seu passado, a razão foi posta de lado em certas ocasiões*. (O oposto também é verdadeiro: a bruxaria e outras concepções "irracionais" *cessaram* de ser influentes somente porque a razão foi posta de lado em certa ocasião em *seu* passado.)[9]

Ora, supondo que o copernicanismo seja uma Boa Coisa, temos também de admitir que sua sobrevivência é uma Boa Coisa. E, considerando as condições de sua sobrevivência, temos de admitir, adicionalmente, que foi uma Boa Coisa a razão ter sido posta de lado nos séculos XVI, XVII e mesmo XVIII. Além disso, os cosmólogos dos séculos XVI e XVII não

---

[9] Essas considerações refutam Dorling (1972, 189 s.), que apresenta meu "irracionalismo" como pressuposto de minha pesquisa, e não como resultado dela. Ele continua: "... ter-se-ia pensado que o filósofo da ciência estaria mais interessado em colher e analisar em detalhe aqueles argumentos científicos que de fato pareceram ser racionalmente reconstrutíveis". Ter-se-ia pensado que o filósofo da ciência estaria mais interessado em colher e analisar em detalhe aqueles passos que são necessários para o *progresso* da ciência. Tais passos, como tentei mostrar, com frequência resistem a uma reconstrução racional.

dispunham do conhecimento que temos atualmente; não sabiam que o copernicanismo era capaz de dar surgimento a um sistema científico que é aceitável do ponto de vista do "método científico". Não sabiam quais das muitas concepções que existiam em sua época conduziriam à razão futura quando defendidas de maneira "irracional". Não dispondo de tal orientação, tinham de fazer uma conjectura e, ao fazê-la, podiam apenas seguir suas inclinações, como vimos. Logo, é aconselhável deixar as próprias inclinações irem contra a razão *em quaisquer circunstâncias*, pois isso deixa a vida menos restrita e pode beneficiar a ciência.

É claro que esse argumento, que nos aconselha a não deixar que a razão sobrepuje nossas inclinações e, ocasionalmente, nos aconselha a suspender a razão por completo, não depende do material histórico que apresentei. Se minha apresentação de Galileu é historicamente correta, então o argumento mantém-se tal como formulado. Se ela se mostrar um conto de fadas, então esse conto de fadas nos diz que um conflito entre a razão e as precondições do progresso é *possível*, indica como poderia surgir e força-nos a concluir que nossas chances de avançar *podem* ser obstruídas por nosso desejo de sermos racionais. Note-se que o progresso é aqui definido tal como o definiria um racionalista amante da ciência, isto é, como acarretando que Copérnico é melhor que Aristóteles e Einstein melhor que Newton. É claro, não há necessidade de aceitar essa definição, certamente bastante estreita. Utilizo-a apenas para mostrar que uma ideia de razão aceita pela maioria dos racionalistas pode impedir o progresso tal como é definido por essa mesmíssima maioria. Retomo, agora, a discussão de alguns detalhes da transição de Aristóteles para Copérnico.

O primeiro passo a caminho de uma nova cosmologia é, como eu disse, um passo *para trás*: evidência aparentemente relevante é colocada de lado, novos dados são introduzidos por conexões *ad hoc*, o conteúdo empírico da ciência é drasticamente reduzido. Ora, a cosmologia que por acaso está no centro das atenções e cuja adoção nos leva a efetuar as mudanças que acabam de ser descritas difere de outras concepções em apenas um aspecto: tem traços que, na época em questão, parecem atraentes a algumas pessoas. Contudo, não há praticamente nenhuma ideia que seja totalmente destituída de mérito e também não possa tornar-se o ponto de partida de esforço concentrado. Nenhuma invenção jamais é feita isoladamente, e nenhuma ideia, portanto, é completamente destituída de apoio (abstrato ou empírico). Ora, se apoio parcial e plausibilidade parcial são suficientes para iniciar uma nova tendência – e sugeri que são –, se iniciar uma nova tendência significa dar um passo atrás com relação à evidência, se qualquer ideia pode tornar-se plausível e receber apoio parcial, então o passo *para trás* é, na verdade, um passo à frente, para longe da tirania de sistemas teóricos bem organizados, altamente corroborados e deselegantemente apresentados. "Um erro diferente", escreve Bacon precisamente a respeito deste ponto,

> é a ... redução peremptória do conhecimento a artes e métodos, momento a partir do qual as ciências raramente são aperfeiçoadas, pois, assim como os homens jovens raramente crescem em estatura depois que sua figura e membros estejam inteiramente formados, assim o conhecimento, enquanto reside em aforismos e observações, permanece em um estado de crescimento; mas, uma vez reduzido a métodos, embora possa ser adicionalmente polido, ilustrado e adaptado para uso, não sofre mais aumento em volume e substância. (Bacon, 1944, p.21)[10]

A similaridade com as artes, que com frequência tem sido asseverada, aparece exatamente neste ponto. Uma vez que se tenha percebido que um ajustamento empírico estreito não é virtude e deve ser relaxado em tempos de mudança, o estilo, a elegância de expressão, a simplicidade de apresentação, a tensão de trama e narrativa e a sedução do conteúdo tornam-se aspectos importantes de nosso conhecimento. Dão vida àquilo que é dito e ajudam-nos a superar a resistência do material observacional.[11] *Criam* e conservam o interesse em uma teoria que foi parcialmente removida do plano observacional e seria inferior a suas rivais se avaliada pelos padrões costumeiros. É nesse contexto que muito da obra de Galileu deve ser visto. Essa obra foi, com frequência, comparada à *propaganda*[12] – e propaganda

---

[10] Cf. também o *Novum Organum*, aforismos 79, 86, bem como o pequeno, esplêndido livro de Watkins, 1965, p.169.
[11] "Aquilo que restitui ao fenômeno científico sua vida é a arte" (Nin, s.d., p.277).
[12] Cf. Koyré, 1939, p.53 ss.

ela certamente é. Mas propaganda dessa espécie não é uma atividade marginal que rodeia meios supostamente mais substanciais de defesa e deveria, talvez, ser evitada pelo "cientista profissionalmente honesto". Nas circunstâncias que estamos ora considerando, *a propaganda é essencial*. É essencial por ser preciso criar interesse, em um momento em que as prescrições metodológicas usuais não têm ponto de ataque; e porque esse interesse deve ser conservado, talvez por séculos, até que novas razões surjam. Também está claro que tais razões, isto é, as ciências auxiliares apropriadas, não precisam aparecer de uma vez em pleno esplendor formal. Talvez elas estejam, de início, bastante inarticuladas, e talvez até mesmo entrem em conflito com a evidência existente. Concordância, ou concordância parcial, com a cosmologia é tudo o que é necessário no início. A concordância mostra que elas são pelo menos *relevantes* e que talvez produzam, algum dia, evidência positiva plenamente desenvolvida. Assim, a ideia de que o telescópio mostra o mundo como ele realmente é conduz a muitas dificuldades. Mas o apoio que empresta a Copérnico, e dele recebe, é uma indicação de que talvez estejamos nos movendo na direção correta.

Temos aqui uma relação extremamente interessante entre uma concepção geral e a hipótese particular que constitui sua evidência. É com frequência pressuposto que concepções gerais não significam muito, a menos que a evidência relevante possa ser plenamente especificada. Carnap (s.d., p.47), por exemplo, afirma que

> não há uma interpretação independente para [a linguagem em cujos termos certa teoria ou visão de mundo é formulada]. O sistema T [os axiomas da teoria e as regras de derivação] é, ele próprio, um sistema de postulados não interpretado. [Seus] termos recebem apenas uma interpretação indireta e incompleta pelo fato de que alguns deles estão relacionados por regras de correspondência a termos observacionais.

"Não há uma interpretação independente", diz Carnap, e, contudo, uma ideia tal como a do movimento da Terra, inconsistente com a evidência existente na época, que foi mantida declarando-se ser essa evidência irrelevante e foi, portanto, desvinculada dos fatos mais importantes da astronomia da época, conseguiu tornar-se um núcleo, um ponto de cristalização para a agregação de outras concepções inadequadas que cresceram gradualmente em articulação e, finalmente, fundiram-se em uma nova cosmologia que incluía novas espécies de evidência. Não há relato melhor desse processo do que a descrição que John Stuart Mill (1965, p.21) deixou-nos das vicissitudes de sua educação. Referindo-se às explicações que seu pai lhe deu em assuntos lógicos, ele escreve:

> As explicações não tornaram de modo algum o assunto claro para mim na época, mas não foram, apesar disso, inúteis; elas permaneceram como um núcleo ao redor do qual minhas observações e reflexões foram se cristalizando; a significação de suas observações gerais foi aclarada para mim pelas instâncias particulares que vieram à minha atenção *posteriormente*.

Exatamente da mesma maneira, a concepção copernicana, embora despida de conteúdo cognitivo do ponto de vista de um empirismo estrito, ou mesmo refutada, era necessária para a construção de ciências complementares mesmo antes de se haver tornado suscetível de teste com o auxílio destas e mesmo antes de ela fornecer-lhes evidência de apoio da espécie mais convincente.

Há um elemento adicional nessa tapeçaria de procedimentos, influências e crenças que é bastante interessante e recebeu atenção apenas recentemente – o papel da patronagem. Hoje, a maioria dos pesquisadores ganha reputação, salário e aposentadoria por estar associado a uma universidade e/ou a um laboratório de pesquisa. Isso envolve certas condições, como capacidade de trabalhar em grupo, disposição de subordinar as próprias ideias àquelas de um líder de grupo, harmonia entre o jeito próprio de fazer ciência e aquele do restante da profissão, certo estilo, maneira de apresentar a evidência – e assim por diante. Nem todos se ajustam a condições como essas; pessoas capazes permanecem desempregadas porque falham em satisfazer a algumas delas. Inversamente, a reputação de uma universidade ou de um laboratório de pesquisa aumenta com a reputação de seus membros. Na época de Galileu, a patronagem desempenhava papel similar. Havia certas maneiras de obter um patrocinador e de mantê-lo. O patrocinador crescia em apreço apenas se tivesse êxito em atrair e conservar indivíduos de realizações destacadas. Segundo Westfall (op.cit., p.73), a

Igreja permitiu a publicação do *Dialogue* de Galileu com pleno conhecimento dos assuntos controversos nele contidos "[n]ão menos porque um papa [Urbano VIII], que se vangloriava de sua reputação como um mecenas, não estava disposto a colocá-la em risco dizendo não ao luminar de sua época", e Galileu caiu porque violou seu lado das regras de patronagem.[13]

Considerando todos esses elementos, a "Ascensão da Concepção de Mundo Copernicana" torna-se um assunto de fato complicado. Regras metodológicas aceitas são postas de lado por causa de exigências sociais (os patrocinadores precisam ser persuadidos por meios mais efetivos do que argumentação), instrumentos são usados para redefinir a experiência em vez de serem testados por ela, resultados locais são extrapolados para o espaço a despeito de haver razões em contrário, analogias abundam – e, no entanto, tudo isso mostra, em retrospectiva, ter sido a maneira correta de evitar as restrições contidas na condição humana. Esse é o material que deveria ser usado para se ter uma compreensão melhor do complexo processo de aquisição e aperfeiçoamento do conhecimento.

Resumindo o conteúdo dos últimos cinco capítulos:

Quando a "ideia pitagórica" do movimento da Terra foi revivida por Copérnico, encontrou dificuldades que excediam as encontradas pela astronomia ptolemaica da época. Falando estritamente, tinha-se de considerá-la refutada. Galileu, que estava convencido da verdade da concepção copernicana e não compartilhava a crença bastante comum, embora de modo algum universal, em uma experiência estável, procurou novas espécies de fatos que pudessem dar apoio a Copérnico e, todavia, fossem aceitos por todos. Ele obteve tais fatos de duas maneiras diferentes. Primeiro, pela invenção de seu *telescópio*, que alterou o *núcleo sensorial* da experiência cotidiana e substituiu-a por fenômenos intrigantes e inexplicados; depois, por seu *princípio de relatividade e por sua dinâmica*, que alteraram os *componentes conceituais* de tal experiência. Nem os fenômenos telescópicos, nem as novas ideias de movimento eram aceitáveis para o senso comum (ou

---

[13] Detalhes adicionais a respeito desses assuntos no Capítulo 8, nota 5, deste ensaio. Westfall (op.cit.); Biagioli (1980) e Finocchiaro (1980) comentaram o uso feito por Galileu da retórica, ao passo que Pera e Shea (1991), e especialmente Pera (*Science and Rhetoric*, no prelo) comentam a retórica científica em geral.

para os aristotélicos). Além disso, as teorias associadas podiam facilmente ser mostradas falsas. Apesar disso, essas teorias falsas e esses fenômenos inaceitáveis foram transformados por Galileu e convertidos em forte lastro para Copérnico. Todo o rico repositório da experiência cotidiana e da intuição de seus leitores é utilizado na argumentação, mas os fatos que esses leitores são convidados a relembrar são arranjados de maneira nova, aproximações são feitas, efeitos conhecidos são omitidos, linhas conceituais diferentes são traçadas, de modo que surge uma *nova espécie de experiência, manufaturada* praticamente com base no nada. Essa nova experiência é então *solidificada* ao insinuar-se ao leitor que este sempre esteve familiarizado com ela. É solidificada e logo aceita como verdade indiscutível, a despeito do fato de que seus componentes conceituais são imensamente mais especulativos do que os do senso comum. Seguindo o uso positivista, podemos dizer, portanto, que a ciência de Galileu baseia--se em uma *metafísica esclarecida*. Essa distorção permite que Galileu progrida, mas impede quase todos os demais de fazer do resultado de seu esforço a base de uma filosofia crítica (por muito tempo, deu-se ênfase à sua matemática, ou a seus alegados experimentos, ou a seu frequente apelo à "verdade", e seus procedimentos propagandísticos foram inteiramente negligenciados). Sugiro que o que Galileu fez foi permitir que teorias refutadas se apoiassem mutuamente; que ele construiu dessa maneira nova concepção de mundo, a qual estava apenas frouxamente relacionada (se é que estava relacionada!) à cosmologia precedente (incluindo-se aí a experiência cotidiana); que ele estabeleceu conexões falsas com os elementos perceptuais dessa cosmologia, as quais somente agora estão sendo substituídas por teorias genuínas (óptica fisiológica, teoria dos contínuos); e, sempre que possível, que ele substituiu fatos velhos por um novo tipo de experiência que simplesmente *inventou* com o propósito de dar apoio a Copérnico. Recordemos, incidentalmente, que o procedimento de Galileu reduz drasticamente o conteúdo da dinâmica: a dinâmica aristotélica era uma teoria geral da mudança, abrangendo locomoção, mudança qualitativa, geração e corrupção. A dinâmica de Galileu e de seus sucessores trata apenas da locomoção, deixando de lado os outros tipos de movimento com a nota promissória (devida a Demócrito) de que a locomoção será finalmente capaz de abranger *todos* os movimentos. Assim, uma teoria empírica e abrangente do movimento é substituída por uma teoria mais restrita acompanhada de uma metafísica do movimento, da mesma forma que uma experiência "empírica" é substituída por uma experiência que contém elementos especulativos. Esse, sugiro, foi o procedimento real seguido por Galileu. Procedendo dessa maneira, ele exibiu estilo, senso de humor, flexibilidade, elegância e consciência das valiosas fraquezas do pensar humano que jamais foram igualadas na história da ciência. Temos aqui uma fonte quase inexaurível de material para especulações metodológicas e, o que é muito mais importante, para a recuperação daqueles aspectos do conhecimento que não apenas informam, mas também nos deleitam.[14]

---

[14] Há poucos anos, Martin Gardner, o *pitbull* do cientificismo, publicou um artigo intitulado "Anti-Science, the Strange Case of Paul Feyerabend" (1982-3). Esse valoroso lutador parece não se ter dado conta dessas e de outras passagens. Não sou contra a ciência. Elogio seus praticantes mais notáveis e sugiro (no próximo capítulo) que seus procedimentos sejam adotados por filósofos. Aquilo a que faço objeção é à interferência filosófica de mentalidade estreita e a uma extensão de mentalidade estreita das últimas modas científicas a todas as áreas do empreendimento humano – em resumo, aquilo a que objeto é uma interpretação e defesa racionalistas da ciência.

12

O método de Galileu funciona também em outros campos. Por exemplo, pode ser usado para eliminar os argumentos existentes contra o materialismo e para pôr fim ao problema filosófico mente/corpo (os problemas científicos correspondentes permanecem, contudo, intocados). Não se segue que deva ser universalmente aplicado.

Galileu fez progresso modificando relações familiares entre palavras e palavras (introduziu conceitos novos), entre palavras e impressões (introduziu novas interpretações naturais), utilizando princípios novos e inusitados, como sua lei da inércia e seu princípio da relatividade universal, e alterando o núcleo sensorial de seus enunciados observacionais. Seu motivo era o desejo de acomodar o ponto de vista copernicano. O copernicanismo entra em conflito com alguns fatos óbvios, é inconsistente com princípios plausíveis e aparentemente bem estabelecidos e não se ajusta à "gramática" de um idioma comumente falado. Não se ajusta à "forma de vida" que contém esses fatos, princípios e regras gramaticais. Mas nem as regras, nem os princípios, tampouco os fatos são sacrossantos. O defeito pode encontrar-se neles e não na ideia de que a Terra se move. Podemos, portanto, modificá-los, criar fatos novos e novas regras gramaticais e verificar o que acontece uma vez que essas regras estejam disponíveis e tenham-se tornado familiares. Essa tentativa pode tomar um tempo considerável e, em certo sentido, a aventura de Galileu não está terminada mesmo nos dias de hoje. Já podemos ver, contudo, que as mudanças foram sábias e teria sido tolice ficar preso à forma de vida aristotélica a ponto de excluir tudo o mais.

No que se refere ao problema mente/corpo, a situação é exatamente a mesma. Temos mais uma vez observações, conceitos, princípios gerais e regras gramaticais que, tomados em conjunto, constituem uma "forma de vida" que, aparentemente, dá sustentação a algumas concepções, como o dualismo, e exclui outras, como o materialismo. (Digo "aparentemente", porque a situação é aqui muito menos clara do que o era no caso da astronomia.) E podemos, mais uma vez, proceder da maneira galileana, buscar novas interpretações naturais, novos fatos, novas regras gramaticais, novos princípios que possam acomodar o materialismo e, então, comparar os sistemas *totais* — o materialismo e os novos fatos, regras, interpretações naturais e princípios de um lado; o dualismo e as velhas "formas de vida" do outro. Assim, não há necessidade de tentar demonstrar, como Smart, que o materialismo é compatível com a ideologia do senso comum. Nem é o procedimento sugerido tão "desesperado" (Armstrong) como deve parecer àqueles não familiarizados com a mudança conceitual. O procedimento era lugar-comum na Antiguidade e ocorre sempre que pesquisadores imaginativos põem-se a caminho em novas direções (Einstein e Bohr são exemplos recentes).[1]

Até aqui, o argumento foi puramente intelectual. Tentei mostrar que nem a lógica nem a experiência podem limitar a especulação, e pesquisadores ilustres com frequência transgrediram limites amplamente aceitos. Conceitos, todavia, não têm apenas um conteúdo lógico; eles também têm associações, dão origem a emoções, estão ligados a imagens. Essas associações, emoções e imagens são essenciais para o modo em que nos relacionamos com nossos semelhantes. Eliminá-los ou modificá-los de maneira fundamental pode talvez tornar nossos conceitos mais "objetivos", mas isso com frequência viola importantes restrições sociais. Foi por essa razão que Aristóteles recusou-se a abandonar uma perspectiva intuitiva dos seres humanos simplesmente porque uma abordagem mais fisiológica apresentava êxitos em um domínio limitado. Para ele, uma pessoa era uma entidade social definida por sua função na cidade, não importando o que pudessem dizer atomistas ou físicos envolvidos com teoria. Analogamente,

---

[1] Para uma discussão mais detalhada, remeto o leitor a meus *Philosophical Papers* (Feyerabend, 1981, v.1, caps.9 e 10).

a Igreja Católica Romana, estando interessada em almas e não apenas em truques astronômicos, proibiu Galileu de apresentar como verdades suas conjecturas mal fundamentadas e puniu-o quando violou essa proibição. O julgamento de Galileu levanta questões importantes acerca do papel que se supõe que desempenhem na sociedade os resultados do trabalho de especialistas, como conhecimento abstrato. É por essa razão que apresentarei agora um breve relato desse evento.

13

A Igreja, na época de Galileu, não apenas conservou-se mais próxima à razão tal como esta era definida então e, em parte, mesmo hoje: também considerou as consequências éticas e sociais das ideias de Galileu. Sua indiciação de Galileu foi racional, e somente oportunismo e falta de perspectiva podem exigir uma revisão.

Houve muitos julgamentos no século XVII. Os procedimentos iniciavam-se ou com acusações feitas por indivíduos privados, ou com um ato oficial de um funcionário público, ou com um inquérito baseado em suspeitas às vezes muito vagas. Dependendo da localização, da distribuição de jurisdição e do equilíbrio de poder em determinada época, os crimes poderiam ser examinados por tribunais seculares, como tribunais reais ou de cidades livres, por tribunais eclesiásticos, como os tribunais espirituais associados a cada bispado, ou pelos tribunais especiais da Inquisição. Depois de meados do século XII, os tribunais episcopais foram muito auxiliados pelo estudo do direito romano. Os advogados tornaram-se tão influentes que, mesmo se inteiramente não instruídos em direito canônico e teologia, tinham uma chance muito melhor de obter uma nomeação importante do que um teólogo.[1] O processo inquisitorial removeu as salvaguardas providas pelo direito romano e levou a alguns excessos muito divulgados. O que não foi divulgado com a mesma amplitude é que os excessos dos tribunais reais ou seculares com frequência igualavam-se aos da Inquisição. Era uma

---

[1] Acerca dessa queixa (feita por Roger Bacon), cf. Lea, s.d., v.I, p.309. Os capítulos IX e seguintes explicam os detalhes do procedimento inquisitorial, as maneiras em que diferiam de outros procedimentos e as razões para a diferença. Cf. também Coulton, 1959, caps. XI-XV.

época dura e cruel.[2] Por volta de 1600 a Inquisição tinha perdido muito de seu poder e agressividade. Era o caso especialmente na Itália e, mais em particular, em Veneza.[3]

Os tribunais da Inquisição também examinavam e puniam crimes concernentes à produção e ao uso de conhecimento. Isso pode ser explicado por sua origem: supunha-se que exterminassem *heresias*, isto é, complexos consistindo em ações, pressupostos e falas tornando as pessoas inclinadas a certas crenças. O leitor surpreso que indaga o que conhecimento tem a ver com a lei deve recordar os muitos obstáculos legais, sociais e financeiros que asserções de conhecimento enfrentam hoje. Galileu desejava que suas ideias substituíssem a cosmologia existente, mas foi proibido de trabalhar para a consecução desse objetivo. Hoje, o desejo muito mais modesto dos criacionistas de ter suas concepções ensinadas em escolas lado a lado com outras perspectivas competidoras entra em choque com leis estabelecendo uma separação de Igreja e Estado.[4] Quantidades crescentes de informação teórica e de engenharia são mantidas em segredo por razões militares e ficam, desse modo, excluídas do intercâmbio internacional.[5] Interesses

---

[2] Lea (1906, p.534), o grande historiador liberal, escreve: "Em geral, podemos concluir que as prisões secretas da Inquisição eram domicílios menos intoleráveis que as cadeias episcopais e públicas. A política geral a respeito delas era mais humana e esclarecida do que a de outras jurisdições, quer na Espanha ou em outro lugar, embora uma supervisão negligente permitisse abusos e houvesse de reserva amplos recursos para o uso de rigor, quando a obstinação do impenitente devesse ser quebrada". Prisioneiros acusados perante tribunais seculares ocasionalmente cometiam crimes que caíam sob a jurisdição da Igreja a fim de serem entregues à Inquisição: Kamen, 1980, p.17.

[3] Em 1536, os oficiais seculares de Veneza proibiram o inquisidor de Treviso de julgar seus prisioneiros, prenderam seus informantes e os torturaram sob a acusação de roubar a propriedade dos acusados (Lea, s.d., v.II, p.273).

[4] Um relato abrangente de um dos julgamentos que resultaram desse conflito foi publicado em *Science*, v.215, 1982, p.934 ss. Muitos outros julgamentos se seguiram.

[5] Parece que a necessidade de segredo em questões nucleares foi primeiro levantada pelos próprios cientistas. Cf. o relato e a documentação em Weart e Weiss-Szilard, 1978, especialmente capítulos 2 e seguintes. Cf. também o material sobre o caso Oppenheimer. O inventor do telescópio foi forçado ao segredo, visto ter logo sido percebida a importância militar do aparelho. Cf. o Capítulo 8, nota 13.
Equipes de pesquisa tornam-se muito reservadas quando estão próximas do que pensam ser uma Grande Descoberta. Afinal de contas, o que está em jogo são patentes, consultorias na indústria, fundos e, quiçá, a honra de um Prêmio Nobel. Para um caso especial, cf. Haze, 1988. A manipulação do conhecimento pelos tribunais é discutida, com muitos exemplos, por Huber, 1991.

comerciais têm a mesma tendência restritiva. Assim, a descoberta da supercondutividade em cerâmica a temperaturas (relativamente) altas, que foi resultado de colaboração internacional, sem demora levou a medidas protetoras por parte do governo norte-americano.[6] Arranjos financeiros podem levar ao êxito ou ao fracasso de um programa de pesquisa e de uma profissão inteira. Há muitas maneiras de silenciar as pessoas, além de proibi-las de falar – e todas elas estão sendo usadas hoje. O processo de produção e distribuição de conhecimento jamais foi o intercâmbio livre, "objetivo" e puramente intelectual que os racionalistas disseram ser.

O julgamento de Galileu foi um entre muitos. Não teve características especiais, exceto, talvez, que Galileu teve um tratamento bastante suave, apesar de suas mentiras e tentativas de trapacear.[7] Mas uma panelinha de intelectuais auxiliados por escritores ávidos de escândalos teve êxito em inflá-lo a dimensões enormes, de modo que aquilo que, basicamente, foi uma altercação entre um especialista e uma instituição defendendo uma visão mais ampla das coisas parece, hoje, uma batalha entre o céu e o inferno. Isso é infantil e também muito injusto com relação às muitas outras vítimas da justiça do século XVII. É especialmente injusto para com Giordano Bruno, que foi queimado, mas a quem intelectuais de mentalidade científica preferem esquecer. Não é uma preocupação com a humanidade, mas sim interesses partidários, que desempenham um grande papel na hagiografia de Galileu. Examinemos, portanto, o assunto em mais detalhe.[8]

---

[6] *Science*, v.237, 1987, p.476 ss. e 593 s. Um passo importante na direção da exclusividade consistiu em atribuir parte da pesquisa aos militares.

[7] Um exemplo é a resposta de Galileu às indagações de 12 de abril de 1633: Finocchiaro, 1989, p.262, as duas primeiras linhas. A reação de um admirador é característica: "Essa pretensão absurda ..." (Geymonat, op.cit., p.149).

[8] Não se pode negar que grupos de pressão, ressentimentos pessoais, inveja, o fato de que Galileu, "estando por demais enamorado de seu próprio gênio", era "insuportável" (Westfall, op.cit., p.52, 38), e as regras de patronagem desempenharam um papel importante, como o fazem em todo julgamento, e como também o fazem circunstâncias similares. Contudo, as tensões entre vários grupos pertencentes à Igreja, de um lado, e as exigências de autonomia científica, de outro, eram bastante reais; afinal de contas, seus sucessores modernos (deve-se conceder às ciências a direção de nossas instituições educacionais e da sociedade como um todo, ou devem ser elas tratadas como qualquer outro grupo de interesses especiais?) ainda se encontram entre nós. Aqui, a Igreja fez a coisa certa: as ciências *não* têm a última palavra em assuntos humanos, incluído aí o conhecimento.

O assim chamado julgamento de Galileu consistiu em dois processos, ou julgamentos, separados. O primeiro ocorreu em 1616. A doutrina copernicana foi examinada e criticada. Galileu recebeu uma ordem, mas não foi punido. O segundo julgamento teve lugar em 1632-33. Aqui, a doutrina copernicana já não era o ponto em questão. Ao contrário, o que foi considerado foi a questão de se Galileu tinha obedecido à ordem que lhe havia sido dada no primeiro julgamento, ou se tinha enganado os inquisidores, fazendo-os acreditar que a ordem nunca tinha sido dada. As atas de ambos os julgamentos foram publicadas por Antonio Favaro no volume 19 da Edição Nacional do material galileano. A sugestão, bastante popular no século XIX, de que as atas continham documentos falsificados e de que o segundo julgamento tinha sido, portanto, uma farsa, não mais parece aceitável.[9]

O primeiro julgamento foi precedido por denúncias e boatos em que ganância e inveja desempenharam um papel, como em muitos outros processos. A Inquisição começou a examinar o assunto. Ordenou-se a especialistas (*qualificatores*) que emitissem uma opinião acerca de dois relatos que continham uma apresentação mais ou menos correta da doutrina copernicana.[10] Sua decisão (Finocchiaro, op.cit., p.146) dizia respeito a

---

Os principais documentos pertinentes ao julgamento foram reunidos e traduzidos, com comentários e uma introdução, por Finocchiaro, op.cit. Utilizarei suas traduções. Relatos dos julgamentos e de seus problemas encontram-se em De Santillana, 1954; Geymonat, op.cit.; Redondi, op. cit. e, mais recentemente, em Westfall.

[9] Um dos autores da sugestão foi o especialista em Galileu, Emil Wohlwill. Suas razões, bastante impressionantes na época, são apresentadas em sua obra *Der Inquisitionsprozess des Galileo Galilei*, 1870. Segundo Wohlwill, dois documentos pertencentes às atas, datados de 25 de fevereiro de 1616 e 26 de fevereiro de 1616 (Finocchiaro, op.cit., p.147 s.), são mutuamente contraditórios. O primeiro aconselha Galileu a tratar a teoria de Copérnico como um modelo matemático; caso ele rejeite o aviso, então fica proibido de fazer menção a Copérnico de qualquer maneira que seja. No segundo documento, Galileu é aconselhado e imediatamente proibido (isto é, sem esperar por sua reação) de mencionar Copérnico. Wohlwill pensava que o segundo documento fosse uma falsificação. Isso parece agora estar refutado. Cf. De Santillana, op. cit., cap.13. Stillman Drake (apêndice a Geymonat) inventou uma hipótese muito intrigante para explicar essa discrepância.

[10] Alguns críticos utilizaram idiossincrasias na formulação como prova de falta de compreensão por parte dos especialistas. Mas não era necessário que os inquisidores se ativessem à linguagem dos autores que examinavam. Sua apresentação do copernicanismo era clara o suficiente sem tal puritanismo textual.

dois pontos: o que seria hoje denominado o *conteúdo científico* da doutrina e suas *implicações éticas (sociais)*.

Com relação ao primeiro ponto, os especialistas pronunciaram a teoria "insensata e absurda em sua filosofia" ou, para usar termos modernos, afirmaram que era não científica. Essa apreciação foi feita sem referência à fé ou à doutrina da Igreja, sendo baseada exclusivamente na situação científica da época. Foi compartilhada por muitos cientistas ilustres (Tycho Brahe foi um deles) – *e estava correta*,[11] pois era baseada nos fatos, nas teorias e nos padrões da época. Comparada com esses fatos, teorias e padrões, a ideia do movimento da Terra era tão absurda como o foram as ideias de Velikovsky quando comparadas com os fatos, teorias e padrões dos anos 1950. Um cientista moderno realmente não tem escolha no que diz respeito a esse assunto. Ele não pode apegar-se a seus próprios padrões estritos e, ao mesmo tempo, louvar Galileu por defender Copérnico. Ele tem de ou concordar com a primeira parte da avaliação dos especialistas da Igreja, ou admitir que padrões, fatos e leis jamais decidem um caso e que uma doutrina não fundamentada, obscura e incoerente pode ser apresentada como verdade fundamental. Apenas poucos admiradores de Galileu têm uma ideia vaga dessa situação bastante complexa.

---

[11] Note-se que, ao apresentar minhas avaliações, confio em padrões a que subscrevem muitos cientistas e filósofos da ciência modernos. Se levados de volta ao início do século XVII, esses defensores da racionalidade teriam julgado Galileu como os aristotélicos então o julgaram. Michelson, por exemplo, teria ficado horrorizado com a tentativa de Galileu de obter conhecimento com base em um instrumento tão pouco compreendido como o telescópio, e Rutherford, que jamais ficou muito feliz com a Teoria da Relatividade, teria produzido um de seus rudes reparos característicos. Salvador Luria, um ilustre microbiologista que favorece teorias decidíveis por "claro[s] passo[s] experimenta[is]", teria relegado o debate aos "campos externos" da ciência, como "sociologia" e teria ficado longe dele (1985, p.115, 119). Com efeito, o que Galileu sugeria não era nada menos do que considerar verdadeira uma teoria que tinha a seu favor somente analogias e a qual sofria de numerosas dificuldades. E ele fez essa sugestão em público, ao passo que, mesmo hoje, é um pecado mortal para um cientista dirigir-se ao público antes de ter consultado seus pares (exemplo em Pickering, 1981, p.63 ss.). De tudo isso não se dão conta nem príncipes da Igreja "progressivos" (isto é, cientificamente inclinados) nem cientistas, de modo que a discussão do "julgamento de Galileu" ocorre em um mundo onírico com somente pouca relação com o mundo real que nós e Galileu habitamos. Argumentos adicionais a respeito desse ponto encontram-se no capítulo 9 de *Adeus à razão* e no Capítulo 19 adiante.

A situação torna-se ainda mais complexa se considerarmos que os copernicanos modificaram não somente concepções, mas também padrões para avaliar concepções. Os aristotélicos – no que se refere a isso não de todo diferentes dos modernos epidemiologistas, biólogos moleculares e sociólogos "empíricos" que insistem ou no exame de grandes amostras estatísticas ou em "claros passos experimentais" no sentido de Luria – exigiam forte apoio empírico, ao passo que os galileanos estavam satisfeitos com teorias de longo alcance, sem sustentação e parcialmente refutadas.[12] Não os critico por isso; pelo contrário, sou favorável ao "isso não é maluco o suficiente" de Niels Bohr. Desejo meramente revelar a contradição nas ações daqueles que louvam Galileu e condenam a Igreja, mas se tornam tão rigorosos quanto o era a Igreja na época de Galileu quando se trata da obra de seus contemporâneos.

Com respeito ao segundo ponto, as implicações sociais (éticas), os especialistas pronunciaram a doutrina copernicana "formalmente herética". Isso significa que ela contradizia as Sagradas Escrituras, como eram interpretadas pela Igreja, e o fazia com plena consciência da situação, não de maneira inadvertida (o que seria heresia "material").

O segundo ponto baseia-se em uma série de pressupostos, entre eles o de que as Escrituras são uma importante condição delimitadora da existência humana e, portanto, da pesquisa. Esse pressuposto era compartilhado por todos os grandes cientistas, entre eles Copérnico, Kepler e Newton. Segundo Newton, o conhecimento flui de duas fontes: a palavra de Deus – a Bíblia – e as obras de Deus – a natureza; e, como vimos, Newton postulava intervenções divinas no sistema planetário.[13]

---

[12] Como indiquei no Capítulo 8, nota 1, a lei da inércia de Galileu estava em conflito tanto com o tratamento copernicano do movimento planetário quanto com o kepleriano. Galileu tinha esperança de obter acomodações futuras. Isso era algo sensato, mas não estava de acordo com alguns padrões de sua época e de hoje. Atualmente, um conflito similar entre teóricos e empíricos ocorre no campo da epidemiologia. Há razões teóricas para esperar que raios X e outras formas particulares de radiação constituam um risco de câncer mesmo na menor das doses. Contudo, muitos epidemiologistas exigem prova empírica, embora esteja claro que eventos ocorrendo abaixo de certo limite de frequência não podem ser detectados dessa maneira.

[13] Capítulo 5, nota 3. Ver também a bibliografia na nota 6 do Capítulo 4. De acordo com Galileu (carta à grã-duquesa Cristina), a ideia das duas fontes remonta a Tertuliano, s.d., 1, 18.

A Igreja Católica Romana, além disso, afirmava ter os direitos exclusivos de exploração, interpretação e aplicação das Sagradas Escrituras. Os leigos, de acordo com os ensinamentos da Igreja, não tinham nem o conhecimento nem a autoridade para mexer com as Escrituras e eram proibidos de fazê-lo. Esse comentário, cuja rigidez era resultado do novo Espírito Tridentino,[14] não deveria causar surpresa a ninguém familiarizado com os hábitos de instituições poderosas. A atitude da Associação Médica Americana com relação a praticantes leigos é tão rígida como o era a atitude da Igreja para com intérpretes leigos – e tem as bênçãos da lei. Especialistas, ou ignorantes que tenham adquirido as insígnias formais de uma especialidade, sempre tentaram – e com frequência tiveram êxito nisso – assegurar para si mesmos direitos exclusivos em domínios especiais. Qualquer crítica da rigidez da Igreja Católica Romana também aplica-se a seus sucessores modernos, tanto científicos quanto ligados à ciência.

Passando, agora, da forma da objeção e do apoio administrativo a ela para seu conteúdo, notamos que se trata de um assunto que está ganhando importância cada vez maior em nossa própria época – a qualidade da existência humana. A heresia, definida em sentido amplo, significa um desvio de ações, atitudes e ideias que garantem uma vida plenamente desenvolvida e santificada. Tal desvio pode ser, e ocasionalmente era, encorajado pela pesquisa científica. Em consequência, tornou-se necessário examinar as implicações heréticas dos desenvolvimentos científicos.

Essa atitude encerra duas ideias. Primeiro, pressupõe-se que a qualidade da vida possa ser definida independentemente da ciência, que ela possa entrar em conflito com exigências que cientistas encaram como ingredientes naturais de sua atividade, e que a ciência precise ser mudada de acordo com isso. Segundo, pressupõe-se que as Sagradas Escrituras, do modo pelo qual são interpretadas pela Igreja Católica Romana, esbocem um tratamento correto de uma vida plenamente desenvolvida e santificada.

O segundo pressuposto pode ser rejeitado sem negar que a Bíblia é vastamente mais rica em lições para a humanidade do que qualquer coisa que jamais possa se originar das ciências. Resultados científicos e o *ethos* científico (se há tal coisa) são um fundamento simplesmente tênue demais

---

[14] Para a formulação exata, ver Denzinger e Schoenmetzer, 1976, p.365 s.

para uma vida que valha a pena viver. Muitos cientistas concordam com essa avaliação.[15]

Concordam que a qualidade de vida pode ser definida independentemente da ciência – o que é a primeira parte do primeiro pressuposto. Na época de Galileu existia uma instituição – a Igreja Católica Romana – zelando por essa qualidade à sua maneira particular. Temos de concluir que o segundo ponto – que Copérnico era "formalmente herético" – estava ligado a ideias que são urgentemente necessárias atualmente. A Igreja estava no caminho certo.

Mas estava, talvez, enganada ao rejeitar opiniões científicas inconsistentes com sua ideia de uma Boa Vida? No Capítulo 3, sustentei que o

---

[15] Assim, Konrad Lorenz (1984, p.70), em seu livro interessante, ainda que um tanto superficial, escreve: "A crença errônea de que só o que pode ser racionalmente compreendido ou mesmo só o que pode ser demonstrado de maneira científica constitui o conhecimento sólido da humanidade tem consequências desastrosas. Instiga a 'cientificamente esclarecida' geração mais jovem a descartar os imensos tesouros de conhecimento e sabedoria contidos nas tradições de toda cultura antiga e nos ensinamentos das grandes religiões mundiais. Quem quer que pense que tudo isso é sem importância sucumbe naturalmente a outro erro, igualmente pernicioso, vivendo com a convicção de que a ciência é capaz, como coisa rotineira, de criar a partir do nada e de maneira racional uma cultura inteira com todos os seus ingredientes". Em veia similar, J. Needham (1986), iniciador e um dos autores de uma grande história da ciência e tecnologia chinesas, fala de um "ópio científico", querendo referir-se com isso a "uma cegueira para com o sofrimento dos outros".
"O racionalismo", escreve Peter Medawar (1979, p.101), "não logra responder às muitas questões simples e infantis que as pessoas gostam de perguntar; questões acerca de origens e propósitos são com frequência desdenhosamente descartadas como não questões, ou pseudoquestões, embora as pessoas as compreendam claramente o suficiente e anseiem por ter uma resposta. Essas são dores intelectuais que os racionalistas – como os maus médicos ao se defrontarem com enfermidades que não conseguem diagnosticar ou curar – tendem a descartar como "imaginação".
A enunciação mais clara e mais perceptiva encontra-se em Monod, 1972, p.170 (texto em colchetes extraído da p.169): "Fria e austera", escreve Monod, "não propondo nenhuma explicação, mas impondo uma renúncia ascética a qualquer outro alimento intelectual, [a ideia de que o conhecimento objetivo é a única fonte autêntica de verdade] não era de uma espécie que mitigasse a ansiedade mas, ao contrário, a agravava. Sustentava varrer, de um único golpe, as tradições de centenas de milhares de anos que tinham se tornado unas com a própria natureza humana. Pôs um fim ao antigo pacto animista entre homem e natureza, não deixando nada em lugar daquele precioso vínculo exceto uma busca ansiosa em um gelado universo de solidão. Com nada a recomendá-la exceto certa arrogância puritana, como poderia tal ideia ganhar aceitação? Não ganhou; ainda não tem. Exigiu, contudo, reconhecimento, mas fez isso apenas por causa de seu prodigioso poder de desempenho".

conhecimento necessita de pluralidade de ideias, que teorias bem estabelecidas jamais são fortes o suficiente para terminar a existência de abordagens alternativas e que uma defesa de tais alternativas, sendo quase a única maneira de descobrir os erros de pontos de vista altamente respeitados e abrangentes, é exigida mesmo por uma filosofia estreita como o empirismo. Ora, se acabar se mostrando que isso também é exigido por razões éticas, temos então duas razões no lugar de uma, em vez de um conflito com a "ciência".

Ademais, a Igreja, e com isso refiro-me a seus porta-vozes mais ilustres, era muito mais modesta que isso. Não dizia: aquilo que contradiga a Bíblia tal como por nós interpretada deve desaparecer, não importa quão fortes sejam as razões científicas a seu favor. Uma verdade apoiada por argumentação científica não era posta de lado. Era usada para revisar a interpretação de passagens da Bíblia aparentemente inconsistentes com ela. Há muitas passagens na Bíblia que parecem sugerir uma Terra plana. Ainda assim, a doutrina da Igreja aceitava a Terra esférica como coisa evidente. No entanto, a Igreja não estava disposta a mudar somente porque alguém havia produzido algumas conjecturas vagas. Queria *prova* – uma prova científica em assuntos científicos. Aqui, ela não atuava de maneira diferente de muitas instituições científicas modernas: universidades, escolas e mesmo institutos de pesquisa em vários países usualmente esperam por um longo tempo antes de incorporar novas ideias em seus currículos. (O professor Stanley Goldberg descreveu essa situação no caso da Teoria da Relatividade Restrita.) Mas não havia ainda nenhuma prova convincente da doutrina copernicana. Consequentemente, Galileu foi aconselhado a ensinar Copérnico *como uma hipótese*; foi proibido de ensiná-la *como uma verdade*.

Tal distinção sobreviveu até os dias de hoje. Mas, ao passo que a Igreja estava preparada para admitir que algumas teorias poderiam ser verdadeiras e mesmo que a doutrina de Copérnico poderia ser verdadeira, dada evidência suficiente,[16] há agora muitos cientistas, especialmente na física

---

[16] Em carta amplamente discutida que o cardeal Roberto Bellarmino, mestre das questões controversas no Collegio Romano, escreveu em 12 de abril de 1615 a Paolo Antonio Foscarini, um monge carmelita de Nápoles que havia indagado acerca da realidade do sistema copernicano, encontramos a seguinte passagem (Finocchiaro, op.cit., p.68):
"... se houvesse uma demonstração verdadeira de que o Sol está no centro do mundo e a

de alta energia, que encaram *todas* as teorias como instrumentos de predição e rejeitam o falar sobre verdade como metafísico e especulativo. Sua razão é que os aparelhos que utilizam são tão obviamente projetados para propósitos de cálculo, e que abordagens teóricas dependem tão claramente de considerações de elegância e fácil aplicabilidade, que essa generalização parece fazer bom sentido. Além disso, as propriedades formais de "aproximações" com frequência diferem daquelas dos princípios básicos, muitas teorias são os primeiros passos em direção a um novo ponto de vista que, em alguma época futura, podem transformá-las em aproximações e uma inferência direta de teoria a realidade é, portanto, bastante ingênua.[17] Tudo isso era sabido pelos cientistas dos séculos XVI e XVII. Apenas uns poucos astrônomos consideravam deferentes e epiciclos reais caminhos nos céus; a maioria deles os considerava caminhos no papel que podiam auxiliar os cálculos, mas não tinham um correspondente na realidade. O ponto de vista copernicano era amplamente interpretado da mesma maneira – como um modelo interessante, insólito e bastante eficiente. A Igreja solicitou, por razões tanto científicas quanto éticas, que Galileu aceitasse essa interpretação. Considerando as dificuldades com que o modelo se defrontava

---

Terra no terceiro céu, e de que o Sol não circula em torno da Terra, mas a Terra em torno do Sol, então ter-se-ia de proceder com o maior cuidado ao explicar as Escrituras que aparentam estar em contrário a isso *e dizer que não as compreendemos, em vez de dizer que o que está demonstrado é falso.* Mas não acreditarei que haja tal demonstração, até que me seja mostrada. E não é a mesma coisa demonstrar que, ao supor que o Sol esteja no centro e a Terra no céu, podem-se salvar as aparências, e demonstrar que em verdade o Sol está no centro e a Terra no céu; pois acredito que a primeira demonstração possa estar acessível, mas tenho dúvidas muito grandes a respeito da segunda, e em caso de dúvida não devemos abandonar as Sagradas Escrituras como interpretadas pelos Santos Padres". Em suas *Considerations on the Copernican Opinion* (Finocchiaro, op.cit., p.70 ss., esp. p.85 s.), Galileu aborda precisamente esses pontos. Ele concorda que, se os astrônomos copernicanos "não estiverem mais do que noventa por certo certos, podem ser descartados", mas acrescenta que, "se se mostrar que tudo o que é produzido por filósofos e astrônomos do lado oposto é, em sua maior parte, falso e inteiramente inconsequente, então o outro lado não devia ser desacreditado, nem considerado paradoxal, como se pensando que jamais poderia ser claramente provado": a pesquisa deve ser permitida mesmo que as demonstrações ainda não estejam disponíveis. Isso não entra em conflito com as sugestões de Bellarmino; entrou em conflito – e, em certa medida, ainda está em conflito – com a atitude de muitas instituições modernas de pesquisa.

[17] Mais sobre esse ponto em Cartwright (1983).

quando considerado uma descrição da realidade, temos de admitir que "a lógica estava do lado de ... Bellarmino e não do lado de Galileu", como o historiador da ciência e físico-químico Pierre Duhem (1963, p.78) escreveu em um interessante ensaio.

Para resumir: a avaliação dos peritos da Igreja estava cientificamente correta e tinha a intenção social certa, a saber, proteger as pessoas das maquinações de especialistas. Desejava proteger as pessoas de serem corrompidas por uma ideologia estreita que podia funcionar em domínios restritos, mas era incapaz de sustentar uma vida harmoniosa. Uma revisão da avaliação poderia conquistar à Igreja alguns amigos entre os cientistas, mas prejudicaria severamente sua função como preservadora de importantes valores humanos e sobre-humanos.[18]

---

[18] Após alguma aparente disposição a considerar o assunto (cf. o discurso do papa João Paulo II no centenário do nascimento de Einstein, publicado como epílogo em Poupard, 1987), o cardeal Josef Ratzinger, que sustenta posição similar àquela uma vez sustentada por Bellarmino, formulou o problema de forma que faria uma revisão do julgamento anacrônica e sem sentido. Cf. sua fala em Parma em 15 de março de 1990, parcialmente relatada em Il Sabato, 31 de março de 1990, p.80 ss. Como testemunhas, o cardeal citou Ernst Bloch (sendo meramente uma questão de conveniência, a escolha científica entre geocentrismo e heliocentrismo não pode invalidar a centricidade prática e religiosa da Terra), Von Weizsäcker (Galileu conduziu diretamente à bomba atômica) e eu próprio (o cabeçalho do presente capítulo). Comentei essa fala em duas entrevistas, Il Sabato, 12 de maio de 1990, p.54 ss., e La Repubblica, 14 de julho de 1990, p.20.

14

As investigações de Galileu formaram apenas uma pequena parte da assim chamada Revolução Copernicana. O acréscimo dos demais elementos torna ainda mais difícil reconciliar esse desenvolvimento com princípios familiares de avaliação de teorias.

Galileu não foi o único cientista envolvido na reforma da física, da astronomia e da cosmologia. Nem lidou ele com todo o campo da astronomia. Por exemplo, nunca estudou o movimento dos planetas em tanto detalhe como o fizeram Copérnico e Kepler, e provavelmente nunca leu as partes mais técnicas da grande obra de Copérnico. Isso não era fora do comum. Então, como agora, o conhecimento era subdividido em especialidades; um especialista em um campo raramente era também especialista em algum outro campo distante. E então, como agora, cientistas com filosofias amplamente divergentes podiam comentar, e comentavam, novas sugestões e desenvolvimentos. Tycho Brahe foi um astrônomo notável; suas observações contribuíram para a queda de concepções geralmente aceitas. Ele notou a importância da cosmologia de Copérnico – contudo, manteve a Terra imóvel, por razões tanto físicas quanto teológicas. Copérnico era um cristão fiel e um bom aristotélico; tentou restaurar o movimento circular centrado à proeminência que certa vez tinha tido, postulou uma Terra em movimento, rearranjou as órbitas planetárias e deu valores absolutos para seus diâmetros. Os astrônomos em torno de Melanchthon e de sua reforma educacional aceitaram e louvaram a primeira parte dessa realização, mas (com uma única exceção – Rheticus) ou desconsideraram, ou criticaram ou reinterpretaram (Osiander!) a segunda. E tentaram com frequência transferir os modelos matemáticos de Copérnico ao sistema ptolemaico.[1] Maestlin, professor de Kepler, considerava os cometas corpos sólidos e tentou calcular a órbita de um deles. Seu resultado (incorreto) fê-lo aceitar o arranjo copernicano das órbitas planetárias (ainda assim, influenciou Kepler). Maestlin respeitava Aristóteles, mas considerava correção matemática e harmonia indicadores da verdade física. A abordagem de Galileu tinha suas próprias idiossincrasias, era mais complexa, mais conjectural, em parte adaptada ao papel maior que as considerações teológicas desempenhavam na Itália, em parte determinadas pelas leis da retórica e da patronagem. Muitas diferentes personalidades, profissões e grupos guiados por crenças diferentes e sujeitos a restrições diferentes contribuíram para o processo que está agora sendo descrito, um tanto sumariamente, como a "Revolução Copernicana".

Como disse no início, esse processo não foi simples, mas consistiu em desenvolvimentos em uma variedade de assuntos, entre eles os seguintes: cosmologia, física, astronomia, o cálculo de tabelas astronômicas, óptica, epistemologia e teologia.

Traço essas distinções não "a fim de ser preciso", mas porque refletem subdivisões de pesquisa atualmente existentes. A física, por exemplo, era uma teoria geral do movimento que descrevia a mudança sem referência às circunstâncias sob as quais ocorria. Compreendia a locomoção, o crescimento de plantas e animais, bem como a passagem de conhecimento de um mestre sábio a um discípulo ignorante. A *Física* de Aristóteles e os muitos comentários medievais a respeito dela dão-nos uma ideia dos problemas tratados e das soluções propostas. A cosmologia descrevia a estrutura do universo e os movimentos especiais encontrados nele. Uma lei básica da *física* no sentido que acabo de explicar era de que um movimento sem um motor imobiliza-se – a situação "natural" de um corpo é movimento (e isso inclui a ausência de mudança qualitativa). Os movimentos "naturais" da *cosmologia* eram aqueles que ocorriam sem interferência perceptível; exemplos disso são o movimento ascendente do fogo e o movimento descendente das pedras. O *Sobre os céus* de Aristóteles

---

[1] Detalhes e bibliografia em Westman, 1975a, p.165 ss.

e seus muitos comentários medievais dão-nos uma ideia dos problemas e da perspectiva discutidos nesse domínio.

Os livros que acabo de mencionar eram destinados apenas a estudos avançados. Textos introdutórios omitiam problemas e sugestões alternativas e concentravam-se no esqueleto das ideias então sustentadas. Um dos mais populares textos introdutórios de cosmologia, o *De Sphera* de Sacrobosco, continha um esboço do mundo e descrevia as esferas principais sem dar os detalhes de seus movimentos – o resto é silêncio.[2] Ainda assim, foi usado como base para comentários críticos bastante avançados até os dias do próprio Galileu.

A física e a cosmologia afirmavam proferir enunciados verdadeiros. A teologia, que também afirmava proferir enunciados verdadeiros, era considerada uma condição delimitadora para a pesquisa nesses campos, embora a força desse requisito e de seu apoio institucional variasse de acordo com a época e o local. Jamais foi uma condição delimitadora necessária no que se refere à astronomia, que tratava dos movimentos das estrelas, mas sem reivindicar a verdade para seus modelos. Os astrônomos estavam interessados em modelos que poderiam corresponder ao arranjo real dos planetas, mas não se restringiam a eles. Manuais de astronomia, como o manual de Ptolomeu e as várias popularizações nele baseadas, continham modelos astronômicos detalhados precedidos de introduções cosmológicas incompletas. No que dizia respeito a essas introduções, existia apenas uma cosmologia – a de Aristóteles. Alguns desses manuais também continham tabelas. Tabelas representavam um passo a mais para além da "realidade". Não apenas utilizavam "hipóteses", isto é, modelos que podiam não refletir a estrutura da realidade, mas também utilizavam aproximações. Contudo, as aproximações de um astrônomo nem sempre correspondiam à excelência

---

[2] Cf. Thorndike, 1949. Os elementos e seus movimentos são brevemente mencionados no primeiro capítulo, com um argumento simples em favor da Terra imóvel: a Terra está situada no centro (isso é demonstrado anteriormente por argumentos ópticos, inclusive o fato de que as constelações têm o mesmo tamanho, não importa onde a rotação diária as coloque) e "quicquid a medio movetur versus circumferentiam ascendit. Terra a medio movetur, ergo ascendit, quod pro impossibile relinquitur" (p.85). Equante, deferente e epiciclo são mencionados no quarto capítulo, juntamente com a natureza milagrosa do eclipse solar que acompanhou a morte de Cristo.

de seus modelos. Modelos "avançados" (de nosso ponto de vista) podiam ser combinados com aproximações grosseiras e, assim, gerar tabelas piores que suas análogas mais antigas.[3]

A separação entre física e cosmologia, de um lado, e astronomia, do outro, não era apenas um fato prático; tinha também um firme apoio filosófico. Segundo Aristóteles,[4] a matemática não lida com coisas reais, mas contém abstrações. Existe, portanto, uma diferença essencial entre assuntos físicos, como física, cosmologia, biologia e psicologia, e assuntos matemáticos, como óptica e astronomia. Nas enciclopédias do início da Idade Média, essa separação era natural.

Manuais de óptica apenas raramente tratavam de questões astronômicas.[5] A astronomia empregava leis ópticas básicas como a lei da propagação linear, mas as partes mais complicadas da teoria óptica não eram muito bem conhecidas, o que também vale para a epistemologia. Os argumentos de Galileu (e os argumentos de Copérnico nos quais se baseiam) trouxeram a epistemologia de volta à ciência (o que aconteceu muitos anos depois com relação à Teoria Quântica).

Ora, é de esperar que uma coleção de assuntos, estratégias de pesquisa, argumentos e opiniões todos relativamente independentes – como a que acabo de mencionar – vá se desenvolver de maneira uniforme? Podemos realmente pressupor que todos os físicos, cosmólogos, teólogos e filósofos que reagiram à doutrina copernicana tenham sido guiados pelos mesmos motivos e razões, e que essas razões foram não apenas aceitas por eles, mas também consideradas obrigatórias para qualquer cientista ingressando na

---

[3] O exemplo de Ptolomeu-Copérnico é tratado por Babb Jr., 1977, especialmente p.432.
[4] *Met.*, Livro XIII, cap.2; *Física*, livro II, cap.2. Para uma apresentação e defesa da teoria de Aristóteles sobre a matemática, cf. o capítulo 8 de meu livro *Adeus à razão*.
[5] Como exemplo, menciono a óptica de John Pecham (citada de Lindberg, 1970): questões astronômicas ocorrem aqui nas páginas 153 (ilusão da Lua e o deslocamento em direção ao norte do Sol e das estrelas fixas, explicados por vapores nas imediações do horizonte), 209 (cintilação das estrelas explicada pela irregularidade de sua superfície de rotação que refletem a luz solar), 218 (impossibilidade de determinar o tamanho das estrelas a partir de sua aparência), 233 (as estrelas parecem ser menores do que realmente são), 225 (estão deslocadas em direção ao norte no horizonte e, quanto mais, maior sua distância do meridiano).

atividade? As ideias de um cientista individual como Einstein podem exibir certa coerência,[6] e essa coerência pode ser refletida em seus padrões e em seu teorizar. É de esperar coerência em ambientes totalitários que guiam a pesquisa por leis, por pressão dos pares ou por maquinações financeiras. Mas os astrônomos na época de Copérnico e nos tempos subsequentes não viviam em tais ambientes; viviam em uma época de dissensão, guerras e convulsão geral, em uma época em que uma cidade (Veneza, por exemplo, e as cidades sob sua jurisdição) era segura para um cientista progressista, ao passo que outra (como Roma ou Florença) oferecia consideráveis perigos, em uma época em que as ideias de um único indivíduo com frequência defrontavam-se com grupos de cientistas em desacordo com sua monomania. Para mostrar isso, examinemos dois astrônomos que participaram desse desenvolvimento: o próprio Copérnico e Maestlin, o professor de Kepler.

Copérnico desejava reformar a astronomia. Ele explicou seus receios e de que maneiras tentou superá-los. Escreveu:[7]

> As teorias planetárias dos ptolemaicos e da maioria dos outros astrônomos ... pareciam ... apresentar dificuldades nada pequenas. Com efeito, essas teorias não eram adequadas a menos que certos equantes também fossem concebidos; parecia então que um planeta não se movia com velocidade uniforme nem ao longo de seu próprio deferente nem relativamente a um centro real ... Tendo ficado a par desses defeitos, ponderei, frequentemente, se se poderia talvez encontrar um arranjo mais razoável de círculos dos quais toda desigualdade aparente pudesse ser derivada e no qual tudo se movesse uniformemente ao redor de seu próprio centro, como exige a regra do movimento realizado ...

---

[6] O caso de Einstein mostra que mesmo esse modesto pressuposto vai longe demais. Einstein recomendava um oportunismo flexível como a melhor estratégia de pesquisa (1951, p.683 ss.) e advertiu que uma boa piada (como as considerações conduzindo à Teoria da Relatividade Estrita) não deveria ser repetida com demasiada frequência: Frank, 1946, p.261.

[7] Copérnico, 1971, tradução parcialmente modificada segundo Krafft, 1973, p.119. No que segue utilizarei também Krafft, ibidem.

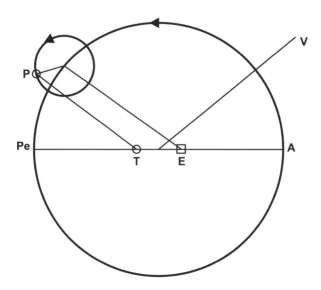

A crítica de Copérnico diz respeito ao seguinte modelo que era utilizado para calcular as longitudes de Marte, Júpiter e Saturno. O planeta P move-se em um pequeno círculo, o epiciclo, cujo centro está localizado em um círculo maior, o deferente. O centro do epiciclo prossegue com velocidade angular constante com respeito a E, o ponto equante. O planeta é observado da Terra, T. E e T encontram-se em lados opostos do centro do deferente, estando a uma mesma distância dele.

Copérnico não questiona a adequação empírica do modelo. Pelo contrário, admite que as teorias planetárias dos ptolemaicos e outros "são consistentes com os dados numéricos" (Rosen, op.cit., p.59). Tampouco acredita que esses dados precisem de correção. Em lugar de introduzir novas observações, ele enfatiza que

> precisamos seguir seu [dos antigos gregos] exemplo e agarrar-nos firmemente às observações que nos foram legadas como uma herança. E se alguém, ao contrário, pensa que os antigos não eram dignos de confiança a esse respeito, certamente os portões desta arte estão fechados para ele.[8]

---

[8] *Letter Against Werner*, em Rosen, op.cit., p.99.

CATORZE

Nem novas observações nem a incapacidade de Ptolomeu de cuidar daquilo que lhe era conhecido são a razão para o desconforto de Copérnico. A dificuldade que ele percebe encontra-se em outro lugar.

Em sua exposição, Copérnico distingue entre movimentos absolutos e movimentos aparentes. A segunda desigualdade do movimento planetário, isto é, o fato de que um planeta pode mover-se para a frente ao longo de sua trajetória e então inverter sua direção, é "aparente" – tem de ser reduzida a outros movimentos. Segundo Copérnico, esses outros movimentos são movimentos em círculos centrados com velocidade angular constante ao redor do centro. Ptolomeu viola essa condição; ele utiliza equantes. Equantes explicam os movimentos aparentes não por movimentos verdadeiros, mas, mais uma vez, por meio de movimentos aparentes em que o planeta "não se move com velocidade uniforme nem ao longo de seu próprio deferente, nem relativamente a um centro real …". Para Copérnico (e para muitos outros astrônomos), movimento real é um movimento circular em torno de um centro com velocidade angular constante.[9]

Copérnico elimina excentro e equante e os substitui por epiciclos.[10] No esquema ptolemaico, cada planeta tem agora três epiciclos: o velho epiciclo e dois epiciclos adicionais para substituir o excêntrico e o equante.

Para evitar esse acúmulo de epiciclos (que ocasionalmente deslocava os planetas para bem longe no espaço), Copérnico busca uma explicação diferente para a segunda desigualdade. Ele é auxiliado pelo fato de que a segunda desigualdade está em concordância com a posição do Sol.[11] Pode, portanto, ser interpretado como um movimento aparente criado por um movimento real (e, é claro, circular) por parte da Terra.

---

[9] Erasmus Reinhold escreveu na página de rosto de sua cópia pessoal de *De Revolutionibus*: *Axioma Astronomicum: Motus coelestis aequalis est et circularis vel ex aequalibus et circularibus compositus*. Citado de Westman, 1975a, p.176.

[10] Isso é o caso no *Commentariolus*. Em sua obra principal, ele usa novamente deferentes excêntricos. Somente o equante é substituído por um epiciclo. Esse "libertar-se dos equantes" (Erasmus Reinhold), também na teoria lunar, impressionou grandemente alguns dos admiradores de Copérnico que não prestaram atenção à sua nova cosmologia e o movimento da Terra (Westman, 1975a, p.175-7).

[11] O Sol médio em Copérnico. Kepler efetua uma redução ao Sol verdadeiro e, portanto, reforça o arranjo copernicano.

O argumento, como até aqui reconstruído (segundo Krafft), contém dois elementos: um elemento puramente formal e uma asserção de realidade. Formalmente, requer-se que qualquer movimento periódico seja reduzido a movimentos circulares centrados. Essa exigência liga-se ao pressuposto de que as desigualdades são aparentes, ao passo que somente os movimentos circulares são reais. Denominemos isso *o primeiro pressuposto de realidade*. Mas Copérnico também descobriu que seu procedimento lhe permitia incorporar toda trajetória planetária em um sistema, contendo o "grande círculo", o círculo da Terra, como medida absoluta. "Todos esses fenômenos", escreve Copérnico em sua obra principal,[12] "estão relacionados uns aos outros de maneira mais nobre, como se por uma corrente de ouro, e cada planeta com sua posição e ordem é testemunha de que a Terra se move, ao passo que nós, que também vivemos no globo terrestre, deixando de reconhecer seu movimento, atribuímos todos os tipos de movimentos aos planetas". É essa conexão íntima de todas as partes do sistema planetário que convenceu Copérnico da realidade do movimento da Terra. Denomino isso *o segundo pressuposto de realidade*.

O primeiro pressuposto de realidade fez parte da tradição platônica; Aristóteles deu-lhe uma base física. O segundo pressuposto de realidade entrou em conflito com a física e a cosmologia aristotélicas. Aristóteles já tinha criticado uma versão anterior (pitagórica) dele: harmonias matemáticas, que são abstrações, retratam a verdade só se concordam com princípios físicos bem confirmados. Essa é uma exigência razoável; foi usada em nosso próprio século para rejeitar a interpretação de Schrödinger da mecânica ondulatória. É razoável especialmente para aqueles pensadores que julgam ser a matemática uma ciência auxiliar que talvez descreva, mas não pode constituir processos físicos. É irrazoável para um platônico ou pitagórico. O conflito resultante entre duas interpretações da natureza dos enunciados matemáticos desempenhou um papel importante na "Revolução Copernicana".

Copérnico reforçou o segundo pressuposto de realidade fazendo referência a tradições como a hermética e a ideia do papel excepcional do

---

[12] *De Revol.*, prefácio ao papa Paulo. Krafft supõe que Copérnico descobriu essa harmonia no decurso de suas tentativas de eliminar o equante e somente mais tarde a transformou em um argumento fundamental a favor de um movimento real da Terra.

Sol[13] e mostrando como podia ser reconciliado com os fenômenos. Ele fez duas suposições. Primeiro, que o movimento de um corpo é apropriado à sua forma. A Terra é esférica, logo, seu movimento deve ser circular. Segundo, objetos como uma pedra permanecem com o corpo (a Terra) do qual foram separados – assim, a pedra que cai permanece perto da torre. De acordo com Aristóteles, o movimento natural dos objetos, isto é, o movimento ascendente do fogo e o movimento descendente das pedras, era determinado pela estrutura do espaço (simetria central). De acordo com Copérnico, é determinado pela distribuição de matéria. Copérnico "salva os fenômenos" como a queda livre de corpos pesados, mas não fornece nem argumentos independentes nem leis rigorosas que pudessem levar a uma comparação detalhada. Seu procedimento é *ad hoc*. Isso não significa que seja mau; apenas que não pode ser reconciliado com as principais metodologias dos dias de hoje.

Meu segundo exemplo é Michael Maestlin, o professor de Kepler. Maestlin era um astrônomo experiente e sua opinião era geralmente respeitada. Ele "abandonou somente com muita relutância" a distribuição ptolemaica das esferas – mas foi forçado a isso por circunstâncias fora de seu controle.[14] Tanto quanto possamos ver, as circunstâncias foram, primeiro, a nova de 1572. Maestlin observou-a, mediu sua paralaxe e situou-a além da esfera da Lua, na esfera das estrelas fixas. A primeira parte (além da Lua) decorria, para Maestlin, da paralaxe faltante; a segunda parte (estrelas fixas), da ausência de qualquer movimento próprio. Segundo Copérnico, cujas ideias Maestlin usava nesse ponto, um planeta se move mais vagarosamente quão maior seja sua distância do Sol. Observando as mudanças de cor e brilho, Maestlin (e Tycho, que viu a nova estrela a caminho de seu laboratório de alquimia) inferiu que a região acima da Lua não podia ser imutável, como Aristóteles tinha pressuposto. Contudo, seria ousado concluir que Maestlin (e Tycho) considerava a nova um "golpe con-

---

[13] A frase "e no meio está o Sol" não era nova. Na astronomia antiga, o Sol estava de fato no meio dos planetas, com Marte, Júpiter e Saturno estando acima dele, e Vênus, Mercúrio e a Lua abaixo. Também "governava" os planetas no sentido de que seu movimento era espelhado nos movimentos de todos os planetas (exceto a Lua). Cf., por exemplo, Macrobius, *Somnium Scipionis*.

[14] No que segue, utilizarei a dissertação de Jarrell, 1972, bem como Westman, 1975b, p. 53 ss.

tra a filosofia peripatética" (Jarrell, op.cit., p.108). Muitas pessoas ligadas à Igreja, entre elas Theodore Beza, viam o fenômeno como um retorno da estrela de Belém, isto é, como um evento sobrenatural.[15] Tycho julgava essa comparação modesta demais; aqui, disse ele, está o maior milagre desde o início do mundo, comparável no mínimo à imobilização do Sol por Josué (*Progymnasmata*, s.d., p.548.). Isso significa que, no que dizia respeito a Tycho, milagres refutavam a ideia da *autonomia* das leis da natureza (que era uma ideia aristotélica), não refutavam *leis específicas*. Maestlin, em contrapartida, sendo possivelmente mais cético a respeito de milagres, talvez tenha de fato considerado o caso um "golpe contra" Aristóteles.

A próxima questão é quão sério esse golpe era para ele. A ideia de um céu permanente era parte da cosmologia e incluía a hipótese especial de um quinto elemento. A falsidade dessa hipótese não prejudicava nem as leis do movimento remanescentes nem o argumento da torre. Tanto Clavius quanto Tycho aceitavam um céu mutável,[16] mas ainda usavam o argumento da torre para rejeitar o movimento da Terra. Se as dúvidas de Maestlin foram mais longe, então isso se deveu ou a uma interpretação idiossincrática das doutrinas aristotélicas, ou a inclinações pessoais a uma visão de mundo não aristotélica. Parece que temos de admitir a última alternativa.

O próximo evento decisivo na jornada de Maestlin em direção a Copérnico foi o cometa de 1577. Mais uma vez, Maestlin, instigado por "numerosas observações", situa o cometa na região supralunar (Jarrell, op.cit., p.112). A ideia de que essa região seja livre de mudanças foi agora definitivamente abandonada.

Maestlin também tentou determinar a trajetória do cometa. Descobriu que ele se movia na órbita de Vênus como descrito no livro 6, capítulo 12 de *De Revolutionibus*. De maneira um tanto hesitante, Maestlin agora aceita a ordenação copernicana das esferas (ibidem, p.117). Porém, acrescenta, foi forçado a isso "por extrema necessidade" (ibidem, p.220).

Essa "extrema necessidade" surge apenas quando se dá a considerações geométricas a força de argumentos cosmológicos. Muitos anos mais tarde,

---

[15] Cf. a bibliografia indicada em Kocher, 1969, p.174 s., notas 12 e 13. Cf. também v.VI, cap.XXXII de Thorndike, 1941.

[16] Sobre Clavius, cf. seu comentário sobre a esfera de Sacrobosco, edição de 1593, p.210 ss. Cf. também Westfall, op.cit., p.44.

Galileu advertiu contra esse modo de argumentação: arcos-íris, diz ele, não podem ser apanhados por triangulação. Maestlin não tinha dúvidas desse tipo. Ele aceitava a distinção tradicional entre física e astronomia e identificava astronomia com matemática: "Copérnico escreveu seu livro inteiro não como um físico, mas como um astrônomo" é um comentário marginal seu em sua cópia de *De Revolutionibus* (Westman, op.cit., p.59). Ele então interpretou os resultados de argumentos matemáticos utilizando o segundo princípio de realidade. Isso significa que ele não *superou* uma resistência aristotélica contra tal interpretação, mas agiu como se tal resistência *não existisse*. "Esse argumento", escreveu ele em suas notas marginais,

> está inteiramente de acordo com a razão. O arranjo dessa inteira, imensa *machina* é tal que permite demonstrações mais seguras; de fato, o universo inteiro gira de modo tal que nada pode ser transposto sem confusão de suas [partes] e, logo, por meio dessas [demonstrações mais seguras] todos os fenômenos do movimento podem ser demonstrados da maneira mais exata, pois nada inadequado ocorre no decurso de suas órbitas. (ibidem)

Também Kepler tornou-se um copernicano por causa dessa harmonia e por causa do cometa, e o fato interessante é que os cálculos de Maestlin da trajetória do cometa contêm erros sérios; ele *não* se movia na órbita de Vênus.

Comparemos agora esses eventos, e as situações em que ocorrem, com algumas filosofias da ciência uma vez populares. Notamos imediatamente que nenhuma dessas filosofias considera todas as disciplinas que contribuíram para o debate. A astronomia está no centro. Uma reconstrução racional dos desenvolvimentos nessa área é considerada uma reconstrução da própria Revolução Copernicana. O papel da física (o argumento da torre), o fato de que a teologia ocasionalmente constituía uma forte condição delimitadora (cf. a reação de Tycho a sua nova e à ideia do movimento da Terra) e o papel de diferentes filosofias matemáticas mostram que isso não pode possivelmente ser verdadeiro. Essa incompletude fatal é a primeira e mais fundamental objeção contra todas as reconstruções que foram apresentadas. Elas ainda dependem do preconceito (positivista) de que só as observações decidem um caso e de que podem avaliar uma teoria isoladamente, sem nenhum auxílio (ou estorvo) de alternativas, inclusive alternativas metafísicas. Além do mais, falham até mesmo no domínio estrito que escolheram para a reconstrução, a saber, a astronomia. Para mostrar isso, consideremos as explicações a seguir:

1. *Empirismo ingênuo*: a Idade Média lia a Bíblia e nunca olhou para o céu. Então as pessoas subitamente olharam para cima e descobriram que o mundo era diferente da opinião das escolas.

Essa explicação desapareceu da astronomia – mas seu análogo sobrevive em outras áreas (por exemplo, em algumas partes da história da medicina). O argumento principal contra ela é que Aristóteles era um arquiempirista e Ptolomeu utilizava dados cuidadosamente coletados.[17]

2. *Empirismo sofisticado*: observações novas forçaram os astrônomos a modificar uma doutrina já empírica.

Isso certamente não é verdadeiro para Copérnico e seus seguidores no século XVI. Como vimos, Copérnico julgava ser o sistema ptolemaico *empiricamente adequado* – ele o criticava por *razões teóricas*. E suas "observações" são essencialmente aquelas de Ptolomeu, como ele próprio diz.

Comparações modernas de predições copernicanas e ptolemaicas "com os fatos", isto é, com cálculos dos séculos XIX e XX, mostram, além disso, que as predições empíricas não melhoraram e, de fato, tornaram-se piores quando os sistemas rivais são restritos ao mesmo número de parâmetros (Babb, 1977, p. 426 ss.).[18]

As únicas observações novas feitas foram as de Tycho Brahe – mas elas já levam para além de Copérnico, a Kepler. As observações de Galileu pertencem à cosmologia, não à astronomia. Elas dão plausibilidade a algumas das *analogias* de Copérnico. Não surgiu, contudo, uma prova *convincente*

---

[17] "Cuidadosamente" foi contestado por R. R. Newton, 1977. Newton mostra que muitos dos "dados" de Ptolomeu *foram inventados* de modo que se adequassem a seu modelo. No que concerne à sua óptica, isso já era sabido havia muito tempo.
[18] Cf. também o artigo anterior de Price, 1959, p.197 ss.; Hanson, 1960, p.150 ss., bem como Gingerich, 1974. Gingerich compara as *tabelas* de Stoeffler, Stadius, Maestlin, Magini e Origanus e descobre que todas estão cobertas de erros de aproximadamente mesma magnitude (embora não da mesma distribuição ao longo da eclíptica).

do movimento da Terra, pois as observações galileanas podiam também ser acomodadas pelo sistema de Tycho.

3. *Falseacionismo*: novas observações refutaram importantes pressupostos da velha astronomia e conduziram à invenção de uma nova. Isso não é correto para Copérnico e o domínio da astronomia (ver, anteriormente, comentários sobre 2). A "refutação" da imutabilidade dos céus não foi nem convincente nem decisiva para o problema do movimento da Terra. Além disso, a ideia do movimento da Terra encontrava-se em grandes dificuldades ou, se quisermos, "refutada". Podia sobreviver somente se fosse tratada com generosidade. Mas, se *ela* podia ser tratada com generosidade, então o velho sistema também podia.

Vemos aqui, muito claramente, quão equivocado é tentar reduzir o processo "Revolução Copernicana" a um único princípio, como o princípio de falseamento. Falseamentos desempenharam um papel justamente como novas observações desempenharam um papel. Mas ambos estavam embutidos em um complexo padrão de eventos que continha tendências, atitudes e considerações de natureza inteiramente distinta.

4. *Convencionalismo*: a velha astronomia tornou-se cada vez mais complicada – assim, foi no final substituída por uma teoria mais simples. É esse pressuposto que conduziu ao reparo zombeteiro da "degeneração epicíclica". A teoria negligencia o fato de que o esquema copernicano tem praticamente tantos círculos quanto o ptolemaico.[19]

5. *A teoria de crises*: a astronomia encontrava-se em uma crise. Essa crise conduziu a uma revolução que causou o triunfo do sistema copernicano.

A resposta aqui é a mesma que em 2: *empiricamente* não havia uma crise e nenhuma crise foi resolvida. Uma crise ocorreu de fato na cosmo-

---

[19] O leitor deve consultar os diagramas muito instrutivos na edição de De Santillana do *Dialogue* de Galileu (1964).

logia, mas só *depois* que a ideia do movimento da Terra recebeu atenção séria. As muitas queixas acerca da inexatidão das predições astronômicas que precederam Copérnico (Regiomontanus, por exemplo) criticaram a falta de condições iniciais precisas e tabelas precisas, *não* a teoria básica, e uma crítica dessa espécie teria sido bastante injusta, como demonstra um exame posterior dessas teorias.[20]

---

[20] Cf. nota 18 anterior.

15

Os resultados obtidos até agora sugerem abolir a distinção entre contexto de descoberta e contexto de justificação, entre normas e fatos e entre termos observacionais e termos teóricos. Nenhuma dessas distinções desempenha algum papel na prática científica. Tentativas de impô-las teriam consequências desastrosas. O racionalismo crítico de Popper fracassa pelas mesmas razões.

Utilizemos, agora, o material das seções precedentes para elucidar as seguintes características do empirismo contemporâneo: 1) as distinções entre contexto de descoberta e contexto de justificação – normas e fatos, termos observacionais e termos teóricos; 2) o racionalismo "crítico" de Popper; e 3) o problema da incomensurabilidade. Esse último problema irá nos levar de volta ao problema da racionalidade e de ordem *versus* anarquismo, que é o tópico principal deste ensaio.

Uma das objeções que podem ser levantadas contra minha tentativa de extrair conclusões metodológicas de exemplos históricos é que ela confunde dois contextos essencialmente distintos, a saber, um contexto de descoberta e um de justificação. A *descoberta*, por um lado, pode ser irracional e não precisa seguir nenhum método reconhecido. A *justificação*, por outro lado, ou – para usar a Palavra Sagrada de uma escola diferente – a *crítica*, começa apenas *depois* que as descobertas tenham sido feitas e procede de maneira ordenada. "É uma coisa", escreve Herbert Feigl,

> reconstituir as origens históricas, a gênese e o desenvolvimento psicológicos, as condições sociopolíticas e econômicas para a aceitação ou a rejeição de teorias científicas; e é uma coisa inteiramente diferente apresentar uma

reconstrução lógica da estrutura conceitual e da testagem de teorias científicas. (1970, p.4)

Essas são, de fato, duas *coisas* diferentes, especialmente por serem feitas por duas *disciplinas* diferentes (história da ciência e filosofia da ciência) que são bastante ciosas de sua independência. Mas a questão não é que distinções uma mente fértil é capaz de imaginar quando confrontada com um processo complexo, ou como algum material homogêneo pode ser subdividido; a questão é em que medida a distinção feita reflete uma diferença real, e se a ciência pode avançar sem forte interação entre os domínios separados. (Um rio pode estar subdividido por fronteiras nacionais, mas isso não faz dele uma entidade descontínua.) Ora, há, é claro, uma diferença muito notável entre as regras de teste como "reconstruídas" por filósofos da ciência e os procedimentos que os cientistas usam na pesquisa real. Essa diferença fica aparente com o exame mais superficial. No entanto, o mais superficial exame também mostra que determinada aplicação dos métodos de crítica e prova, que se diz pertencerem ao contexto de justificação, eliminaria a ciência como a conhecemos – e jamais teria permitido que surgisse.[1] Inversamente, o fato de que a ciência existe prova que esses métodos foram com frequência desconsiderados. Foram desconsiderados por procedimentos que pertencem ao contexto da descoberta. Assim, a tentativa de "reconstituir as origens históricas, a gênese e o desenvolvimento psicológicos, as condições sociopolíticas e econômicas para a aceitação ou a rejeição de teorias científicas", longe de ser irrelevante para os padrões de teste, leva, de fato, a uma crítica desses padrões – *desde que* os dois domínios, o da pesquisa histórica e o da discussão de procedimentos de teste, não sejam mantidos separados por decreto.

Em outro artigo, Feigl repete seus argumentos e acrescenta mais alguns pontos. Ele está "espantado que ... estudiosos como N. R. Hanson, Thomas Kuhn, Michael Polanyi, Paul Feyerabend, Sigmund Koch et al. considerem a distinção inválida ou no mínimo enganosa" (1972, p.2). E assinala que nem a psicologia da invenção, nem qualquer similaridade, por maior que seja, entre as ciências e as artes pode mostrar que essa distin-

---

[1] Cf. os exemplos no Capítulo 5.

ção não existe. Nisso ele certamente tem razão. Mesmo as histórias mais surpreendentes acerca da maneira em que cientistas chegam a suas teorias não podem excluir a possibilidade de que procedam de maneira inteiramente diferente uma vez que as tenham encontrado. *Mas essa possibilidade jamais é realizada.* Ao inventar teorias e contemplá-las de maneira relaxada e "artística", os cientistas com frequência empregam procedimentos proibidos por regras metodológicas. Por exemplo, interpretam a evidência de modo que se ajuste a suas ideias extravagantes, eliminam dificuldades mediante procedimentos *ad hoc*, colocam-nas de lado ou simplesmente recusam-se a levá-las a sério. Portanto, as atividades que, segundo Feigl, pertencem ao contexto da descoberta não são apenas *diferentes* do que os filósofos dizem a respeito da justificação, mas *estão em conflito com ela*. A prática científica não contém dois contextos movendo-se *lado a lado*; ela é uma complicada *mistura* de procedimentos, e defrontamo-nos com a questão de se essa mistura deveria ser deixada como está, ou se deveria ser substituída por um arranjo mais "ordenado". Essa é a primeira parte do argumento. Ora, vimos que a ciência, como a conhecemos hoje em dia, não poderia existir sem uma frequente desconsideração do contexto de justificação. Essa é a segunda parte do argumento. A conclusão é clara. A primeira parte mostra que não temos uma diferença, mas uma mistura. A segunda parte mostra que substituir a mistura por uma ordem que contém a descoberta, de um lado, e a justificação, de outro, teria arruinado a ciência: estamos lidando com uma prática uniforme cujos ingredientes são todos igualmente importantes para o desenvolvimento da ciência. Isso liquida a distinção.

 Argumento similar aplica-se à distinção ritual entre *prescrições* metodológicas e *descrições* históricas. A metodologia, diz-se, lida com o que *deveria* ser feito e não pode ser criticada por meio de referência *ao que é*. Mas precisamos, é claro, assegurar-nos de que nossas prescrições disponham de um *ponto de ataque* no material histórico, e precisamos também assegurar-nos de que sua aplicação determinada conduz a resultados desejáveis. Asseguramo-nos ao considerar *tendências e leis* (históricas, sociológicas, físicas, psicológicas etc.) que nos dizem o que é possível e o que não é possível em dadas circunstâncias e, assim, separam prescrições exequíveis daquelas que levariam a becos sem saída. Mais uma vez, o progresso pode ser feito somente se a distinção entre o *deve* e o *é* for considerada um dispositivo temporário em vez de uma linha delimitadora fundamental.

Uma distinção que talvez tenha tido alguma vez um propósito, mas que agora definitivamente o perdeu, é a distinção entre termos *observacionais* e termos *teóricos*. Hoje em dia, admite-se, geralmente, que essa distinção não é tão nítida quanto se pensava ser há apenas poucas décadas. Também admite-se, em completa concordância com as opiniões originais de Neurath, que *tanto* teorias *quanto* observações podem ser abandonadas: as teorias podem ser abandonadas por causa de observações conflitantes, as observações podem ser suprimidas por razões teóricas. Finalmente, descobrimos que o *aprendizado* não vai da observação para a teoria, mas sempre envolve ambos os elementos. A experiência surge *com* pressupostos teóricos, e não antes deles, e uma experiência sem teoria é tão incompreensível quanto o é (presumidamente) uma teoria sem experiência: elimine parte do conhecimento teórico de um sujeito perceptivo e você tem uma pessoa completamente desorientada e incapaz de executar a mais simples das ações. Elimine mais conhecimento e seu mundo sensorial (sua "linguagem de observação") começará a desintegrar-se, as cores e outras sensações simples desaparecerão até que ele se encontre em um estágio ainda mais primitivo do que uma criança pequena. Uma criança pequena não tem um mundo perceptual estável que possa usar para dar sentido às teorias diante dela colocadas. Bem o contrário – ela passa por vários estágios perceptuais que estão apenas frouxamente ligados uns com os outros (estágios anteriores *desaparecem* quando novos estágios se estabelecem – ver Capítulo 16) e incorporam todo o conhecimento teórico disponível na ocasião. Além disso, o processo todo se inicia apenas porque a criança reage corretamente aos sinais, *interpreta-os corretamente*, porque tem meios de interpretação mesmo antes de ter experimentado sua primeira sensação clara.

Todas essas descobertas clamam por uma nova terminologia que não mais separe o que está tão intimamente ligado no desenvolvimento tanto do indivíduo quanto das ciências como um todo. Contudo, a distinção entre observação e teoria continua a ser sustentada. Mas qual é o sentido dela? Ninguém negará que as sentenças da ciência podem ser classificadas em longas e curtas, ou que seus enunciados podem ser classificados em enunciados que são intuitivamente óbvios e outros que não são. Ninguém negará que tais distinções *podem ser feitas*. Mas ninguém dará grande peso a elas, nem mesmo irá mencioná-las, *pois elas não desempenham hoje em dia nenhum papel decisivo nos assuntos da ciência*. (Isso nem sempre foi assim. A plausibilidade intuitiva, por exemplo, já foi certa vez considerada um importantíssimo guia para a verdade, mas desapareceu da metodologia no exato momento em que a intuição foi substituída pela experiência e por considerações formais.) Será que a experiência desempenha tal papel? Não, como já vimos. Contudo, a conclusão de que a distinção entre teoria e observação deixou, agora, de ser relevante ou não é extraída ou é explicitamente rejeitada.[2] Demos um passo à frente e abandonamos esse último traço de dogmatismo na ciência!

A incomensurabilidade, que discutirei a seguir, está intimamente relacionada à questão da racionalidade da ciência. De fato, uma das objeções mais gerais não meramente ao *uso* de teorias incomensuráveis, mas até à ideia de que *haja* tais teorias que possam ser encontradas na história da ciência, é o medo de que elas restringiriam severamente a eficácia de *argumentos* tradicionais, não dialéticos. Examinemos, portanto, um pouco mais atentamente os *padrões* críticos que, segundo alguns, constituem o conteúdo de um argumento "racional". Mais especialmente, examinemos os padrões da escola popperiana, que ainda estão sendo tomados a sério nas regiões mais atrasadas do conhecimento. Isso irá nos preparar para o passo final em nossa discussão da questão entre as metodologias de lei e ordem e o anarquismo na ciência.

Alguns leitores de meus argumentos no texto anterior assinalaram que o racionalismo "crítico" é suficientemente liberal para acomodar os desenvolvimentos que descrevi. Ora, o racionalismo crítico ou é uma ideia significativa, ou é uma coleção de *slogans* que podem ser adaptados a qualquer situação.

No primeiro caso, deve ser possível produzir regras, padrões e restrições que nos permitam distinguir comportamento crítico (pensar, cantar, escrever peças de teatro) de outros tipos de comportamento, de modo que possamos *descobrir* ações irracionais e *corrigi*-las com o auxílio de sugestões

---

[2] "Neurath deixa de dar ... regras [que distingam enunciados empíricos de outros] e, assim, inadvertidamente joga ao mar o empirismo" (Popper, 1959, p.97).

concretas. Não é difícil produzir os padrões de racionalidade defendidos pela escola popperiana.

Esses padrões são padrões de *crítica*: a discussão racional consiste na tentativa de criticar, e não na tentativa de demonstrar ou tornar provável. Todo passo que protege de crítica uma concepção, que a deixa segura ou "bem fundamentada", é um passo para longe da racionalidade. Todo passo que a torna mais vulnerável é bem-vindo. Além disso, recomenda-se abandonar ideias que não tenham sido consideradas aptas e é proibido mantê-las em face de uma crítica forte e bem-sucedida, a menos que se possa apresentar contra-argumentos adequados. Desenvolva suas ideias de modo que possam ser criticadas; ataque-as implacavelmente; não tente protegê-las, mas exiba seus pontos fracos; elimine-as tão logo tais pontos fracos tenham-se tornado manifestos – essas são algumas das regras propostas por nossos racionalistas críticos.

Essas regras tornam-se mais definidas e mais detalhadas quando nos voltamos à filosofia da ciência e, em especial, à filosofia das ciências naturais.

Nas ciências naturais, a crítica está relacionada com experimentação e observações. O conteúdo de uma teoria consiste na soma total daqueles enunciados básicos que a contradizem; é a classe de seus falseadores potenciais. Conteúdo aumentado significa vulnerabilidade aumentada; logo, deve-se preferir teorias de grande conteúdo a teorias de pequeno conteúdo. O aumento de conteúdo é bem-vindo, a diminuição deve ser evitada. Uma teoria que contradiz um enunciado básico aceito deve ser abandonada. Hipóteses *ad hoc* são proibidas – e assim por diante. Uma ciência, contudo, que aceita as regras de um empirismo crítico dessa espécie desenvolver-se-á da seguinte maneira.

Começamos com um *problema*, tal como o problema dos planetas na época de Platão. Esse problema (que discutirei de forma um tanto idealizada) não é meramente o resultado de *curiosidade*, é um *resultado teórico*. Deve-se ao fato de que certas *expectativas* foram frustradas: por um lado, parece claro que as estrelas devem ser divinas, logo, espera-se que se comportem de maneira ordenada e em conformidade a leis. Por outro, não se encontra nenhuma regularidade facilmente discernível. Os planetas, para todos os efeitos, movem-se de maneira bastante caótica. Como se pode reconciliar esse fato com a expectativa e com os princípios implícitos nessa expectativa? Mostra esse fato que a expectativa está enganada? Ou será que falhamos em nossa análise dos fatos? Esse é o problema.

É importante ver que os elementos do problema não são simplesmente *dados*. O "fato" da irregularidade, por exemplo, não é acessível sem mais nem menos. Não pode ser descoberto por qualquer pessoa que tenha olhos saudáveis e uma mente perspicaz. É somente por meio de certa expectativa que ele se torna objeto de nossa atenção. Ou, para ser mais exato, esse fato da irregularidade *existe* porque há uma expectativa de regularidade e porque há ideias que definem o que significa ser "regular". Afinal de contas, o termo "irregularidade" faz sentido apenas se tivermos uma regra. Em nosso caso, a regra que define a regularidade afirma o movimento circular com velocidade angular constante. As estrelas fixas estão em concordância com essa regra e isso também faz o Sol, se traçarmos sua trajetória com relação às estrelas fixas. Os planetas não obedecem a essa regra, nem diretamente, com respeito à Terra, nem indiretamente, com respeito às estrelas fixas.

(No problema que estamos agora examinando, a regra é formulada explicitamente e pode ser discutida. Isso não é sempre o caso. Reconhecer uma cor como a vermelha é algo possibilitado por padrões profundamente arraigados concernentes à estrutura de nosso meio e o reconhecimento não ocorre quando esses padrões deixam de existir.)

Para resumir essa parte da doutrina popperiana: a pesquisa começa com um problema. O problema é o resultado de um conflito entre uma expectativa e uma observação constituída pela expectativa. Está claro que essa doutrina difere da do indutivismo, na qual fatos objetivos adentram uma mente passiva e deixam ali seus traços. Foi preparada por Kant, Mach, Poincaré, Dingler e por Mill ("On Liberty").

Tendo formulado um problema, tenta-se *resolvê-lo*. Resolver um problema significa inventar uma teoria relevante, falseável (em grau maior que qualquer alternativa), mas não ainda falseada. No caso mencionado (planetas, na época de Platão), o problema é: descobrir movimentos circulares de velocidade angular constante com o propósito de salvar os fenômenos planetários. Uma primeira solução foi fornecida por Eudoxos e, depois, por Heráclides de Pontos.

A seguir vem a *crítica* da teoria que foi proposta na tentativa de resolver o problema. A crítica bem-sucedida elimina a teoria *de uma vez por todas* e cria um novo problema, a saber, explicar a) por que a teoria foi bem-sucedida até então e b) por que ela falhou. Tentando resolver *esse* problema, precisamos de uma nova teoria que reproduza as consequências bem-sucedidas da teoria mais velha, negue seus erros e faça predições adicionais não feitas antes. Essas são algumas das *condições formais* que uma *sucessora adequada de uma teoria refutada* tem de satisfazer. Adotando essas condições, procede-se, por conjectura e refutação, de teorias menos gerais a teorias mais gerais e expande-se o conteúdo do conhecimento humano.

Mais e mais fatos são *descobertos* (ou construídos com o auxílio das expectativas) e são então explicados por teorias. Não há garantia de que os cientistas resolverão todo problema e substituirão toda teoria que tenha sido refutada por uma sucessora que satisfaça as condições formais. A invenção de teorias depende de nossos talentos e de outras circunstâncias fortuitas, como uma vida sexual satisfatória. Contudo, enquanto subsistirem esses talentos, o esquema apresentado é uma explicação correta do desenvolvimento de um conhecimento que satisfaz as regras do racionalismo crítico.

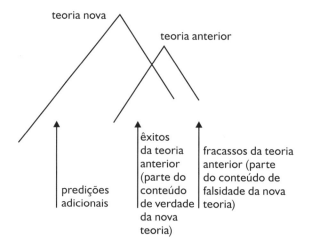

Ora, a essa altura, podem-se levantar duas questões:

1. É *desejável* viver de acordo com as regras de um racionalismo crítico?
2. É *possível* ter ambas as coisas, a ciência como a conhecemos e essas regras?

No que me diz respeito, a primeira questão é bem mais importante que a segunda. De fato, a ciência e as instituições relacionadas desempenham um papel importante em nossa cultura e ocupam o centro de interesse para muitos filósofos (a maioria dos filósofos é oportunista). Assim, as ideias da escola popperiana foram obtidas generalizando-se soluções para problemas metodológicos e epistemológicos. O racionalismo crítico surgiu da tentativa de entender a revolução einsteiniana e foi depois estendido à política e mesmo à conduta na vida privada. Tal procedimento talvez satisfaça a um *filósofo de escola*, que olha a vida através dos óculos de seus próprios problemas técnicos e reconhece ódio, amor, felicidade somente conforme ocorrem nesses problemas. Mas, se considerarmos interesses humanos e, acima de tudo, a questão da liberdade humana (liberdade da fome, do desespero, da tirania de sistemas de pensamento emperrados e *não* a "liberdade da vontade" acadêmica), então estamos procedendo da pior maneira possível.

Com efeito, não é possível que a ciência tal como atualmente a conhecemos, ou uma "busca pela verdade" no estilo da filosofia tradicional, venha a criar um monstro? Não é possível que uma abordagem objetiva, que desaprova ligações pessoais entre as entidades examinadas, venha a causar danos às pessoas, transformando-as em mecanismos miseráveis, inamistosos e hipócritas, sem charme nem humor? "Não é possível", pergunta Kierkegaard (s.d., VII, Pt. I, sec. A, nº 182), "que minha atividade como observador objetivo [ou crítico-racional] da natureza venha a enfraquecer minha força como ser humano?".[3] Suspeito que a resposta a muitas dessas questões seja afirmativa e acredito ser urgentemente necessária uma reforma das ciências que as torne mais anárquicas e mais subjetivas (no sentido de Kierkegaard).

Mas esses não são os problemas que desejo discutir agora. Neste ensaio, restringir-me-ei à segunda questão e perguntarei: é possível ter tanto a

---

[3] Mill tenta mostrar como o método científico pode ser compreendido como parte de uma teoria do homem e dá, assim, uma resposta positiva à questão levantada por Kierkegaard; cf. nota 2 ao Capítulo 4.

ciência como a conhecemos quanto as regras de um racionalismo crítico como acabo de descrevê-lo? E a *essa* questão a resposta parece ser um firme e sonoro NÃO.

Para começar, vimos, embora de maneira bastante breve, que, frequentemente, o desenvolvimento real de instituições, ideias, práticas e assim por diante *não se inicia partindo de um problema,* mas, ao contrário, partindo de alguma atividade extrínseca, como jogar, que, como efeito colateral, leva a desenvolvimentos que, mais tarde, podem ser interpretados como soluções a problemas não percebidos.[4] Devem tais desenvolvimentos ser excluídos? E, se de fato os excluirmos, isso não reduzirá de modo considerável o número de nossas reações adaptativas e a qualidade de nosso processo de aprendizagem?

Em segundo lugar, vimos, nos capítulos 8-14, que um *princípio estrito de falseamento,* ou um "falseacionismo ingênuo", como Lakatos o denomina,[5] eliminaria a ciência como a conhecemos e jamais teria permitido que começasse.

A exigência de um *conteúdo aumentado* também não é satisfeita. Teorias que derrubam um ponto de vista abrangente e bem entrincheirado e tomam seu lugar depois de sua extinção restringem-se inicialmente a um domínio de fatos bastante reduzido, a uma série de fenômenos paradigmáticos que lhes dão sustentação, e estendem-se apenas vagarosamente a outras áreas. Isso pode ser visto em exemplos históricos (nota 5 do Capítulo 8), e também é plausível por razões gerais: tentando desenvolver uma nova teoria, precisamos, primeiro, dar um *passo para trás* com relação à evidência e reconsiderar o problema da observação (isso foi discutido no Capítulo 11). Mais tarde, é claro, a teoria é estendida a outros domínios, mas o modo de extensão só raramente é determinado pelos elementos que constituem o conteúdo de suas predecessoras. O aparato conceitual da teoria, o qual vai lentamente emergindo, *logo começa a definir seus próprios problemas,* e os problemas, fatos e observações anteriores são ou esquecidos ou postos de lado como irrelevantes. Esse é um desenvolvimento inteiramente natural, e totalmente não objetável.

---

[4] Cf. os breves comentários sobre a relação entre ideia e ação no Capítulo 1. Para detalhes, cf. as notas 31 ss. de "Against Method", 1970.

[5] "Falsification and the Methodology of Scientific Research Programmes", em Lakatos e Musgrave, op.cit., p.93 ss. (O "falseacionismo ingênuo" é aqui também chamado de "dogmático".)

Com efeito, por que deveria uma ideologia ser restringida por problemas mais antigos que, de qualquer modo, só fazem sentido no contexto abandonado e os quais agora parecem tolos e artificiais? Por que deveria ela sequer *considerar* os "fatos" que deram origem a problemas dessa espécie ou desempenharam um papel em sua solução? Por que não deveria antes proceder à sua própria maneira, delineando suas próprias tarefas e constituindo seu próprio domínio de "fatos"? Afinal de contas, supõe-se que uma teoria abrangente contenha também uma *ontologia* que determina o que existe e, assim, delimita o domínio de fatos possíveis e questões possíveis. O desenvolvimento da ciência está em concordância com essas considerações. Concepções novas logo encaminham-se em novas direções e veem com desagrado os *problemas* anteriores (qual é a base sobre a qual repousa a Terra? Qual é o peso específico do flogístico? Qual é a velocidade absoluta da Terra?) e os *fatos* anteriores (a maioria dos fatos descritos no *Malleus Maleficarum* – Capítulo 8, nota 2 – os fatos do vudu – Capítulo 4, nota 8 – as propriedades do flogístico ou as do éter) que tanto exercitaram a mente dos pensadores anteriores. E naquilo em que *prestam* atenção a teorias precedentes, as concepções novas tentam acomodar seu núcleo factual da maneira já descrita, com o auxílio de hipóteses *ad hoc*, aproximações *ad hoc*, redefinições de termos, ou simplesmente *afirmando*, sem estudo mais detalhado da questão, que o núcleo "decorre" dos novos princípios básicos.[6] São "enxertados em programas mais antigos com os quais [são] clamorosamente inconsistentes".[7]

O resultado de todos esses procedimentos é uma interessante *ilusão epistemológica*: o conteúdo *imaginado* das teorias anteriores (que é a interseção das consequências lembradas dessas teorias com o recentemente reconhecido domínio de problemas e fatos) *diminui* e pode reduzir-se a ponto de se tornar menor que o conteúdo *imaginado* das novas ideologias (que são as consequências reais dessas ideologias *mais* todos aqueles "fatos", leis, princípios que estão ligados a elas por hipóteses *ad hoc*, aproximações *ad hoc* ou pela afirmação autorizada de algum físico ou filósofo da ciência influente – e que propriamente pertencem à predecessora). Comparando a concepção velha e a nova *parece* então que a relação de conteúdo empírico é assim:

---

[6] "A teoria de Einstein ... é melhor que a teoria de Newton *anno 1916* ... *porque* explicou tudo o que a teoria de Newton tinha explicado com êxito ..." (Lakatos, op.cit., p.214).

[7] Lakatos, discutindo Copernicus e Bohr, ibidem, p.143.

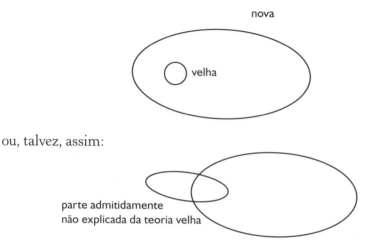

ou, talvez, assim:

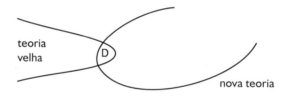

quando, na realidade, é muito mais como assim:

em que o domínio D representa os problemas e fatos da velha teoria que ainda são lembrados e foram distorcidos de modo que ela se ajustasse ao novo referencial. É essa ilusão que é responsável pela sobrevivência persistente da exigência de conteúdo aumentado.[8]

---

[8] Essa ilusão constitui a parte central do excelente artigo de Elie Zahar acerca do desenvolvimento ocorrido de Lorentz a Einstein. Segundo Zahar, Einstein superou Lorentz com a explicação do periélio de Mercúrio (1915). Contudo, em 1915, ninguém havia ainda tido êxito em apresentar uma explicação relativista da teoria clássica da perturbação com o grau de aproximação alcançado por Laplace e Poincaré, e as implicações de Lorentz no nível atômico (teoria eletrônica dos metais) também não foram explicadas, tendo sido gradualmente substituídas pela Teoria Quântica: Lorentz foi "superado" não por um, mas por pelo menos dois programas diferentes e mutuamente incomensuráveis. Lakatos, em sua excelente reconstrução do desenvolvimento do programa de pesquisa de Copérnico do *Commentariolus* ao *De Revol.*, nota mudanças progressivas, mas só porque omite os problemas óptico e dinâmico e se concentra na cinemática pura e simples. Não admira que tanto Zahar quanto Lakatos estejam com a impressão de que a condição de conteúdo ainda está satisfeita. Cf. minha nota breve, "Zahar on Einstein", 1974, bem como Nugaev, 1988, p.57 ss.

Por último, vimos, entrementes, claramente a necessidade de hipóteses *ad hoc*: hipóteses *ad hoc* e aproximações *ad hoc* criam uma área de contato provisória entre "fatos" e aquelas partes de uma concepção nova que parecem capazes de explicá-los em algum momento no futuro e depois do acréscimo de muito material. Elas especificam possíveis *explananda* e *explanatia*, e determinam assim a direção de pesquisa futura. Talvez tenham de ser mantidas para sempre se o novo referencial estiver parcialmente inacabado (isso aconteceu no caso da Teoria Quântica, que precisa dos conceitos clássicos para tornar-se uma teoria completa). Ou são incorporadas à nova teoria como teoremas, levando a uma redefinição dos termos básicos da ideologia precedente (isso ocorreu nos casos de Galileu e da Teoria da Relatividade). A exigência de que o conteúdo de verdade da teoria mais antiga como *concebido enquanto essa teoria reinava suprema* pode ser incluído no conteúdo de verdade de sua sucessora é violada em qualquer dos casos.

Para resumir: para onde quer que olhemos, quaisquer que sejam os exemplos que consideremos, vemos que os princípios do racionalismo crítico (leve os falseamentos a sério; aumente o conteúdo; evite hipóteses *ad hoc*; "seja honesto" – seja lá o que for que *isso* signifique; e assim por diante) e, *a fortiori*, os princípios do empirismo lógico (seja preciso; baseie sua teoria em medições; evite ideias vagas e não testáveis; e assim por diante), embora praticados em áreas especiais, apresentam uma explicação inadequada do desenvolvimento passado da ciência como um todo e são propensos a estorvá-la no futuro. Apresentam uma explicação inadequada da ciência porque a ciência é muito mais "descuidada" e "irracional" que sua imagem metodológica. E são propensos a estorvá-la porque a tentativa de tornar a ciência mais "racional" e mais precisa acaba, como vimos, por eliminá-la. A diferença entre ciência e metodologia, que é um fato tão óbvio da história, indica, portanto, uma fraqueza da última e, talvez, também das "leis da razão". Isso porque o que parece ser "negligência", "caos" ou "oportunismo", quando comparado com tais leis, tem uma função importantíssima no desenvolvimento dessas mesmas teorias que consideramos atualmente partes essenciais de nosso conhecimento da natureza. *Esses "desvios", esses "erros", são precondições do progresso.* Permitem que o conhecimento sobreviva no mundo complexo e difícil que habitamos, permitem que *nós* permaneçamos agentes livres e felizes. Sem "caos", não há conhecimento. Sem um frequente abandono da razão, não há progresso. Ideias que na atualidade formam a própria base da ciência existem apenas porque houve coisas como preconceito, presunção, paixão; porque essas coisas *opuseram-se à razão*; e porque *se lhes permitiu fazerem o que quisessem*. Temos, então, de concluir que, *mesmo no interior* da ciência, não se pode e não se deve permitir que a razão seja abrangente, e que ela, com frequência, precisa ser posta de lado, ou eliminada, em favor de outros instrumentos. Não há uma única regra que permaneça válida em todas as circunstâncias, nem um único meio a que se possa sempre recorrer.[9]

---

[9] Mesmo a engenhosa metodologia de Lakatos não escapa dessa acusação. Lakatos parece ser liberal porque proíbe muito pouco e parece ser racional porque ainda proíbe alguma coisa. Mas a única coisa que ele proíbe é *descrever* como progressivo um "programa de pesquisa degenerativo", isto é, um programa de pesquisa desprovido de predições novas e atravancado com adaptações *ad hoc*. Ele não proíbe seu uso. Isso significa, porém, que seus padrões permitem que um criminoso cometa tantos crimes quantos queira, desde que jamais minta a respeito deles. Detalhes em meus *Philosophical Papers*, v.2, cap.10.

Apêndice 1

Tendo ouvido um de meus sermões anarquistas, o professor Wigner exclamou: "Mas com certeza você não lê todos os manuscritos que as pessoas lhe enviam; você joga a maioria deles na lata de lixo". Mas é claro que eu faço isso. "Tudo vale" não significa que eu vá ler cada artigo que tenha sido escrito – Deus me livre! –, mas significa que faço minha seleção de forma altamente individual e idiossincrática, em parte porque não me dou ao trabalho de ler o que não me interessa – e meus interesses mudam de semana a semana e mesmo de um dia para o outro – e em parte porque estou convencido de que a humanidade e até a ciência sairão lucrando se cada um se dedicar a sua própria área: um físico talvez prefira um artigo mal escrito e parcialmente incompreensível, cheio de erros, a uma exposição cristalina porque tal artigo é uma extensão natural de sua própria pesquisa, ainda bastante desorganizada, e ele pode ter êxito bem como clareza muito antes de seu rival que jurou jamais ler uma única linha confusa (uma das qualidades da escola de Copenhague era sua habilidade em evitar decisões prematuras). Em outras ocasiões, ele talvez busque a prova mais perfeita de um princípio que está prestes a usar, a fim de não ser posto de lado na discussão do que considera ser seus resultados principais. Há, é claro, os assim chamados "pensadores" que separam sua correspondência exatamente da mesma forma, faça chuva ou faça sol, e também imitam mutuamente seus princípios de escolha – mas dificilmente os admiraremos por sua uniformidade e certamente não pensaremos que seu comportamento seja "racional". A ciência precisa de pessoas que sejam adaptáveis e inventivas, não rígidos imitadores de padrões comportamentais "estabelecidos".

No caso de instituições e organizações, como a National Science Foundation, a situação é exatamente a mesma. A fisionomia de uma organização e sua eficiência dependem de seus membros e melhoram de acordo com sua agilidade mental e emocional. Mesmo a Procter and Gamble percebeu que um bando de bajuladores tem potencial competitivo inferior ao de um grupo de pessoas com opiniões incomuns, e os negócios acharam maneiras de incorporar os mais assombrosos não conformistas em sua maquinaria. Problemas especiais surgem para fundações que distribuem dinheiro e desejam fazê-lo de maneira justa e razoável. A justiça parece exigir que a alocação de fundos seja efetuada com base em padrões que não mudam de um requerente a outro e refletem a situação intelectual nos campos a receberem apoio. Essa exigência pode ser satisfeita de maneira *ad hoc* sem recurso a "padrões de racionalidade" *universais*: qualquer associação de pessoas que seja livre tem de respeitar as ilusões de seus membros, bem como dar-lhes apoio institucional. A ilusão de *racionalidade* torna-se particularmente forte quando uma instituição científica opõe-se a exigências políticas. Nesse caso, uma classe de padrões é contrastada com outra classe desse tipo – o que é inteiramente legítimo: cada organização, cada partido, cada grupo religioso tem direito de defender sua forma de vida particular e todos os padrões que contém. *Os cientistas, contudo, têm de ir mais longe.* Tal como os defensores da Única Religião Verdadeira antes deles, insinuam que seus padrões são essenciais para chegar à Verdade, ou para obter Resultados, e negam tal autoridade às exigências do político. Opõem-se a qualquer interferência política e mostram-se uns mais ávidos do que outros em tentar lembrar ao ouvinte, ou ao leitor, do resultado desastroso do caso Lysenko.

Ora, vimos que não passa de uma quimera a crença em um único conjunto de padrões que sempre tenha levado ao êxito e sempre levará ao êxito. A autoridade *teórica* da ciência é muito mais reduzida do que se supõe que seja. Sua autoridade *social*, no entanto, tornou-se entrementes tão esmagadora *que se faz necessária uma interferência política para restaurar um desenvolvimento equilibrado.* E para avaliar os *efeitos* de tal interferência é preciso estudar mais do que um caso não analisado. É preciso lembrar aqueles casos em que a ciência, deixada por sua própria conta, cometeu erros graves, e também não se pode esquecer as instâncias em que a interferência política realmente *melhorou* a situação.[1] Tal apresentação equilibrada da evidência pode até convencer-nos de que passou há muito o tempo de acrescentar a separação de Estado e ciência à agora costumeira separação de Estado e Igreja. A ciência é tão só *um* dos muitos instrumentos que as pessoas inventaram para lidar com seu ambiente. Não é o único, não é infalível e tornou-se poderosa demais, atrevida demais e perigosa demais para ser deixada por sua própria conta. A seguir, algumas palavras sobre o *objetivo prático* que os racionalistas querem realizar com o auxílio de sua metodologia.

Os racionalistas estão preocupados com a poluição intelectual. Compartilho dessa preocupação. Livros ignorantes e incompetentes inundam o mercado, uma verborreia vazia e cheia de termos estranhos e esotéricos sustenta expressar *insights* profundos, "especialistas" sem cérebro, sem caráter e até mesmo sem uma pequena quantidade de temperamento intelectual, estilístico e emocional falam-nos a respeito de nossa "condição" e dos meios para melhorá-la, e não apenas pregam a nós – que talvez sejamos capazes de olhar por intermédio deles –, mas são deixados à solta entre nossas crianças e permite-se a eles arrastá-las para o interior de sua própria esqualidez intelectual.[2] "Professores" usando notas e o medo do fracasso moldam a mente de nossos jovens até que eles tenham perdido todo grama de imaginação que possam alguma vez ter possuído. Essa é uma situação desastrosa, que não é facilmente corrigida. Mas não vejo como uma metodologia racionalista possa ajudar. No que me diz respeito, o primeiro e mais urgente problema é tirar a educação das mãos dos "educadores profissionais". As coerções de notas, competição e exames regulares devem ser eliminadas e *devemos também separar o processo de aprendizagem e a preparação para uma profissão particular.* Admito que negócios, religiões

---

[1] Um exemplo disso foi discutido no texto da nota 9 do Capítulo 4 e em Krieg, 1964.
[2] Até mesmo a lei agora parece apoiar essas tendências, como está mostrado no livro de Huber, 1991.

e profissões especiais, como a ciência ou a prostituição, tenham direito de exigir que seus participantes e/ou praticantes conformem-se a padrões que elas consideram importantes, e devam ser capazes de averiguar sua competência. Admito também que isso implica a necessidade de tipos especiais de educação que preparem um homem ou uma mulher para os "exames" correspondentes. Os padrões ensinados não precisam ser "racionais" ou "razoáveis" em nenhum sentido, embora usualmente sejam apresentados como tais; é suficiente que sejam *aceitos* pelos grupos em que se deseja ingressar, seja a Ciência, ou os Grandes Negócios, ou A Única Religião Verdadeira. Afinal de contas, em uma democracia, a "razão" tem tanto direito de ser ouvida e expressa como a "não razão", especialmente em vista do fato de que a "razão" de uma pessoa é a insanidade de outra. Uma coisa, contudo, deve ser evitada a todo custo: não se deve permitir que os padrões especiais que definem assuntos especiais e profissões especiais permeiem a educação *geral* e não se deve fazer deles a propriedade definidora de uma "pessoa bem-educada". A educação geral deve preparar os cidadãos para *escolher entre* os padrões, ou achar seu caminho em uma sociedade que contém grupos comprometidos com vários padrões, *mas não deve em condição alguma subjugar a mente deles de modo que se conformem aos padrões de algum grupo particular*. Os padrões serão *considerados*, serão *discutidos*, as crianças serão encorajadas a ter proficiência nos assuntos mais importantes, *mas só como se tem proficiência em um jogo*, ou seja, sem compromisso sério e sem roubar a mente de sua capacidade de jogar também outros jogos. Tendo sido preparada dessa maneira, uma pessoa jovem pode decidir devotar o restante de sua vida a uma profissão particular e pode começar a levá-la a sério daí em diante. Esse "comprometimento" deveria ser o resultado de uma decisão consciente, com base em um conhecimento razoavelmente completo das alternativas, *e não um resultado inevitável*.

Tudo isso significa, é claro, que devemos impedir os cientistas de assumir a educação e de ensinar como "fato" e "o único método verdadeiro", seja lá qual for o mito do dia. A concordância com a ciência e a decisão de trabalhar de acordo com os cânones da ciência deveriam ser o resultado de exame e escolha, e *não* de uma forma particular de educar as crianças.

Parece-me que tal mudança na educação e, em consequência, de perspectiva removerá muito da poluição intelectual que os racionalistas deploram. A mudança de perspectiva deixa claro que há muitas maneiras de ordenar o mundo que nos cerca, que as restrições odiadas de um conjunto de padrões podem ser quebradas pela livre aceitação de padrões de espécie diferente, e de que não há necessidade de rejeitar *toda* a ordem e permitir-se ser reduzido a uma queixosa corrente de consciência. Uma sociedade que é baseada em um conjunto de regras restritivas e bem definidas, de forma que ser humano torna-se sinônimo de obedecer essas regras, *força o dissidente a uma terra de ninguém sem regra nenhuma e despoja-o assim de sua razão e de sua humanidade.* É o paradoxo do irracionalismo moderno que seus proponentes identificam silenciosamente racionalismo com ordem e fala articulada, e veem-se, assim, forçados a promover gaguejos e absurdos – muitas formas de "misticismo" e "existencialismo" são impossíveis sem um comprometimento firme, mas irrealizado, com alguns princípios da ideologia desdenhada (recordemos apenas da "teoria" de que poesia não passa de emoções vividamente exprimidas). Removam-se os princípios, admita-se a possibilidade de muitas formas de vida diferentes, e tais fenômenos desaparecerão como um sonho ruim.

Meu diagnóstico e minhas sugestões coincidem com os de Lakatos – até certo ponto. Lakatos identificou princípios de racionalidade excessivamente rígidos como a fonte de algumas versões de irracionalismo e insistiu conosco para que adotemos padrões novos e mais liberais. Identifiquei princípios de racionalidade excessivamente rígidos, bem como um respeito geral pela "razão", como a fonte de algumas formas de misticismo e irracionalismo, e também insisto na adoção de padrões mais liberais. Porém, ao passo que o grande "respeito pela grande ciência" (1971, p.113) que tem Lakatos leva-o a buscar esses padrões nos limites da ciência moderna "dos dois últimos séculos" (ibidem, p.111), recomendo colocar a ciência em seu lugar como uma forma de conhecimento interessante, mas de modo algum exclusiva, que tem muitas vantagens mas também muitos inconvenientes: "Embora a ciência como um todo seja um aborrecimento, ainda assim pode-se aprender dela".[3] Também não acredito que se possa banir os charlatães simplesmente tornando-se mais rígidas as regras.

---

[3] Benn, carta a Gert Micha Simon, de 11 de outubro de 1949, citada de Benn, 1962, p.235.

Charlatães existiram em todos os tempos e nas profissões mais firmemente consolidadas. Alguns dos exemplos que Lakatos menciona (1970b, p.176, nota 1) parecem indicar que o problema é criado por excesso de controle, e não por falta dele.[4] Isso é especialmente verdade dos novos "revolucionários" e sua "reforma" das universidades. Sua falha é que são puritanos e *não* que sejam libertinos.[5] Além disso, quem imaginaria que os covardes melhorariam o clima intelectual mais rapidamente do que os libertinos? (Einstein percebeu esse problema e, portanto, aconselhou as pessoas a não associar sua pesquisa à sua profissão: a pesquisa tem de estar livre das pressões que as profissões tendem a impor. (Ibidem, p.105 ss.) Precisamos também lembrar que aqueles raros casos em que metodologias liberais *de fato* encorajam verborreia vazia e pensamento desconexo ("desconexo" de um ponto de vista, embora talvez não de outro) possam ser inevitáveis no sentido de que o liberalismo culpado é *também* uma precondição de uma vida livre e humana.

Finalmente, permitam-me repetir que, para mim, o chauvinismo da ciência é um problema muito maior do que o problema da poluição intelectual. Pode até ser uma de suas maiores causas. Os cientistas não se dão por satisfeitos em organizar seus próprios cercadinhos de acordo com o que consideram ser as regras do método científico, mas querem universalizar essas regras, querem que elas se tornem parte da sociedade em geral e usam todos os meios à sua disposição – argumento, propaganda, táticas de pressão, intimidação, prática de *lobby* – para atingir seus objetivos. Os comunistas chineses reconheceram os perigos inerentes nesse chauvinismo e procederam de modo que o removessem. No decurso disso, restauraram partes importantes da herança intelectual e emocional do povo chinês, bem como aperfeiçoaram a prática da medicina.[6] Seria vantajoso se outros governos seguissem esse exemplo.

---

[4] Cf. também suas observações a respeito de "falsa consciência" em Lakatos, 1971, p.94, 108 ss.
[5] Para um exemplo mais antigo, cf. Born, 1971, p.150.
[6] Cf. texto correspondente à nota 9 do Capítulo 4 e em Krieg, 1964.

16

Finalmente, o tipo de comparação essencial à maioria das metodologias é possível somente em alguns casos muito simples. Fracassa quando tentamos comparar concepções não científicas com a ciência e quando consideramos as partes mais avançadas, mais gerais e, portanto, mais mitológicas da própria ciência.

Tenho grande simpatia pela ideia, clara e elegantemente formulada por Whorf (e antecipada por Bacon), de que as línguas e os padrões de reação que envolvem não são meros instrumentos para *descrever* eventos (fatos, estados de coisas), mas que são também *modeladores* de eventos (fatos, estados de coisas),[1] que sua "gramática" encerra uma cosmologia, uma visão abrangente do mundo, da sociedade e da situação do ser humano,[2] que influencia o pensamento, o comportamento e a percepção.[3] Segundo Whorf, a cosmologia de uma língua é expressa parcialmente pelo uso manifesto [*overt*] de palavras, mas também baseia-se em classificações "que não t[ê]m uma marca manifesta ... mas que operam por uma 'permuta central' de vínculos de modo a determinar outras palavras que marcam a classe" (ibidem, p.69). Assim,

---

[1] Segundo Whorf (1956, p.121), "o sistema linguístico de fundo (em outras palavras, a gramática) de cada língua não é meramente um sistema reprodutor para exprimir ideias, mas, ao contrário, é ele próprio modelador de ideias, o programa e guia para a atividade mental do indivíduo, para sua análise das impressões, para sua síntese de seu equipamento mental padrão". Ver também o Apêndice 2.
[2] Como exemplo, cf. a análise de Whorf da metafísica hopi em ibid., p.57 ss.
[3] "Usuários de gramáticas marcadamente diferentes são levados por suas gramáticas a diferentes tipos de observações ..." (ibidem, p.221).

[o]s substantivos que têm um gênero, como *boy* [menino], *girl* [menina], *father* [pai], *wife* [esposa], *uncle* [tio], *woman* [mulher], *lady* [senhora], que incluem milhares de nomes próprios como George, Fred, Mary, Charlie, Isabel, Isadore, Jane, John, Alice, Aloysius, Esther, Lester, não portam, em cada processo motor, uma marca distintiva de gênero como o *-us* ou *-a* latinos. Não obstante, cada uma dessas milhares de palavras tem um vínculo invariável conectando-a, com precisão absoluta, ou à palavra *"he"* [ele] ou à palavra *"she"* [ela], que, contudo, não aparecem no quadro de comportamento manifesto até que, e a menos que, situações especiais do discurso o requeiram. (ibidem, p.68)

Classificações *cobertas* [*covert*] (que, por causa de sua natureza implícita, são "mais sentidas do que compreendidas – o ter consciência [delas] possui uma qualidade intuitiva"[4] – que "são inteiramente capazes de ser mais racionais que as manifestas"[5] e talvez sejam muito "sutis" e não relacionadas "a qualquer grande dicotomia")[6] criam "resistências padro-

---

[4] Ibidem, p.70. Até "[um] fonema pode assumir deveres semânticos definidos como parte de seu *rapport*. No inglês, o fonema ð ['thorn'] (o som sonoro de *th*) ocorre inicialmente apenas no criptótipo [classificação coberta não relacionada com nenhuma grande dicotomia – p.70] de partículas demonstrativas (*the* [o], *this* [isto], *there* [lá], *than* [que] etc.). Logo, há uma *pressão psíquica* contra a aceitação do som sonoro de *th* em palavras novas ou imaginárias: *thig*, *thay*, *thob*, *thuzzle* etc., que não tenham significado demonstrativo. Encontrando tal palavra nova (por exemplo, *thob*) em uma página, iremos 'instintivamente' dar-lhe o som surdo de *th* em '*think*'. Mas não é 'instinto'. Apenas nosso velho conhecido, o *rapport* linguístico, outra vez" (p.76, grifos nossos).

[5] Ibidem, p.80. Essa passagem continua: "... talvez aconteça que algum grupo linguístico, um tanto formal e não muito significativo, marcado por algum traço manifesto, coincida, grosseiramente, com alguma concatenação de fenômenos, de modo a sugerir a racionalização desse paralelismo. No decurso da mudança fonética, a marca distintiva, terminação, ou seja lá o que for, é perdida, e a classe passa de formal a semântica. Sua reatância é o que agora a distingue como classe e sua ideia é o que a unifica. Com o passar do tempo e com o uso, ela se torna cada vez mais organizada em torno de um princípio fundamental, atrai palavras semanticamente adequadas e perde elementos anteriores que, agora, passaram a ser semanticamente inapropriados. A lógica é, agora, o que a mantém como um todo". Cf. também o relato de Mill (1965, p.21) sobre seu desenvolvimento educacional.

[6] Whorf, op.cit., p.70. Tais classificações sutis são denominadas "criptótipos" por Whorf. Um criptótipo é "um significado oculto, sutil e difícil de exprimir, não correspondendo a nenhuma palavra, mas que, todavia, a análise linguística mostra ser funcionalmente importante na gramática".

nizadas a pontos de vista amplamente divergentes" (ibidem, p.247). Se essas resistências se opuserem não apenas à verdade das alternativas a que resistem, mas à presunção de que uma alternativa tenha sido apresentada, então teremos um exemplo de incomensurabilidade.

Acredito, também, que as teorias científicas, como a teoria de Aristóteles sobre o movimento, a Teoria da Relatividade, a Teoria Quântica, a cosmologia clássica e a moderna, são suficientemente gerais, suficientemente "profundas" e se desenvolveram de maneiras suficientemente complexas para poderem ser consideradas ao longo das mesmas linhas que as linguagens naturais. As discussões que preparam a transição a uma nova era na física, ou na astronomia, dificilmente restringem-se aos traços manifestos do ponto de vista ortodoxo. Revelam, com frequência, ideias ocultas, substituem-nas por ideias de espécie diferente e modificam tanto as classificações manifestas quanto as cobertas. A análise feita por Galileu do argumento da torre conduziu a uma formulação mais clara da teoria aristotélica do espaço e também revelou a diferença entre ímpeto (uma magnitude absoluta inerente ao objeto) e momento (que depende do sistema de referência escolhido). A análise de Einstein da simultaneidade revelou alguns traços da cosmologia newtoniana que, embora desconhecidos, tinham influenciado todos os argumentos acerca de espaço e tempo, ao passo que Niels Bohr descobriu, além disso, que o mundo físico não podia ser encarado como inteiramente separado do observador, dando assim conteúdo à ideia de independência que era parte da física clássica. Levando em conta casos como esse, percebemos que os argumentos científicos podem, de fato, estar sujeitos a "resistências padronizadas" e supomos que a incomensurabilidade também vá ocorrer entre teorias.

(Como a incomensurabilidade depende de classificações cobertas e envolve grandes mudanças conceituais, quase nunca é possível dar uma definição explícita dela. Nem as costumeiras "reconstruções" terão sucesso em torná-la conspícua. O fenômeno deve ser exibido, o leitor deve ser levado a ele pelo confronto com uma grande variedade de exemplos, e deve então julgar por si mesmo. Será esse o método adotado no presente capítulo.)

Casos interessantes de incomensurabilidade ocorrem já no domínio da *percepção*. Dados e estímulos apropriados, mas sistemas de classificação diferentes (diferentes "conjuntos mentais"), nosso aparato perceptual poderá produzir objetos perceptuais que não possam ser facilmente comparados.[7] Um juízo direto é impossível. Podemos comparar os dois objetos em nossa *memória*, mas *não* enquanto estivermos olhando para o *mesmo quadro*. O primeiro dos desenhos a seguir vai ainda um passo além. Dá origem a objetos perceptuais que não só *negam* outros objetos perceptuais – conservando, assim, as categorias básicas –, mas impedem a formação de qualquer objeto que seja (note-se que o cilindro no meio desaparece no nada à medida que nos aproximamos do interior do estímulo com as duas pontas). Nem mesmo a memória consegue nos dar, agora, uma visão completa das alternativas.

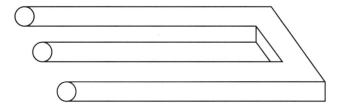

Toda imagem que tenha uma quantidade, mesmo que pequena, de perspectiva exibe esse fenômeno: podemos decidir prestar atenção à folha de papel em que as linhas estão desenhadas – mas então não há um padrão tridimensional; em contrapartida, podemos decidir investigar as propriedades desse padrão, mas então a superfície do papel desaparece, ou é integrada no que somente pode ser chamado uma ilusão. Não há maneira alguma de "apanhar" a transição de um caso para outro.[8] Em todos esses

---

[7] "Um mestre da introspecção, Kenneth Clark, descreveu-nos recentemente, do modo mais vívido, como até ele foi derrotado quando tentou "bloquear" uma ilusão. Examinando uma obra de Velásquez, ele queria observar o que acontecia enquanto se distanciava do quadro, no momento em que as pinceladas e marcas de tinta na tela se transformavam em uma visão de realidade transfigurada. Mas por mais que tentasse, indo para diante e para trás, jamais conseguiu ter ambas as visões ao mesmo tempo ..." (Gombrich, op.cit., p.6).

[8] Cf. Gregory, 1970, cap.2. Cf. também a distinção entre *eikon* e *phantasma* em Platão, *Sofista*, 235b8 ss.: "Esse 'aparentar' ou 'parecer' sem realmente 'ser' ... todas essas expressões sempre estiveram e ainda estão profundamente envoltas em perplexidade". Platão fala acerca das distorções em estátuas de tamanho colossal, distorções que foram introduzidas para fazê-las *aparentar* ter as proporções adequadas. "Não posso utilizar uma ilusão e observá-la", diz Gombrich em tais casos, op. cit., p.6.

casos, a imagem percebida depende de "conjuntos mentais" que podem ser modificados à vontade, sem o recurso a drogas, hipnose, recondicionamento. Mas conjuntos mentais podem ser paralisados por doença, como resultado da educação em certa cultura, ou por causa de determinantes fisiológicos fora de nosso controle. (Nem toda mudança de linguagem é acompanhada por mudanças perceptuais.) Nossa atitude com relação a outras raças, ou com relação a pessoas de formação cultural diferente, com frequência depende de conjuntos "paralisados" da segunda espécie: tendo aprendido a "ler" rostos da maneira padrão, fazemos juízos padronizados e somos induzidos ao erro.

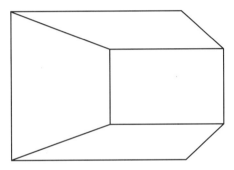

Um interessante exemplo de conjuntos fisiologicamente determinados que conduzem à incomensurabilidade é fornecido pelo *desenvolvimento da percepção humana*. Como foi sugerido por Piaget e sua escola (Piaget, 1954, p.5 ss.), a percepção de uma criança passa por vários estágios antes de alcançar sua forma adulta relativamente estável. Em um estágio, os objetos parecem se comportar muito como imagens residuais e são tratadas como tais. A criança segue o objeto com os olhos até que ele desapareça; ela não faz a menor tentativa de recuperá-lo, mesmo que isso requeira um esforço físico (ou intelectual) mínimo, um esforço que, além do mais, já está ao alcance da criança. Não há nem mesmo uma tendência a procurar – e isso é inteiramente apropriado, "conceitualmente" falando, pois seria de fato absurdo "procurar" uma imagem residual. Seu "conceito" não provê tal operação.

O aparecimento do conceito e da imagem perceptual de objetos materiais muda a situação de maneira bastante dramática. Ocorre uma drástica reorientação de padrões de comportamento e, pode-se conjecturar, de pensamento. Imagens residuais, ou coisas de algum modo semelhantes a elas, continuam a existir, mas são agora difíceis de encontrar e têm de ser descobertas por métodos especiais (o mundo visual anterior, portanto, literalmente *desaparece*).[9] Tais métodos provêm de um novo esquema conceitual (imagens residuais ocorrem em *humanos*, não são partes do mundo físico) e não podem reconduzir aos fenômenos exatos do estágio anterior. (Esses fenômenos deveriam, portanto, ser chamados por um nome diferente, como "pseudoimagens-residuais" – um análogo perceptivo muito interessante da transição, digamos, da mecânica newtoniana à relatividade especial: a relatividade, também, não nos dá fatos newtonianos, mas análogos relativísticos de fatos newtonianos.) Nem imagens residuais nem pseudoimagens-residuais têm uma posição especial no mundo novo. Por exemplo, não são tratadas como *evidência* na qual, supõe-se, se baseia a nova noção de objeto material. Nem podem ser usadas para *explicar* essa noção: imagens residuais *surgem junto a ela*, dependem dela e estão ausentes das mentes daqueles que ainda não reconhecem objetos materiais; e pseudoimagens-residuais *desaparecem* tão logo tal reconhecimento tenha lugar. O campo perceptivo jamais contém imagens residuais com pseudoimagens-residuais. É preciso admitir que cada estágio possui uma espécie de "base" observacional à qual se presta atenção especial e da qual é recebida uma profusão de sugestões. No entanto, essa base a) *modifica-se* de estágio a estágio e b) é *parte* do aparato conceitual de determinado estágio, e não sua única fonte de interpretação como alguns empiristas gostariam que acreditássemos.

Considerando desenvolvimentos como esses, podemos suspeitar que a família de conceitos centrada em "objeto material" e a família de conceitos centrada em "pseudoimagem-residual" são incomensuráveis precisamente no sentido que está aqui em questão; essas famílias não podem ser utilizadas de modo simultâneo e não se pode estabelecer entre elas nem conexões lógicas nem perceptivas.

---

[9] Isso parece ser uma característica geral da aquisição de novos mundos perceptuais: "As representações mais antigas, em sua maior parte, têm de ser suprimidas mais do que reformadas", escreve Stratton em seu célebre ensaio "Vision without Inversion of the Retinal Image" (1897, p.471).

Ora, é razoável esperar que mudanças conceituais e perceptivas dessa espécie ocorram somente na infância? Deveríamos acolher de boa vontade o fato, se é que é um fato, de que um adulto está preso a um mundo perceptivo estável acompanhado de um sistema conceitual estável, o qual ele pode modificar de muitas maneiras, mas cujos contornos gerais tornaram-se para sempre imobilizados? Ou não seria mais realista assumir que mudanças fundamentais, acarretando incomensurabilidade, são ainda possíveis e devem ser encorajadas a fim de que não fiquemos para sempre excluídos do que poderia ser um estágio mais avançado de conhecimento e consciência? Além disso, a questão da mobilidade do estágio adulto é, de qualquer maneira, uma questão empírica que deve ser atacada mediante *pesquisa* e não pode ser decidida por um *fiat* metodológico.[10] A tentativa de romper as fronteiras de dado sistema conceitual é parte essencial de tal pesquisa (devia também ser parte essencial de qualquer vida interessante).

Essa tentativa envolve muito mais do que uma prolongada "discussão crítica" (Popper, 1965, p.56), como algumas relíquias do Iluminismo gostariam que acreditássemos. Deve-se ser capaz de *produzir* e *apreender* novas relações perceptivas e conceituais, inclusive relações que não são imediatamente aparentes (relações cobertas – ver anteriormente) e *isso* não pode ser realizado só por meio de discussão crítica (cf. também capítulos 1 e 2). A explicação ortodoxa negligencia as relações cobertas que contribuem para seu significado, desconsidera mudanças perceptivas e trata o restante de maneira rigidamente estandardizada, de modo que qualquer debate de ideias incomuns é bloqueado de imediato por uma série de respostas rotineiras. Agora, contudo, esse grupo inteiro de respostas está posto em dúvida. Todo conceito que nele ocorre é suspeito, em especial conceitos "fundamentais" como "observação", "teste" e, é claro, o próprio conceito de "teoria". E no que diz respeito à palavra "verdade", podemos, neste estágio, dizer apenas que certamente tem deixado as pessoas em um estado de perturbação, mas que não realizou muita coisa mais. A melhor maneira

---

[10] Como Lakatos (1970b, p.179, nota 1) tenta fazer: "Teorias incomensuráveis não são nem inconsistentes umas com as outras, nem comparáveis no que diz respeito ao conteúdo. Mas podemos, por meio de um dicionário, *torná-las* inconsistentes entre si, e seu conteúdo, comparável".

de proceder em tais circunstâncias é utilizar exemplos que estejam fora do alcance das respostas rotineiras. É por essa razão que decidi examinar outros meios de representação que não linguagens e teorias, e desenvolver minha terminologia em relação a eles. Mais especialmente, examinarei estilos de pintura e desenho. Ficará claro que não há objetos "neutros" que possam ser representados em qualquer estilo, que meça sua proximidade à "realidade". A aplicação a linguagens é óbvia.

O "estilo arcaico", como definido por Emanuel Loewy em sua obra sobre a arte grega antiga,[11] tem as características a seguir:

1) A estrutura e o movimento das figuras e de suas partes são limitados a uns poucos esquemas típicos; 2) as formas individuais são estilizadas, tendem a ter certa regularidade e são "executadas com ... abstração precisa";[12] 3) a representação de uma forma depende do *contorno* que pode conservar o valor de uma linha independente ou formar os limites de uma silhueta. "Às silhuetas podiam ser dadas várias posturas: podiam estar em pé, marchar, remar, conduzir, lutar, morrer, lamentar ... Mas sua estrutura essencial tem sempre de ser clara" (Webster, op.cit., p.205); 4) a *cor* aparece apenas em um matiz, e ficam faltando as gradações de luz e sombra; 5) em regra, as figuras exibem suas partes (e os episódios maiores, seus elementos) *em seu aspecto mais completo* – mesmo que isso signifique uma deselegância na composição e "certa desconsideração das relações espaciais". Às partes é dado seu valor conhecido, mesmo quando isso conflita com a relação percebida destas para com o todo (ibidem, p.207); assim, 6) com poucas exceções bem determinadas, as figuras que formam uma composição são dispostas de maneira tal que *sobreposições são evitadas* e objetos situados uns atrás dos outros são apresentados como estando lado a lado; 7) o *ambiente* de uma ação (montanhas, nuvens, árvores etc.) ou

---

[11] Loewy (1900, cap.1) utiliza "arcaico" como um termo *genérico* cobrindo fenômenos na arte egípcia, grega e primitiva e nos desenhos de crianças e de observadores não treinados. Na Grécia, seus comentários aplicam-se ao *estilo geométrico* (1000 a 700 a.C.), que trata a figura humana em maior detalhe e envolve-a em episódios vívidos. Cf. também Matz, 1950, bem como Beazly; Ashmole, 1966, caps.II e III.

[12] Webster, 1964, p.292. Webster considera esse uso de "padrões simples e claros" na arte geométrica grega "o precursor de desenvolvimentos posteriores na arte (no final das contas, a invenção da perspectiva), na matemática e na filosofia".

é completamente negligenciado ou é, em grande parte, omitido. A ação forma unidades independentes de cenas típicas (batalhas, funerais etc.) (Beazly; Ashmole, op.cit., p.3).

Esses elementos estilísticos, encontrados, em modificações variadas, nos desenhos de crianças, na arte "frontal" dos egípcios, na arte grega inicial, bem como entre os assim chamados povos primitivos, são explicados por Loewy com base em mecanismos psicológicos:

> Lado a lado com as imagens que a realidade apresenta ao olho físico existe um mundo inteiramente diferente de imagens que vivem, ou melhor, que ganham vida em nossa mente apenas, e, embora sugeridas pela realidade, são totalmente transformadas. Cada ato primitivo de desenho ... tenta reproduzir essas imagens, e somente elas, com a regularidade instintiva de uma função psíquica. (Loewy, op.cit., p.4)

O estilo arcaico muda como resultado de "numerosas observações planejadas da natureza, as quais modificam as puras imagens mentais" (ibidem, p.6), iniciam o desenvolvimento em direção ao realismo e, assim, iniciam a história da arte. Razões *naturais*, fisiológicas, são dadas para o estilo arcaico e sua transformação.

Ora, não está claro por que deveria ser mais "natural" copiar imagens da memória do que imagens da percepção, que são mais bem definidas e mais permanentes.[13] Também descobrimos que o realismo com frequência *precede* formas mais esquemáticas de apresentação. Isso é verdadeiro da idade da pedra lascada,[14] da arte egípcia,[15] da arte geométrica

---

[13] Os fatos da perspectiva são notados, mas não entram nas apresentações pictóricas; isso é visto em descrições literárias. Cf. Schäfer, 1963, p.88 ss., em que esse problema é mais extensamente discutido.

[14] Cf. Graziosi, 1960, e Leroc-Gourhan, 1967, ambos com excelentes ilustrações. Esses resultados não eram conhecidos por Loewy: o "Mea culpa d'un sceptique", de Cartailhac, por exemplo, apareceu somente em 1902.

[15] Cf. a mudança na apresentação dos animais no decurso da transição da época pré-dinástica à Primeira Dinastia. O leão de Berlim (Berlim, Staatliches Museum, nr. 22440) é selvagem, ameaçador, muito diferente, na expressão e na execução, do animal majestoso da Segunda e da Terceira Dinastias. O último parece ser mais uma representação do *conceito* de leão do que qualquer leão individual. Cf. também a diferença entre o falcão na placa comemo-

ática.[16] Em todos esses casos, o "estilo arcaico" é antes o resultado de um *esforço consciente* (que pode, é claro, ser auxiliado ou estorvado por tendências inconscientes e leis fisiológicas) do que uma reação natural a resíduos internos de estímulos externos.[17] Em vez de buscar as *causas* psicológicas de um "estilo" deveríamos, portanto, de preferência tentar descobrir seus *elementos*, analisar sua *função*, compará-los com outros fenômenos da mesma cultura (estilo literário, construção de sentenças, gramática, ideologia) e chegar assim a um delineamento da *visão de mundo* subjacente, inclusive uma explicação do modo pelo qual essa visão de mundo influencia a percepção, o pensamento, a argumentação e os limites que impõe ao devanear da imaginação. Veremos que tal análise de delineamentos fornece uma compreensão melhor do processo de mudança conceptual que uma explicação naturalista que reconhece apenas uma "realidade" e ordena obras de arte por sua proximidade a ela, ou que *slogans* triviais como "uma discussão crítica e uma comparação de ... vários referenciais é sempre possível" (Popper, 1965, p.56). Claro, *alguma* espécie de comparação *sempre* é possível (por exemplo, uma teoria física pode soar mais melodiosa do que outra teoria física quando lida em voz alta com acompanhamento de violão). Mas estabeleça regras *específicas* para o processo de comparação, como as regras da lógica aplicadas à relação de classes de conteúdo, ou algumas regras simples de perspectiva, e você encontrará exceções, restrições indevidas, e será forçado, a todo momento, a ficar achando saídas para as dificuldades que aparecem. É muito mais interessante e instrutivo exami-

---

rativa da vitória do rei Narmer (lado de trás) e na estela sepulcral do rei Wadji (Djet) da Primeira Dinastia. "Por toda a parte avançou-se em direção à clareza pura, as formas foram reforçadas e tornadas mais simples", Schäfer, op.cit., p.12 ss., especialmente p.15, onde são dados detalhes adicionais.

[16] "A arte geométrica ática não deveria ser chamada primitiva, embora não tenha a espécie de realismo fotográfico que os eruditos literários parecem exigir na pintura. É uma arte altamente sofisticada, com suas convenções próprias que servem a propósitos próprios. Quanto a formas e à ornamentação, uma revolução a separa da pintura micênica mais recente. Nessa revolução, as figuras foram reduzidas a silhuetas mínimas, e partindo dessas silhuetas mínimas foi construída a nova arte." (Webster, op.cit., p.205).

[17] Essa tese é ainda mais apoiada pela observação de que os assim chamados primitivos frequentemente se viram de costas aos objetos que querem desenhar; Schäfer, op.cit., p.102, segundo Conze.

nar que espécies de coisas podem ser ditas (representadas) e que espécies de coisas não podem ser ditas (representadas) *caso a comparação tenha de ter lugar no interior de certo referencial especificado e historicamente bem entrincheirado.* Para tal exame, temos de ir além das generalidades e estudar em detalhe os referenciais. Começo tratando de alguns exemplos do estilo arcaico.

A figura humana mostra as seguintes características:

> os homens são muito altos e magros, o tronco é um triângulo afilando-se no peito, a cabeça é uma protuberância em que o rosto é mera excrescência: à época final do estilo, a cabeça é avivada – desenha-se o contorno da protuberância que é a cabeça, e um ponto representa o olho. (Beazly; Ashmole, op.cit., p.3)

Todas ou quase todas as partes são mostradas de perfil e são ligadas como os membros de uma marionete ou de uma boneca de trapos. Não são "integradas" de modo que forme um todo orgânico. Essa característica "aditiva" do estilo arcaico fica muito clara no tratamento dado ao olho. O olho não participa das ações do corpo, não guia o corpo nem estabelece contato com a situação circundante, não "olha". É acrescentado à cabeça mostrada em perfil como parte de uma notação, como se o artista quisesse dizer: "e além dessas outras coisas todas como pernas, braços e pés, um homem também tem olhos, eles se encontram na cabeça, um de cada lado". De maneira similar, estados especiais do corpo (vivo, morto, doente) não são indicados por um arranjo especial de suas partes, mas por meio da colocação do mesmo corpo padrão em várias *posições* padrão. Assim, o corpo de um morto em um carro funerário é articulado exatamente da mesma maneira que um homem em pé, mas é girado 90° e inserido no espaço entre a superfície inferior da mortalha e o topo do ataúde.[18] Tendo a forma do corpo de um homem vivo, ele é, *além disso*, colocado na posição de morto. Outra ilustração é a imagem de um cabrito meio engolido por um leão (Hampl, 1952). O leão parece feroz, o cabrito parece tranquilo e o

---

[18] Webster, op.cit., p.204: "O pintor sente a necessidade de dizer que ele tem dois braços, duas pernas e um peito masculino".

ato de engolir é simplesmente *justaposto* à apresentação do que um leão *é* e do que um cabrito *é*. (Temos o que é chamado um *agregado paratáctico*: os elementos de tal agregado recebem todos igual importância, a única relação entre eles é sequencial, não há hierarquia, nenhuma parte é apresentada como subordinada a outras e por elas determinada.) A imagem *lê*: leão feroz, cabrito tranquilo, engolir do cabrito pelo leão.

A necessidade de mostrar todas as partes essenciais de uma situação leva, com frequência, a uma separação de partes que, na realidade, estão em contato. A figura torna-se uma lista. Assim, um auriga em pé em uma carruagem é mostrado como se estivesse acima do chão (apresentado em sua visão mais ampla) e desembaraçado dos parapeitos laterais de modo que seus pés, o chão e os parapeitos laterais possam todos ser vistos claramente. Nenhum problema surge se olharmos a imagem como um *catálogo visual* das partes de um evento em vez de uma representação do próprio evento (nenhum problema surge quando *dizemos*: seus *pés* tocavam o *fundo*, que é *retangular*, e ele estava circundado por um *parapeito* …).[19] Mas essa interpretação precisa ser *aprendida*, ela não pode ser simplesmente inferida da imagem.

A porção de aprendizado necessária pode ser considerável. Alguns desenhos e pinturas egípcios podem ser decodificados apenas com auxílio do próprio objeto representado ou com o auxílio de cópias tridimensionais dele (estatuaria, no caso de humanos, animais etc.). Utilizando tal informação, aprendemos que a cadeira na Figura A representa o objeto da Figura C e não o objeto da Figura B e deve ser entendida como: "cadeira com encosto e quatro pernas, pernas conectadas por suporte", em que fica subentendido que as pernas dianteiras são conectadas com as traseiras e não entre si (Schäfer, op.cit., p.123). A interpretação de grupos é complicada e alguns casos ainda não estão compreendidos (ibidem, p.223 ss.).

(Ser capaz de "ler" certo estilo inclui, também, conhecimento de que traços são *irrelevantes*. Nem todo traço de uma lista arcaica tem valor representacional, assim como nem todo traço de uma sentença escrita desempenha um papel na articulação de seu conteúdo. Isso não foi percebido pelos

---

[19] "Todas as imagens geométricas de carruagens mostram pelo menos uma dessas distorções." (Webster, op.cit., p.204). A cerâmica micênica tardia, em contrapartida, apresenta as pernas dos ocupantes escondidas pelo lado.

gregos, que começaram a investigar as razões das "posturas dignas" de estátuas egípcias (Platão já havia comentado isso). Tal questão "poderia ter causado surpresa a um artista egípcio, tal como nos surpreenderíamos se alguém indagasse a idade ou a disposição de ânimo do rei no tabuleiro de xadrez". (Gombrich, op.cit., p.134).

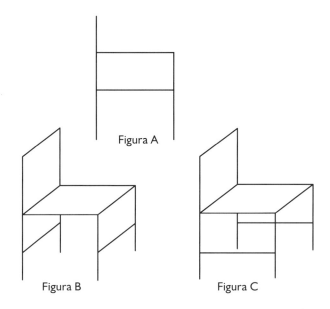

Até aqui, apresentei um breve relato de algumas peculiaridades do estilo "arcaico".

Um estilo pode ser descrito e analisado de várias maneiras. As descrições dadas até agora concentraram a atenção nos *aspectos formais*: o estilo arcaico provê *listas visíveis* cujas partes são dispostas aproximadamente da mesma maneira em que ocorrem na "natureza", exceto quando tal disposição é propensa a esconder elementos importantes. Todas as partes estão no mesmo nível; supõe-se que "leiamos" as listas, em vez de "vê-las" como descrições ilusórias da situação.[20] As listas não são organizadas de maneira alguma,

---

[20] "Ficamos mais próximos do conteúdo factual de desenhos frontais [*geradvorstelliger*] de objetos se começarmos por *ler* seus conteúdos parciais sob a forma de sentenças declarativas narrativas. O modo frontal de representação nos dá um 'conceito visual' [*Sehbegriff*] da coisa (da situação) representada." Schäfer, op.cit., p.118. Cf. também Webster, op.cit., p.202, acerca do caráter "narrativo" e "explicativo" da arte micênica e geométrica. Mas cf.

exceto sequencialmente, isto é, a forma de um elemento não depende da presença de outros elementos (acrescentar um leão e o ato de engolir não faz que o cabrito pareça infeliz; acrescentar o processo de morrer não faz que um homem pareça fraco). Pinturas arcaicas são *agregados paratácticos*, não sistemas hipotácticos. Os elementos do agregado podem ser partes físicas, como cabeças, braços, rodas; podem ser estados de coisas, como o fato de que um corpo está morto; podem ser ações, como a ação de engolir.

Em vez de descrever os aspectos formais de um estilo, podemos descrever os *aspectos ontológicos* de um mundo que consiste nos elementos representados no estilo, arranjados da maneira apropriada, e podemos também descrever a *impressão* que esse mundo causa no observador. Esse é o procedimento do crítico de arte que adora alongar-se acerca do comportamento peculiar dos caracteres que o artista coloca em sua tela e a respeito da "vida interna" que esse comportamento parece indicar. Assim, G. M. S. Hanfmann (1957, p.74) escreve a respeito da figura arcaica:

> Não importa quão animados e ágeis heróis arcaicos possam ser, eles não parecem mover-se por sua própria vontade. Seus gestos são fórmulas explicativas impostas de fora aos atores a fim de explicar que tipo de ação está acontecendo. E o obstáculo crucial ao retrato convincente da vida interna era o caráter curiosamente destacado do olho arcaico. Mostra que uma pessoa está viva, mas não pode ajustar-se às exigências de uma situação específica. Mesmo quando o artista arcaico tem êxito em denotar um estado de ânimo bem-humorado ou trágico, esses fatores do gesto externalizado e do olhar destacado lembram a animação exagerada de um espetáculo de marionetes.

Uma descrição ontológica frequentemente só acrescenta palavrório à análise formal; não passa de um exercício de "sensibilidade" e graciosidade. Contudo, não devemos desconsiderar a possibilidade de que um

---

Groenewegen-Frankfort 1951, p.33 ss.: as cenas da vida diária nas paredes de tumbas egípcias "devem ser 'lidas': colher implica lavrar, semear e colher; cuidar do gado implica vadear correntes e ordenhar ... a sequência de cenas é puramente conceitual, não narrativa, nem tem caráter dramático os escritos que se encontram junto com as cenas. Os sinais, reparos, nomes, canções e explicações que iluminam a ação ... não ligam eventos ou explicam seu desenvolvimento; são dizeres típicos pertencentes a situações típicas".

estilo particular *dê uma explicação precisa do mundo como ele é percebido pelo artista e seus contemporâneos* e que todo aspecto formal corresponda a pressupostos (ocultos ou explícitos) inerentes à cosmologia implícita. (No caso do estilo "arcaico", não devemos desprezar a possibilidade de que os humanos, na época, realmente se *sentissem* como o que hoje denominaríamos títeres dirigidos por forças externas e *vissem* e *tratassem* os outros conformemente.) Essa *interpretação realista* dos estilos estaria de acordo com a tese de Whorf de que as linguagens, além de serem instrumentos para *descrever* eventos (que podem ter outros traços, não cobertos por descrição alguma), são também *moldadores* de eventos (de modo que há um limite linguístico para o que pode ser dito em dada linguagem, e esse limite coincide com os limites da própria coisa), mas iria além dela ao incluir meios não linguísticos de representação.[21] A interpretação realista é muito plausível. Mas não se deve tomá-la por certa.[22]

Não se deve tomá-la por certa, pois há falhas técnicas, propósitos especiais (caricatura) que podem modificar um estilo sem alterar a cosmologia. Precisamos também lembrar que os humanos têm aproximadamente o mesmo equipamento neurofisiológico, de modo que a percepção não pode ser desviada para qualquer direção que se queira.[23] E em alguns casos podemos de fato mostrar que desvios de um "retratar fiel da natureza" ocorrem na presença de conhecimento detalhado do objeto e lado a lado com apresentações mais "realistas": a oficina do escultor Tutmosis, em Tel al-Amarna (a antiga Achet-Aton), contém máscaras diretamente tiradas de modelos vivos, tendo intactos todos os detalhes da formação da cabeça (endentações) e da face, bem como cabeças esculpidas partindo-se dessas máscaras. Algumas dessas cabeças preservam os detalhes, outras os eliminam e os substituem por formas simples. Um exemplo extremo é a cabeça completamente lisa de um homem egípcio. Ele prova que "pelo menos alguns artistas permaneceram conscientemente independentes

---

[21] Cf. nota 1 e o texto deste capítulo.
[22] Para um esboço dos problemas que surgem no caso de teorias físicas, cf. meu "Reply to Criticism", 1965, seções 5-8 e, em especial, a lista de problemas na p.234. Hanson, Popper e outros supõem como dado que o realismo é correto.
[23] Talvez seja diferente com estados induzidos por drogas, especialmente quando são parte de um programa sistemático de educação.

da natureza" (Schäfer, op.cit., p.63). Durante o reinado de Amenófis IV (1364–1347 a.C.), o modo de representação foi modificado duas vezes; a primeira mudança, em direção a um estilo mais realista, ocorreu meros quatro anos depois de sua ascensão ao trono, o que mostra que a habilidade técnica para o realismo já existia e estava pronta para ser usada, mas era intencionalmente deixada sem desenvolver. *Uma inferência do estilo (ou linguagens) para a cosmologia e os modos de percepção, portanto, necessita de argumento especial: não pode ser feita como algo natural.* (Uma observação similar aplica-se a qualquer inferência com base em teorias populares na ciência, como a Teoria da Relatividade ou a ideia do movimento da Terra, para a cosmologia e os modos de percepção.)

O argumento (que jamais será conclusivo) consiste em indicar traços característicos em campos distantes. Se as idiossincrasias de um particular estilo de pintura também são encontradas na estatuária, na gramática de línguas da época (e aqui, em especial em classificações cobertas que não podem ser facilmente distorcidas); se puder ser mostrado que essas línguas são faladas igualmente por artistas e pelo povo comum; se há princípios filosóficos formulados nessas línguas que afirmem serem as idiossincrasias traços do mundo e não apenas produtos artificiais, que tentem explicar sua origem; se homem e natureza têm esses traços não apenas em pinturas, mas também na poesia, nos ditados populares, no direito comum; se a ideia de que os traços são partes de percepção normal não é contraditada por nada que saibamos da fisiologia, ou da psicologia da percepção; se pensadores de épocas posteriores atacam essas idiossincrasias como "erros" resultantes de uma ignorância do "verdadeiro modo", então podemos admitir que não estamos apenas lidando com falhas técnicas e propósitos particulares, *mas com um modo de vida coerente*, e podemos crer que as pessoas envolvidas nesse modo de vida vejam o mundo da mesma maneira como vemos agora suas pinturas. Parece que todas essas condições estão satisfeitas na Grécia arcaica: a estrutura formal e a ideologia da *épica grega*, como reconstruídas tanto com base no texto quanto em referências posteriores a ele, repetem todas as peculiaridades do estilo geométrico em seu período final e do estilo arcaico em seu período inicial (Webster, op.cit., p.249 ss.).

Para começar, cerca de nove décimos das épicas de Homero consistem em *fórmulas* que são frases pré-fabricadas cuja extensão vai de uma única palavra ou duas a várias linhas completas e as quais são repetidas em lugares apropriados.[24] Um quinto dos poemas consiste em linhas inteiramente repetidas de um lugar para outro; em 28 mil linhas de Homero há cerca de 25 mil frases repetidas. Repetições ocorrem já na poesia da corte micênica e podem ser observadas na poesia das cortes orientais:

> Títulos de deuses, reis e homens devem ser dados corretamente e, em um mundo palaciano, o princípio de expressão correta pode ser ainda mais estendido. A correspondência real é altamente formal, e essa formalidade é estendida além das cenas de mensageiro da poesia para as fórmulas utilizadas para iniciar discursos. De maneira similar, as operações são relatadas em termos da ordem da operação, seja dada ou não a própria ordem de operação, e essa técnica é estendida a outras descrições que não dispõem de tais ordens de operação. Essas coerções todas derivam, em última instância, da corte do rei, e é razoável supor que a corte, por sua vez, gostasse de ver essa formalidade na poesia. (Webster, op.cit., p.75 ss.)

As condições das cortes (sumeriana, babilônica, hurriana, hitita, fenícia, micênica) também explicam a ocorrência de elementos estandardizados de *conteúdo* (cenas típicas; o rei e os nobres na guerra e na paz; mobiliário; descrição de coisas belas) que, passando de cidade para cidade, e até para além de fronteiras nacionais, são repetidos e adaptados às circunstâncias locais.

A combinação de elementos constantes e variáveis, que lentamente surgia e é o resultado de numerosas adaptações dessa espécie, foi utilizada pelos poetas analfabetos da "Idade das Trevas" da Grécia, os quais desenvolveram uma linguagem e formas de expressão que melhor servem aos requisitos da *composição oral*. O requisito da *memória* exigia que houvesse descrições de eventos já prontas que pudessem ser usadas por um poeta que compõe em sua mente, sem o auxílio da escrita. O requisito da *métrica* exigia que as frases descritivas básicas fossem adequadas para emprego nas várias partes do verso que o poeta está a ponto de completar:

---

[24] No século XX, o papel das fórmulas foi descrito e submetido a teste por Parry, 1928, 1930 e 1932. Para um breve relato, cf. Page, 1966, cap.VI, bem como Kirk, 1965, parte I.

> À diferença do poeta que escreve seus versos ... [o poeta oral] não pode pensar descansadamente em sua próxima palavra, nem mudar o que já fez, nem, antes de continuar, passar uma vista de olhos sobre o que acabou de escrever ... Ele precisa ter, à sua disposição, grupos de palavras todos eles construídos de modo a ajustar-se a seu verso. (Parry, 1930, p.77)

A *economia* exige que, dada uma situação e certa restrição métrica (começo, meio ou fim de um verso), haja somente um modo de continuar a narrativa – e essa exigência é satisfeita em surpreendente extensão:

> Todos os personagens principais da *Ilíada* e da *Odisseia*, caso seus nomes possam ser ajustados na última metade do verso com um epíteto, têm uma fórmula nome-epíteto no nominativo, a qual começa com uma consoante simples e preenche o verso entre a cesura trocaica do terceiro pé e o fim do verso: por exemplo, πολύτλας δῖος Ὀδυσσεύς. Em uma lista de 37 personagens que dispõem de fórmulas desse tipo, a qual inclui todos aqueles que tenham alguma importância nos poemas, há apenas três nomes que têm uma segunda fórmula que poderia substituir a primeira. (ibidem, p.86 ss.)

> Se você toma, nos cinco casos gramaticais, o singular de todas as fórmulas nome-epíteto usadas para Aquiles, descobrirá que você tem quarenta e cinco fórmulas diferentes, das quais nenhuma tem, no mesmo caso, o mesmo valor métrico. (ibidem, p.89)

Aparelhado dessa maneira, o poeta homérico "não tem interesse algum em originalidade de expressão ou em variedade. Ele utiliza ou adapta fórmulas herdadas" (Page, op.cit., p.230). Ele não tem uma

> escolha, nem mesmo pensa em termos de escolha; para uma dada parte do verso, qualquer que fosse a declinação de caso necessária e qualquer que pudesse ser o assunto, o vocabulário de fórmulas fornecia, imediatamente, uma combinação de palavras já prontas. (ibidem, p.242)

Usando as fórmulas, o poeta homérico apresenta um relato de *cenas típicas,* nas quais objetos são ocasionalmente descritos pelo "acréscimo das partes em uma *cadeia de palavras*, em aposição" (Webster, op.cit., p.99 ss., grifos nossos). Ideias que, atualmente, consideraríamos como logicamente subordinadas a outras são enunciadas em proposições separadas, gramaticalmente coordenadas. Exemplo (*Ilíada*, 9.556 ss.): Meleagros

> estava deitado ao lado de sua esposa, a bela Cleópatra, filha da Marpessa de lindos tornozelos, filha de Euenos e de Ides, que era o homem mais forte da Terra naquela época – e ele empunhou seu arco contra o Senhor Febo Apolo por causa da donzela de lindos tornozelos: ela então, em seus salões, seu pai e a senhora sua mãe chamavam pelo nome de Alcione, porque...

e assim por diante, por mais dez versos e dois ou três temas maiores antes de um ponto final. Essa característica *paratáctica* da poesia homérica, que reflete a ausência de elaborados sistemas de cláusulas subordinadas no grego primitivo,[25] também deixa claro por que se diz que Afrodite está "rindo doce-

---

[25] Cf. Kühner, 1966. No século XX, tal maneira de apresentação paratáctica ou "simultanista" foi utilizada pelos primeiros expressionistas, por exemplo, por Jacob von Hoddis eu seu poema *Weltende* [Fim do mundo]:

> Dem Bürger fliegt vom spitzen Kopf der Hut,
> In allen Lüften hallt es wie Geschrei.
> Dachdecker stürzen ab und gehn entzwei,
> Und an den Küsten – liest man – steigt die Flut.
> Der Sturm ist da, die wilden Meere hupfen
> An Land, um dicke Dämme zu zerdrücken.
> Die meisten Menschen haben einen Schnupfen.
> Die Eisenbahnen fallen von den Brücken

em alemão no original.

> O chapéu voa da cabeça pontuda do burguês,
> Nos ares todos ressoa como se gritaria.
> Telhados caem e se partem ao meio,
> E nas praias – pelo que se lê – sobe a maré.
> A tempestade chegou, os mares bravios saltam
> À terra, para esmagar os espessos diques.
> A maioria das pessoas tem um resfriado,
> Os trens caem de cima das pontes. (N. T.)

Von Hoddis afirma que Homero é um precursor, explicando que a simultaneidade foi usada por ele não a fim de tornar um evento mais transparente, mas para criar uma mente" quando, na verdade, ela se queixa lacrimosamente (*Ilíada*, 5.375), ou porque Aquiles é denominado "de pés ligeiros" quando ele está sentado conversando com Príamo (*Ilíada*, 24.559). Tal como, no período final da cerâmica geométrica (no estilo "arcaico" de Loewy), um corpo morto é um corpo vivo colocado na posição de morte (cf. texto à nota 18) ou um cabrito devorado é um *cabrito tranquilo* e vivo colocado na relação apropriada na boca de um leão feroz, da mesma maneira Afrodite se queixando é simplesmente Afrodite – e essa é a deusa sorridente – inserida na situação de queixar-se, da qual ela participa apenas externamente, sem mudar sua natureza.

O *tratamento aditivo* dos eventos torna-se muito claro no caso dos movimentos (humanos). Na *Ilíada*, 22.298, Aquiles arrasta Heitor pelo pó "e o pó se levantava ao redor dele, que era arrastado, e seu cabelo escuro caía frouxo de cada lado, e no pó *jazia* sua cabeça, uma vez bela" – ou seja, o *processo* de arrastar contém o *estado* de jazer como parte independente que, com outras tais partes, constitui o movimento (cf. Kurz, 1966, p.50). Falando mais abstratamente, poderíamos dizer que, para o poeta, o "tempo é composto de momentos".[26] Muitas das comparações pressupõem que as partes de uma entidade complexa têm vida própria e podem ser facilmente separadas. O homem geométrico é uma lista visível de partes e posições; o homem homérico é construído partindo de membros, superfícies e ligações

---

sensação de espaço imensurável. Quando Homero descreve uma batalha e compara o ruído das armas com as batidas de um lenhador, ele quer meramente mostrar que, ao passo que há uma batalha, há também a quietude das matas, interrompida apenas pelo trabalho do lenhador. Não se pode conceber uma catástrofe sem, simultaneamente, pensar em algum evento completamente desimportante. O Grande encontra-se misturado com o Pequeno, o Importante com o Trivial. (Quanto ao relato, cf. Becher, 1965, p.50 ss.; esse breve artigo também contém uma descrição da tremenda impressão que o poema de oito linhas de Von Hoddis causou quando foi publicado em 1911.) Não se pode inferir que a mesma impressão tenha sido criada nos ouvintes dos cantores homéricos que não tinham, como pano de fundo para comparação, um meio complexo e romantizado que tivesse se deteriorado em sentimentalismo choroso.

[26] Essa é a teoria atribuída a Zênon por Aristóteles, *Física*, 239b, 31. A teoria aparece mais claramente no argumento da flecha: "A flecha em voo está em repouso. Com efeito, se tudo está em repouso quando ocupa um espaço igual a si mesmo, e se o que está em voo em cada momento sempre ocupa um espaço igual a si mesmo, então não pode mover-se" (segundo a *Física*, 239b). Não podemos dizer que a teoria era sustentada pelo próprio Zênon, mas podemos conjecturar que desempenhou papel importante na sua época.

que são isolados pela comparação com objetos inanimados cuja forma é precisamente definida: o corpo de Hippolochos rola pelo campo de batalha como um *tronco* após Agamenon ter cortado seus braços e sua cabeça (*Ilíada*, 11.146 – ὅλμος, pedra redonda de forma cilíndrica), o corpo de Heitor gira como um pião (*Ilíada*, 14.412), a cabeça de Gorgythion cai para o lado "como um *galho* pesado de frutos e das chuvas da primavera" (*Ilíada*, 8.302) (Kurz, ibidem); e assim por diante. Da mesma forma, as fórmulas da épica, especialmente as combinações nome-epíteto, são com frequência usadas não de acordo com o conteúdo, mas de acordo com a conveniência métrica:

> Zeus transforma-se de conselheiro em um deus trovejante e em um deus paternal *não* em relação com o que está fazendo, mas de acordo com os ditames da métrica. Ele não é *nephelegerata Zeus* quando está reunindo nuvens, mas quando está preenchendo a unidade métrica, ∪∪ – ∪∪ – –' (Latimore, 1951, p.39 ss.),

como o artista geométrico pode distorcer as relações espaciais – introduzindo contato onde não existe contato algum, e quebrando-o onde ocorre – a fim de contar a história visual à sua própria maneira individual. Assim, o poeta repete os aspectos formais utilizados pelos artistas geométricos e primitivos. Nenhum deles parece estar ciente de uma "substância subjacente" que mantém unidos os objetos e molda suas partes de modo que reflitam a "unidade mais alta" à qual pertencem.

Tampouco encontra-se essa "unidade mais alta" nos conceitos da linguagem. Por exemplo, não há uma expressão que possa ser usada para descrever o corpo humano como entidade única.[27] *Soma* é o cadáver, *demas* é acusativo de especificação, significa "em estrutura", ou "no que diz respeito à forma", a referência a *membros* ocorre onde atualmente falaríamos do corpo (γυῖα, membros movidos pelas articulações; μέλεα, membros

---

[27] Para o que segue, cf. Snell, 1960, cap.1. As ideias de Snell foram criticadas, mas parecem sobreviver à crítica. Cf. o relato em Krafft, 1963, p.25 ss. Em seus *Gesammelte Schriften*, Snell (1966, p.18) também sustenta que "em Homero jamais encontramos uma decisão pessoal, uma escolha consciente feita por um ser humano agindo. Um ser humano que se defronta com várias possibilidades jamais pensa: 'agora depende de mim, depende do que eu decidir fazer'".

em sua força corporal; λέλυντο γυῖα, seu corpo inteiro tremia; ἱδρὸς ἐχ μελέων ἔρρεν, seu corpo estava pleno de força). Tudo o que temos é um títere montado de suas partes mais ou menos articuladas. Esse títere não tem alma no sentido em que usamos a palavra. O "corpo" é um agregado de membros, tronco, movimento; a "alma" é um agregado de eventos "mentais" que não são necessariamente privados e podem pertencer a um indivíduo inteiramente diferente.

> Em sua descrição de ideias ou emoções, Homero jamais vai além de uma definição puramente espacial ou quantitativa; ele jamais tenta sondar sua natureza especial, não física. (Snell, 1966, p.18)

As ações são iniciadas não por um "eu autônomo", mas por outras ações, eventos, ocorrências, até mesmo interferência divina. E é precisamente assim que eventos mentais são *experimentados* (cf. Dodds, 1957, cap.1). Sonhos, acontecimentos psicológicos incomuns, como lembranças súbitas, atos súbitos de reconhecimento, o aumento súbito de energia vital, durante uma batalha, durante uma fuga árdua, ataques súbitos de raiva, não são apenas *explicados* pela referência a deuses e demônios, mas são também *sentidos* como tais. O sonho de Agamenon "ouviu suas [de Zeus] palavras e desceu" (*Ilíada*, 2.16) – o *sonho* desce, não uma figura nele – "e ficou ao lado de sua [de Agamenon] cabeça, sob a forma de Nestor" (*Ilíada*, 2.20). Não se *tem* um sonho (um sonho não é um evento "subjetivo"), mas *vê*-se um (é um evento "objetivo") e também se o vê aproximar-se e afastar-se.[28] Raiva súbita, acessos de força, são descritos

---

[28] Com um algum esforço, essa experiência pode ser repetida ainda atualmente. Passo 1: deite-se, feche os olhos e preste atenção a suas alucinações hipnagógicas. Passo 2: permita que as alucinações sigam por sua própria conta e de acordo com suas próprias tendências. Elas então transformar-se-ão de eventos que ocorrem diante dos olhos em eventos que, gradualmente, cercam a pessoa, mas sem ainda fazer dela um participante ativo da ação que se dá em um espaço onírico tridimensional. Passo 3: deixe de apenas *observar* os eventos alucinatórios e passe a *ser parte* de um complexo de eventos reais que agem na pessoa e podem sofrer a ação dela. O passo 3 pode ser invertido ou por um ato de uma vontade quase não existente ou por um ruído externo. O cenário tridimensional torna-se bidimensional, condensa-se em uma área na frente dos olhos e desaparece. Seria interessante ver como tais elementos *formais* mudam de cultura para cultura.

e sentidos como atos divinos:[29] "Zeus aumenta e Zeus diminui a força no homem da maneira que lhe agrada, pois seu poder está além de todos os demais" (*Ilíada*, 20.241) não é apenas uma descrição objetiva (que pode ser estendida de modo que incluía o comportamento dos animais), mas também expressa a *sensação* de que a mudança veio de fora, que alguém foi "enchido ... de forte coragem" (*Ilíada*, 13.60).[30] "Mas para Homero, ou para o pensamento primitivo em geral, não há acidentes" (Dodds, 1957, p.6). A cada evento é dada uma razão. Isso torna os eventos mais claros, reforça seus aspectos objetivos, molda-os na forma de deuses e demônios conhecidos e, assim, transforma-os em poderosa evidência para o aparato divino que é usado para explicá-los:

> Os deuses estão presentes. Reconhecer isso como um fato admitido para os gregos é a primeira condição para compreender sua religião e sua cultura. Nosso conhecimento de sua presença baseia-se em uma experiência (interna ou externa) ou dos próprios deuses ou de uma ação dos deuses. (Wilamowitz-Moellendorf, 1955, p.17)[31]

Para resumir: o mundo arcaico é muito menos compacto que o mundo que nos rodeia e é também experienciado como menos compacto. O homem arcaico carece de unidade "física", seu "corpo" consiste em uma multidão de partes, membros, superfícies, conexões; e carece de unidade "mental", sua "mente" é composta de uma variedade de eventos, alguns deles nem

---

[29] Atualmente, dizemos que alguém é "sobrepujado" por emoções, e essa pessoa pode sentir sua raiva como uma coisa estranha que a invade contra sua vontade. A ontologia demoníaca dos gregos contém terminologia objetiva para descrever esse aspecto de nossas emoções *e desse modo o estabiliza*.

[30] A psicanálise e ideologias relacionadas contribuem agora novamente para tornar tais eventos parte de um contexto mais amplo e, desse modo, proporcionam-lhes substancialidade.

[31] Nossas concepções do mundo subdividem um material quanto ao mais uniforme e criam diferenças na luminosidade percebida onde a luminosidade objetiva não tem um gradiente. O mesmo processo é responsável pela ordenação das impressões bastante caóticas de nossa vida interior, levando a uma percepção (interna) de interferência divina, e pode mesmo introduzir demônios, deuses e espíritos no domínio das percepções externas. De qualquer forma – há um número suficiente de experiências demoníacas para que não se rejeite imediatamente essa conjectura.

mesmo "mentais" em nosso sentido, que ou habitam o corpo-títere como constituintes adicionais, ou são introduzidos do exterior. Os eventos não são *moldados* pelo indivíduo, mas são arranjos complexos de partes nas quais o corpo-títere é *inserido* no lugar apropriado.[32] Essa é a visão de mundo que emerge de uma análise dos aspectos *formais* da arte "arcaica" e da poesia homérica, feita com uma análise dos *conceitos* que o poeta homérico usava para descrever o que percebe. Seus traços principais são *experienciados* pelos indivíduos que utilizam os conceitos. *Esses indivíduos vivem, de fato, na mesma espécie de mundo que é construída por seus artistas.*

Evidência adicional para essa conjectura pode ser obtida com base em um exame de "meta-atitudes", como atitudes religiosas gerais e "teorias" de (atitudes para com o) conhecimento.

Com efeito, a falta de compacidade que acabo de descrever reaparece no campo da ideologia. Há uma *tolerância* em assuntos religiosos que gerações posteriores acharam moral e teoricamente inaceitáveis e a qual, mesmo atualmente, é encarada como manifestação de mentes frívolas e simples.[33] O homem arcaico é um eclético religioso, ele não faz objeção a deuses e mitos estrangeiros, ele os acrescenta ao existente mobiliário do mundo

---

[32] Isso significa que o êxito não é o resultado de um esforço por parte do indivíduo, mas de um ajuste afortunado de circunstâncias. Isso se mostra mesmo em palavras como πράττειν, que parecem designar *atividades*. Em Homero, tais palavras enfatizam não tanto o efeito do agente como o fato de que o resultado ocorre da maneira certa, que o processo que o produz não encontra muitas perturbações; ele se ajusta a outros processos ao seu redor (no dialeto ático, εὐράττω ainda significa "estou me saindo bem"). Analogamente, τεύχειν enfatiza não tanto uma conquista pessoal como o fato de que as coisas vão bem, que elas se ajustam a seus arredores. Isso também é verdadeiro da aquisição de conhecimento. "Ulisses viu muita coisa e teve muitas experiências; além disso, ele é o ρολυμήχανος que sempre sabe agir de novas maneiras e, finalmente, é o homem que escuta e atende à sua deusa Atena. A parte do conhecimento que é baseada no ver não é, realmente, o resultado de sua própria atividade e pesquisa, mas bem aconteceu a ele enquanto estava sendo conduzido por circunstâncias externas. Ulisses é muito diferente de Sólon, que, como nos diz Heródoto, foi o primeiro a viajar por razões teóricas, porque estava interessado na pesquisa. Em Ulisses, o conhecimento de muitas coisas encontra-se estranhamente separado de sua atividade no campo da ἐπίσασθαι: essa atividade restringe-se a encontrar meios para atingir certo objetivo, a fim de salvar sua vida e a de seus companheiros." (Snell, 1962, p.48). Aí há também uma análise mais detalhada dos termos pertinentes. Cf. também a nota 27 sobre a aparente não existência de decisões pessoais.

[33] Exemplo: Schachermayer, 1966.

sem nenhuma tentativa de síntese ou de eliminação de contradições. Não há sacerdotes, não há dogma, não há afirmações categóricas a respeito dos deuses, dos humanos, do mundo (cf. Willamowitz-Moellendorf, op.cit). (Essa tolerância pode ainda ser encontrada nos filósofos jônicos da natureza, que desenvolveram suas ideias lado a lado com o mito sem procurar eliminar este último.) Não há uma "moralidade" religiosa em nosso sentido do termo, nem são os deuses corporalizações abstratas de princípios eternos (Nilsson, 1949, p.152). Isso eles se tornaram mais tarde, durante a época arcaica, e, em consequência, "perderam [sua] humanidade". Por isso, a religião olimpiana, em sua forma moralizada, tendeu a tornar-se uma religião do medo, tendência que é refletida no vocabulário religioso. Não há uma palavra para "temente a deus" na *Ilíada* (Dodds, op.cit., p.35). É desse modo que a vida foi desumanizada pelo que a algumas pessoas agrada chamar "progresso moral" ou "progresso científico".

Observações similares aplicam-se à "teoria do conhecimento" que está implícita nessa visão inicial do mundo. As musas na *Ilíada*, 2.284 ss., têm conhecimento porque estão *próximas* às coisas – não precisam confiar em boatos – e porque sabem todas as *muitas* coisas que são de interesse para o escritor, uma após outra. "Quantidade, não intensidade, é o padrão de julgamento de Homero", e seu padrão de conhecimento (Snell, 1960, p.18), como fica claro em palavras como πολύφρων e πολύμητις, "muito refletir" e "muito pensar", bem como de críticas posteriores como "aprender muitas coisas [πολυμαθίη] não ensina inteligência" (Heráclito, apud Diógenes Laércio, IX, 1). Um interesse ou desejo de compreender *muitas coisas assombrosas* (como terremotos, eclipses do Sol e da Lua e as paradoxais cheias e vazantes do Nilo), cada uma delas explicada de sua maneira particular e *sem* o emprego de princípios universais, persiste nas descrições litorâneas dos séculos VIII e VII (e posteriores, os quais simplesmente *enumeram* as tribos, os hábitos tribais e as formações litorâneas sucessivamente encontrados durante a jornada), e mesmo um pensador como Tales se satisfaz ao realizar muitas observações interessantes e fornecer muitas explicações sem tentar reuni-las em um sistema.[34]

---

[34] A ideia de que Tales utilizou um princípio expressando uma unidade implícita dos fenômenos naturais e identificou esse princípio com a água é primeiro encontrada em Aristóteles.

(O primeiro pensador a construir um "sistema" foi Anaximandro, que seguia Hesíodo.) O *conhecimento* assim concebido não é obtido por meio de tentar apreender uma essência que esteja por trás dos relatos dos sentidos, mas 1) colocando o observador na posição correta relativamente ao objeto (processo, agregado), inserindo-o no lugar apropriado no padrão complexo que constitui o mundo, e 2) acrescentando os elementos que são percebidos nessas circunstâncias. É o resultado de uma complexa investigação executada partindo-se de pontos de vantagem adequados. Pode-se colocar em dúvida um relato vago, ou um relato de quinta mão, mas não é possível duvidar do que se pode ver claramente com os próprios olhos. O *objeto* representado ou descrito é o arranjo apropriado dos elementos que podem incluir escorços e outros fenômenos de perspectiva.[35] O fato de um remo parecer quebrado na água carece aqui da força cética que assume em outra ideologia.[36] Tal como Aquiles sentado não nos faz duvidar de que ele seja de pés ligeiros – na verdade, começaríamos a duvidar de sua ligeireza caso se mostrasse que ele é, em princípio, incapaz de sentar-se – exatamente da mesma maneira o remo quebrado não nos faz duvidar de que seja perfeitamente reto no ar – na verdade, começaríamos a duvidar que fosse reto se não parecesse quebrado na água.[37] O remo quebrado não é um *aspecto* que

---

Metafísica, 983b6-12 e 26 ss. Exame mais detalhado dessa e de outras passagens e uma consulta a Heródoto sugerem que ele ainda pertence ao grupo daqueles pensadores que lidam com numerosos fenômenos extraordinários, sem reuni-los em um sistema. Cf. a vívida apresentação de Krafft, 1971, cap.3.

[35] Fenômenos de perspectiva são às vezes tratados como se fossem propriedades especiais dos objetos representados. Por exemplo, um recipiente do Antigo Império (Egito Antigo) tem uma endentação no topo, indicando perspectiva, mas o entalhe é apresentado como característica do próprio objeto (Schäfer, op.cit., p.266). Alguns artistas gregos tentam descobrir situações em que a perspectiva não precisa ser considerada. Assim, a peculiaridade do assim chamado estilo das figuras vermelhas, que surge por volta de 550 a.C., "não consiste tanto no fato de que os escorços são desenhados, mas nas maneiras novas e muito variadas de evitá-los" (Pfuhl, 1923, p.378).

[36] Cf. a discussão no capítulo I de *Foundations of Empirical Knowledge*, de Ayer. Esse exemplo era familiar na Antiguidade.

[37] Esse é também o modo em que J. L. Austin (1964) trata do caso. É claro que situações como o "problema da existência de entidades teóricas" não podem surgir nessas circunstâncias. Todos esses problemas são *criados* pela nova abordagem que superou a ideologia aditiva das épocas arcaica e pré-arcaica.

nega o que outro *aspecto* diz a respeito da natureza do remo, é uma *parte* (situação) particular do remo real, a qual não apenas é *compatível* com o fato de o remo ser reto, mas exige isso: os objetos de conhecimento são tão aditivos quanto as listas visíveis do artista arcaico e as situações descritas pelo poeta arcaico.

Tampouco há qualquer concepção uniforme de conhecimento (Snell, 1924).[38] Grande variedade de palavras é usada para expressar o que hoje em dia consideramos formas diferentes de conhecimento, ou modos diferentes de adquirir conhecimento. σοφία[39] significa perícia em certa profissão (carpinteiro, cantor, general, médico, auriga, lutador), inclusive as artes (em que louva o artista não como um criador ilustre, mas como mestre de seu ofício); ειδεναι, literalmente "tendo visto", refere-se ao conhecimento ganhado com a inspeção; συνιυμι, especialmente na *Ilíada*, embora com frequência traduzido por "escutando" ou "entendendo", é mais forte, contém a ideia de seguir e obedecer, absorve-se algo e age-se de acordo com isso (ouvir pode desempenhar um importante papel). E assim por diante. Muitas dessas expressões implicam uma atitude receptiva por parte do conhecedor; ele, por assim dizer, repete o comportamento das coisas a seu redor, ele as segue (cf. Snell, 1924, p.50), ele age como convém a uma entidade que está inserida no lugar que ele ocupa.

Para repetir e concluir: os modos de representação empregados durante o início do período arcaico na Grécia não são somente reflexos de incompetência ou de interesses artísticos especiais, mas oferecem um relato fiel do que se sentia, via e pensava serem características fundamentais do mundo do homem arcaico. Esse mundo é um mundo aberto. Seus elementos não são formados ou mantidos em conjunto por uma "substância subjacente", não são aparências das quais essa substância possa ser, com dificuldade, inferida. Ocasionalmente, eles coalescem para formar grupos. A relação de um elemento individual ao grupo ao qual pertence é como a relação de uma parte a um agregado de partes e não como a relação de uma parte a um todo dominante. O agregado particular denominado "homem" é visitado

---

[38] Um relato curto é apresentado em Snell, 1962, p.41 ss. Cf. também Von Fritz, 1938.
[39] Única ocorrência em Homero, *Ilíada*, 15, 42, concernente à sojia de um carpinteiro (um *"expert carpenter"* [perito em carpintaria], traduz Lattimore).

e, ocasionalmente, habitado por "eventos mentais". Tais eventos podem residir nele e podem também penetrar nele vindo do exterior. Como todos os outros objetos, o homem é uma estação de troca de influências em vez de uma única fonte de ação, um "eu" (o "cogito" de Descartes não tem nesse mundo um ponto de ataque, e seu argumento não consegue nem mesmo sair do chão). Há uma grande similaridade entre essa visão e a cosmologia de Mach, exceto que os elementos do mundo arcaico são formas e eventos físicos e mentais reconhecíveis, ao passo que os elementos de Mach são mais abstratos, são *objetivos* de pesquisa ainda desconhecidos e não seu *objeto*. Em resumo, as unidades representacionais da visão de mundo arcaica admitem uma interpretação realista, expressam uma ontologia coerente, e as observações de Whorf se aplicam.

Nesse ponto, interrompo meu argumento a fim de fazer alguns comentários que conectam as observações precedentes aos problemas do método científico.

1. Pode ser objetado que escorços e outras indicações de perspectiva são características tão óbvias de nosso mundo perceptivo que não podem ter estado ausentes do mundo perceptivo dos antigos. A maneira de apresentação arcaica é, portanto, incompleta e sua interpretação realista, incorreta.

Réplica: Escorços não são uma característica óbvia de nosso mundo perceptivo, a menos que seja dada a eles atenção especial (em uma época de fotografia e filme, isso é, com bastante frequência, o caso). A menos que sejamos fotógrafos, cineastas ou pintores profissionais, percebemos *coisas*, não *aparências*. Movendo-nos rapidamente entre objetos complexos, notamos muito menos mudança do que o permitiria uma percepção de aspectos. Aspectos, escorços, se de alguma forma penetram em nossa consciência, são usualmente suprimidos como são suprimidas as imagens residuais quando o estágio apropriado de desenvolvimento perceptivo é completado[40] e são percebidos apenas em situações especiais.[41] Na Grécia antiga, tais situações especiais surgiram no teatro, para os espectadores na primeira fila das impressionantes produções de Ésquilo e Agatharcos, e há de fato uma escola que atribui ao teatro influência decisiva no desen-

---

[40] Cf. Piaget, 1954, p.5 ss. e o texto deste capítulo.
[41] Cf. nota 9.

volvimento da perspectiva.[42] Além do mais, por que deveria o mundo perceptivo dos antigos gregos coincidir com o nosso? É preciso mais argumentos para consolidar a objeção do que referência a uma forma de percepção não existente.

2. O procedimento usado para estabelecer as peculiaridades da cosmologia arcaica tem muito em comum com o método de um antropólogo que examina a visão de mundo de uma associação de tribos. As diferenças devem-se à escassez de evidência e às circunstâncias particulares de sua origem (fontes escritas, obras de arte, falta de contato pessoal). Examinemos em mais detalhes esse procedimento!

Um antropólogo, tentando descobrir a cosmologia de sua tribo escolhida e o modo pelo qual esta se reflete na língua, nas artes e na vida diária, aprende primeiro a língua e os hábitos sociais básicos; ele indaga como estão relacionados com outras atividades, inclusive atividades *prima facie* sem importância, como ordenhar vacas e cozinhar refeições (Evans-Pritchard, 1965, p.80); ele tenta identificar ideias-chave (ibidem, p.80). Sua atenção a minúcias não é o resultado de uma ânsia equivocada de ser completo, mas do estar ciente de que o que parece insignificante para um modo de pensar (e de perceber) talvez desempenhe um papel importantíssimo em outro. (As diferenças entre as operações em lápis e papel de um lorentziano e aquelas de um einsteiniano são frequentemente minúsculas, se é que são discerníveis; contudo, refletem grande conflito de ideologias.)

Tendo descoberto as ideias-chave, o antropólogo tenta *compreendê-las*. Isso ele faz da mesma maneira que, originalmente, ganhou compreensão de sua própria língua, até da linguagem da profissão especial que lhe proporciona um rendimento. Ele *internaliza* as ideias, de modo que suas conexões se gravam firmemente em sua memória e em suas reações e podem ser produzidas à vontade. "A sociedade nativa tem de estar no próprio antropólogo, e não meramente em seus cadernos de apontamentos, se é que ele quer compreendê-la" (ibidem, p.82). *Esse processo tem de ser mantido livre de interferências externas.* Por exemplo, o pesquisador não deve tentar obter uma compreensão maior das ideias da tribo igualando-as a ideias que já conhece, ou que julga mais compreensíveis ou mais precisas.

---

[42] Cf. a parte II de Kenner, 1954, em especial p.121 s.

De forma alguma deve ele tentar uma "reconstrução lógica". Tal procedimento o amarraria ao conhecido, ou ao que é preferido por certos grupos, e iria para sempre impedi-lo de apreender a visão de mundo desconhecida que está examinando.

Tendo completado seu estudo, o antropólogo leva dentro de si tanto a sociedade nativa quanto sua própria formação pessoal e pode agora começar a comparar os dois. Essa comparação decide se o modo de pensar nativo pode ser reproduzido em termos europeus (contanto que haja um conjunto único de "termos europeus"), ou se tem uma "lógica" própria, não encontrada em nenhuma língua ocidental. No decurso dessa comparação, o antropólogo talvez expresse novamente certas ideias nativas em inglês. Isso não significa que o inglês *tal como falado independentemente da comparação* já contenha ideias nativas. Significa que as línguas podem ser *conduzidas* em muitas direções e a compreensão não depende de nenhum conjunto particular de regras.

3. O exame das ideias-chave passa por vários estágios, nenhum dos quais leva a um esclarecimento completo. Aqui, o pesquisador deve exercer um controle firme sobre sua ânsia de obter clareza instantânea e perfeição lógica. Ele jamais deve tentar tornar um conceito mais claro do que o sugerido pelo material (exceto como auxílio temporário para pesquisa adicional). É esse material, e não sua intuição lógica, que determina o conteúdo dos conceitos. Para dar um exemplo: os nuer, tribo nilótica examinada por Evans-Pritchard, têm alguns conceitos espaçotemporais interessantes.[43] O pesquisador não muito familiarizado com o pensamento nuer achará que os conceitos são "obscuros e insuficientemente precisos". Para melhorar as coisas, ele pode tentar explicá-los usando noções lógicas modernas. Isso talvez gere conceitos mais claros, mas estes não mais seriam conceitos nuer. Se, em contrapartida, o pesquisador deseja obter conceitos que sejam tanto claros quanto nuer, então ele tem de manter suas noções-chave vagas e incompletas *até que a informação correta apareça*, isto é, até que um estudo de campo forneça os elementos faltantes, os quais, tomados em si mesmo, são tão obscuros quanto os elementos já descobertos.

---

[43] Evans-Pritchard, 1940, parte III; cf. também o breve relato em 1965, p.102 ss.

Cada item de informação é um bloco para a construção da compreensão, o que significa que tem de ser esclarecido pela descoberta de outros blocos da língua e da ideologia da tribo, em vez de por definições prematuras. Afirmações como

> os nuer ... não conseguem falar do tempo como se fosse algo real, que passa, pelo qual se pode esperar, que se pode economizar e assim por diante. Não creio que eles jamais experienciem o mesmo sentimento de lutar contra o tempo, ou de ter de coordenar atividades de acordo com uma passagem abstrata de tempo, porque seus pontos de referência são, mormente, as próprias atividades, que geralmente têm um caráter de lazer ... (Evans-Pritchard, 1940, p.103)

ou são blocos de construção – e, nesse caso, seu próprio conteúdo é incompleto e não inteiramente compreendido – ou são tentativas preliminares de antecipar o arranjo da totalidade de todos os blocos. Eles devem, então, ser submetidos a teste e elucidados pela descoberta de outros blocos, e não por esclarecimentos lógicos (uma criança aprende o significado de uma palavra não por meio de um esclarecimento lógico, mas percebendo como ela se combina com coisas e outras palavras). A falta de clareza em qualquer enunciado antropológico particular reflete antes a escassez do material do que a vagueza das intuições lógicas do antropólogo ou de sua tribo.

4. Exatamente as mesmas observações aplicam-se a qualquer tentativa de explorar importantes noções modernas como a de incomensurabilidade, que nas ciências está estreitamente ligada ao significado. Seu estudo irá, portanto, produzir enunciados que contêm termos de significado – mas estes serão apenas incompletamente compreendidos, como o termo "tempo" o é na citação do parágrafo precedente. Assim, o comentário de que tais enunciados só deveriam ser feitos *depois* da elaboração de uma clara teoria do significado[44] é tão sensível quanto o comentário de que os enunciados a respeito do tempo nuer, que são o material que *leva* a uma

---

[44] Achinstein (1970, p.224), diz que "Feyerabend nos deve uma teoria do significado" e Hempel está preparado para aceitar incomensurabilidade somente *depois* que a noção de significado nela envolvida tenha sido tornada clara, op.cit., p.156.

compreensão do tempo nuer, devam ser escritos somente depois que ela tenha sido alcançada.

5. É provável que os lógicos objetem, assinalando que um exame dos significados e da relação entre termos é tarefa da *lógica*, não da antropologia. Ora, por "lógica" pode-se querer dizer pelo menos duas coisas diferentes. "Lógica" pode significar o estudo, ou resultados do estudo, das estruturas inerentes a certo tipo de discurso. E pode significar um sistema lógico particular, ou conjunto de sistemas.

Um estudo da primeira espécie pertence à antropologia. Com efeito, a fim de verificar, por exemplo, se $AB \vee A\tilde{B} \cong A$ é parte da "lógica da Teoria Quântica", teremos de estudar a Teoria Quântica. E como ela não é uma emanação divina, mas um produto humano, teremos de fazê-lo na forma em que produtos humanos geralmente estão disponíveis, isto é, teremos de estudar registros históricos – manuais, artigos originais, registros de reuniões e conversas privadas, cartas e coisas similares. (No caso da Teoria Quântica, nossa posição fica melhorada pelo fato de que a tribo dos teóricos quânticos ainda não se extinguiu. Assim, podemos complementar o estudo histórico com trabalho de campo antropológico, como a obra de Kuhn e seus colaboradores.[45])

Deve-se admitir que esses registros, por si mesmos, não produzem uma solução *única* a nossos problemas. Mas quem jamais supôs que o façam? Registros históricos também não produzem uma solução única para problemas históricos e, contudo, ninguém sugere que sejam desconsiderados. Não há dúvida de que esses registros são *necessários* para um estudo lógico, no sentido agora examinado. A questão é como devem ser *utilizados*.

Queremos descobrir a estrutura do campo de discurso, de que os registros dão uma descrição incompleta. Queremos aprender a respeito dele sem modificá-lo de maneira alguma. Em nosso exemplo, não estamos interessados em saber se uma *aperfeiçoada* mecânica quântica do futuro emprega $AB \vee A\tilde{B} \cong A$ ou uma *invenção* nossa, se emprega esse princípio um pouco de "reconstrução" que modifica a teoria, de modo que ela se

---

[45] Relato em Kuhn et al., 1967. O material reunido pelo programa descrito nesse relatório pode ser consultado em várias universidades, entre elas, a Universidade da Califórnia em Berkeley.

conforme a alguns princípios preconcebidos da lógica moderna e prontamente forneça a resposta. Queremos saber se a Teoria Quântica *tal como realmente praticada pelos físicos* emprega esse princípio. Com efeito, é o trabalho dos físicos, e não o trabalho dos reconstrutores, que desejamos examinar. E esse trabalho bem pode estar cheio de contradições e lacunas. Sua "lógica" (no sentido em que estou agora empregando o termo) bem pode ser "ilógica" quando julgada do ponto de vista de um particular sistema de lógica.

Colocando a questão dessa maneira, percebemos que ela talvez não admita resposta alguma. Talvez não haja uma teoria única, uma "teoria quântica", que seja usada da mesma maneira por todos os físicos. A diferença entre Bohr, Dirac, Feynman e Von Neumann sugere que isso é mais do que uma possibilidade remota. Para submeter a teste essa possibilidade, isto é, para eliminá-la ou dar-lhe forma, precisamos examinar casos concretos. Tal exame pode, então, levar ao resultado de que os teóricos quânticos diferem uns dos outros tão amplamente quanto os católicos e os vários tipos de protestantes: pode ser que usem os mesmos textos (embora mesmo isso seja duvidoso – compare-se Dirac com Von Neumann), mas certamente estão fazendo com eles coisas diferentes.

A necessidade de estudos de caso antropológicos em um campo que, inicialmente, parecia estar dominado por um mito único, sempre o mesmo, sempre empregado da mesma maneira, indica que nosso conhecimento comum da ciência pode ser gravemente defeituoso. Pode estar de todo errado (aludi a alguns erros nos capítulos precedentes). Nessas circunstâncias, o único curso de ação seguro é confessar ignorância, abandonar as reconstruções e começar a estudar a ciência do zero. Temos de abordar a ciência como um antropólogo aborda os processos mentais tortuosos de um pajé de uma recém-descoberta associação de tribos. E temos de estar preparados para a descoberta de que esses processos tortuosos *são* extremamente ilógicos (quando julgados do ponto de vista de um particular sistema de lógica formal) e *têm de ser* extremamente ilógicos a fim de funcionar como funcionam.

6. Contudo, apenas uns poucos filósofos da ciência interpretam "lógica" nesse sentido. Apenas poucos filósofos estão preparados para conceder que as estruturas básicas subjacentes a algum idioma recém-

-descoberto podem diferir radicalmente das estruturas básicas dos sistemas mais familiares da lógica formal, e absolutamente ninguém está preparado para admitir que isso poderia ser verdadeiro também para a ciência. Na maioria das vezes, a "lógica" (no sentido até agora discutido) de uma linguagem ou de uma teoria particular é imediatamente identificada com os aspectos de um particular sistema lógico, sem que se considere a necessidade de uma investigação concernente à adequação de tal identificação. O professor Giedymin (1970, p.257 ss.; 1971, p.39 ss.), por exemplo, entende por "lógica" um sistema favorito seu, o qual é razoavelmente abrangente, mas de modo algum totalmente abrangente. (Por exemplo, não contém nem poderia ser usado para formular as ideias de Hegel. E houve matemáticos que duvidaram de que possa ser usado para expressar a matemática informal.) Um estudo lógico da ciência, como o entendem Giedymin e seus colegas lógicos, é o estudo de conjuntos de fórmulas desse sistema, de sua estrutura, as propriedades de seus constituintes últimos (intensão, extensão etc.), de suas consequências e de modelos possíveis. Se tal estudo não repete as características que um antropólogo encontrou, digamos, na ciência, então isso mostra ou que a ciência tem algumas falhas ou que o antropólogo não sabe nada de lógica. Não faz a menor diferença para o lógico, nesse segundo sentido, que suas fórmulas *não se pareçam* como enunciados científicos, que *não sejam empregadas* como enunciados científicos e que a ciência jamais poderia se desenvolver nas maneiras simples que seu cérebro é capaz de entender (e, portanto, considera as únicas maneiras admissíveis). Ou ele não nota a discrepância, ou a encara como devida a imperfeições que não podem fazer parte de uma explicação satisfatória. Não lhe ocorre de modo algum que as "imperfeições" possam ter uma função *positiva*, e que o progresso científico possa ser impossível caso sejam afastadas. Para ele, a ciência *é* uma axiomática mais teoria de modelos, mais regras de correspondência, mais linguagem observacional.

Tal procedimento pressupõe (sem perceber que há um pressuposto envolvido) que já tenha sido completado um estudo antropológico que nos familiariza com as classificações manifestas e ocultas da ciência, e ele tenha decidido em favor da abordagem axiomática (etc. etc.). Nenhum estudo desse tipo jamais foi realizado. E os fragmentos de trabalho de campo atualmente disponíveis, sobretudo resultado da obra de Hanson, Kuhn, Lakatos e dos numerosos historiadores que permaneceram intocados por preconceitos positivistas, mostram que a abordagem do lógico afasta não só os ornamentos dispensáveis da ciência, mas também os próprios aspectos que tornam possível o progresso científico e, portanto, a ciência.

7. As discussões de significado a que aludi são outra ilustração das deficiências da abordagem do lógico. Para Giedymin, esse termo e seus derivados, como o termo "incomensurabilidade", são "obscuros e insuficientemente precisos". Concordo. Giedymin deseja tornar os termos mais claros, deseja compreendê-los melhor. Concordo mais uma vez. Ele tenta obter a clareza que sente estar faltando por meio de uma explicação em termos de uma espécie particular de lógica formal e do modelo de linguagem dupla, restringindo a discussão a "intensão" e "extensão" como explicadas na lógica escolhida. É aqui que começa o desacordo. Com efeito, a questão não é como "significado" e "incomensurabilidade" ocorrem no interior de um particular sistema lógico. A questão é que papel desempenham na ciência (real, ou seja, não reconstruída). O esclarecimento tem de vir de um estudo mais detalhado desse papel, e as lacunas têm de ser preenchidas com os resultados de tal estudo. E como esse preenchimento demanda tempo, os termos-chave permanecerão "obscuros e insuficientemente precisos" por anos e, talvez, décadas. (Ver também os itens 3 e 4 anteriormente citados.)

8. Lógicos e filósofos da ciência não veem a situação dessa maneira. Não estando dispostos, bem como incapazes de levar a cabo uma discussão informal, exigem que os termos principais da discussão sejam "esclarecidos". E "esclarecer" não significa estudar as propriedades *adicionais* e ainda desconhecidas do domínio em questão das quais se precise para torná-los inteiramente compreendidos, mas significa preenchê-los com noções *existentes* tiradas do domínio inteiramente distinto da lógica e do senso comum, preferivelmente ideias observacionais, até que eles próprios aparentem ser comuns, e tomar cuidado para que esse processo de preenchimento obedeça às leis aceitas da lógica. Permite-se que a discussão prossiga só *depois* que suas etapas iniciais tenham sido modificadas dessa maneira. Assim, o curso de uma investigação é desviado para os

canais estreitos das coisas já compreendidas e a possibilidade de descoberta conceitual fundamental (ou de alteração conceitual fundamental) fica consideravelmente reduzida. Alteração conceitual fundamental, em contrapartida, pressupõe novas visões de mundo e novas linguagens capazes de expressá-las. Ora, construir uma nova visão de mundo e uma linguagem nova correspondente é um processo que toma tempo, tanto na ciência quanto na metaciência. Os termos da nova linguagem tornam-se claros apenas quando o processo se encontra razoavelmente avançado, de modo que cada palavra simples é o centro de numerosas linhas ligando-a a outras palavras, sentenças, trechos de argumentação, gestos que, de início, parecem absurdos, mas que se tornam perfeitamente razoáveis tão logo as conexões estejam feitas. Argumentos, teorias, termos, pontos de vista e debates podem, portanto, ser esclarecidos em pelo menos duas maneiras diferentes: a) na maneira já descrita, que conduz de volta a ideias familiares e trata o novo como um caso especial de coisas já compreendidas, e b) pela incorporação a uma linguagem futura, o que significa *que é preciso aprender a argumentar com termos inexplicados e usar sentenças para as quais nenhuma regra clara de uso está ainda disponível.* Tal como uma criança, que começa a usar palavras sem ainda compreendê-las, que acrescenta mais e mais fragmentos linguísticos não compreendidos à sua atividade lúdica, descobre o princípio que dá sentido somente *depois* de ter estado ativa dessa maneira por um longo tempo – a atividade sendo uma pressuposição necessária para o desabrochar final do sentido – dessa mesma maneira o inventor de uma nova visão de mundo (e o filósofo da ciência que tenta entender seu procedimento) deve ser capaz de dizer absurdos até que a quantidade de absurdo criada por ele e por seus companheiros seja grande o suficiente para dar sentido a todas as suas partes. Mais uma vez, não há melhor relato desse processo que a descrição que John Stuart Mill nos deixou das vicissitudes de sua educação. Referindo-se às explicações que seu pai lhe deu a respeito de assuntos de lógica, ele escreveu:

> As explicações não tornaram de modo algum o assunto claro para mim na época, mas não foram, apesar disso, inúteis; elas permaneceram como um núcleo ao redor do qual minhas observações e reflexões foram se cris-

talizando; a significação de suas observações gerais foi aclarada para mim pelas instâncias particulares que vieram à minha atenção *posteriormente*.[46]

Construir uma nova linguagem (para compreender o mundo ou o conhecimento) é um processo exatamente da mesma espécie, *exceto* que os "núcleos" iniciais não são dados, mas precisam ser inventados. Vemos aqui quão essencial é aprender a falar por enigmas, e quão desastroso deve ser o efeito que um impulso por clareza instantânea tem em nossa compreensão. (Além disso, tal impulso trai uma mentalidade bastante estreita e bárbara: "Usar palavras e frases de modo despreocupado sem examiná-las muito curiosamente não é, em geral, marca de incivilidade; pelo contrário, há algo de falta de educação em ser preciso demais ...") (Platão, *Teeteto*, 184c).[47]

Todas essas observações são bastante triviais e podem ser ilustradas por exemplos óbvios. A lógica clássica entrou em cena somente quando havia material argumentativo suficiente (na matemática, na retórica, na política) para servir como ponto de partida e como campo de teste. A aritmética desenvolveu-se sem nenhuma compreensão clara do conceito de número; tal compreensão surgiu somente quando havia quantidade suficiente de "fatos" aritméticos para dar-lhe substância. Da mesma maneira, uma teoria adequada do significado (e da incomensurabilidade) só pode surgir depois que um número suficiente de "fatos" tenha sido reunido para fazer dessa teoria algo mais do que um exercício de introdução de conceitos. Essa é a razão dos exemplos da presente seção.

9. Há ainda outro dogma a considerar antes de retornar à narrativa principal. É o dogma de que todas as disciplinas, não importa de que maneira sejam constituídas, obedecem automaticamente às leis da lógica ou deveriam obedecê-las. Se é assim, então o trabalho de campo antropológico pareceria ser supérfluo. "O que é verdadeiro na lógica é verdadeiro

---

[46] Há mais aleatoriedade nesse processo que um racionalista jamais permitiria, ou suspeitaria, ou mesmo perceberia. Cf. Von Kleist, 1962, p.741-7. Hegel tinha uma ideia vaga dessa situação. Cf. Loewith e Riedel, 1968, p.54, e Mill, 1965, p.21.

[47] Cf. também Düring, 1966, p.379, criticando a exigência de Aristóteles de precisão imediata.

na psicologia ... no método científico e na história da ciência", escreve Popper (1972, p.6).[48]

Essa asserção dogmática nem é clara, nem (em uma de suas interpretações principais) verdadeira. Para começar, suponhamos que as expressões "psicologia", "história da ciência" e "antropologia" refiram-se a certos domínios de fatos e regularidades (da natureza, da percepção, da mente humana, da sociedade). Nesse caso, a asserção não é *clara*, já que não há uma disciplina única – LÓGICA – subjacente a todos esses domínios. Há Hegel, há Brouwer, há os muitos sistemas lógicos considerados pelos construtivistas modernos. Eles apresentam não só diferentes interpretações de um e o mesmo volume de "fatos" lógicos, mas "fatos" inteiramente diferentes. E a asserção não é *verdadeira*, já que existem enunciados científicos legítimos que violam regras lógicas simples. Por exemplo, há enunciados que desempenham importante papel em disciplinas científicas estabelecidas, os quais são observacionalmente adequados somente se forem autocontraditórios: olhe fixamente para um padrão em movimento que acabou de se imobilizar e verá que ele se move na direção oposta, mas sem mudar sua posição. A única descrição fenomenologicamente adequada é "ele se move no espaço, mas não muda de lugar" – e essa descrição é autocontraditória.[49] Há exemplos da geometria:[50] assim, a figura fechada (que não precisa parecer da mesma maneira para todas as pessoas) é vista como um triângulo isósceles cuja base não é dividida ao meio pela perpendicular. E há exemplos com $a = b \ \& \ b = c \ \& \ a >> c$ como a única descrição fenomenologicamente adequada (Tranekjaer-Rasmussen, 1955, p.297). Além disso, não há uma única ciência ou outra forma de vida que seja útil, progressiva, bem como de acordo com exigências lógicas. Toda ciência contém teorias que são inconsistentes tanto com os fatos quanto

---

[48] Antecipado, por exemplo, por Comte, 1836, lição 52 e, é claro, por Aristóteles.
[49] Levantou-se a objeção (Ayer) de que estamos lidando com aparências, não com eventos reais, e que a descrição correta é "ele parece se mover ...". Mas a dificuldade permanece, pois, se introduzirmos o "parece", temos de colocá-lo no início da sentença, que ficará então "parece que ele se move e não muda de lugar". E como as aparências pertencem ao domínio da psicologia fenomenológica, estabelecemos nosso ponto, a saber, que esse domínio contém elementos autoinconsistentes.
[50] Rubin, 1950, p.365 ss. Cf. também os desenhos nas p.166-7.

com outras teorias e revelam contradições quando analisadas em detalhe. Apenas uma crença dogmática nos princípios de uma disciplina supostamente uniforme, a "Lógica", irá fazer desconsiderarmos essa situação. E a objeção de que os princípios lógicos e os princípios, digamos, da aritmética diferem dos empíricos por não serem acessíveis ao método de conjectura e refutações (ou, quanto a isso, qualquer outro método "empírico") foi desarmada por pesquisas mais recentes nesse campo (Rubin, 1950, p.365 ss.).[51]

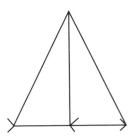

Admitamos que as expressões "psicologia", "antropologia", "história da ciência" e "física" não se refiram a fatos e leis, mas a certos *métodos* de reunir fatos, inclusive certas maneiras de relacionar observação com teoria e hipótese. Ou seja, consideremos a *atividade* "ciência" e suas várias subdivisões. Então podemos estabelecer *exigências ideais* de conhecimento e aquisição de conhecimento e podemos tentar construir uma maquinaria (social) que obedeça a essas exigências. Quase todos os epistemólogos e filósofos da ciência procedem dessa maneira. Ocasionalmente, eles têm êxito em encontrar um mecanismo capaz de funcionar em certas condições ideais, mas jamais investigam, ou mesmo acham que valha a pena investigar, se essas condições são satisfeitas em nosso mundo real. Tal investigação, no entanto, terá de analisar o modo com que os cientistas *realmente* lidam com seu meio, terá de examinar a forma real de seu produto, a saber, "conhecimento", e o modo em que esse produto se modifica como resultado de decisões e ações em complexas condições materiais e sociais. Em uma palavra, tal investigação terá de ser antropológica.

Não há como prever o que uma investigação antropológica trará à luz. Nos capítulos precedentes, que são esboços grosseiros de um estudo

---

[51] Principalmente pela obra de Lakatos, 1962-63.

antropológico de episódios particulares, ficou claro que a ciência está cheia de lacunas e contradições, que a ignorância, a teimosia, o basear-se em preconceitos, a mentira, longe de impedirem o avanço do conhecimento, podem realmente ser-lhe de auxílio, assim como que as virtudes tradicionais de exatidão, consistência, "honestidade", respeito pelos fatos, conhecimento máximo sob dadas circunstâncias, se praticadas com determinação, podem levá-lo a uma paralisação. Também ficou claro que princípios lógicos não só desempenham um papel muito menor nos procedimentos (argumentativos e não argumentativos) que fazem a ciência progredir, mas que a tentativa de impô-los estorvaria seriamente a ciência. (Não se pode dizer que Von Neumann tenha feito avançar a Teoria Quântica. Mas ele certamente tornou a discussão de sua base mais prolixa e desajeitada.[52])

Ora, um cientista empenhado em certa pesquisa não completou ainda todos os passos que levam a resultados definidos. Seu futuro ainda está em aberto. Seguirá ele o lógico estéril e ignorante que lhe prega as virtudes da clareza, da consistência, do lastro experimental (ou do falseamento experimental), solidez de argumento, "honestidade", e assim por diante, ou imitará seus predecessores do mesmo campo, que avançaram quebrando a maioria das regras que os lógicos desejam impor-lhe? Confiará ele em injunções abstratas, ou nos resultados de um estudo de episódios concretos? Acho que a resposta é clara e, com ela, fica clara a relevância de um trabalho de campo antropológico, não só para os antropólogos, mas também para os membros das sociedades que ele examina. Continuarei agora minha narrativa e procederei descrevendo a transição do universo paratáctico dos gregos arcaicos para o universo substância-aparência de seus seguidores.

A cosmologia arcaica (que, de agora em diante, denominarei cosmologia A) contém coisas, eventos, suas partes; não contém aparências.[53]

---

[52] Além disso, as imprecisões que ele elimina do formalismo reaparecem agora na relação entre teoria e fato. Aqui ainda reina supremo o princípio de correspondência. Cf. nota 20 do Capítulo 5.

[53] Snell (1924, p.28), referindo-se a Homero, fala de um "conhecimento que procede das aparências e reúne sua multiplicidade em uma unidade que é, então, fixada como sua verdadeira essência". Isso talvez se aplique aos pré-socráticos, mas não se aplica a Homero. No caso dele, "o mundo é compreendido como a soma das coisas, visível no espaço, e não como razão agindo intensivamente" (ibid., p.67, discutindo Empédocles; cf. também as linhas que seguem à citação para uma elaboração adicional do tema).

Conhecimento completo de um objeto é a enumeração completa de suas partes e peculiaridades. Os humanos não podem ter conhecimento completo. Há coisas demais, eventos demais, situações demais (*Ilíada*, 2.488), e eles só podem estar perto de poucos deles (*Ilíada*, 2.485). Mas, embora os humanos não possam ter conhecimento completo, podem ter dele uma porção de bom tamanho. Quanto mais ampla sua experiência, maior o número de aventuras, de coisas vistas, ouvidas, lidas, maior seu conhecimento (Snell, 1962, p.48).

A nova cosmologia (cosmologia B), que surge nos séculos VII a V a.C., distingue entre saber muito, πολυμαθίη, e conhecimento verdadeiro (cf. Heráclito, fr. 40), e adverte contra o confiar no "costume nascido da experiência multifária", ἔθος πολύπειρον.[54] Tal distinção e tal advertência só fazem sentido em um mundo cuja estrutura difere da estrutura de A. Em uma versão – que desempenhou papel importante no desenvolvimento da civilização ocidental e a qual está na base de problemas como o da existência de entidades teóricas e o da alienação – os novos eventos formam o que se poderia chamar de *Mundo Verdadeiro*, ao passo que os eventos da vida cotidiana são agora *aparências* que não passam de seu pálido e enganoso reflexo.[55] O Mundo Verdadeiro é simples e coerente e pode ser descrito de maneira uniforme. Isso vale para todo ato pelo qual seus elementos são compreendidos: umas poucas noções abstratas substituem os numerosos conceitos que eram usados na cosmologia A para descrever como os humanos poderiam ser "inseridos" em seu ambiente e para expressar os igualmente numerosos tipos de informação assim obtidos. Daí, há somente um tipo importante de informação, e esse é: *conhecimento*.

O totalitarismo conceitual que surge como resultado do vagaroso aparecimento do mundo B tem consequências interessantes, nem todas desejáveis. Situações que faziam sentido quando ligadas a um particular tipo de cognição agora tornam-se isoladas, irrazoáveis, aparentemente

---

[54] Parmênides, fr. 7, 3. "Aqui, pela primeira vez, senso e razão são constrastados" (Guthrie, 1965, p.25).

[55] Essa distinção é também característica de certas concepções mitológicas. Homero, assim, difere tanto das mitologias precedentes quanto das filosofias subsequentes. Seu ponto de vista tem grande originalidade. No século XX, J. L. Austin desenvolveu ideias similares. E criticou o desenvolvimento que parte de Tales e, via Platão, chega ao essencialismo atual. Cf. Austin, 1962, cap.1. O capítulo 3 de *Adeus à razão* contém detalhes.

inconsistentes com outras situações: temos um "caos de aparências". O caos é uma consequência direta da simplificação da linguagem que acompanha a crença em um Mundo Verdadeiro (Snell, 1924, p.80 ss.; Von Fritz, 1938, p.11). Além disso, todas as múltiplas capacidades dos observadores encontram-se agora dirigidas para esse Mundo Verdadeiro, estão adaptadas a um objetivo *uniforme*, moldadas para *um particular* propósito, tornam-se mais semelhantes umas às outras, o que significa que os humanos se tornam empobrecidos com sua linguagem. Ficam empobrecidos precisamente no momento em que descobrem um "eu" autônomo e prosseguem para o que alguns tiveram prazer em denominar uma "noção mais avançada de Deus" (supostamente encontrada em Xenófanes), que é uma noção de Deus privada da rica variedade de traços tipicamente humanos.[56] Eventos "mentais", antes tratados analogamente a eventos do corpo e *experienciados dessa maneira* (Snell, 1960, p.69), tornam-se mais "subjetivos", tornam-se modificações, ações, revelações de uma alma espontânea: a distinção entre aparência (primeira impressão, mera opinião) e realidade (conhecimento verdadeiro) espalha-se por toda parte. Até mesmo a tarefa do artista consiste, agora, em dispor suas formas de maneira tal que a essência subjacente possa ser apreendida com facilidade. Na pintura, isso conduz ao desenvolvimento do que se podem chamar métodos sistemáticos para enganar o olho: o artista arcaico trata a superfície na qual pinta como um escritor trataria um pedaço de papiro; *é* uma superfície real, supõe-se que seja *vista* como uma superfície real (embora a atenção nem sempre seja dirigida a ela) e as marcas que ele desenha nela são comparáveis às linhas de um diagrama ou às letras de uma palavra. Há símbolos que *informam* o leitor acerca da *estrutura do objeto*, de suas partes, do modo em que as partes estão relacionadas umas às outras. O desenho simples a seguir, por exemplo, pode representar três caminhos que se encontram em um ponto. O artista usando perspectiva encara a superfície e as marcas que coloca nele como *estímulos* que despertam a *ilusão* de um arranjo de objetos tridimensionais. A ilusão ocorre porque a mente humana é capaz de produzir experiências ilusórias quando propriamente estimulada. O desenho é agora

---

[56] "... ao tornar-se a encarnação da justiça cósmica, Zeus perdeu sua humanidade. Por isso, a religião olimpiana, em sua forma moralizada, tendeu a tornar-se uma religião do medo..." (Dodds, 1957, p.35). A respeito de Xenófanes, cf. o capítulo 2 de *Adeus à razão*.

visto como o canto de um cubo que se estende na direção do observador, ou como o canto de um cubo que aponta para longe dele (e é visto por baixo), ou então como um plano que flutua acima da superfície do papel carregando um desenho bidimensional de três caminhos se encontrando.

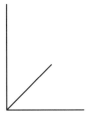

Combinando essa nova maneira de ver com o novo conceito de conhecimento que acaba de ser descrito, obtemos novas entidades, a saber, objetos físicos como são entendidos pela maioria dos filósofos contemporâneos. Para explicar isso, permitam-me retomar o caso do remo.

Na visão arcaica, "o remo" é um complexo consistindo de partes, algumas das quais são objetos, algumas são situações e algumas, eventos. É possível dizer "o remo reto está quebrado" (e não "aparenta estar quebrado") exatamente como é possível dizer "o Aquiles de pés ligeiros está andando vagarosamente", pois os elementos não são colocados em oposição uns aos outros. São partes de um agregado paratáctico. Tal como um viajante explora todas as partes de um país estranho e as descreve em uma "periegese" que enumera suas peculiaridades, uma por uma, da mesma maneira o estudioso de objetos simples, como remos, botes, cavalos e pessoas, insere-se nas "principais situações-remo", apreende-as da maneira adequada e as relata por uma lista de propriedades, eventos, relações. E assim como uma periegese detalhada esgota o que pode ser dito acerca de um país, da mesma maneira uma lista detalhada esgota o que pode ser dito acerca de um objeto.[57] "Quebrado na água" pertence

---

[57] A ideia de que conhecimento consiste em *listas* remonta ao passado sumério. Cf. Von Soden, 1965. A diferença entre a matemática e a astronomia babilônicas e gregas está precisamente nisso. Uma desenvolve métodos para a apresentação do que hoje em dia denominamos "fenômenos" e os quais foram eventos interessantes e relevantes no céu, ao passo que a outra tenta desenvolver a astronomia "deixando os céus de lado" (Platão, *Rep.*, 530b s.; *Lgg.*, 818a).

ao remo tanto quanto "reto na mão"; é "igualmente real". Na cosmologia B, contudo, "quebrado na água" é uma "aparência" que *contradiz* o que é sugerido pela "aparência" retilínea e mostra, assim, o caráter indigno de confiança de todas as aparências (Xenófanes, fr. 34). O conceito de um objeto transformou-se do conceito de um agregado de partes perceptíveis equi-importantes no conceito de uma essência imperceptível subjacente a uma multiplicidade de fenômenos enganosos. (Podemos conjecturar que a aparência de um objeto alterou-se de maneira similar, de que os objetos agora parecem menos "achatados" do que antes.)

Considerando essas mudanças e peculiaridades, é plausível admitir que a comparação de A e B *tal como interpretada pelos participantes* (em vez de "reconstruída" por estranhos, bem treinados no que diz respeito à lógica, mas, quanto ao mais, ignorantes) levantará vários problemas. No restante deste capítulo serão discutidos somente alguns aspectos de alguns desses problemas. Assim, praticamente não mencionarei as mudanças psicológicas que acompanham a transição de A a B e as quais não são apenas uma questão de conjectura, mas que podem ser estabelecidas por pesquisa independente. Há aqui rico material para o estudo detalhado do papel de referenciais (conjuntos mentais, linguagens, modos de representação) e dos limites do racionalismo.

Para começar, o cosmos A e o cosmos B são construídos partindo de diferentes *elementos*.

Os elementos de A são partes relativamente independentes de objetos que entram em relações externas. Participam de agregados sem mudar suas propriedades intrínsecas. A "natureza" de um agregado particular é determinada por suas partes e pela maneira em que essas partes se relacionam umas às outras. *Enumere as partes na ordem apropriada e você terá o objeto.* Isso se aplica a agregados físicos, a humanos (mentes e corpos), a animais, mas também se aplica a agregados sociais, como a honra de um guerreiro.

Os elementos de B dividem-se em duas classes: essências (objetos) e aparências (de objetos – o que se segue é verdadeiro somente em algumas versões bastante enxutas de B). Objetos (eventos etc.) podem combinar-se novamente. Podem formar totalidades harmoniosas, em que cada parte dá significado ao todo e dele recebe significado (um caso extremo é Parmênides, para quem as partes isoladas não apenas são irreconhecíveis, mas são também totalmente inconcebíveis). Aspectos apropriadamente combinados não produzem *objetos*, mas condições psicológicas para a apreensão de *fantasmas* que não passam de outros aspectos e, falando nisso, aspectos particularmente enganadores (eles parecem tão convincentes). *Nenhuma enumeração de aspectos é idêntica ao objeto* (problema da indução).

A transição de A para B introduz, assim, novas entidades e novas relações entre entidades (isso pode ser visto muito claramente na pintura e na estatuária). Também modifica o conceito e a autoexperiência dos humanos. O indivíduo arcaico é uma reunião de membros, ligações, tronco, pescoço, cabeça,[58] ele(a) é um títere posto(a) em movimento por forças exteriores, como inimigos, circunstâncias sociais, sentimentos (descritos e percebidos como agências objetivas – ver anteriormente):[59] "O homem é um alvo aberto a uma grande quantidade de forças que o invadem e penetram seu próprio cerne" (ibidem, p.20). Ele é uma estação de troca de causas materiais e espirituais, mas sempre objetivas. E isso não é somente uma ideia "teórica", mas um fato social. O homem não é só *descrito* dessa maneira, ele é *retratado* dessa maneira, e ele próprio *sente* ser constituído dessa maneira. Ele não tem uma agência central de ação, um "eu" espontâneo que produz *suas próprias* ideias, sentimentos, intenções, e difere de comportamento, situações sociais, eventos "mentais" do tipo A. Tal eu não é nem mencionado nem percebido. Não se encontra em lugar nenhum no interior de A. Mas desempenha um papel muito decisivo em B. De fato, não é implausível pressupor que algumas extraordinárias peculiaridades de B, como aspectos, aparências, ambiguidades de sentimento,[60] entram em cena como resultado de um *considerável aumento de autoconsciência*.

Ora, alguém poderia inclinar-se a explicar a transição como segue: o homem arcaico tem uma cosmologia limitada; ele descobriu algumas

---

[58] "Para ser preciso, Homero nem mesmo tem quaisquer palavras para os braços e as pernas; ele fala de mãos, antebraços, parte superior dos braços, pés, panturrilhas e coxas. Também não há um termo abrangente para o tronco" (Snell, 1960, cap.1, nota 7).

[59] "Emoções não surgem espontaneamente do homem, mas são-lhe conferidas pelos deuses" (ibidem, p.52). Ver também o relato anterior neste capítulo.

[60] Cf. o "Eros agridoce" de Safo, ibidem, p.60.

coisas, deixou de notar outras. Seu universo carece de importantes objetos, sua linguagem carece de importantes conceitos, sua percepção carece de importantes estruturas. Acrescentem-se os elementos faltantes ao cosmos A, os termos faltantes à linguagem A, as estruturas faltantes ao mundo perceptual de A, e você obtém cosmos B, linguagem B, percepção B.

Há algum tempo, chamei a teoria implícita em tal explicação de "teoria dos buracos" ou "a teoria do queijo suíço" da linguagem (e de outros meios de representação). De acordo com a teoria dos buracos, toda cosmologia (toda linguagem, todo modo de percepção) tem lacunas consideráveis que podem ser preenchidas, *deixando-se inalterado todo o restante*. A teoria dos buracos defronta-se com numerosas dificuldades. No caso presente, há a dificuldade de que o cosmos B não contém um único elemento do cosmos A. Nem termos do senso comum, nem teorias filosóficas; nem pintura e estatuária, nem concepções artísticas; nem religião, nem especulação teológica contém um único elemento de A, uma vez que tenha sido completada a transição para B. *Isso é um fato histórico.*[61] Será esse fato um acidente, ou tem A algumas propriedades estruturais que impedem a coexistência de situações A e situações B? Vejamos!

Já mencionei um exemplo que poderia nos dar uma indicação de uma razão pela qual B não tem espaço para fatos A: o desenho a seguir pode ser a interseção de três caminhos, como apresentado de acordo com os princípios de imagens A (que são listas visuais). Tendo sido introduzida a perspectiva (quer como um método objetivo, quer como um conjunto mental), já não pode ser visto dessa maneira. Em vez de linhas no papel, temos a ilusão de profundidade e um panorama tridimensional, embora de uma espécie bastante simples. Não há maneira de incorporar a imagem A à imagem B, exceto como parte dessa ilusão. Mas uma ilusão de uma lista visual não é uma lista visual.

---

[61] Esse fato não é facilmente estabelecido. Muitas apresentações de A, inclusive algumas muito detalhadas e sofisticadas, estão infectadas por conceitos B. Um exemplo foi mencionado na nota 53 deste capítulo. Aqui, como em qualquer outro lugar, só o método antropológico pode levar a um conhecimento que seja mais do que um reflexo do que se desejaria que fosse o caso. Uma situação similar no decurso do desenvolvimento individual é descrita em Piaget, 1954, p.5 ss.

A situação torna-se mais transparente quando nos voltamos para os conceitos. Eu disse anteriormente que a "natureza" de um objeto (= agregado) em A é determinada pelos elementos do agregado e pelas relações entre esses elementos. Dever-se-ia acrescentar que essa determinação é "fechada" no sentido de que os elementos e suas relações *constituem* o objeto; quando estão dados, então o objeto também está dado. Por exemplo, os "elementos" descritos por Ulisses em sua fala na *Ilíada* 9.225 ss. *constituem* honra, graça, respeito. Conceitos A, assim, são muito similares a noções como "xeque-mate": dado certo arranjo de peças no tabuleiro, não há maneira de "descobrir" que o jogo ainda possa ser continuado. Tal "descoberta" não preencheria uma lacuna, não acrescentaria nada a nosso conhecimento das possíveis posições de xadrez, mas poria fim ao jogo. E o mesmo faria a "descoberta" de "significados reais" por trás de outros movimentos e outras situações.

Precisamente as mesmas observações aplicam-se à "descoberta" de um eu individual que é diferente dos rostos, do comportamento, dos "estados mentais" objetivos do tipo que ocorre em A; aplicam-se à "descoberta" de uma substância por detrás das "aparências" (anteriormente, elementos de A) ou à "descoberta" de que a honra pode estar ausente apesar da presença de todas as suas manifestações exteriores. Uma afirmação como a de Heráclito, "você não poderia descobrir os limites da alma embora você tivesse viajado por todos os caminhos, tão profundo é seu *logos*" (Diels, B 45), não só *acrescenta* ao cosmos A, mas *solapa* os princípios necessários para a construção de "estados mentais" de tipo A, ao passo que a rejeição de Heráclito de πολυμαθίη e a rejeição de Parmênides de um έθος πολύπειρον solapam as regras que governam a construção de *cada um dos fatos* de A. Toda uma visão de mundo, todo um universo de pensamento, fala e percepção é dissolvido.

É interessante ver como esse processo de dissolução se manifesta em casos particulares. Em sua longa fala na *Ilíada* 9.308 ss., Aquiles deseja dizer que a honra pode estar ausente, embora todas as suas manifestações exteriores estejam presentes. Os termos da linguagem que ele usa estão tão intimamente ligados a situações sociais definidas que ele "não tem linguagem para expressar sua desilusão. Contudo, ele a expressa, e de maneira notável. Ele o faz pelo uso incorreto da linguagem de que dispõe. Faz perguntas que não podem ser respondidas e faz exigências que não podem ser atendidas" (Parry, 1956, p.6).[62] Ele age de modo muito "irracional".

A mesma irracionalidade encontra-se nos escritos de todos os outros autores antigos. Em uma comparação com A, os pré-socráticos de fato falam de maneira estranha. Isso também fazem os poetas líricos que exploram novas possibilidades da individualidade que "descobriram". Libertados dos grilhões de um modo de expressão e de pensar bem construído e não ambíguo, os elementos de A perdem sua função familiar e começam a vaguear desorientadamente – surge o "caos de sensações". Libertados de situações sociais firmes e não ambíguas, os sentimentos tornam-se fugazes, ambivalentes, contraditórios: "Amo e não amo; deliro e não deliro", escreve Anacreonte (fr.79). Libertados das regras da pintura geométrica do período anterior, os artistas produzem estranhas misturas de perspectiva e planta baixa.[63] Separados de conjuntos psicológicos bem determinados e libertados de sua significação realista, os conceitos podem ser agora usados "hipoteticamente", sem nenhum opróbrio de mentira, e as artes podem começar a explorar imaginativamente os mundos possíveis.[64] Esse é o mesmo "passo atrás" que foi visto antes ser um pressuposto

---

[62] Cf. a discussão desse caso em *Adeus à razão*, capítulo 10.
[63] Pfuhl, op.cit. Cf. também White, 1965.
[64] Plutarco relata a seguinte história em sua *Vida de Sólon*: "Quando a companhia de Téspis começou a exibir tragédias, e a novidade disso atraía a população, mas não tinha ainda chegado a competições públicas, Sólon, gostando de ouvir e de aprender, e sendo muito dado, em sua velhice, ao lazer e ao entretenimento e, de fato, a festas com bebida e música, foi ver Téspis atuar em uma peça dele próprio, como era o costume em tempos antigos. Sólon aproximou-se dele, depois da representação, e perguntou-lhe se não estava envergonhado de contar tantas mentiras a tantas pessoas. Quando Téspis disse que não havia nada de execrável em representar tais obras e ações, por brincadeira, Sólon bateu violentamente no chão com sua bengala: 'Se aplaudirmos essas coisas por brincadeira', disse ele, 'logo nos

necessário da mudança e, possivelmente, do progresso[65] – somente que ele, agora, não apenas descarta observações, mas também alguns importantes padrões de racionalidade. Vistos a partir de A (e também do ponto de vista de algumas ideologias posteriores), todos esses pensadores, poetas, artistas são maníacos delirantes.

Recordem-se as circunstâncias responsáveis por essa situação. Temos um ponto de vista (teoria, referencial, cosmos, modo de representação) cujos elementos (conceitos, "fatos", imagens) são construídos de acordo com certos princípios de construção. Os princípios envolvem algo como um "fechamento": há coisas que não podem ser ditas, ou "descobertas", sem violar esses princípios (o que *não* significa contradizê-los). Diga as coisas, faça a descoberta, e os princípios são suspensos. Tome agora aqueles princípios construtivos subjacentes a todo elemento do cosmos (da teoria), a todo fato (todo conceito). Chamemos tais princípios de *princípios universais* da teoria em questão. A suspensão de princípios universais significa suspender todos os fatos e todos os conceitos. Finalmente, denominemos uma descoberta, ou um enunciado, ou uma atitude, *incomensurável* com o cosmos (a teoria, o referencial) se suspende alguns de seus princípios universais. Heráclito B 45 é incomensurável com a parte psicológica de A: suspende as regras que são necessárias para constituir indivíduos e põe um fim a todos os fatos A a respeito de indivíduos (fenômenos correspondendo a tais fatos podem, é claro, persistir por um tempo considerável, já que nem todas as mudanças conceituais levam a mudanças na percepção e já que existem mudanças conceituais que jamais deixam marcas nas aparências; contudo, tais fenômenos não podem mais ser *descritos* da maneira costumeira e não podem, portanto, contar como observações dos "fatos objetivos" usuais).

---

encontraremos honrando-as a sério'". A história parece ser, historicamente, impossível, contudo, elucida uma atitude muito difundida (acerca dessa atitude, cf. o capítulo 8 de Forsdyke, 1964). O próprio Sólon parece ter sido um pouco menos impressionado pelas formas tradicionais de pensamento e talvez tenha sido um dos primeiros atores dramáticos (da variedade política) (Else, 1965, p.40 ss.). A atitude oposta, que revela o seguro e já um tanto convencido cidadão de B, é expressa por Simonides, que respondeu a questão de por que os tessálios não eram por ele enganados, dizendo "Porque são demasiado estúpidos" (Plutarco, *De aud. poet.*, 15D).

[65] Capítulo 11, texto correspondente à nota 5.

Note-se a natureza tentativa e vaga dessa explicação de "incomensurável" e a ausência de terminologia lógica. A razão para a vagueza já foi explicada (itens 3 e 4). A ausência de lógica é decorrência do fato de que estamos lidando com fenômenos fora de seu domínio. Meu propósito é descobrir terminologia para descrever certos fenômenos histórico-antropológicos complexos que são compreendidos apenas imperfeitamente, em vez de definir propriedades de sistemas lógicos especificados em detalhe. Termos como "princípios universais" e "suspende" supostamente resumem informação antropológica quase da mesma maneira em que a explicação de Evans-Pritchard (1940, p.103) do tempo dos nuer resume a informação antropológica à sua disposição (cf. também a breve discussão no item 3). A vagueza da explicação reflete o caráter incompleto e a complexidade do material e convida a uma articulação mediante pesquisa adicional. A explicação tem de ter *algum* conteúdo – caso contrário, seria inútil. Mas não pode ter conteúdo *demais*, ou então teríamos de revisá-la a cada momento.

Note-se, também, que por "princípio" não quero referir-me simplesmente a um *enunciado* tal como "conceitos se aplicam quando um número finito de condições é satisfeito" ou "conhecimento é enumeração de elementos discretos que formam agregados paratácticos", mas ao *hábito gramatical* correspondente ao enunciado. Os dois enunciados que acabo de citar descrevem o hábito de considerar um objeto dado quando a lista de suas partes foi completamente apresentada. Esse hábito é suspenso (embora não contraditado) pela *conjectura* de que mesmo a lista mais completa não esgota um objeto; é *também* suspenso (mas, outra vez, não contraditado) por uma busca incessante por novos aspectos e novas propriedades. (Não é exequível, portanto, definir "incomensurabilidade" por referência a enunciados.[66]) Se o hábito é suspenso, então os objetos A são suspensos com ele: não se pode examinar objetos A por um método de conjecturas e refutações que não tem fim.

Como é superada a "irracionalidade" do período de transição? Da maneira usual (cf. item 8), isto é, pela produção determinada de absurdos

---

[66] Isso dá conta de uma crítica na nota 63 do artigo de Shapere (1966). As classificações alcançadas pelos princípios são "cobertas" no sentido de Whorf: cf. anteriormente referido, nota 4 e o texto que vai até a nota 9.

até que o material produzido seja rico o suficiente para permitir que os rebeldes revelem, e todos os demais reconheçam, os novos princípios universais. (Tal revelação não precisa consistir em escrever os princípios na forma de enunciados claros e precisos.) A loucura transforma-se em sanidade, desde que seja suficientemente rica e suficientemente regular de modo que funcione como a base de uma nova visão de mundo. E quando *isso* acontece, temos um novo problema: como pode a visão antiga ser comparada com a nova?

Do que foi dito, depreende-se, obviamente, que não podemos comparar os *conteúdos* de A e B. Fatos A e fatos B não podem ser colocados lado a lado, nem mesmo na memória: apresentar fatos B significa suspender princípios admitidos na construção de fatos A. Tudo o que podemos fazer é desenhar imagens B de fatos A em B, ou introduzir enunciados B de fatos A em B. Não podemos empregar enunciados A de fatos A em B. Tampouco é possível *traduzir* a linguagem A na linguagem B. Isso não significa que não possamos *discutir* as duas visões – mas a discussão levará a modificações consideráveis de ambas as visões (e das linguagens em que são expressas).

Ora, parece-me que a relação entre, digamos, a mecânica clássica (interpretada realisticamente) e a mecânica quântica (interpretada de acordo com as concepções de Niels Bohr), ou entre a mecânica newtoniana (interpretada realisticamente) e a Teoria Geral da Relatividade (também interpretada realisticamente) é, em muitos aspectos, similar à relação entre a cosmologia A e a cosmologia B. Assim, todo fato da mecânica de Newton presume que formas, massas, períodos são alterados só por interações físicas e essa presunção é suspensa pela Teoria da Relatividade. Analogamente, a Teoria Quântica constitui fatos de acordo com as relações de incerteza, que são suspensas pela abordagem clássica.

Nesse ponto, é importante interpretar a situação de maneira sensível, caso contrário a mudança científica (cultural) torna-se um milagre inexplicável. A ideia de que maneiras abrangentes de pensar, agir e perceber, como a cosmologia A (e, em domínio muito mais restrito, a física clássica) e a cosmologia B (relatividade ou mecânica quântica), são referenciais fechados com regras fixas cria um golfo intransponível entre situações que, embora diferentes de maneiras surpreendentes, estão ainda assim ligadas por argumentos, alusões, empréstimos, analogias, princípios gerais do tipo explicado anteriormente no texto. Lógicos que confinam o termo "argumento" a cadeias de raciocínio envolvendo conceitos estáveis e precisos e reconstroem teorias e visões de mundo usando termos igualmente precisos e não ambíguos são forçados a denominar tais ligações "irracionais", ao passo que seus oponentes podem relatar a "descoberta" de que a ciência, aquele suposto baluarte da razão, com frequência viola a razão de maneira decisiva. Ambos estão falando acerca de quimeras, não a respeito da ciência e da cultura como elas realmente são. As coisas mudam quando usamos a prática científica ou a realidade cultural, e não a lógica, como nossos informantes; em outras palavras, quando nos engajamos em pesquisa sociológica, não em reconstrução. Descobrimos então que os conceitos científicos (e os conceitos, formas, perceptos, estilos em geral) são ambíguos no sentido de que eventos decisivos podem afetar sua aparência, suas implicações percebidas e, com elas, a "lógica" a que obedecem. Aquiles (ver o texto correspondente à nota 62) "faz mau uso" da linguagem que tem à sua disposição ao afirmar uma diferença entre honra "real" e suas manifestações sociais. Afirmar diferenças não está em conflito com a visão A; por exemplo, há uma grande diferença entre o conhecimento, o poder e as ações dos deuses, por um lado, e o conhecimento, o poder e as ações dos humanos, por outro. Admitir que a honra está nas mãos de deuses que pouco se importam com as aspirações de humanos desvaloriza as manifestações sociais da honra, torna-as secundárias. Essa admissão ajusta-se bem aos delineamentos gerais da visão A, mas Aquiles é o primeiro a fazê-la. Por quê? Porque sua raiva, seu sofrimento faz que ele veja conexões que, por causa de um otimismo disseminado, não são parte da concepção geral da honra e não contribuem para sua "definição". Ele parece violar regras sociais básicas, mas, vistas com a ansiedade causada pelas ações de Agamenon, tais regras dão lugar a uma ideia diferente que é encarada como estando implícita no material existente, mas que não tinha aparecido até então. Generalizando, podemos dizer que os conceitos têm potencialidades acima dos usos que parecem defini-los; é esse aspecto que os torna capazes de ligar sistemas conceituais inteiramente diferentes. Mais a respeito disso em meu último (prometo!) livro, *The Conquest of Abundance* [A conquista da abundância].

Apêndice 2

Whorf fala de "Ideias", não de "eventos" ou de "fatos", e nem sempre está claro se ele aprovaria minha ampliação de suas concepções. Ele diz que "tempo, velocidade e matéria não são essenciais à construção de uma imagem consistente do universo" (Whorf, 1956, p.216), e afirma que "recortamos a natureza, organizamo-la em conceitos e atribuímos significações como o fazemos, em grande parte, porque estamos favoravelmente dispostos a um acordo para organizá-la dessa maneira" (ibidem, p.213), o que pareceria implicar que línguas bastante diferentes postulam não apenas ideias diferentes para a ordenação dos mesmo fatos, mas postulam também diferentes fatos. O "princípio de relatividade linguística" parece apontar na mesma direção. Ele diz,

> em termos informais, que usuários de gramáticas marcadamente diferentes são levados por suas gramáticas a diferentes tipos de observações e a diferentes avaliações de atos de observação externamente similares e, em consequência, não são observadores equivalentes, mas chegarão a concepções do mundo um tanto diferentes. (ibidem, p.221)

Mas os "enunciados mais formais" (ibidem) do princípio já contêm um elemento diferente, pois aqui nos é dito que "nem todos os observadores são levados *pela mesma evidência física* à mesma imagem do universo, a menos que seus antecedentes linguísticos sejam similares, ou possam, de alguma maneira, ser ajustados" (ibidem, p.214, grifos nossos), o que pode significar que observadores utilizando linguagens bastante diferentes irão *postular fatos diferentes* nas mesmas circunstâncias físicas do mesmo mundo físico, ou pode significar que eles irão *dispor fatos similares de maneiras diferentes*. A segunda interpretação encontra algum apoio nos exemplos dados, em que se diz que diferentes elementos de significado isolados em inglês e *shawnee* são "usados para relatar *a mesma experiência*" (ibidem, p.208) em que lemos que "as línguas classificam diferentemente os itens da experiência" (ibidem, p.209); a experiência é encarada como um reservatório uniforme de fatos *classificados* diferentemente por diferentes línguas. Encontra apoio ainda na descrição de Whorf da transição da explicação dos fenômenos barométricos pelo *horror vacui* para a explicação da teoria moderna:

> Se certa vez essas sentenças [Por que a água sobe em uma bomba? Porque a Natureza tem horror ao vácuo.] pareceram satisfatórias à lógica, e atualmente parecem idiossincrasias de um jargão particular, essa mudança não ocorreu porque a ciência descobriu fatos novos. A ciência adotou novas formulações linguísticas dos fatos velhos e agora, quando nos sentimos em casa no novo dialeto, certas características do velho deixam de ser obrigatórias para nós. (ibidem, p.222)

Contudo, considero esses enunciados mais conservadores como secundários quando comparados com a grande influência atribuída a categorias gramaticais e, especialmente, aos mais ocultos "sistemas de *rapport*" de uma linguagem (ibidem, p.68 ss.).

Whorf e aqueles que o seguem consideram a linguagem o principal e talvez o único "moldador de eventos". Esse é um ponto de vista estreito demais. Os animais não têm linguagem no sentido de Whorf, contudo, não vivem em um mundo informe. Os planetas, ao menos tal como concebidos atualmente, nem mesmo estão vivos, mas afetam seus arredores e reagem a eles de um modo que está de acordo com leis. No caso dos humanos, rituais, música, artes, comportamento adaptativo que ocorre sem a interposição de palavras, dão importantes contribuições ao modo pelo qual o mundo *aparece* e, para aqueles vivendo dessa maneira, como o mundo *é*. Nas ciências, temos não apenas enunciados (a velha ideia de que a ciência é um sistema de enunciados foi, entrementes, completamente desacreditada), mas observações, equipamento experimental, relação intuitiva entre observadores e seu equipamento, a qual tem de ser aprendida de maneira prática e não por meio de anotações, o trabalho dos experimentadores, que tem muito em comum com o trabalho dos artistas – o que eles querem não são meramente resultados, mas resultados que emergem de um modo simples, convincente e esteticamente agradável – e assim por diante. Uma concentração só na linguagem ou em "textos" pode facilmente conduzir ao absurdo, como fica demonstrado por Austin e pela prática do desconstrucionismo: por um lado, os filósofos produzem textos, como os poetas; por outro, tomam por certo que seus textos revelam uma realidade além dos pensamentos, impressões, lembranças, figuras de linguagem etc. da qual surgiram. (Os realistas científicos compartilham, até certo grau, dessa situação difícil.)

Finalmente, alguns comentários acerca do que penso sobre a incomensurabilidade e como cheguei a essa ideia.

Creio que a incomensurabilidade *surge* quando aguçamos nossos conceitos da maneira exigida pelos positivistas lógicos e seus herdeiros, e que ela *solapa* as ideias deles sobre explicação, redução e progresso. A incomensurabilidade *desaparece* quando utilizamos os conceitos como os cientistas os usam, de maneira aberta, ambígua e com frequência anti-intuitiva. A incomensurabilidade é um problema para os filósofos, não para os cientistas, embora os últimos possam ficar *psicologicamente* confusos por coisas incomuns. Cheguei a esse fenômeno enquanto estudava os primeiros trabalhos sobre enunciados básicos e ao considerar a possibilidade de percepções radicalmente diferentes da nossa. Em minha tese,[1] examinei o significado de enunciados observacionais. Considerei a ideia de que tais enunciados descrevem "o que é dado" e tentei identificar esse "dado". *Fenomenologicamente*, isso não pareceu ser possível; nós percebemos objetos, suas propriedades, suas relações, não "o dado". É verdade,

---

[1] Viena, 1951 – escrita depois de dois anos de extensa discussão no Círculo de Kraft e orientada pelo professor Victor Kraft, da Universidade de Viena.

é claro, que podemos apresentar relatos breves sobre as propriedades de objetos cotidianos, contudo, isso não os transforma em não objetos, mas só mostra que temos uma relação especial com eles. Fenomenologicamente, o que é dado consiste das mesmas coisas que também podem existir inobservadas – não é uma nova espécie de objeto. Arranjos especiais como o filtro de redução introduzem novas condições, o que não fazem é revelar elementos em objetos que já conhecemos. Resultado: o dado não pode ser isolado por observação.

A segunda possibilidade era isolá-lo por meios lógicos: o que é dado pode ser verificado *com certeza*, consequentemente, posso obter o dado contido na mesa diante de mim removendo do enunciado "há uma mesa" todas as consequências que tornam possíveis correções futuras. Isso mostra que o dado é o resultado de uma decisão irrazoável: enunciados não testáveis não podem servir de base para a ciência.

Seguindo esse argumento, introduzi o pressuposto de que o significado de enunciados observacionais depende da natureza dos objetos descritos e, como essa natureza depende das teorias mais avançadas, depende do conteúdo dessas teorias. Ou, como formulei em meu primeiro artigo em inglês a respeito desse tópico: a interpretação de uma linguagem observacional é determinada pelas teorias que usamos para explicar o que observamos e modifica-se tão logo essas teorias se alterem (1958, p.31, grifos no original). Em resumo: enunciados observacionais não só estão *carregados* de teoria (as concepções de Toulmin, Hanson e, aparentemente, também de Kuhn), mas são *completamente teóricos*, e a distinção entre enunciados observacionais ("enunciados protocolares" na terminologia do Círculo de Viena) e enunciados teóricos é uma distinção pragmática, não semântica; não há "significados observacionais" especiais. Assim, no mesmo ano em que Hanson (o livro *Patterns of Discovery*, de Hanson, apareceu em 1958) e quatro anos antes de Kuhn, formulei uma tese da qual uma forma mais fraca tornou-se posteriormente muito popular. Além disso, minha tese não só era mais forte que a tese da carga teórica, mas proveio também de uma fonte diferente. Com efeito, ao passo que Toulmin e Hanson foram inspirados pelas *Investigações filosóficas* de Wittgenstein (1975), eu principiei, e retornei a elas, por ideias que foram desenvolvidas no Círculo de Viena – e afirmei isso (Feyerabend, 1981, v.1, p.49, 125). Quine, cuja filosofia mostra estreitas conexões com a filosofia do Círculo de Viena,[2] também usou um critério de observabilidade muito semelhante ao meu (Feyerabend, 1981, v.1, p.17 ss.).

Ora, quando Feigl ouviu falar dessas ideias, assinalou que interpretar observações em termos das teorias das quais elas são observações torna sem sentido os experimentos cruciais; pois como pode um experimento decidir entre duas teorias quando sua interpretação já depende dessas teorias, e quando as próprias teorias não têm elementos em comum, como uma linguagem observacional comum? No artigo que acabo de mencionar e em "Explanation, Reduction, and Empiricism", publicado em 1962, aceitei o desafio. Primeiro, ampliei-o, construindo casos em que termos importantes de uma teoria não podem, de maneira alguma, ser definidos em outra, a qual, além disso, tenta fazer seu trabalho. Meu exemplo, que encontrei em *Die Vorläufer Galileis im 14. Jahrhundert*, de Anneliese Maier (1949), foi a relação entre os termos "ímpeto" e "momento". Também desenvolvi uma teoria sobre testes para responder ao desafio. Em 1962, chamei as teorias, como essas que contêm "ímpeto" e "momento", de teorias incomensuráveis; afirmei que apenas uma classe especial de teorias, as assim chamadas teorias não instanciais, poderiam ser (mas não precisavam ser) incomensuráveis, e acrescentei que teorias incomensuráveis sucessivas relacionam-se umas às outras por substituição, e não por subsunção. O ano de 1962 é também o ano do grande livro de Kuhn – mas ele usou uma abordagem diferente para aplicar o mesmo termo a uma situação similar (mas não idêntica). Sua abordagem era histórica, ao passo que a minha era abstrata.

Em 1960, comecei os estudos descritos nos capítulos 8, 9 e 16. Eles revelaram que a percepção e a experimentação obedecem a leis próprias que não podem ser reduzidas a pressupostos teóricos e estão, portanto, além do alcance de epistemologias ligadas a teorias.

Também juntei-me a Kuhn na exigência por uma fundamentação histórica da ciência, em oposição a uma fundamentação epistemológica, mas ainda divirjo dele ao opor-me à autonomia política da ciência. Excetuando-se isso, nossas concepções (isto é, minhas ideias publicadas e a

---

[2] Detalhes em Koppelberg, 1987.

filosofia recente de Kuhn, ainda não publicada) parecem ser agora quase idênticas,[3] exceto pelo fato de que tenho pouca simpatia pela tentativa de Kuhn de amarrar a história com cordas filosóficas ou linguísticas, em todo caso, com cordas teóricas: uma conexão com a teoria somente leva-nos de volta àquilo do qual pelo menos eu desejo escapar – os limites rígidos, embora quiméricos (desconstrucionismo!), de um "sistema conceitual".

---

[3] Cf. meu "Realism and the Historicity of Knowledge" (1989, p.353 ss.), especialmente a nota 26 e o pós-escrito a esse ensaio.

17

Nem a ciência nem a racionalidade são medidas universais de excelência. São tradições particulares, não tendo consciência de sua base histórica.

Até aqui, tentei mostrar que a razão, ao menos na forma em que é defendida por lógicos, filósofos e alguns cientistas, não se ajusta à ciência e não poderia ter contribuído para seu desenvolvimento. Esse é um bom argumento contra aqueles que admiram a ciência e são também escravos da razão. Eles têm agora de fazer uma escolha. Podem ter a ciência; podem ter a razão; não podem ter ambas.

Mas a ciência não é sacrossanta. O mero fato de que existe, é admirada e tem resultados não é suficiente para fazer dela uma medida de excelência. A ciência moderna surgiu de objeções globais contra visões anteriores, e o próprio racionalismo, a ideia de que há regras e padrões gerais para guiar nossos assuntos, assuntos de conhecimento até, surgiu de objeções globais ao senso comum (por exemplo: Xenófanes contra Homero). Devemos abster-nos de nos ocupar com aquelas atividades que deram origem à ciência e ao racionalismo em primeiro lugar? Devemos ficar satisfeitos com seus resultados? Devemos admitir que tudo o que aconteceu depois de Newton (ou depois de Hilbert) é perfeição? Ou devemos admitir que a ciência moderna talvez tenha falhas básicas e possa estar precisando de uma mudança global? E, tendo admitido isso, como iremos proceder? Como iremos localizar falhas e realizar mudanças? Não precisamos de um padrão de medida que seja independente da ciência e conflite com ela a fim de preparar a mudança que desejamos provocar? E não irá a rejeição de regras e padrões que conflitam com a ciência impedir-nos para sempre de descobrir tal padrão de medida? Em contrapartida, não mostraram alguns desses estudos de caso que uma aplicação grosseira de procedimentos "racionais" não nos teria dado uma ciência melhor, ou um mundo melhor, mas não nos teria dado absolutamente nada? E como iremos avaliar os próprios resultados? Obviamente, não há um modo simples de guiar, por meio de regras, uma prática, ou de criticar padrões de racionalidade por meio de uma prática.

Os problemas que esbocei são antigos e muito mais gerais que o da relação entre ciência e racionalidade. Ocorrem sempre que uma prática rica, bem articulada e familiar – uma prática de compor, pintar quadros, de produção teatral, de selecionar pessoas para emprego público, ou manter a ordem e punir os criminosos, uma prática de culto, de organizar a sociedade – é confrontada com outra de espécie diferente que pode interagir com ela. Essas *interações* e seus resultados dependem de condições históricas e variam de caso a caso. Uma tribo poderosa invadindo uma região pode impor suas leis e mudar as tradições indígenas pela força, apenas para ser ela própria mudada pelos remanescentes da cultura subjugada. Um governante pode decidir, por razões de conveniência, usar uma religião popular e estabilizadora como a ideologia básica de seu império e pode, com isso, contribuir para a transformação tanto de seu império quanto da religião escolhida. Um indivíduo, repelido pelo teatro de sua época e à busca de algo melhor, pode estudar peças estrangeiras, teorias antigas e modernas do drama e, usando os atores de uma companhia favoravelmente disposta a colocar suas ideias em prática, modificar o teatro de uma nação inteira. Um grupo de pintores, desejosos de acrescentar a reputação de serem cientistas à sua já enorme reputação como hábeis artesãos, pode introduzir na pintura elementos científicos, como a geometria, e com isso criar um novo estilo e novos problemas para pintores, escultores e arquitetos. Um astrônomo que não vê com bons olhos a diferença entre os princípios clássicos da astronomia e a prática existente, e desejoso de restaurar a astronomia a seu esplendor antigo, pode encontrar uma forma de atingir seu objetivo e, assim, dar início à eliminação dos próprios princípios clássicos.

Em todos esses casos, temos uma prática, ou uma tradição, temos certas influências sobre ela, emergindo de outra prática ou tradição, e observamos uma mudança. A mudança pode conduzir a uma ligeira modificação da prática original, pode eliminá-la, pode resultar em uma tradição que pouco se parece com qualquer um dos elementos interagentes.

Interações como as recém-descritas são acompanhadas por graus cambiantes de *consciência* [*awareness*] por parte dos participantes. Copérnico sabia muito bem o que queria, assim como Constantino, o Grande (estou agora falando sobre o impulso inicial, não sobre as transformações que se seguiram). A intrusão da geometria na pintura é menos facilmente explicada em termos de consciência. Não temos ideia de por que Giotto tentou alcançar um compromisso entre a superfície da pintura e a corporeidade das coisas pintadas, especialmente visto que as pinturas não eram ainda encaradas como estudos de uma realidade material. Podemos conjecturar que Brunelleschi chegou à sua construção por uma extensão natural do método dos arquitetos de representar objetos tridimensionais, e seus contatos com cientistas seus contemporâneos não ficaram sem consequências. É ainda mais difícil compreender as alegações gradativamente crescentes dos artesãos de estarem fazendo contribuições para o mesmo tipo de conhecimento cujos princípios eram explicados nas universidades em termos muito diferentes. Aqui, não temos um *estudo* crítico de tradições alternativas como temos em Copérnico, ou em Constantino, mas uma *impressão* da inutilidade da ciência acadêmica quando comparada com as fascinantes consequências das viagens de Colombo, Magalhães e seus sucessores. Aí surgiu a ideia de uma "América do Conhecimento", de um continente inteiramente novo, e ainda imprevisto, de conhecimento que podia ser descoberto, como a América real foi descoberta: por uma combinação de habilidade e estudo abstrato. Os marxistas têm apreciado confundir a informação insuficiente a respeito da consciência que acompanha tais processos e irrelevância e atribuíram à consciência individual apenas um papel secundário. Nisso eles estavam corretos – mas não do modo que pensavam. Com efeito, *ideias* novas, embora com frequência necessárias, não eram suficientes para explicar as *mudanças* que agora ocorriam e dependiam também das *circunstâncias* (frequentemente desconhecidas e despercebidas) nas quais as ideias eram aplicadas. As revoluções transformaram não só as práticas que seus iniciadores queriam alterar, mas os próprios princípios por meio dos quais, intencionalmente ou não, realizaram a mudança.

Ora, ao considerar qualquer interação de tradições, podemos formular dois tipos de questão, que chamarei, respectivamente, de *questões do observador* e *questões do participante*.

As *questões do observador* dizem respeito aos detalhes de uma interação. Desejam dar uma explicação histórica da interação e, talvez, formular leis, ou maneiras práticas de proceder, que se apliquem a todas as interações. A tríade de Hegel – afirmação, negação, síntese (negação da negação) – é uma regra desse tipo.

As *questões do participante* lidam com a atitude que se supõe que os membros de uma prática ou uma tradição tomem com relação à (possível) intrusão de outra. O observador pergunta: o que acontece e o que vai acontecer? O participante pergunta: O que devo fazer? Apoiar a interação? Opor-me a ela? Ou devo simplesmente não pensar mais nisso?

No caso da Revolução Copernicana, por exemplo, o observador pergunta: que impacto teve Copérnico nos astrônomos de Wittenberg por volta de 1560? Como reagiram eles à sua obra? Modificaram algumas de suas crenças e, se modificaram, por que o fizeram? Teve sua mudança de opinião algum efeito sobre outros astrônomos, ou eram eles um grupo isolado, não levado a sério por outros profissionais?

As questões de um participante são: esse é, de fato, um livro estranho – devo levá-lo a sério? Devo estudá-lo em detalhe ou apenas superficialmente, ou devo simplesmente continuar como antes? As teses principais parecem absurdas, à primeira vista – mas, talvez, haja algo de certo nelas? Como irei descobrir? E assim por diante.

É claro que as questões de observador têm de levar em conta as questões dos participantes, e os participantes também prestarão mais atenção (quer dizer, se estiverem inclinados a isso) ao que os observadores têm a dizer a respeito do assunto – mas a intenção é diferente em ambos os casos. Os observadores desejam saber o que está acontecendo; participantes, o que fazer. Um observador descreve uma vida que ele não vive (exceto acidentalmente), um participante quer organizar sua própria vida e pergunta-se que atitude tomar a respeito das coisas que possam influenciá-la.

Os participantes podem ser *oportunistas* e agir de maneira direta e prática. No fim do século XVI, muitos príncipes tornaram-se protestantes porque isso promovia seus interesses, e alguns de seus súditos tornaram-se protestantes a fim de serem deixados em paz. Quando oficiais coloniais britânicos substituíram as leis e os hábitos de tribos e culturas estrangeiras por suas próprias leis "civilizadas", as últimas foram com frequência aceitas porque eram as leis do rei, ou porque não se tinha maneira de fazer oposição a elas, e não por nenhuma excelência intrínseca que elas tivessem. A fonte de seu poder e "validade" era claramente compreendida, tanto pelos oficiais quanto pelos mais astutos de seus infortunados súditos. Nas ciências e, em especial, na matemática pura, segue-se, com frequência, uma particular linha de pesquisa não porque seja considerada intrinsecamente perfeita, mas porque se quer ver até onde ela leva. Chamarei a filosofia subjacente a esse tipo de atitude por parte de um participante de uma *filosofia pragmática*.

Uma filosofia pragmática pode florescer apenas se as tradições a serem julgadas e os desenvolvimentos a serem influenciados são vistos como artifícios temporários e não como constituintes duradouros de pensamentos e ação. Um participante dotado de uma filosofia pragmática vê práticas e tradições quase da mesma maneira que um viajante vê países estrangeiros. Cada país tem aspectos de que ele gosta e coisas que ele abomina. Ao decidir estabelecer-se em algum lugar, um viajante terá de comparar clima, paisagem, língua, temperamento dos habitantes, possibilidades de mudança, privacidade, aparência pessoal da população masculina e feminina, teatro, oportunidades de avanço, qualidade dos vícios e assim por diante. Ele também recordará que suas exigências e expectativas iniciais talvez não sejam muito sensatas e, assim, permitirá que o processo de escolha também afete e modifique sua "natureza", a qual, afinal de contas, é apenas outra (e menor) prática ou tradição fazendo parte do processo. Assim, um pragmático precisa ser tanto um participante quanto um observador, mesmo naqueles casos extremos em que decide viver inteiramente de acordo com seus caprichos momentâneos.

Poucos indivíduos e grupos são pragmáticos no sentido que acabo de descrever, e pode-se ver por quê: é muito difícil para alguém ver na perspectiva correta – como partes de uma tradição cambiante e, talvez, absurda –

as próprias ideias mais estimadas. Além disso, essa incapacidade não só *existe*, mas também é *encorajada* como uma atitude apropriada àqueles ocupados com o estudo e o aperfeiçoamento do ser humano, da sociedade, do conhecimento. Praticamente nenhuma religião apresentou-se tão só como algo que valia a pena experimentar. A reivindicação é muito mais forte: a religião é a verdade, tudo o mais é erro, e aqueles que sabem isso, que o compreendem, mas ainda o rejeitam, são corrompidos até o cerne (ou são idiotas incorrigíveis).

Há dois elementos contidos em tal reivindicação. Primeiro, distingue-se entre tradições, práticas e outros resultados da atividade humana individual e/ou coletiva, por um lado, e um domínio diferente que pode atuar sobre as tradições sem ser também uma, por outro. Em segundo lugar, explica-se detalhadamente a estrutura desse domínio especial. Assim, a palavra de Deus é poderosa e deve ser obedecida não porque a tradição que a transmite tenha muita força, mas porque ela é exterior a todas as tradições e fornece um modo de aperfeiçoá-las. A palavra de Deus pode iniciar uma tradição, seu significado pode ser passado adiante de uma geração à próxima, mas ela própria está fora de todas as tradições.

O primeiro elemento – a crença de que algumas exigências são "objetivas" e independentes de tradição – desempenha importante papel no *racionalismo*, que é uma forma secularizada da crença no poder da palavra de Deus. E é assim que a oposição razão/prática obtém sua força polêmica. Com efeito, as duas agências não são vistas como duas práticas que, embora talvez de valor desigual, ainda são, ambas, produtos humanos imperfeitos e cambiantes, mas como um produto dessa espécie, por um lado, e como medidas duradouras de excelência, por outro. O racionalismo grego inicial já continha essa versão do conflito. Examinemos que circunstâncias, pressupostos, procedimentos – que traços do processo histórico – são responsáveis por ele!

Para começar, as tradições que mutuamente se opõem – o senso comum homérico e as várias formas de racionalismo que surgem nos séculos VI ao IV – têm *diferentes estruturas internas*.[1] Por um lado, temos ideias complexas que não podem ser facilmente explicadas; elas "funcionam", mas não

---

[1] Para detalhes, ver o Capítulo 16.

se sabe como; são "adequadas", mas não se sabe por quê; elas se aplicam apenas em circunstâncias especiais; são ricas em conteúdo, mas pobres em similaridades e, portanto, em conexões dedutivas. Por outro, há conceitos relativamente claros e simples que, tendo sido recém-introduzidos, revelam boa porção de sua estrutura e podem ser ligados de várias maneiras. São pobres em conteúdo, mas ricos em conexões dedutivas. A diferença torna-se particularmente notável no caso da matemática. Na geometria, por exemplo, começamos com regras práticas de proceder que se aplicam a objetos físicos e suas formas em uma grande variedade de circunstâncias. Mais adiante, pode ser *demonstrado* por que dada regra se aplica a determinado caso – mas as provas fazem uso de entidades novas que não se encontram em lugar algum na natureza.

Na Antiguidade, a relação entre as novas entidades e o mundo familiar do senso comum deu surgimento a várias teorias. Uma delas, que poderíamos denominar *platonismo*, pressupõe que as novas entidades são reais, ao passo que as entidades do senso comum não passam de suas cópias imperfeitas. Outra teoria, devida aos *sofistas*, considera os objetos naturais reais e os objetos da matemática (os objetos da "razão") imagens simplórias e irrealistas deles. Essas duas teorias foram também aplicadas à diferença entre a nova e razoavelmente abstrata ideia de conhecimento propagada por Platão (mas descoberta antes) e o conhecimento do senso comum da época (Platão utilizou sabiamente uma imagem distorcida do último para dar substância ao primeiro). Mais uma vez, ou foi dito que existia apenas um conhecimento verdadeiro e a opinião humana não passava de uma sombra pálida dele, ou a opinião humana era encarada como o único conhecimento substancial em existência e o conhecimento abstrato dos filósofos, um sonho inútil ("Consigo ver cavalos, Platão", disse Antístenes, "mas não vejo em lugar algum teu cavalo ideal.").

Seria interessante seguir esse antigo conflito ao longo da história até o presente. Aprender-se-ia então que o conflito aparece em muitos lugares e de muitas formas. Dois exemplos devem bastar para ilustrar a grande variedade de suas manifestações.

Quando Gottsched desejou reformar o teatro alemão, ele procurou por peças que valesse a pena imitar. Ou seja, procurou tradições mais ordenadas, mais dignas, mais respeitáveis do que aquilo que encontrava no palco em sua época. Ele foi atraído pelo teatro francês, sobretudo por Corneille. Estando convencido de que "tal edifício complexo de poesia (como a tragédia) dificilmente poderia existir sem regras" (Gottsched, 1972, p.200), procurou as regras e encontrou Aristóteles. Para ele, as regras de Aristóteles não eram um modo particular de ver o teatro, mas a razão da excelência, em que a excelência era encontrada, e guias para o aperfeiçoamento, em que o aperfeiçoamento parecesse necessário. O bom teatro era uma personificação das regras de Aristóteles. Lessing gradualmente preparou uma concepção diferente. Primeiro, restaurou o que pensava ser o Aristóteles real, em oposição ao Aristóteles de Corneille e Gottsched. A seguir, permitiu violações da letra das regras de Aristóteles, desde que tais violações não perdessem de vista seu objetivo. E, finalmente, sugeriu um paradigma diferente e enfatizou que uma mente inventiva o suficiente para construí-lo não precisa ser restringida por regras. Se tal mente tiver êxito em seus esforços, "então esqueçamos o manual!".[2]

Em domínio distinto (e muito menos interessante), temos a oposição entre os que sugerem que as línguas sejam construídas e reconstruídas de acordo com regras simples e claras, e comparam favoravelmente tais *linguagens ideais* com os idiomas naturais descuidados e opacos, e outros filósofos que afirmam que as linguagens naturais, sendo adaptadas a ampla variedade de circunstâncias, jamais poderiam ser substituídas de modo adequado por suas anêmicas concorrentes lógicas.

Essa tendência a ver diferenças na estrutura das tradições (complexa e opaca *versus* simples e clara) como diferenças de espécie (real *versus* realização imperfeita dele) é reforçada pelo fato de que os críticos de uma prática tomam a posição de um observador com respeito a ela, mas permanecem participantes da prática que lhes fornece suas objeções. Falando a língua e usando os padrões dessa prática, eles "descobrem" limitações, falhas, erros, quando tudo o que realmente acontece é que as duas práticas – a que está sendo criticada e a que está fazendo a crítica – não se ajustam mutuamente.

---

[2] *Hamburger Dramaturgie*, Stück 48. Cf., contudo, a crítica de Lessing das afirmações dos "gênios originais" de sua época no Stück 96. O tratamento que Lessing dá à relação entre "razão" e prática é bastante complexo e está de acordo com a concepção desenvolvida mais adiante.

Muitos *argumentos contra* um *materialismo* rematado são dessa espécie. Eles notam que o materialismo modifica o uso de termos "mentais", ilustram as consequências dessa mudança com absurdidades divertidas (pensamentos têm peso e coisas assim) e então se detêm. Esses absurdos mostram que o materialismo entra em conflito com nossas maneiras usuais de falar a respeito de mentes, mas não mostram o que é melhor – o materialismo ou essas tais maneiras. Porém, tomar o ponto de vista do participante com respeito ao senso comum transforma os absurdos em argumentos contra o materialismo. É como se os norte-americanos fossem fazer objeção a moedas estrangeiras porque estas não podem ser colocadas em proporções simples (1:1 ou 1:10 ou 1:100) com respeito ao dólar.

A tendência de adotar o ponto de vista de um participante com respeito à posição que faz o julgamento e, assim, criar um ponto arquimediano para crítica é reforçada por certas distinções que são o orgulho e a alegria de filósofos de gabinete. Refiro-me à distinção entre uma avaliação e o fato de que uma avaliação foi feita, uma proposta e o fato de que uma proposta foi aceita e à distinção relacionada entre desejos subjetivos e padrões objetivos de excelência. Quando falamos como observadores, com frequência dizemos que certos grupos aceitam certos padrões, ou têm esses padrões em alta conta. Falando como participantes, *utilizamos* com igual frequência esses padrões sem fazer nenhuma referência à sua origem ou aos desejos daqueles que os usam. Dizemos que "as teorias deveriam ser falseáveis e livres de contradições", e não: "quero que as teorias sejam falseáveis e livres de contradições" ou "os cientistas ficam muito infelizes a menos que suas teorias sejam falseáveis e livres de contradições". Ora, é inteiramente correto que enunciados da primeira espécie (propostas, regras, padrões) a) não contêm nenhuma referência aos desejos de seres humanos individuais ou aos hábitos de uma tribo e b) não podem ser derivados de, ou contraditos por, enunciados a respeito de tais desejos, ou hábitos, ou nenhum outro fato. Mas isso não os torna "objetivos" e independentes de tradições. Inferir, da ausência de termos dizendo respeito a sujeitos ou grupos em "deveria haver ...", que a exigência feita é "objetiva" seria igualmente tão errôneo quanto reivindicar "objetividade" (isto é, independência de idiossincrasias pessoais ou grupais) para ilusões de óptica e alucinações de massa pela razão de que o sujeito, ou o grupo, não ocorre nelas em lugar algum. Há muitos enunciados que são *formulados* "objetivamente", isto é, sem referência a tradições ou práticas, mas ainda *pretende-se que sejam compreendidos* em relação a uma prática. Exemplos disso são datas, coordenadas, enunciados sobre o valor de uma moeda, enunciados da lógica (depois da descoberta de lógicas alternativas), enunciados da geometria (depois da descoberta de geometrias não euclidianas) e assim por diante. O fato de que a réplica a "você deveria fazer X" pode ser "isso é o que *você* pensa!" mostra que o mesmo é verdadeiro de enunciados valorativos. E aqueles casos em que essa réplica não é permitida podem ser facilmente retificados pela utilização de descobertas, na teoria dos valores, que correspondem à descoberta de geometrias alternativas ou sistemas lógicos alternativos: confrontamos juízos de valor "objetivos" pertencentes a diferentes culturas ou diferentes práticas e perguntamos ao objetivista como ele vai resolver o conflito.[3] A redução a princípios compartilhados nem sempre é possível, e devemos, assim, admitir que as exigências ou as fórmulas que as expressam são incompletas tais como usadas e têm de ser revisadas. A insistência continuada na "objetividade" dos juízos de valor, contudo, seria tão ignorante quanto a insistência continuada no uso "absoluto" do par "acima/abaixo" depois da descoberta da forma esférica da Terra. E um argumento tal como "uma coisa é fazer uma exigência, e uma coisa inteiramente diferente é afirmar que uma exigência foi feita – portanto, uma multiplicidade de culturas não significa relativismo" tem muito em comum com o argumento de que os antípodas não podem existir porque eles "cairiam". Ambos os casos baseiam-se em conceitos antediluvianos (e distinções inadequadas). Não admira que nossos "racionalistas" sejam fascinados por eles.

Com isso temos também nossa resposta a b). É verdade que apresentar uma exigência e descrever uma prática talvez sejam duas coisas diferentes, e

---

[3] Na peça *The Ruling Class* (posteriormente transformada em um filme um tanto insípido com Peter O'Toole) dois loucos afirmando serem Deus são confrontados um com o outro. Essa maravilhosa ideia confunde o dramaturgo de tal forma que ele usa fogo e enxofre em vez de diálogo para superar o problema. Sua solução final, contudo, é bem interessante. Um dos loucos torna-se um bom, honrado e normal cidadão britânico que, ao lado disso, desempenha o papel de Jack, o estripador. Quis dizer o dramaturgo que nossos "objetivistas" modernos, que passaram pelo fogo do relativismo, só podem retornar à normalidade se lhes for permitido aniquilar todos os elementos perturbadores?

não se podem estabelecer conexões lógicas entre elas. Isso não significa que a interação entre exigências e práticas não possa ser tratada e avaliada como uma interação de práticas. Com efeito, a diferença deve-se, primeiro, a uma diferença entre a atitude do observador e a atitude do participante: um lado, defendendo a "objetividade" de seus valores, *usa* sua tradição em vez de *examiná-la* – o que não transforma a tradição em uma medida objetiva de validade. E, em segundo lugar, a diferença deve-se a conceitos que foram adaptados a tal unilateralidade. O oficial colonial que proclama novas leis e nova ordem em nome do rei tem uma compreensão muito melhor da situação que os racionalistas que recitam a mera letra da lei sem nenhuma referência às circunstâncias de sua aplicação, e encaram essa incompletude fatal como prova da "objetividade" das leis recitadas.

Depois dessa preparação, examinemos agora o que foi denominado "a relação entre razão e prática".

Simplificando a questão um tanto, podemos dizer que existem três concepções a respeito do assunto.

A. A razão guia a prática. Sua autoridade é independente da autoridade de práticas e tradições e molda a prática de acordo com suas exigências. Podemos denominar isso a *versão idealista* da relação.

B. A razão recebe da prática tanto seu conteúdo quanto sua autoridade. Descreve o modo pelo qual a prática trabalha e formula seus princípios subjacentes. Essa versão tem sido denominada *naturalismo* e tem sido, ocasionalmente, atribuída a Hegel (embora erroneamente).

Ambos, idealismo e naturalismo, têm dificuldades.

As dificuldades do idealismo consistem em que o idealista não só deseja "agir racionalmente", mas também quer que suas ações racionais tenham resultados. E quer que esses resultados ocorram não somente entre as idealizações que usa, mas no mundo real que habita. Por exemplo, ele quer que seres humanos reais construam e mantenham a sociedade de seus sonhos, quer entender os movimentos e a natureza de estrelas reais e de pedras reais. Embora possa aconselhar-nos a "deixar de lado os (todas as observações dos) céus" (Platão, *República*, 530b s.) e a concentrar-nos apenas em ideias, ele finalmente retorna à natureza a fim de ver em que medida ele apreendeu suas leis (Platão, *Epínomis*). Então acaba frequentemente se mostrando, e tem-se mostrado com frequência, que agir racionalmente no sentido preferido por ele não produz os resultados esperados. Esse conflito entre racionalidade e expectativas foi uma das principais razões para a constante reforma dos cânones de racionalidade, bem como encorajou muito o naturalismo.

O naturalismo, entretanto, também não é satisfatório. Tendo escolhido uma prática popular e bem-sucedida, o naturalista tem a vantagem de "estar no lado certo", pelo menos por enquanto. Mas uma prática pode deteriorar-se, ou talvez seja popular pelas razões erradas. (Muita da popularidade da moderna medicina científica deve-se ao fato de que doentes não têm outro lugar para ir e de que a televisão, os boatos e o circo técnico de hospitais bem equipados os convenceram de que não lhes era possível fazer coisa melhor.) Embasar padrões em uma prática e deixar as coisas por isso pode perpetuar para sempre as deficiências dessa prática.

As dificuldades do naturalismo e do idealismo têm certos elementos em comum. A inadequação de padrões torna-se frequentemente clara pela esterilidade da prática que eles engendram, as deficiências das práticas com frequência ficam muito óbvias quando práticas baseadas em diferentes padrões florescem. Isso sugere que razão e prática não são dois tipos diferentes de entidade, mas *partes de um único processo dialético.*

Essa sugestão pode ser ilustrada pela relação entre um mapa e as aventuras de uma pessoa que o usa, ou pela relação entre um artesão e seus instrumentos. Originalmente, os mapas foram construídos como imagens e guias da realidade, e isso, presumivelmente, também ocorreu com a razão. Mas os mapas, como a razão, contêm idealizações (Hecateus de Mileto, por exemplo, impôs as linhas gerais da cosmologia de Anaximandro em seu relato do mundo ocupado e representou os continentes por figuras geométricas). O viajante usa o mapa para descobrir seu caminho, mas também o corrige à medida que procede, eliminando velhas idealizações e acrescentando novas. Utilizar o mapa, não importa o que aconteça, logo irá colocá-lo em dificuldades. Mas é melhor ter mapas do que prosseguir sem eles. Da mesma maneira, diz o exemplo, a razão sem a orientação de uma prática vai induzir-nos ao erro, ao passo que uma prática é grandemente aperfeiçoada pelo acréscimo da razão.

Essa explicação, embora melhor que o naturalismo e o idealismo, e muito mais realista, ainda não é inteiramente satisfatória. Substitui uma ação unilateral (da razão sobre a prática ou da prática sobre a razão) por uma interação, mas retém as (certos aspectos das) velhas concepções de agências interagentes: razão e prática ainda são consideradas entidades de espécies diferentes. São ambas necessárias, mas a razão pode existir sem uma prática e a prática pode existir sem a razão. Devemos aceitar essa explicação da questão?

Para responder à pergunta, precisamos apenas lembrar que a diferença entre "razão" e algo "irrazoável" que tem de ser formado por ela ou pode ser usado para colocá-la em seu lugar surgiu da transformação das diferenças estruturais de práticas em diferenças de espécie. Mesmo os mais perfeitos padrões ou regras não são independentes do material sobre o qual agem (caso contrário, como poderiam descobrir nele um ponto de ataque?) e dificilmente poderíamos entendê-los ou saberíamos como usá-los se não fossem partes bem integradas de uma prática ou tradição bastante complexa e, por vezes, bastante opaca, a saber, a linguagem na qual o *defensor rationis* expressa seus implacáveis comandos.[4] No entanto, mesmo a prática mais desordenada não deixa de ter suas regularidades, como fica claro de nossa atitude com relação a não participantes.[5] *O que é chamado "razão" e "prática" são, portanto, dois tipos diferentes de prática*, a diferença sendo que uma delas exibe claramente alguns aspectos formais simples que podem facilmente ser apresentados, fazendo assim que esqueçamos as propriedades complexas e praticamente não compreendidas que garantem essa simplicidade e apresentabilidade, ao passo que a outra afoga os aspectos formais sob grande variedade de propriedades acidentais. Mas uma razão complexa e implícita ainda é razão, e uma prática com aspectos formais simples pairando sobre um permeante, mas despercebido, pano de fundo de hábitos linguísticos ainda é uma prática. Desconsiderando

---

[4] Esse ponto de vista foi defendido com grande força e com o auxílio de muitos exemplos por Wittgenstein (cf. meu ensaio "Wittgenstein's Philosophical Investigations", 1955). O que replicaram os racionalistas? Russel (friamente): "Não compreendo". Sir Karl Popper (ofegantemente): "Ele tem razão, ele tem razão – também não compreendo!". Em resumo: isso é irrelevante porque os principais racionalistas não o compreendem. Eu, em contrapartida, começaria a duvidar da inteligência (e talvez também da honestidade intelectual) dos racionalistas que não compreendem (ou fingem não compreender) uma coisa tão simples.

[5] Cf. meus breves comentários acerca de "classificações cobertas" no Capítulo 16.

(ou, melhor, nem mesmo notando) o mecanismo que dá sentido e garante aplicação, no primeiro caso, e as regularidades implícitas, no segundo, um racionalista percebe aqui lei e ordem, e ali material ainda precisando ser moldado. O hábito, que também foi comentado em uma parte anterior deste tópico, de tomar o ponto de vista de um participante com relação ao primeiro e a atitude de um observador com relação ao último separam ainda mais o que é tão estreitamente ligado na realidade. E assim temos finalmente duas agências, razão implacável e ordenada, em um lado, material maleável, mas não inteiramente flexível, no outro, e com isso todos os "problemas da racionalidade" que proporcionaram aos filósofos nutrição intelectual (e, não esqueçamos, também financeira) desde o "Surgimento do Racionalismo no Ocidente". Não se pode deixar de notar que os argumentos que ainda são usados para dar sustentação a esse magnífico resultado são indistinguíveis dos argumentos do teólogo que infere um criador onde quer que perceba algum tipo de ordem: obviamente a ordem não é inerente à matéria e, assim, deve ter sido imposta do exterior.

A perspectiva da interação, portanto, tem de ser complementada por uma explicação satisfatória das agências interagentes. Apresentada dessa maneira, torna-se uma trivialidade, pois não há tradição, não importa quão teimosos seus estudiosos e quão vigorosos os seus guerreiros, que permaneça não influenciada pelo que ocorre em torno dela. De qualquer maneira – o que muda, e como, é agora uma questão ou para a *pesquisa histórica* ou para a *ação política* realizada por aqueles que participam das tradições interagentes.

Enunciarei agora as implicações desses resultados em uma série de teses com as explicações correspondentes.

Vimos que os padrões racionais e os argumentos que lhes dão lastro são partes visíveis de tradições especiais consistindo em princípios claros e explícitos e em um pano de fundo não percebido e por demais desconhecido, mas absolutamente necessário, de disposições para ação e julgamento. Os padrões tornam-se medidas "objetivas" de excelência quando adotados pelos participantes de tradições dessa espécie. Temos então padrões racionais "objetivos" e argumentos em favor de sua validade. Vimos, ademais, que há outras tradições que também levam a juízos, embora não com base em padrões e princípios explícitos. Esses juízos de valor têm um caráter mais "imediato", mas ainda são avaliações, como aquelas do racionalista. Em ambos os casos, os juízos são efetuados por indivíduos que participam de tradições e as usam para separar o "Bem" do "Mal". Podemos, portanto, afirmar:

i. *As tradições não são nem boas nem más, elas simplesmente são.* "Falando objetivamente", isto é, independentemente da participação em uma tradição, não há muito que escolher entre humanitarismo e antissemitismo.

Corolário: a racionalidade não é um árbitro de tradições, mas é, ela própria, uma tradição ou um aspecto de uma tradição. Não é, portanto, nem boa nem má, simplesmente é.

ii. *Uma tradição assume propriedades desejáveis ou indesejáveis somente quando comparada com alguma tradição*, isto é, só quando vista por participantes que veem o mundo em termos de seus valores. As projeções desses participantes *parecem objetivas* e enunciados que as descrevem *soam objetivos* porque os participantes e a tradição que projetam não são mencionados nelas em lugar algum. *São subjetivos* porque dependem da tradição escolhida e do uso que os participantes fazem dela. A subjetividade é percebida assim que os participantes se dão conta de que diferentes tradições dão origem a diferentes juízos. Eles terão, então, de revisar o conteúdo de seus juízos de valor tal como os físicos revisaram o conteúdo até do mais simples enunciado acerca do comprimento, ao ter sido descoberto que o comprimento depende de sistemas de referência, e tal como todo mundo revisou o conteúdo de "abaixo" quando foi descoberto que a Terra é esférica. Aqueles que não efetuam essa revisão não podem se orgulhar de formar uma escola especial de filósofos especialmente astutos que superaram o relativismo moral, tal como aqueles que ainda se apegam a comprimentos absolutos não podem se orgulhar de formar uma escola especial de físicos em especial astutos que superaram a relatividade. Eles são apenas cabeçudos, ou muito mal informados, ou ambas as coisas.

iii. *i. e ii. implicam um relativismo precisamente da espécie que parece ter sido defendida por Protágoras.* O relativismo de Protágoras é *razoável* porque presta atenção ao pluralismo de tradições e valores. E é *civilizado* porque não assume que nossa própria aldeia, e os estranhos costumes que ela contém, seja o umbigo do mundo.[6]

iv. *Toda tradição tem modos especiais de ganhar seguidores.* Algumas tradições refletem acerca desses modos e os mudam de um grupo ao próximo. Outras tomam como dado que há somente uma única maneira de fazer as pessoas aceitarem suas concepções. Dependendo da tradição adotada, essa maneira parecerá aceitável, risível, racional, tola, ou será colocada de lado como "mera propaganda". Argumentação é propaganda para um observador, a essência do discurso humano para outro.

v. Vimos que indivíduos ou grupos que participam da interação entre tradições podem adotar uma filosofia pragmática ao ajuizar os eventos e as estruturas que surgem. Os princípios de sua filosofia frequentemente só emergem durante a interação (as pessoas mudam enquanto observam uma mudança ou participam dela, e as tradições que usam podem mudar com elas). Isso significa que, *ao ajuizar um processo histórico, pode-se usar uma prática ainda não especificada e não especificável.* Podem-se basear juízos e ações em padrões que não podem ser especificados de antemão, mas são introduzidos pelos próprios julgamentos (ações) que supostamente guiam, e pode-se até mesmo agir sem nenhum padrão, simplesmente seguindo alguma inclinação natural. O feroz guerreiro que cura seu inimigo ferido em vez de matá-lo não tem ideia de por que age assim e dá uma explicação inteiramente errônea de suas razões. Mas sua ação institui uma época de colaboração e competição pacífica em lugar de hostilidade permanente e, assim, cria uma nova tradição de intercâmbio entre as nações. A questão – Como você decidirá que caminho escolher? Como você saberá o que o agrada e o que deseja rejeitar? – tem, portanto, pelo menos duas respostas, a saber: 1) não há uma decisão, mas um desenvolvimento natural levando a tradições que, retrospectivamente, dão razões para a ação caso ela tivesse sido uma decisão de acordo com padrões; ou 2) perguntar como alguém irá julgar e escolher em circunstâncias ainda desconhecidas faz tanto sentido quanto perguntar que instrumentos de medição alguém irá usar em domínios ainda não investigados. Padrões que são instrumentos

---

[6] Protágoras é discutido em detalhe no capítulo 1, seções 3 e seguintes, de *Adeus à razão*.

intelectuais de medida têm, com frequência, de ser *inventados* para fazer sentido em novas situações históricas, como instrumentos de medida tiveram constantemente de ser inventados para fazer sentido em novas situações físicas.

vi. Há, portanto, pelo menos *duas maneiras diferentes de decidir coletivamente uma questão*, as quais denominarei, respectivamente, *troca guiada* e *troca aberta*.

No primeiro caso, alguns ou todos os participantes adotam uma tradição bem especificada e aceitam apenas aquelas respostas que correspondem a seus padrões. Se um dos lados ainda não se tornou um participante da tradição escolhida, será atormentado, persuadido, "educado" até que o faça – e então a troca começa. A educação é separada de debates decisivos, ela ocorre em um estágio anterior e garante que os adultos irão se comportar de modo apropriado. Um *debate racional* é um caso especial de uma troca guiada. Se os participantes são racionalistas, então tudo está bem e o debate pode iniciar-se imediatamente. Se apenas alguns participantes são racionalistas, e se eles têm poder (uma consideração importante!), então não tomarão seus colaboradores a sério até que estes também tenham-se tornado racionalistas: uma sociedade baseada na racionalidade não é inteiramente livre; tem-se de jogar o jogo dos intelectuais.[7]

Uma troca aberta, em contrapartida, é guiada por uma filosofia pragmática. A tradição adotada pelas partes envolvidas não é especificada no início e desenvolve-se à medida que a troca prossegue. Os participantes submergem, cada um deles, na maneira de pensar, sentir e perceber do outro, a tal ponto que suas ideias, percepções e visões de mundo talvez sejam inteiramente modificadas – eles se tornam pessoas diferentes participando de uma nova e diferente tradição. Uma troca aberta respeita o parceiro, seja ele um indivíduo, seja uma cultura inteira, ao passo que uma troca racional promete respeito somente na estrutura conceitual

---

[7] "É talvez praticamente desnecessário dizer", diz John Stuart Mill, "que se pretende que essa doutrina (pluralismo de ideias e instituições) aplique-se somente a seres humanos na maturidade de suas faculdades" – isto é, a colegas intelectuais e seus discípulos (1961, p.197).

de um debate racional. Uma troca aberta não dispõe de um órganon, embora possa inventar um; não há uma lógica, embora novas formas de lógica possam surgir em seu curso. Uma troca aberta estabelece ligações entre tradições diferentes e transcende o relativismo dos pontos iii e iv. Contudo, transcende-o de um modo que não pode ser tornado objetivo, mas que depende, de maneira imprevisível, das condições (históricas, psicológicas, materiais) em que ocorre. (Cf. também o último parágrafo do Capítulo 16.)

vii. *Uma sociedade livre é uma sociedade na qual a todas as tradições são dados direitos iguais e acesso igual à educação e a outras posições de poder.* Isso é uma consequência óbvia de i, ii e iii. Se tradições têm vantagens somente do ponto de vista de outras tradições, então escolher determinada tradição como base de uma sociedade livre é um ato arbitrário que pode ser justificado só pelo recurso ao poder. Uma sociedade livre, assim, não pode ser baseada em nenhum credo particular; por exemplo, não pode ser baseada no racionalismo ou em considerações humanitárias. A estrutura básica de uma sociedade livre é uma *estrutura protetora*, não uma ideologia; ela funciona como uma balaustrada de ferro, não como uma convicção. Mas como conceber essa estrutura? Não seria necessário *debater* o assunto – ou deveria a estrutura ser simplesmente *imposta*? E se é necessário debater o assunto, não se deveria conservar esse debate isento de influências subjetivas e baseá-lo apenas em considerações "objetivas"? É assim que os intelectuais tentam convencer seus concidadãos de que o dinheiro pago a eles é bem empregado e de que sua ideologia deveria continuar a assumir a posição central que ora tem. Já expus os erros e enganos por trás da expressão "objetividade do debate racional": os padrões de um debate dessa espécie *não são* "objetivos", eles apenas *aparentam* ser "objetivos", por ter sido omitida a referência ao grupo que lucra com seu uso. São como os convites de um tirano astuto que, em vez de dizer "Quero que você faça …" ou "Eu e minha esposa queremos que você faça …", diz "O que todos nós queremos é …" ou "O que os deuses desejam de nós é …", ou, melhor ainda, "É racional fazer …" e, assim, parece deixar sua própria pessoa inteiramente de fora. É um tanto deprimente ver quantas pessoas inteligentes deixaram-se enganar por um truque tão barato. Eliminamos esse truque, observando:

viii. que *uma sociedade livre não será imposta, mas emergirá somente quando as pessoas engajadas em uma troca aberta* (cf. o ponto vi anterior) *introduzirem estruturas protetoras da espécie que foi mencionada*. Iniciativas de cidadãos, em pequena escala, e a colaboração entre nações, em grande escala, são os desenvolvimentos que tenho em mente. Os Estados Unidos não são uma sociedade livre no sentido aqui descrito.

ix. *Os debates que estabelecem a estrutura de uma sociedade livre são debates abertos, não guiados.* Isso não significa que os desenvolvimentos concretos descritos sob a última tese *já usem* debates abertos, mas significa que *poderiam usá-los* e que o racionalismo não é um ingrediente necessário da estrutura básica de uma sociedade livre.

As consequências disso para a ciência são óbvias. Temos aqui uma tradição particular, "objetivamente" a par com todas as outras tradições (teses i e vii). Seus resultados parecerão magníficos para algumas tradições, execráveis para outras, nem sequer valendo um bocejo para ainda outras tradições. É claro, nossos bem condicionados contemporâneos materialistas tendem a explodir de entusiasmo com eventos como viagens à Lua, a dupla hélice, a termodinâmica de não equilíbrio. Mas examinemos a questão de um ponto de vista diferente, e ela se torna um ridículo exercício de futilidade. Foram precisos bilhões de dólares, milhares de assistentes bem treinados, anos de trabalho duro para habilitar alguns inarticulados e bastante limitados (cf. Mailer, 1970), contemporâneos nossos a executar uns poucos saltos desajeitados em um lugar que ninguém em seu juízo perfeito pensaria em visitar – uma rocha ressecada, sem ar e quente. Os místicos, contudo, usando apenas sua mente, viajaram pelas esferas celestiais até o próprio Deus, a quem viram em todo o seu esplendor, recebendo força para continuar sua vida e iluminação para si mesmos e seus semelhantes. É somente a ignorância do público em geral e de seus inflexíveis treinadores, os intelectuais, e sua fantástica falta de imaginação, que os faz rejeitar tais comparações sem mais delongas. Uma sociedade livre não faz objeção a uma atitude dessa espécie, mas também não vai permitir que se torne uma ideologia básica.

x. *Uma sociedade livre insiste na separação entre ciência e sociedade.* Mais a respeito desse tópico no Capítulo 19.

18

Contudo, é possível avaliar padrões de racionalidade e aperfeiçoá-los. Os princípios de aperfeiçoamento não estão nem acima da tradição nem além da mudança, e é impossível estabelecê-los clara e inequivocamente.

Ilustrarei agora alguns desses resultados ao mostrar como os padrões são e têm sido criticados na física e na astronomia, e como esse procedimento pode ser estendido a outros campos.

O Capítulo 17 começou com o problema geral da relação entre razão e prática. Na ilustração, a razão torna-se racionalidade científica, a prática, a prática da pesquisa científica, e o problema é a relação entre racionalidade científica e pesquisa científica. Discutirei as respostas oferecidas pelo idealismo, pelo naturalismo e por uma terceira posição, ainda não mencionada, que denominarei anarquismo ingênuo.

Segundo o *idealismo*, é racional (apropriado, de acordo com a vontade dos deuses – ou quaisquer outras palavras encorajadoras que estejam sendo usadas para desorientar os nativos) fazer certas coisas – *aconteça o que acontecer*. É racional (apropriado etc.) matar os inimigos da fé, evitar hipóteses *ad hoc*, desprezar os desejos do corpo, eliminar inconsistências, apoiar programas de pesquisa progressistas, e assim por diante. A racionalidade, a justiça, a Lei Divina são universais, independentes de disposições de ânimo, de contexto, de circunstâncias históricas e dão origem a regras e a padrões igualmente universais.

Há uma versão de idealismo que parece ser algo mais sofisticada, contudo, na realidade, não é. Não mais se diz que a racionalidade (a lei etc.) é universal, mas há enunciados condicionais universalmente válidos que asseveram o que é racional em qual contexto, e há regras condicionais correspondentes.

Alguns comentadores classificaram-me como idealista no sentido recém-descrito, com a ressalva de que tento substituir regras e padrões familiares por regras mais "revolucionárias", como proliferação e contraindução, e quase todo mundo atribuiu a mim uma "metodologia" que tem "tudo vale" como um de seus "princípios básicos". Porém, no Capítulo 2 eu digo muito explicitamente que "minha intenção não é substituir um conjunto de regras gerais por outro conjunto dessa natureza: minha intenção é, ao contrário, convencer o leitor de que *todas as metodologias, mesmo as mais óbvias, têm seus limites*" ou, para exprimir isso nos termos recém-explicados, minha intenção é mostrar que o idealismo, quer do tipo simples, quer do tipo dependente de contexto, é a solução errada para os problemas da racionalidade científica. Esses problemas não são resolvidos por uma mudança de padrões, mas ao considerarem-se os padrões de uma perspectiva inteiramente distinta.

O idealismo pode ser dogmático e pode ser crítico. No primeiro caso, as regras propostas são encaradas como finais e imutáveis; no segundo, há a possibilidade de discussão e mudança. Mas tal discussão não leva a prática em conta – permanece restrita a um domínio abstrato de padrões, regras e lógica.

O caráter limitado de todas as regras e padrões é reconhecido pelo *anarquismo ingênuo*. Um anarquista ingênuo diz a) que tanto regras absolutas quanto regras dependentes de contexto têm seus limites e infere b) que todas as regras e todos os padrões são desprovidos de valor e deveriam ser abandonados. A maioria dos comentadores considera-me um anarquista ingênuo nesse sentido, não se dando conta das muitas passagens em que mostro como certos procedimentos *auxiliaram* os cientistas em sua pesquisa. Com efeito, em meus estudos sobre Galileu, sobre o movimento browniano, sobre os pré-socráticos, não apenas demonstro as *falhas* de padrões familiares, mas também tento mostrar que procedimentos não tão familiares realmente *tiveram êxito*. Assim, embora esteja de acordo com a), não concordo com b). Sustento que todas as regras têm seus limites e não há uma "racionalidade" abrangente, mas não sustento que deveríamos proceder sem regras e padrões. Também argumento em favor de uma explicação contextual, mas, mais uma vez, as regras contextuais não devem *substituir* as regras absolutas, elas devem *complementá-las*. Além disso, sugiro uma nova *relação* entre regras e práticas. É essa relação, e não algum particular conteúdo de regra, que caracteriza a posição que desejo defender.

Essa posição adota alguns elementos do *naturalismo*, mas rejeita a filosofia naturalista. De acordo com o naturalismo, regras e padrões são obtidos por meio de uma análise de tradições. Como vimos, o problema consiste em que tradição escolher. Os filósofos da ciência, é claro, optarão pela ciência como sua tradição básica. A ciência, porém, não é *uma* tradição, e sim *muitas*, e, assim, dá origem a muitos padrões, parcialmente incompatíveis (expliquei essa dificuldade em minha discussão sobre Lakatos).[1] Além disso, o procedimento faz que seja impossível, para o filósofo, dar razões para a escolha que faz da ciência em vez do mito ou de Aristóteles. O naturalismo não consegue resolver o problema da racionalidade científica.

Tal como no Capítulo 17, podemos agora comparar os inconvenientes do naturalismo e do idealismo e chegar a uma concepção mais satisfatória. O naturalismo diz que a razão é completamente *determinada* pela pesquisa. Disso, retemos a ideia de que a pesquisa pode modificar a razão. O idealismo diz que a razão *governa* completamente a pesquisa. Disso, retemos a ideia de que a razão pode modificar a pesquisa. Combinando esses dois elementos, chegamos à ideia de *um guia que é, em parte, a atividade guiada e é modificado por ela*. Isso corresponde à perspectiva interacionista de razão e prática formulada no Capítulo 17 e ilustrada pelo exemplo do mapa. Ora, a perspectiva interacionista pressupõe duas entidades diferentes, um guia incorpóreo, de um lado, e uma prática bem equipada, de outro. Mas o guia parece incorpóreo somente porque seu "corpo", isto é, a própria prática substancial que lhe é subjacente, não é percebido, e a "prática" parece crua e necessitando de um guia apenas porque não se está ciente das complexas e sofisticadas leis que ela contém. Assim, o problema não é a interação de uma prática com algo diferente e externo, *mas o desenvolvimento de uma tradição sob o impacto de outras*. Um exame da maneira pela qual a ciência trata os problemas e revisa seus "padrões" confirma essa imagem.

---

[1] *Philosophical Papers*, v.2, cap.10. Cf. também o Capítulo 19.

Na física, as teorias são empregadas tanto como descrições de fatos quanto como padrões de especulação e exatidão factual. *Instrumentos de medida* são construídos de acordo com leis, e as leituras que proporcionam são testadas sob o pressuposto de que essas leis são corretas. De maneira similar, teorias que dão origem a princípios físicos fornecem padrões para avaliar outras *teorias*: as que são relativisticamente invariantes são melhores que teorias que não o são. Tais padrões, é claro, não são intocáveis. O padrão de invariância relativística, por exemplo, pode ser eliminado quando se descobre que a Teoria da Relatividade tem sérias deficiências. Deficiências são ocasionalmente encontradas por um exame direto da teoria, por exemplo, de sua matemática ou de seu êxito preditivo. Também podem ser encontradas pelo desenvolvimento de alternativas (cf. o Capítulo 3) – isto é, por uma pesquisa que infringe os padrões a serem examinados.

A ideia de que a natureza é infinitamente rica, tanto qualitativa como quantitativamente, leva ao desejo de fazer novas descobertas e, assim, a um princípio de aumento de conteúdo que nos dá outro padrão para avaliar teorias: as que têm conteúdo a mais com relação ao que já é conhecido são preferíveis a teorias que não o têm. Mais uma vez, esse padrão não é intocável. Ele entra em dificuldades no momento em que descobrimos que habitamos um mundo finito. Essa descoberta é preparada pelo desenvolvimento de teorias "aristotélicas" que se abstêm de ir além de dado conjunto de propriedades – é, mais uma vez, preparada por uma pesquisa que infringe o padrão.

O procedimento utilizado em ambos os casos contém uma variedade de elementos e, assim, há diferentes modos de descrevê-lo, ou de reagir a ele.

Um elemento – e, em minha opinião, o mais importante – é *cosmológico*. Os padrões que usamos e as regras que recomendamos só fazem sentido em um mundo que tem certa estrutura. Em um domínio que não exibe essa estrutura, eles se tornam inaplicáveis, ou passam a funcionar ociosamente. Quando as pessoas ouviram falar das novas descobertas de Colombo, Magalhães e Díaz, deram-se conta de que havia continentes, climas e raças não arrolados nas antigas explicações e conjecturaram que poderia haver também novos continentes de conhecimento, que poderia haver uma "América do Conhecimento" tal como existia uma nova entidade geográfica chamada "América", e tentaram descobri-la aventurando-se além dos limites das ideias aceitas. A exigência de um aumento de conteúdo tornou-se então muito plausível. Ela surgiu do desejo de descobrir cada vez mais a respeito de uma natureza que parecia ser infinitamente rica em extensão e qualidade. Essa exigência não tem sentido em um mundo finito composto de um número finito de qualidades básicas.

Como descobrimos a cosmologia que apoia ou suspende nossos padrões? A resposta a essa questão introduz o segundo elemento que faz parte da revisão de padrões, a saber, o *teorizar* em um sentido geral, incluindo-se aqui o mito e as especulações metafísicas. A ideia de um mundo finito torna-se aceitável quando dispomos de teorias que descrevem tal mundo e quando essas teorias acabam por se mostrar melhores que suas rivais infinitistas. O mundo não nos é dado diretamente, temos de apanhá-lo pela mediação de tradições, o que significa que mesmo o argumento cosmológico refere-se a certo estágio de competição entre visões de mundo, inclusive teorias da racionalidade.

Ora, quando os cientistas se tornam acostumados a tratar teorias de certa maneira, quando esquecem as razões para esse tratamento e simplesmente o consideram a "essência da ciência" ou uma "parte importante do que significa ser científico", quando filósofos os auxiliam nesse seu esquecimento sistematizando os procedimentos familiares e mostrando como fluem de uma teoria abstrata da racionalidade, então as teorias necessárias para mostrar as deficiências dos padrões subjacentes não serão introduzidas ou, se forem introduzidas, não serão levadas a sério. Não serão levadas a sério porque entram em conflito com os hábitos costumeiros e com as sistematizações deles.

Por exemplo, uma boa maneira de examinar a ideia de que o mundo é finito, tanto qualitativa como quantitativamente, é desenvolver uma cosmologia aristotélica. Uma cosmologia desse gênero fornece meios de descrição adaptados a um mundo finito, ao passo que a metodologia correspondente substitui a exigência de aumento de conteúdo pela exigência de descrições adequadas dessa espécie. Suponhamos que introduzamos teorias que correspondem a essa cosmologia e as desenvolvamos de acordo com as novas regras. O que acontecerá? Os cientistas ficarão infelizes, pois as teorias têm propriedades não familiares. Os filósofos da ciência ficarão infelizes, porque elas introduzem padrões nunca ouvidos em sua profissão. Apreciando rodear sua infelicidade com árias chamadas "razões", eles irão um pouco adiante. Dirão que não estão meramente infelizes, mas que têm "argumentos" para sua infelicidade. Os argumentos, na maioria dos casos, são elaboradas repetições e variações dos padrões com que cresceram e, assim, seu conteúdo cognitivo é o de "Mas a teoria é *ad hoc*!", ou "Mas as teorias foram desenvolvidas sem aumento de conteúdo!". E tudo o que se ouve, ao se indagar a seguir por que isso é tão ruim, é ou que a ciência procedeu de maneira diferente por pelo menos duzentos anos, ou que o aumento de conteúdo resolve alguns problemas da teoria da confirmação. Contudo, a questão não era o que a ciência faz, mas como pode ser aperfeiçoada, e se adotar algumas teorias da confirmação é uma boa maneira de aprender acerca do mundo. Não há resposta alguma prestes a ser dada. Assim, possibilidades interessantes são eliminadas ao insistir-se firmemente no *status quo*. É divertido ver que tal insistência se torna tão mais determinada quanto mais "crítica" for a filosofia que se defronta com o problema. Nós, em contrapartida, retemos a lição de que *a validade, a utilidade e a adequação de padrões populares podem ser verificadas somente por uma pesquisa que os infringe.*

Mais um exemplo, para ilustrar esse ponto. A ideia de que informação concernente ao mundo exterior viaja imperturbada pelos sentidos até a mente conduz ao padrão de que todo conhecimento deve ser verificado por observação: teorias que estão em concordância com a observação são preferíveis a teorias que não estão. Esse padrão simples necessita ser substituído no momento em que descobrimos que a informação sensorial é distorcida de várias maneiras. Fazemos essa descoberta ao desenvolver teorias que conflitam com a observação e ao perceber que são excelentes em muitos outros aspectos (os capítulos 5 a 11 descrevem como Galileu contribuiu para essa descoberta).

Finalmente, a ideia de que as coisas são bem definidas e não vivemos em um mundo paradoxal levou ao padrão de que nosso conhecimento deve ser autoconsistente. Teorias que contenham contradições não podem fazer parte da ciência. Esse padrão aparentemente muito fundamental, que muitos filósofos aceitam sem a menor hesitação, assim como, certa vez, os católicos aceitavam o dogma da imaculada conceição da Virgem Maria, perde sua autoridade no momento em que descobrimos que há fatos cuja única descrição adequada é inconsistente, e teorias inconsistentes podem ser proveitosas e fáceis de manusear, ao passo que a tentativa de fazê-las entrar em conformidade com as exigências da consistência cria monstros inúteis e difíceis de manejar.[2]

Esse último exemplo levanta ainda outras questões usualmente formuladas como objeções contra ele (e, igualmente, contra a crítica de outros padrões, inclusive os de aumento de conteúdo).

Uma objeção é que não contradição é uma condição necessária para a pesquisa. Um procedimento que não esteja de acordo com esse padrão não é pesquisa – é caos. Portanto, não é possível examinar a não contradição da maneira descrita no último exemplo.

A parte principal da objeção é o segundo enunciado e é, usualmente, apoiada pela observação de que uma contradição implica qualquer enunciado. Isso ela faz – mas só em sistemas lógicos muito simples. Ora, é claro que modificar padrões ou teorias básicos tem repercussões das quais se tem de tomar conta. Admitir, na Teoria da Relatividade, velocidades maiores que a velocidade da luz e deixar todo o restante inalterado nos dá alguns resultados bastante enigmáticos, como massas e velocidades imaginárias. Admitir posições e momentos bem definidos na Teoria Quântica e deixar todo o restante inalterado coloca em desordem as leis de interferência. Admitir contradições em um sistema de ideias supostamente conectado pelas leis da lógica clássica e deixar todo o restante inalterado faz que afirmemos todos os enunciados. Obviamente, teremos de fazer algumas mudanças adicionais, por exemplo, teremos de modificar algumas regras de derivação no último caso. Efetuar essa mudança elimina os problemas, e a pesquisa pode prosseguir como planejado. (A prática científica contendo inconsistências já está organizada do modo correto.)

Mas – diz uma objeção que é frequentemente levantada nesse ponto: como serão avaliados os resultados da pesquisa se padrões fundamentais tiverem sido afastados? Por exemplo, que padrões mostram que uma pesquisa infringindo o aumento de conteúdo produz teorias que são *"melhores que suas rivais infinitistas"*, como afirmei alguns parágrafos atrás? Ou que

---

[2] Cf. o Capítulo 6, texto correspondente às notas 91 ss.

padrões mostram que teorias em conflito com observações têm algo a oferecer enquanto suas rivais observacionalmente impecáveis não têm? Não é verdade que uma decisão de aceitar teorias incomuns e rejeitar teorias familiares pressupõe padrões, e não está claro, portanto, que investigações cosmológicas não podem tentar fornecer alternativas a todos os padrões? Essas são algumas das questões que se ouvem, com cansativa regularidade, na discussão de "princípios fundamentais" como consistência, aumento de conteúdo, adequação observacional, falseabilidade e assim por diante. Não é difícil responder a elas.

Pergunta-se como a pesquisa levando à revisão de padrões deve ser avaliada. Por exemplo, quando, e em que base, estaremos satisfeitos com o fato de que uma pesquisa contendo inconsistências revelou uma deficiência fatal no padrão da não contradição? A questão faz tão pouco sentido quanto a de que instrumentos de medição irão nos auxiliar a explorar uma região ainda não especificada do universo. Não conhecemos a região, não podemos dizer o que vai funcionar nela. Para progredir, devemos ou entrar nessa região ou começar a fazer conjecturas a seu respeito. Entramos nessa região por meio da articulação de tendências intelectuais, sociais e emocionais incomuns, não importa quão estranhas elas possam parecer quando vistas através dos óculos das teorias ou padrões estabelecidos. Seria certamente tolo desconsiderar *aspectos físicos* que não concordam com noções espirituais profundamente arraigadas. Mas é igualmente sinal de visão acanhada truncar *fantasias* que não parecem se ajustar ao universo físico. Fantasias e, de fato, toda a subjetividade dos seres humanos fazem tanta parte do mundo quanto pulgas, pedras e quarks, e não há razão pela qual deveríamos modificá-las para proteger os últimos.

Considerações similares aplicam-se aos padrões que supostamente guiam nossos pensamentos e ações. Eles não são estáveis e não podem ser estabilizados prendendo-os a um ponto de vista particular. Para Aristóteles, o conhecimento era qualitativo e observacional. Hoje, o conhecimento é quantitativo e teórico, pelo menos no que concerne aos nossos principais cientistas naturais. Quem está certo? Isso depende de que tipo de informação tem estatuto privilegiado, e isso depende da cultura ou dos "líderes culturais" que usam essa informação. Muitas pessoas, sem pensar muito, preferem a tecnologia à harmonia com a Natureza; por conseguinte, informação quantitativa e teórica é considerada "real" e as qualidades são consideradas "aparentes" e secundárias. Uma cultura, porém, que se concentra nos seres humanos, que prefere o conhecimento pessoal a relações abstratas (cocientes de inteligência, estatísticas de eficiência) e a abordagem de um naturalista àquela dos biólogos moleculares, dirá que o conhecimento é qualitativo e interpretará leis quantitativas como expedientes contabilísticos, não como elementos da realidade.

Combinando as considerações dos últimos dois parágrafos, vemos que mesmo o aparentemente mais sólido "fato" científico pode ser dissolvido por decisões que solapam os valores que fazem dele um fato e/ou por pesquisa que o substitui por fatos de espécie diferente. Esse não é um procedimento novo. Filósofos, desde Parmênides até os materialistas (não dialéticos) do século XX, e cientistas, desde Galileu e Descartes até Monod, usaram-no para desvalorizar e para proclamar como mera aparência os aspectos qualitativos da vida humana. Mas o que pode ser usado para dar apoio à ciência também pode ser usado contra ela. Os instrumentos (culturais) de medição que separam "realidade" de "aparência" mudam e têm de mudar quando nos movemos de uma cultura a outra e de um estágio histórico ao próximo, tal como nossos instrumentos físicos de medição mudam e têm de mudar quando abandonamos uma região física (um período histórico) e penetramos em outra.

19

A ciência não é nem uma tradição isolada nem a melhor tradição que há, exceto para aqueles que se acostumaram com sua presença, seus benefícios e suas desvantagens. Em uma democracia, deveria ser separada do Estado exatamente como as igrejas ora estão dele separadas.

Resumirei agora os argumentos dos capítulos precedentes ao tentar responder às três questões seguintes:

1. *O que é a ciência?* Como procedem os cientistas? Como seus padrões diferem dos padrões de outros empreendimentos?
2. *O que há de tão formidável a respeito da ciência?* Quais são as razões que poderiam nos compelir a preferir as ciências a outras formas de vida e a outros modos de reunir conhecimento?
3. *Como devemos usar as ciências, e quem decide a questão?*

Minha resposta à primeira questão é que a ampla divergência entre indivíduos, escolas, períodos históricos e ciências inteiras torna extremamente difícil identificar princípios abrangentes, quer de método, quer de fato. A palavra "ciência" talvez seja uma única palavra – mas não há uma entidade única que corresponda a essa palavra.

No domínio do *método*, temos cientistas, como Salvador Luria, que querem amarrar a pesquisa a eventos que permitam "inferências fortes", "predições que serão fortemente apoiadas e claramente rejeitadas por um passo experimental nítido" (Luria, 1985, p.115).

Segundo Luria, os experimentos (Luria; Delbrueck, 1943) que mostraram que a resistência de bactérias à invasão de bacteriófagos é resultado de mutações independentes do ambiente, e não de uma adaptação ao ambiente, têm precisamente esse caráter. Havia uma predição simples: as flutuações, de uma cultura a outra, de colônias de bactérias sobreviventes em um meio de cultura de ágar contendo excesso de bacteriófagos seriam pequenas no primeiro caso, mas conteriam avalanchas no segundo. A predição podia ser submetida a teste de maneira simples e direta, e houve um resultado decisivo. (O resultado refutou o lamarckismo, que era popular entre bacteriologistas, mas praticamente extinto em qualquer outra parte – uma primeira indicação da complexidade da ciência.)

Cientistas com inclinações semelhantes às de Luria demonstram considerável "falta de entusiasmo pelos 'grandes problemas' do Universo ou da Terra primitiva ou da concentração de dióxido de carbono na porção superior da atmosfera" (ibidem, p.119), todos assuntos "repletos de inferências fracas" (ibidem). De certa maneira, eles estão dando continuidade à abordagem aristotélica que demanda contato próximo com a experiência e objetos a seguir uma ideia plausível até o amargo fim (Aristóteles, *De Coelo*, 293a 24 ss.).

Contudo, precisamente esse foi o procedimento adotado por Einstein, por pesquisadores na mecânica celeste no período entre Newton e Poincaré, pelos proponentes do atomismo e, mais tarde, da teoria cinética, por Heisenberg durante os estágios iniciais da mecânica matricial e por quase todos os cosmólogos. O primeiro artigo cosmológico de Einstein é um exercício puramente teórico que não contém uma única constante astronômica. O próprio assunto da cosmologia, por longo tempo, teve poucos partidários entre os físicos. Hubble, o observador, era respeitado; os demais passaram por épocas difíceis:

> As revistas aceitavam artigos dos observadores, dando-lhes apenas a avaliação mais superficial, ao passo que nossos artigos sempre passavam por um árduo caminho, a ponto de ficarmos cansados de explicar pormenores de matemática, física, fato e lógica às mentes obtusas que constituem a misteriosa e anônima classe de pareceristas, os quais, como corujas, fazem seu trabalho na escuridão da noite. (Hoyle, 1982, p.21)

"Não é realmente estranho", pergunta Einstein, "que os seres humanos sejam normalmente surdos ao mais forte argumento, ao passo que estão sempre inclinados a superestimar precisões de medida?"[1] – mas é justamente tal "superestimar as precisões de medida" que é a regra em epidemiologia, demografia, genética, espectroscopia e em outros assuntos. A variedade aumenta quando passamos para ciências como antropologia cultural, em que é preciso encontrar um compromisso entre os efeitos do contato pessoal e a ideia de uma abordagem objetiva, por um lado, e as necessidades práticas de ação rápida e meticulosidade teórica, por outro. "Participar pela manhã em um seminário, em uma universidade, sobre modos de produção", escreve Robert Chambers (1983, p.29),

> e então participar, à tarde, de uma reunião, em um departamento do governo, sobre extensão agricultural deixa uma sensação esquizóide. Poder-se-ia não saber que ambos se referiam aos mesmos pequenos agricultores, e poder-se-ia duvidar de se alguma das discussões tem alguma coisa a contribuir para a outra.

Mas não é verdade que os cientistas procedem de maneira metódica, evitam acidentes e prestam atenção à observação e à experimentação? Nem sempre. Alguns cientistas propõem teorias e calculam casos que têm pouca, ou nenhuma, relação com a realidade. "O grande aumento em realizações técnicas que começou no século XIX", lemos nas conferências *Fundamentals of Hydro- and Aeromechanics* [Elementos fundamentais de hidro e aeromecânica], de L. Prandtl (1954, p.3),

> deixou muito para trás o conhecimento científico. Os inumeráveis problemas da prática não podiam ser resolvidos pela hidrodinâmica de Euler; não podiam sequer ser discutidos. Isso ocorria principalmente porque, partindo das equações de movimento de Euler, a ciência tinha-se tornado mais e mais uma análise puramente acadêmica do hipotético "fluido ideal" sem atrito. Esse desenvolvimento teórico é associado aos nomes de Helmholtz, Kelvin, Lamb e Rayleigh.
>
> Os resultados analíticos obtidos por meio dessa assim chamada "hidrodinâmica clássica" virtualmente não concordam em nada com os fenômenos

---

[1] Carta a Max Born, citada de Born, 1971, p.192.

práticos ... Portanto, os engenheiros ... passaram a confiar em uma massa de dados empíricos coletivamente conhecidos como a "ciência da hidráulica", um ramo do conhecimento que foi se desenvolvendo de maneira cada vez mais dessemelhante à hidrodinâmica.

Segundo Prandtl, temos uma coleção desordenada de fatos, por um lado, conjuntos de teorias partindo de pressupostos simples, embora contrafactuais, por outro, e não temos nenhuma conexão entre ambos. Mais recentemente, a abordagem axiomática na mecânica quântica e, em especial, na Teoria Quântica de campo foi comparada por observadores cínicos aos *shakers*, "uma seita religiosa da Nova Inglaterra que construía celeiros sólidos e tinha vida celibatária, um equivalente não científico de demonstrar teoremas rigorosos e não calcular seções transversais" (Streater e Wightman, 1964, p.1).

Contudo, na mecânica quântica essa atividade aparentemente inútil levou a uma codificação dos fatos mais coerente e muito mais satisfatória do que tinha sido antes realizado, ao passo que na hidrodinâmica o "senso comum físico" ocasionalmente acabou se mostrando menos preciso que os resultados das demonstrações rigorosas baseadas em pressupostos fortemente irrealistas. Um dos primeiros exemplos é o cálculo feito por Maxwell da viscosidade dos gases. Para ele, isso era um exercício de mecânica teórica, uma extensão de seu trabalho sobre os anéis de Saturno. Nem ele nem seus contemporâneos acreditaram no resultado – que a viscosidade permanece constante sobre um amplo âmbito de densidade – e havia evidência em contrário. Contudo, medições mais precisas confirmaram a predição.[2] Poucas pessoas estavam preparadas para tal reviravolta dos eventos. A curiosidade matemática começou o trabalho; fertilização cruzada, e não princípios gerais, levou-o a uma conclusão.

---

[2] Sobre a mecânica quântica, cf. as seções 4.1 e 4.2 de Primas, 1981. Os cálculos de Maxwell estão reproduzidos em *The Scientific Papers of James Clerk Maxwell*, originalmente publicados em 1890 (Niven, 1965, p.377 ss.). A conclusão encontra-se enunciada na p.391: "Um resultado notável que aqui se nos apresenta ... é que, se essa explicação do atrito gasoso é verdadeira, o coeficiente de atrito é independente da densidade. Tal consequência de uma teoria matemática é muito surpreendente, e o único experimento com que deparei a respeito do assunto não parece confirmá-la". Para exemplos da hidrodinâmica, cf. Birkhoff, 1955, seções 20 e 21.

Enquanto isso, a situação mudou em favor da teoria. Nas décadas de 1960 e 1970, quando a ciência ainda contava com o apoio público, a teoria passou a ter superioridade – nas universidades, onde cada vez mais foi substituindo habilidades profissionais, até na medicina, e em assuntos especiais, como biologia ou química, em que a pesquisa inicial, morfológica e relacionada a substâncias, foi substituída pelo estudo de moléculas. Na cosmologia, uma firme convicção no *Big Bang* tende agora a desvalorizar observações que entram em conflito com ele. "Tais observações", escreve C. Burbidge (1988, p.229),

> são proteladas, no estágio de avaliação por meio de pareceristas, por tanto tempo quanto possível, na esperança de que o autor vá desistir. Se isso não ocorre e elas são publicadas, a segunda linha de defesa é ignorá-las. Se dão origem a algum comentário, a melhor abordagem é argumentar simplesmente que estão incorrigivelmente erradas, e então, se tudo o mais falhar, um observador pode ser ameaçado com a perda de tempo para a utilização de um telescópio até que modifique seu programa.

Assim, tudo o que podemos dizer é que os cientistas procedem de muitas maneiras diferentes, que regras de método, se explicitamente mencionadas, ou não são obedecidas de modo algum ou funcionam na maior parte dos casos como regras práticas de proceder, e resultados importantes surgem da confluência de realizações produzidas por tendências separadas e frequentemente conflitantes. A ideia de que "o conhecimento 'científico' é, de algum modo, peculiarmente positivo e isento de diferenças de opinião" (Campbell, 1957, p.21) não passa de uma quimera.

A situação nas artes é bastante similar – com efeito, ocorre em todas as áreas da atividade humana. O *Libro dell'Arte* de Cennino Cennini, de 1390, contém conselhos práticos baseados em uma rica experiência e habilidades complexas. O *Della Pittura* de Leon Battista Alberti, de 1435-36, é um tratado teórico estreitamente ligado à perspectiva central e à teoria óptica acadêmica. A perspectiva prontamente tornou-se uma mania entre os artistas. Leonardo e Rafael, então, assinalaram, um em palavras e o outro de forma prática (cf. a esfera no lado direito de sua *Escola de Atenas*, na Stanza della Segnatura do Vaticano), que uma pintura que é para ser vista em circunstâncias normais, de uma distância confortável, mas não bem definida, e com os dois olhos abertos não pode obedecer às regras da perspectiva central. Com isso, eles esclareceram a diferença entre óptica fisiológica e óptica geométrica, distinção que Kepler, mais de um século depois, ainda tentava superar por uma hipótese facilmente refutada (cf. o Capítulo 9, texto correspondente à nota 44). Mas a perspectiva central permaneceu como uma base à qual várias mudanças foram superimpostas.

Até agora, estive falando sobre procedimento ou método. Ora, métodos que não são usados como questão de hábito, sem nenhum pensamento sobre as razões por trás deles, estão frequentemente presos a crenças metafísicas. Por exemplo, uma forma radical de empirismo pressupõe ou que os seres humanos são a medida das coisas ou que estão em harmonia com elas. Aplicadas de modo consistente, regras metodológicas podem produzir resultados que estão de acordo com a metafísica correspondente. O procedimento de Luria é um exemplo. Não falhou; auxiliou a construir uma disciplina que, hoje, está na vanguarda da pesquisa. A abordagem de Einstein não acabou em desastre; conduziu a uma das mais fascinantes teorias modernas – a Relatividade Geral. Mas os métodos não estão restritos à área em que conquistaram seus primeiros triunfos. Os requisitos de Luria, por exemplo, também apareceram na cosmologia; tinham sido usados por Heber Curtis, em seu "grande debate" com Harlow Shapely; por Ambarzumjan, que opunha o empirismo a princípios abstratos; e estão agora sendo aplicados por Halton Arp, Margaret Geller e seus colaboradores. Sejam quais forem os resultados, um mundo construído à maneira de Luria tem pouco em comum com o mundo de Einstein, e esse mundo difere consideravelmente do mundo de Bohr. Johann Theodore Merz (1965) descreve em detalhe o modo como visões de mundo abstratas empregando métodos correspondentes produziram resultados que vagarosamente as encheram de conteúdo empírico. Ele discute as seguintes perspectivas. Primeiro, *a perspectiva astronômica*, que se baseava em refinamentos matemáticos das leis de ação a distância e foi estendida (por Coulomb, Neumann, Ampère e outros) à eletricidade e ao magnetismo. A Teoria da Capilaridade de Laplace foi uma realização notável dessa abordagem. Em segundo lugar, *a perspectiva atômica*, que desempenhou importante papel na pesquisa química (por exemplo, estereoquímica), mas também sofreu a oposição de químicos. Em terceiro, *a perspectiva cinética e mecânica*, que empregava átomos na área de calor e fenômenos elétricos. Para alguns cientistas, o atomismo era o fundamento de tudo. Em quarto, *a perspectiva física*, que tentou alcançar universalidade de maneira diferente, com base em noções gerais, como a noção de energia. Podia ser ligada à perspectiva cinética, mas com frequência não o era. Médicos, fisiólogos e químicos como Mayer, Helmholtz, Du Bois Reymond e, na área prática, Liebig foram representantes notáveis dessa perspectiva na segunda metade do século XIX, ao passo que Ostwald, Mach e Duhem a estenderam para o século XX. Começando sua descrição da *perspectiva morfológica*, Merz escreve:

> Os diferentes aspectos da natureza que passei em revista nos capítulos precedentes e as várias ciências que foram elaboradas com sua ajuda compreendem o que pode ser apropriadamente denominado o estudo abstrato de objetos e fenômenos naturais. Embora todos os métodos de raciocínio com os quais até agora nos familiarizamos tivessem se originado primariamente por meio da observação e da reflexão sobre coisas naturais, eles têm em comum o seguinte, que eles – para os propósitos de exame – removem seus objetos da posição e das circunstâncias que a natureza lhes atribuiu: que eles os *abstraem*. Esse processo de abstração ou é, literalmente, um processo de remoção de um lugar para outro, do grande abrigo e depósito da própria natureza para a pequena oficina, o laboratório do experimentador, ou – onde tal remoção não é possível – esse processo é executado meramente no reino da contemplação; uma ou duas propriedades especiais são notadas e descritas, ao passo que a quantidade de dados colaterais é, por enquanto, desconsiderada. [Um terceiro método, não desenvolvido na época, é a criação de condições "não naturais" e, com isso, a produção de fenômenos "não naturais".]
>
> Além do mais, há, além do aspecto da conveniência, um incentivo muito forte para que os trabalhadores científicos perseverem em seu processo de abstração... É a utilidade prática de tais pesquisas nas artes e indústrias... As necessidades e as criações de vida artificial mostraram-se, assim, os maiores incentivos ao tratamento abstrato e artificial de objetos e processos naturais pelos quais os laboratórios químicos e elétricos com a sala de cálculo do matemático, de um lado, e a oficina e a fábrica, de outro, tornaram-se tão renomados no decurso do século...

> Há, contudo, na mente humana, um interesse oposto que, felizmente, neutraliza em considerável medida o funcionar unilateral do espírito de abstração na ciência ... É o genuíno amor pela natureza, a consciência de que perderemos todo o poder se, em qualquer considerável medida, cortarmos ou enfraquecermos essa conexão que nos liga ao mundo tal como ele é – às coisas reais e naturais: é expresso na antiga lenda do poderoso gigante que tirava toda a sua força de sua Mãe Terra e fraquejava se separado dela ... No estudo dos objetos naturais encontramos [portanto] uma classe de estudantes que são atraídos pelas coisas como elas são ... [Suas] ciências são as verdadeiras ciências descritivas, em oposição às abstratas. (ibidem, p.200 s.)

Citei essa descrição por extenso, pois ela mostra como diferentes procedimentos baseiam-se em e fornecem evidência para diferentes visões de mundo. Finalmente, Merz menciona *a perspectiva genética, a perspectiva psicofísica, a perspectiva vitalista* e *a perspectiva estatística* com seus procedimentos e suas descobertas.

O que pode oferecer, em tais circunstâncias, uma única e abrangente "visão de mundo científica", ou uma única e abrangente ideia de *ciência*?

Pode oferecer uma investigação, uma lista similar à apresentada por Merz, enumerando as conquistas e as desvantagens das várias abordagens, bem como os conflitos entre elas, e pode identificar a ciência com essas complexas e um tanto espalhadas guerras em muitas linhas de frente. Alternativamente, pode colocar uma das perspectivas no topo e subordinar as outras a ela, ou por meio de pseudoderivações, ou proclamando-as destituídas de significado. Os reducionistas adoram jogar esse jogo. Ou pode desconsiderar as diferenças e apresentar um trabalho de colagem que cada perspectiva particular – e os resultados que alcançou – é ligada homogeneamente ao restante, produzindo assim um edifício impressionante e coerente – "a" visão de mundo científica.

Expressando-o de maneira diferente, podemos dizer que o pressuposto de uma visão de mundo única e coerente que subjaz ao todo da ciência é ou uma hipótese metafísica tentando antecipar uma unidade futura, ou uma fraude pedagógica; ou então é uma tentativa de mostrar, por uma judiciosa elevação e rebaixamento de categoria das disciplinas, que já foi alcançada uma síntese. É assim que fãs da uniformidade procederam no passado (cf. a lista de disciplinas apresentada por Platão no capítulo VII de sua *República*), essas são as maneiras que ainda estão sendo usadas nos dias de hoje. Uma explicação mais realista, contudo, assinalaria que

> não há um mapa "científico" simples da realidade – ou, se houvesse, seria por demais complicado e desajeitado para ser apreendido ou utilizado por qualquer pessoa. Mas há muitos mapas diferentes da realidade, de acordo com uma variedade de pontos de vista científicos. (Ziman, 1980, p.19)

Pode-se objetar que vivemos no século XX, e não no XIX, e muitas unificações que pareciam então impossíveis foram agora alcançadas. Exemplos disso são a termodinâmica estatística, a biologia molecular, a química quântica e as supercordas. Essas são, de fato, disciplinas florescentes, mas não produziram a unidade insinuada pela expressão "a" visão científica do mundo. Na realidade, a situação não é muito diferente daquela que Merz notou no século XIX. Truesdell e outros continuam a abordagem física: Prandtl caluniou Euler, Truesdell o louva por ter fornecido conceitos rigorosos para a pesquisa. A morfologia, apesar de lhe ter sido atribuído um *status* inferior por alguns e de ter sido declarada morta por outros, foi revivida pelos ecologistas e pelos estudos de Lorenz do comportamento animal (que acrescentou *formas de movimento* às velhas *formas estáticas*) e sempre teve importância na pesquisa galática (a classificação de Hubble). Antes caída em desagrado, a cosmologia está sendo agora cortejada por físicos de partículas, mas entra em conflito com a filosofia da complementaridade aceita pelo mesmo grupo. Comentando esse problema, M. Kafatos e R. Nadeu (1980, p.263) escrevem:

> O requisito essencial da interpretação de Copenhague, de que o arranjo experimental deve ser levado em conta ao serem feitas observações, raramente é satisfeito nas observações tendo importância cosmológica [embora tais observações dependam da luz, o caso paradigmático de complementaridade].

Além disso, as observações de Arp, M. Geller e outros lançaram considerável dúvida sobre o pressuposto de homogeneidade que desempenha um papel central. Estendida a mil megaparsecs, a pesquisa de Geller pode destruir a disciplina inteira. Temos um materialismo furioso em algumas partes (biologia molecular, por exemplo), um subjetivismo entre modesto e radical em outras (algumas versões da medição quântica, o princípio antrópico). Há muitos resultados, especulações e tentativas de interpretação fascinantes, e certamente vale a pena conhecê-los. Mas aglutiná-los em uma única e coerente visão de mundo "científica", um procedimento que tem as bênçãos até do papa[3] – isso é ir longe demais. Afinal de contas, quem pode dizer que o mundo, que de forma tão estrênua resiste à unificação, de fato é como os educadores e metafísicos querem que seja – ordeiro, uniforme, o mesmo em todo o lugar? Além do mais, como se mostrou nos Capítulos 3 e seguintes, tal aglutinação elimina precisamente os conflitos que, no passado, mantiveram a ciência em andamento e continuarão inspirando seus praticantes, se preservados.

Nesse ponto, alguns defensores da uniformidade passam a um nível mais alto. A ciência pode ser complexa, dizem eles, mas ainda é "racional". Ora, a palavra "racional" pode ou ser usada como um nome comum para uma variedade de procedimentos – essa seria sua interpretação nominalista – ou descrever um aspecto geral encontrado em cada ação científica. Aceito a primeira definição, mas rejeito a segunda. No segundo caso, a racionalidade ou é definida de maneira estreita, que exclui, digamos, as artes – e então ela também exclui grandes seções da ciência –, ou é definida de uma forma que deixa sobreviver o todo da ciência – mas então também se aplica à corte amorosa, à comédia e a lutas de cachorros. Não há maneira de delimitar "ciência" por meio de algo que seja mais forte e mais coerente do que uma lista.

Passo à segunda questão – o que há de tão formidável a respeito da ciência? Há várias medidas dessa qualidade de ser formidável. *Popularidade*, isto é, a familiaridade com alguns resultados e a crença de que são importantes, é uma delas. Ora, é verdade que, a despeito de oscilações periódicas na atitude para com as ciências, ora mais a favor, ora mais contra, elas ainda

---

[3] Cf. sua mensagem por ocasião dos trezentos anos dos *Principia* de Newton (Geller, 1990, p.6 ss.).

têm alta reputação entre o público em geral – ou, melhor dizendo, não as ciên*cias*, mas um monstro mítico, "ciência" (no singular – em alemão, isso soa ainda mais impressionante: *Die Wissenschaft*). Com efeito, o que o público em geral parece pressupor é que as realizações a cujo respeito lê nas páginas educativas de seus jornais, bem como as ameaças que parecem perceber, provêm de uma única fonte e são produzidas por um procedimento uniforme. Eles sabem que a biologia é diferente da física, que é diferente da geologia. Mas essas disciplinas, supõe-se, surgem quando "a atitude científica" é aplicada a diferentes tópicos; a própria atitude científica, contudo, permanece a mesma. Tentei argumentar que a prática científica é muito mais diversa. Acrescentando a isso que os cientistas não param de reclamar da ignorância científica do público em geral, e por "público em geral" eles se referem à classe média ocidental e não a camponeses bolivianos (por exemplo), temos de concluir que a popularidade da ciência é realmente uma coisa muito duvidosa.

E a respeito das *vantagens práticas*? A resposta é que a "ciência" às vezes funciona e às vezes não. Algumas ciências (teoria econômica, por exemplo) encontram-se em um estado lastimável. Outras são versáteis o suficiente para transformar um desastre em triunfo. *Elas conseguem fazer isso porque não estão presas a nenhum método ou visão de mundo particular.* O fato de uma abordagem ser "científica" de acordo com algum critério claramente formulado, portanto, não é garantia de que vá ter êxito. *Cada caso deve ser julgado separadamente*, em especial atualmente, quando o medo de espionagem industrial, o desejo de superar os competidores no caminho para o Prêmio Nobel, a distribuição desigual de fundos, rivalidades nacionais, medo de acusações (de tratamento inadequado, plágio, desperdício de verbas etc.) colocam restrições no que alguns sonhadores, entre eles muitos filósofos, ainda consideram uma "aventura intelectual livre".[4] Por último, a questão da *verdade* continua não resolvida. O amor à verdade é um dos motivos mais fortes para substituir o que realmente ocorre por uma explicação elegante ou, para expressá-lo de maneira menos polida, o amor à verdade é um dos mais fortes motivos para mentir a si

---

[4] Isso foi percebido por consultores governamentais depois que a euforia do pós-guerra tinha gradualmente diminuído. Ver Ben-David, 1991, p.525, citado anteriormente.

mesmo e aos outros. Além disso, a Teoria Quântica parece mostrar, da maneira precisa tão amada pelos admiradores da ciência, que a realidade ou é uma, o que significa que não há observadores nem coisas observadas, ou é muitas, caso em que o que é descoberto não existe em si mesmo, mas depende da abordagem escolhida.

Quais são as concepções que estão sendo comparadas com a ciência quando se proclama que esta é superior? E. O. Wilson (1972, p.192 ss.), o "pai" da sociobiologia, escreve:

> a religião ... vai perdurar por longo tempo como uma força vital na sociedade. Como o mítico gigante Anteu, que tirava energia de sua mãe, a Terra, a religião não pode ser derrotada por aqueles que possam lançá-la ao chão. A fraqueza espiritual do naturalismo científico é devida ao fato de que ele não tem tal fonte primordial de poder ... Assim, chegou a hora de perguntar: será que existe um modo de desviar o poder da religião, colocando-o a serviço do grande e novo empreendimento?

Para Wilson, o traço principal das alternativas é que elas têm *poder*. Considero isso uma caracterização um tanto estreita. Visões de mundo também respondem questões acerca de origens e propósitos que, mais cedo ou mais tarde, surgem em quase todo ser humano. Respostas a tais questões estavam à disposição de Kepler e de Newton, e foram por eles usadas em sua pesquisa; atualmente, elas não estão mais à disposição, pelo menos não nas ciências. São parte de visões de mundo não científicas, as quais, portanto, têm muito o que oferecer, até mesmo aos cientistas. Quando a Civilização Ocidental invadiu o que é agora denominado o Terceiro Mundo, impôs suas próprias ideias do que seja um ambiente apropriado e uma vida gratificante. Com isso, perturbou delicados padrões de adaptação e criou problemas que não existiam antes. Tanto a dignidade humana quanto um pouco de apreciação pelas muitas maneiras em que os humanos podem conviver com a natureza instigaram agentes de desenvolvimento e saúde pública a pensar de maneiras mais complexas ou, como diriam alguns, "relativísticas". Há abordagens, entre elas a abordagem denominada "proteção ambiental primária", que oferecem informação legal, política e científica, mas modificada de acordo com as necessidades, desejos e, o que é mais importante, *as habilidades e o conhecimento de que disponham as populações locais* (Borrini, 1991).[5] Analogamente, o movimento chamado Teologia da Libertação modificou a doutrina da Igreja, colocando-a mais próxima das necessidades espirituais dos pobres e necessitados, em especial na América do Sul.

Permitam-me assinalar, incidentalmente, que nem todas as ideias que parecem repulsivas aos profetas de uma Nova Era provêm da ciência. Não se deve censurar a ciência moderna, isto é, pós-cartesiana, pela ideia de uma máquina do mundo e pela ideia relacionada de que a natureza é um material a ser moldado pelo homem. Essa ideia é mais antiga e mais forte do que jamais poderia sê-lo uma doutrina puramente filosófica. A expressão "máquina do mundo" é encontrada em Pseudo Dionísio Areopagita, um místico de identidade desconhecida que escreveu por volta do ano 500 d.C. e teve tremenda influência. Oresme, que morreu em 1382 na qualidade de bispo de Lisieux, compara o universo a um imenso relógio mecânico, colocado em movimento por Deus de modo que "todas as engrenagens se movam tão harmoniosamente quanto possível". Esse sentimento pode ser facilmente compreendido: essa foi a época em que relógios mecânicos "de espantosa complexidade e elaboração" estavam sendo construídos por toda a Europa – presumia-se que toda cidade tivesse um. Lynn White Jr. (1960, p.56 ss.), de cujo livro extraí essa informação, também descreve a mudança de atitude que ocorreu na época carolíngia:

> Os velhos calendários romanos tinham ocasionalmente mostrado cenas de atividade humana, mas a tradição dominante (que continuou em Bizâncio) era representar os meses como personificações passivas que eram símbolos de atributos. O novo calendário carolíngio, que estabeleceu o padrão para a Idade Média ... mostra uma atitude coercitiva acerca dos recursos naturais ... As imagens [são a respeito de] cenas de arar, colher, cortar madeira; pessoas derrubando bolotas de carvalho para os porcos, matando porcos. Homem e Natureza são agora duas coisas, e o homem é o mestre.

---

[5] Para uma apresentação mais popular, cf. Borrini, "Primary Environmental Care: For Environmental Advocates and Policy-Makers", no prelo.

Para resumir: não há uma "visão de mundo científica", assim como não há um empreendimento uniforme denominado "ciência" – exceto na mente dos metafísicos, mestres-escolas e políticos que tentam tornar sua nação competitiva. Ainda assim, há muitas coisas que podemos aprender das ciências. Mas também podemos aprender das humanidades, da religião e dos remanescentes de tradições antigas que sobreviveram ao furioso assalto da Civilização Ocidental. Nenhuma área é unificada e perfeita, poucas áreas são repulsivas e completamente despidas de mérito. Não há nenhum princípio objetivo que possa nos afastar do supermercado "religião" ou do supermercado "arte" e possa nos conduzir para o mais moderno, e muito mais caro, supermercado "ciência". Além disso, há grandes áreas de conhecimento e ação nas quais empregamos procedimentos sem nenhuma ideia com relação à sua excelência comparativa. Um exemplo disso é a medicina, que, embora não sendo uma ciência, tem sido cada vez mais ligada à pesquisa científica. Há muitas modas e escolas na medicina, como há muitas modas e escolas na psicologia. Disso decorre, primeiro, que a ideia de uma comparação da "medicina ocidental" com outros procedimentos médicos não faz sentido. Em segundo, tal comparação é com frequência contra a lei, mesmo que houvesse voluntários: um teste é legalmente impossível. Acrescentando-se a isso que saúde e doença são conceitos culturalmente dependentes, vemos que há domínios, como a medicina, em que não há uma resposta científica à questão 2. Isso não é realmente uma desvantagem. A busca por uma orientação objetiva encontra-se em conflito com a ideia de responsabilidade individual que, supostamente, é um importante ingrediente de uma era "racional" ou científica. Ela mostra medo, indecisão, um anseio por autoridade e um desprezo pelas novas oportunidades que agora existem: podemos construir visões de mundo com base em uma escolha pessoal e, assim, unir, para nós e nossos amigos, o que foi certa vez separado por uma série de acidentes históricos.[6]

---

[6] Wolfgang Pauli, que se preocupava profundamente com a situação intelectual de sua época, exigia que ciência e religião fossem mais uma vez unificadas: carta a M. Fierz, 8 de agosto de 1948. Concordo, mas acrescentaria, inteiramente no espírito de Pauli, que essa unificação deveria ser uma questão pessoal; não deveria ser preparada por alquimistas filosófico-científicos da mente e imposta por seus lacaios na educação. (É diferente no Terceiro Mundo, onde ainda sobrevive uma fé forte.)

Em contrapartida, podemos concordar em que, em um mundo cheio de produtos científicos, seja dado aos cientistas um *status* especial, assim como os carrascos o tinham em épocas de desordem social, ou os sacerdotes o tinham quando ser um cidadão era o mesmo que ser membro de uma Igreja universal única. Podemos também concordar que apelar a uma quimera (tal como a quimera de uma "visão de mundo científica" uniforme e coerente) pode ter importantes consequências políticas. Em 1854, o capitão de fragata Perry, pelo emprego da força, abriu, para abastecimento e comércio, os portos de Hakodate e Shimoda a navios norte-americanos. Esse evento demonstrou a inferioridade militar do Japão. Os membros do iluminismo japonês do início da década de 1870, Fukuzawa entre eles, raciocinaram então como segue. O Japão conseguirá manter sua independência somente se se tornar mais forte. Pode tornar-se mais forte apenas com o auxílio da ciência. Usará a ciência efetivamente não só se apenas praticar a ciência, mas se também acreditar na ideologia subjacente. Para muitos japoneses tradicionais, essa ideologia – "a" visão de mundo científica – era bárbara. Mas, argumentaram os seguidores de Fukuzawa, era necessário adotar maneiras bárbaras, considerá-las avançadas e introduzir a Civilização Ocidental inteira de modo que sobreviva.[7] Tendo sido assim preparados, os cientistas japoneses prontamente diversificaram suas atividades, como haviam feito antes seus colegas ocidentais, e falsificaram a ideologia uniforme que havia iniciado esse desenvolvimento. A lição que tiro dessa sequência de eventos é que uma "visão científica do mundo" uniforme pode ser útil *para as pessoas fazendo ciência* – dá-lhes motivação sem amarrá-las. É como uma bandeira. Embora apresente um único padrão, faz que as pessoas façam muitas coisas diferentes. Contudo, *é um desastre para os de fora* (filósofos, místicos indignos de confiança, profetas de uma Nova Era). Sugere a eles um comprometimento religioso da mentalidade mais estreita e encoraja uma estreiteza de mentalidade por parte deles.

O que eu disse até agora já contém minha resposta à questão 3: uma comunidade *usará* ciência e cientistas de um modo que concorde com seus

---

[7] Detalhes em Blacker (1969). Para os antecedentes políticos, cf. os capítulos 3 e 4 de Storry, 1982.

valores e objetivos e corrigirá as instituições científicas em seu meio para deixá-las mais próximas a esses objetivos. A objeção de que a ciência é autocorretiva e, assim, não necessita de interferência externa não leva em conta, primeiro, que todo empreendimento é autocorretivo (veja-se o que aconteceu à Igreja Católica depois do Concílio Vaticano II) e, segundo, que, em uma democracia, a autocorreção do todo, que busca alcançar modos de viver mais humanos, elimina a autocorreção das partes, a qual tem um objetivo mais limitado – a menos que seja dada às partes uma independência temporária. Consequentemente, em uma democracia, as populações locais não apenas usarão, mas também *deveriam* usar as ciências nas maneiras mais adequadas a elas. A objeção de que os cidadãos não têm a competência de um especialista para julgar assuntos científicos não leva em conta que problemas importantes frequentemente cruzam os limites de várias ciências, de modo que os cientistas em cada uma dessas ciências também não têm as qualificações necessárias. Além do mais, casos duvidosos sempre apresentam especialistas a favor de um dos lados, especialistas a favor do outro e especialistas que defendem uma posição intermediária. A competência do público geral, contudo, poderia ser grandemente melhorada por uma educação que expusesse a falibilidade dos especialistas, em vez de agir como se ela não existisse.

20

O ponto de vista implícito neste livro não é o resultado de uma bem planejada cadeia de pensamentos, mas de argumentos instigados por encontros acidentais. Indignação diante da destruição desenfreada de conquistas culturais das quais poderíamos todos ter aprendido, diante da ousadia presunçosa com que alguns intelectuais interferem na vida das pessoas, e desdém pelas frases traiçoeiras que usam para embelezar suas iniquidades foram, e ainda são, a força motivadora de meu trabalho.

O problema do conhecimento e da educação em uma sociedade livre ocorreu-me primeiro quando eu usufruía de uma bolsa de estudos estatal no Weimar Institut zur Methodologischen Erneuerung des Deutschen Theaters [Instituto Weimar para a Renovação Metodológica do Teatro Alemão] (1946), que era uma continuação do Deutsches Theater Moskau, sob a direção de Maxim Vallentin. O corpo docente e os estudantes do instituto faziam visitas periódicas a teatros na Alemanha Oriental.[1] Um trem

---

[1] Como muitas pessoas de minha geração, estive envolvido na Segunda Guerra Mundial. Esse evento teve pouca influência em meu pensar. Para mim, a guerra era um aborrecimento, não um problema moral. Antes da guerra eu tinha pretendido estudar astronomia, representação teatral e canto e exercer essas profissões simultaneamente. Tive excelentes professores (Adolf Vogel, meu professor de canto, tinha uma reputação internacional e ensinou excelentes cantores de ópera, como Norman Bayley) e tinha acabado de superar algumas grandes dificuldades vocais quando recebi minha notificação de convocação (eu tinha dezoito anos na época). Que inconveniente, pensei. Por que diabos deveria eu participar dos jogos de guerra de um bando de idiotas? Como escapar disso? Várias tentativas falharam, e acabei tornando-me um soldado. Candidatei-me ao treinamento para oficiais, a fim de evitar as balas por tanto tempo quanto fosse possível. A tentativa não foi inteiramente bem-sucedida; eu era um tenente antes que a guerra tivesse chegado ao fim e encontrei-me no meio da retirada alemã, na Polônia e depois na Alemanha Oriental, cercado de civis em fuga, unidades de infantaria, tanques, auxiliares poloneses que eu subitamente passei a comandar (os oficiais de grau mais elevado rapidamente desapareceram quando

especial nos levava de cidade a cidade. Nós chegávamos, jantávamos, conversávamos com os atores, assistíamos a duas ou três peças. Depois de cada representação, pedia-se ao público que permanecesse sentado enquanto iniciávamos uma discussão do que tínhamos acabado de ver. Havia peças clássicas, mas também peças novas que tentavam analisar eventos recentes. A maior parte do tempo, elas tratavam da obra da resistência na Alemanha nazista. Elas eram indistinguíveis das antigas peças nazistas eulogizando a atividade de movimentos subterrâneos nazistas em países democráticos. Em ambos os casos, havia discursos ideológicos, acessos de sinceridade e situações perigosas na tradição de policiais e ladrões. Isso me intrigou e comentei acerca disso nos debates: como deveria uma peça ser estruturada de modo que se reconhecesse que ela está apresentando o "lado bom"? O que tinha de ser acrescentado à ação para fazer que a luta do membro da resistência aparecesse como moralmente superior à luta de um nazista ilegal na Áustria antes de 1938? Não é suficiente dar a ele os *"slogans* corretos", pois então admitimos sua superioridade como dada e não mostramos em que ela consiste. Tampouco pode sua nobreza, sua "humanidade", ser a marca característica; todo movimento tem tanto patifes quanto pessoas nobres entre seus seguidores. Um dramaturgo pode, é claro, decidir que a sofisticação é um artigo de luxo em batalhas morais e apresentar um relato preto e branco. Pode conduzir seus seguidores à vitória, mas ao custo de transformá-los em bárbaros. Qual é, então, a solução? Na época, optei por Einsenstein e pela propaganda impiedosa a favor da "causa certa". Não sei se isso foi devido a alguma profunda convicção minha, ou porque fui levado pelos eventos, ou por causa da magnífica arte de Eisenstein. Hoje, eu diria que a escolha deve ser deixada ao público. O dramaturgo apresenta personagens e conta uma história. Se ele erra, deveria ser no excesso de simpatia por seus patifes, pois circunstâncias e sofrimento desempenham um grande

---

as coisas ficaram mais perigosas). O vívido e inteiro caos pareceu-me então como um palco e fiquei descuidado. Uma bala atingiu-me na mão direita, uma segunda bala arranhou meu rosto, uma terceira alojou-se na minha coluna, e eu caí ao chão, incapaz de me erguer, mas com o pensamento feliz de que "a guerra acabou para mim, agora posso finalmente retornar ao canto e a meus amados livros de astronomia". Foi somente muito mais tarde que tomei consciência dos problemas morais de uma época inteira. Parece-me que esses problemas ainda estão entre nós. Eles surgem sempre que um indivíduo ou um grupo objetiviza suas próprias concepções pessoais do que seja uma boa vida e age de acordo com isso. Cf. Feyerabend, 1987, p.309 ss. Isso explica a ocasional violência de meus argumentos.

papel na criação do mal e das más intenções, como o fazem essas próprias intenções, e a tendência geral é enfatizar as últimas. O dramaturgo (e seu colega, o professor) não deve tentar antecipar a decisão do público (ou dos alunos), ou substituí-la por uma decisão própria se eles se mostram incapazes de tomar uma decisão por si mesmos. *Em nenhuma circunstância deve ele tentar ser uma "força moral".* Uma força moral, quer para o bem, quer para o mal, faz das pessoas escravos, e a escravidão, mesmo a escravidão a serviço do Bem, ou até de Deus, é a mais abjeta de todas as condições. É assim que vejo a situação atualmente. Contudo, custou-me um longo tempo para que eu chegasse até esse ponto de vista.

Depois de um ano em Weimar, quis acrescentar as ciências e as humanidades às artes e ao teatro. Deixei Weimar e tornei-me um estudante (história, ciências auxiliares) no famoso Institut für Österreichische Geschichtforschung, que faz parte da Universidade de Viena. Posteriormente, acrescentei física e astronomia e, assim, finalmente retornei aos assuntos que tinha decidido estudar antes das interrupções da Segunda Guerra Mundial.

Houve as seguintes "influências":

1) *O Círculo de Kraft.* Muitos de nós, estudantes de ciência e engenharia, estávamos interessados nos fundamentos da ciência e em problemas filosóficos mais amplos. Assistíamos a aulas de filosofia. As aulas aborreciam-nos e logo fomos mandados embora porque fazíamos perguntas e comentários sarcásticos. Ainda me lembro do professor Heintel, advertindo-me com os braços erguidos: "Herr Feyerabend, entweder Sie halten das Maul, oder Sie verlassen den Vorlesungsaal".* Nós não desistimos e fundamos um clube filosófico próprio. Victor Kraft, um de meus professores, tornou-se nosso presidente. Os membros do clube eram, em sua maioria, estudantes,[2] mas também havia visitas de membros da

---

* Em alemão no original: "Senhor Feyerabend, ou o senhor cala a boca, ou sai da sala de aula". (N. T.)

[2] Muitos deles tornaram-se agora cientistas ou engenheiros. Johnny Sagan é professor de matemática na Universidade de Illinois; Heinrich Eichhorn, diretor do observatório de New Haven; Goldberger-de Buda, consultor de firmas eletrônicas, ao passo que Erich Jantsch, que morreu cedo demais, ficou conhecendo membros de nosso círculo no observatório astronômico e tornou-se, mais tarde, um guru de cientistas dissidentes ou pseudodissidentes, tentando usar velhas tradições para novos propósitos.

faculdade e de dignitários estrangeiros. Juhos, Heintel, Hollitscher, Von Wright, Anscombe e Wittgenstein vieram a nossos encontros e debateram conosco. Wittgenstein, que levou um longo tempo até tomar uma decisão e então apareceu com uma hora de atraso, fez uma apresentação animada e pareceu preferir nossa atitude desrespeitosa à admiração bajuladora que encontrava nos demais lugares. Nossas discussões iniciaram-se em 1949 e continuaram, com interrupções, até 1952 (ou 1953). Praticamente toda a minha tese foi apresentada e analisada nesses encontros, e alguns de meus primeiros artigos são resultado direto desses debates.

2) O Círculo de Kraft era parte de uma organização denominada *Austrian College Society*. A sociedade fora fundada em 1945 por combatentes da resistência austríaca[3] a fim de proporcionar um foro para o intercâmbio de estudiosos e ideias e, assim, preparar a unificação política da Europa. Havia seminários, como o Círculo de Kraft, durante o ano acadêmico e encontros internacionais durante o verão. Os encontros tiveram (e ainda têm) lugar em Alpbach, um pequeno povoado de montanha, no Tirol. Ali encontrei excelentes estudiosos, artistas, políticos e devo minha carreira acadêmica ao amigável auxílio de alguns deles. Também comecei a suspeitar de que o que conta em um debate público não são argumentos, mas certas maneiras de alguém apresentar sua própria posição. Para testar essa suspeita, eu intervinha nos debates defendendo pontos de vista absurdos com grande confiança. Eu estava consumido de medo – afinal, era apenas um estudante cercado de figurões –, mas tendo, em certa época, frequentado uma escola de atores, eu demonstrava o caso para minha satisfação. As dificuldades da racionalidade *científica* foram deixadas muito claras por

3) *Felix Ehrenhaft*, que chegou a Viena em 1947. Nós, os estudantes de física, matemática, astronomia, tínhamos ouvido muito a seu respeito. Sabíamos que ele era um excelente experimentador e suas aulas eram espetáculos em grande escala que seus assistentes tinham de preparar com horas de antecedência. Sabíamos que ele havia ensinado física teórica, o que era então tão excepcional para um experimentador como o é atualmente. Estávamos também familiarizados com os persistentes rumores

---

[3] Otto Molden, irmão de Fritz Molden, da Editora Molden, foi por muitos anos o dinâmico líder e organizador.

que o denunciavam como um charlatão. Considerando-nos defensores da pureza da física, esperávamos ansiosamente para expô-lo em público. De qualquer maneira, nossa curiosidade havia sido despertada – e não fomos desapontados.

Ehrenhaft era um homem de estatura enorme, cheio de vitalidade e ideias incomuns. Suas aulas podiam ser comparadas favoravelmente (ou desfavoravelmente, dependendo do ponto de vista) com as apresentações mais refinadas de seus colegas. "Vocês são patetas? Vocês são estúpidos? Vocês realmente concordam com tudo o que eu digo?", gritava ele a nós, que tínhamos pretendido desmascará-lo, mas sentávamos em silencioso assombro em vista de seu desempenho. A questão era mais do que justificada, pois havia grandes bocados a engolir. A relatividade e a Teoria Quântica foram rejeitadas imediatamente, quase como algo óbvio, por serem especulações ociosas. A esse respeito, a atitude de Ehrenhaft era muito próxima à de Stark e Lenard –, ele mencionava ambos com aprovação. Mas ele foi ainda mais longe e criticou também os fundamentos da física clássica. A primeira coisa a ser eliminada foi a lei da inércia: objetos não perturbados, em vez de continuar em uma linha reta, supostamente moviam-se em uma hélice. Então veio um demorado ataque aos princípios da Teoria Eletromagnética e, especialmente, à equação div B = 0. Muitos anos antes do debate fundamental, ele produziu evidência convincente para monopolos magnéticos mesoscópicos. Em seguida, foram demonstradas novas e surpreendentes propriedades da luz – e assim por diante. Cada demonstração era acompanhada de alguns comentários gentilmente irônicos sobre a "física escolástica" e os "teóricos" que construíam castelos no ar sem considerar os experimentos que Ehrenhaft inventava e continuava inventando em todos os campos, e os quais produziram uma pletora de resultados inexplicáveis.

Logo tivemos oportunidade de testemunhar a atitude dos físicos ortodoxos. Em 1949, Ehrenhaft veio a Alpbach. Naquele ano, Popper conduziu um seminário sobre filosofia, Rosenfeld e M. H. L. Pryce ensinaram física e filosofia da física (sobretudo com base nos comentários de Bohr a respeito de Einstein, que tinham acabado de aparecer), Max Hartmann ensinou biologia, Duncan Sandys falou sobre problemas da política britânica, Hayek, sobre economia e assim por diante. Havia Hans Thirring, o decano físico teórico de Viena, um extraordinário professor que tentava constantemente incutir em nós que havia coisas mais importantes que a ciência, que tinha ensinado física a Feigl e a Popper, bem como ao presente autor, e era um membro antigo e muito ativo do movimento pacifista. Seu filho, Walter Thirring, hoje professor de física teórica em Viena, também estava presente – um público muito distinto e também muito crítico.

Ehrenhaft veio bem preparado. Ele instalou alguns de seus experimentos simples em uma das casas de campo de Alpbach e convidou todo mundo em que pôde pôr as mãos para dar uma espiada. Todo os dias, a partir de duas ou três da tarde, os participantes passavam por ali em atitude de assombro e deixavam o edifício como se tivessem visto algo obsceno (quer dizer, caso fossem físicos teóricos). Ao lado dessas preparações físicas, Ehrenhaft também tinha feito, como era seu hábito, uma bela porção de propaganda. No dia anterior à sua conferência, ele assistiu a uma palestra razoavelmente técnica de Hayek sobre "A ordem sensorial" (hoje disponível, em versão ampliada, em forma de livro). Durante a discussão, ele se levantou, seu rosto mostrando perplexidade e respeito, e começou, em uma voz inocentíssima: "Caro professor Hayek. Essa foi uma conferência maravilhosa, admirável, eruditíssima. Não entendi uma única palavra …". No dia seguinte, sua conferência tinha público a sair pelo ladrão.

Nessa conferência, Ehrenhaft fez uma breve exposição de suas descobertas, acrescentando observações gerais acerca do estado da física. "Agora, cavalheiros", concluiu ele triunfantemente, voltando-se para Rosenfeld e Pryce, que estavam sentados na primeira fila, "o que vocês podem dizer?". E ele respondeu imediatamente: "Não há nada que os senhores possam dizer com todas as suas belas teorias. Sitzen müssen Sie bleiben! Still müssen Sie sein!".[*]

A discussão, como era de esperar, foi bastante turbulenta e continuou durante dias, com Thirring e Popper tomando o lado de Ehrenhaft contra Rosenfeld e Pryce. Confrontados com os experimentos, os últimos ocasionalmente agiam como alguns dos oponentes de Galileu devem ter agido ao serem confrontados com o telescópio. Assinalaram que nenhuma conclusão

---

[*] Em alemão no original: "Os senhores têm de ficar sentados! Os senhores têm de ficar quietos!". (N. T.)

poderia ser extraída de fenômenos complexos e era necessária uma análise detalhada. Em resumo, os fenômenos eram um *Dreckeffect** – uma palavra que foi ouvida com bastante frequência durante as discussões. Qual foi nossa atitude diante de toda essa comoção?

Nenhum de nós estava preparado para abandonar a teoria ou negar sua excelência. Fundamos um Clube para a Salvação da Física Teórica e começamos discutindo experimentos simples. Acabou se mostrando que a relação entre teoria e experimentação era muito mais complexa do que se mostra nos manuais e mesmo em artigos de pesquisa. Há uns poucos casos paradigmáticos em que a teoria pode ser aplicada sem maiores ajustes, mas o restante deve ser tratado por meio de aproximações ocasionalmente bastante dúbias e pressupostos auxiliares.[4] Acho interessante lembrar quão pequeno foi o efeito que tudo isso teve sobre nós na época. Continuamos a preferir abstrações, como se as dificuldades que tínhamos descoberto não tivessem sido uma expressão da natureza das coisas, mas poderiam ser eliminadas por algum artifício engenhoso, ainda a ser descoberto. Só muito mais tarde a lição de Ehrenhaft fez efeito, e nossa atitude na época, bem como a atitude da profissão inteira, forneceu-me excelente ilustração da natureza da racionalidade científica.

4) *Philipp Frank* veio a Alpbach alguns anos depois de Ehrenhaft. Ele minou ideias comuns de racionalidade de uma forma diferente ao mostrar que os argumentos contra Copérnico tinham sido perfeitamente legítimos e estavam de acordo com a experiência, ao passo que os procedimentos de Galileu eram "não científicos" se considerados de um ponto de vista moderno. Suas observações fascinaram-me e examinei o assunto com mais detalhe. Os capítulos 8 a 11 são um resultado tardio desse estudo (sou um trabalhador vagaroso). As contribuições de Frank foram tratadas de maneira bastante injusta por filósofos como Putnam, que preferem modelos simplistas às análises de eventos históricos complexos. Também suas ideias são hoje lugar-comum. Mas foi ele quem as anunciou enquanto quase todo mundo pensava diferentemente.

---

* Em alemão no original. Aproximadamente, "efeito [em geral não planejado] provocado por impurezas". (N. T.)
[4] Cf. o Capítulo 5 a respeito de aproximações *ad hoc*.

5) Em Viena, fiquei conhecendo alguns dos mais destacados intelectuais marxistas. Isso foi o resultado de um engenhoso trabalho de relações públicas dos estudantes marxistas. Eles apareciam – como nós o fazíamos – em todos os grandes debates, quer o assunto fosse ciência, religião, política, teatro ou amor livre. Eles conversavam com aqueles de nós que usavam a ciência para ridicularizar o restante – o que era então minha ocupação favorita –, convidavam-nos para seus próprios debates e nos apresentavam a pensadores marxistas de todos os campos. Fiquei conhecendo Berthold Viertel, o diretor do Burgtheater, Hanns Eisler, o compositor e teórico da música, e *Walter Hollitscher*, que se tornou professor e, mais tarde, um de meus melhores amigos. Quando comecei a discutir com Hollitscher, eu era um positivista delirante, era a favor de regras estritas de pesquisa e tinha só um sorriso de piedade para os três princípios básicos da dialética que eu havia lido no pequeno panfleto de Stalin sobre materialismo dialético e histórico. Eu estava interessado na posição realista e tinha tentado ler todo livro sobre realismo no qual pudesse pôr as mãos (incluindo o excelente *Realisierung*, de Külpe, e, é claro, *Materialismo e empiriocriticismo*), mas descobri que os argumentos em favor do realismo funcionavam somente quando o pressuposto realista já havia sido introduzido. Külpe, por exemplo, enfatizava a distinção entre impressão e a coisa acerca da qual a impressão é. Essa distinção nos dá o realismo somente se caracteriza aspectos reais do mundo – que é o ponto em questão. Tampouco estava eu convencido da afirmação de que a ciência é essencialmente um empreendimento realista. Por que deveria ser a ciência escolhida como uma autoridade? E não havia interpretações positivistas da ciência? Os assim chamados "paradoxos" do positivismo, contudo, que Lênin expôs com habilidade consumada, não me impressionavam absolutamente. Eles surgiam apenas se os modos de falar positivista e realista fossem misturados e expunham a diferença entre eles. Não mostravam que o realismo era melhor, embora o fato de que o realismo vinha com o senso comum desse a impressão de que era.

Hollitscher jamais apresentou um argumento que conduzisse, passo a passo, do positivismo ao realismo e teria encarado a tentativa de produzir tal argumento como tolice filosófica. Ao contrário, desenvolveu a própria posição realista, ilustrou-a com exemplos extraídos da ciência e do senso comum, mostrou quão intimamente estava ligada à pesquisa científica e à ação cotidiana e, assim, revelou sua força. É claro, era sempre possível transformar um procedimento realista em um procedimento positivista pelo uso judicioso de hipóteses *ad hoc* e mudanças de significado *ad hoc*, e eu fiz isso com frequência e sem vergonha (no Círculo de Kraft, tínhamos desenvolvido tais evasões ao grau de uma bela arte). Hollitscher não levantava questões semânticas, ou questões de método, como poderia ter feito um racionalista crítico, mas continuava a discutir casos concretos até eu me sentir bastante tolo com minhas objeções abstratas. Com efeito, eu via agora quão intimamente o realismo estava ligado a fatos, procedimentos e princípios que eu estimava, e *havia auxiliado a originar*, ao passo que o positivismo meramente *descrevia* os resultados de maneira bastante complicada depois que haviam sido encontrados: o realismo tinha frutos, o positivismo não tinha nenhum. É assim ao menos como eu falaria hoje, muito tempo *depois* de minha conversão realista. Na época, tornei-me um realista não porque estivesse convencido por qualquer argumento particular, mas porque a soma total de realismo mais os argumentos em seu favor mais a facilidade com que podia ser aplicado à ciência e muitas outras coisas que eu vagamente sentia, mas não conseguia indicar com exatidão,[5] finalmente *pareceram melhores para mim* do que a soma total de positivismo mais os argumentos que se poderia oferecer para ele mais ... etc. A comparação e a decisão final tinham muito em comum com a comparação da vida em diferentes países (tempo, caráter das pessoas, melodiosidade da língua, alimentação, leis, instituições, tempo etc.) e a decisão final de arrumar um emprego e começar a viver em um deles. Experiências como essa desempenharam papel decisivo em minha atitude em relação ao racionalismo.

---

[5] Recordo que a resposta de Reichenbach à explicação de Dingler da relatividade desempenhou papel importante: Dingler extrapolava a partir do que podia ser realizado por operações mecânicas simples (manufatura de uma superfície euclidiana plana, por exemplo), ao passo que Reichenbach indicava como a real estrutura do mundo modificaria em grande escala os resultados dessas operações. É verdade, claro, que a explicação de Reichenbach pode ser interpretada como uma máquina preditiva mais eficiente e pareceu impressionante para mim somente porque eu não resvalei em tal interpretação. O que mostra em que medida a força de argumentos depende de mudanças irracionais de atitude.

Ao passo que eu aceitava o realismo, não aceitava a dialética e o materialismo histórico — minha predileção por argumentos abstratos (outro resquício positivista) ainda era forte demais para isso. Hoje, as regras de Stalin me parecem, de longe, preferíveis aos padrões complicados e cheios de epiciclos de nossos modernos amigos da razão.

Já a partir do início de nossa discussão, Hollitscher deixou claro que era comunista e tentaria convencer-me das vantagens intelectuais e sociais do materialismo dialético e histórico. Não havia nada daquela conversa hipócrita de "posso estar enganado, talvez você esteja certo — mas juntos descobriremos a verdade" com que os racionalistas "críticos" enfeitam suas tentativas de doutrinação, mas que esquecem no momento em que sua posição fica seriamente ameaçada. Hollitscher também não usava pressões emocionais ou intelectuais injustas. Claro, ele criticava minha atitude, mas nossas relações pessoais não sofreram por minha relutância em segui-lo em todos os aspectos. É por isso que Walter Hollitscher é professor, ao passo que Popper, que também fiquei conhecendo muito bem, é mero propagandista.

Em certo ponto de nosso relacionamento, Hollitscher me perguntou se eu gostaria de tornar-me um assistente de produção de Brecht — aparentemente, havia um emprego disponível e eu estava sendo considerado para ele. Eu declinei. Por algum tempo, pensei que esse havia sido um dos maiores enganos de minha vida. Enriquecer e modificar o conhecimento, as emoções e as atitudes por meio das artes me parece, agora, um empreendimento muito mais frutífero e também muito mais humano do que a tentativa de influenciar mentes (e nada mais) por palavras (e nada mais). Mas, lendo acerca das tensões no interior do Círculo de Brecht e da atitude quase religiosa de alguns de seus membros, acho agora que escapei justamente a tempo.

6) Durante uma conferência (sobre Descartes) que ministrei na Austrian College Society, fiquei conhecendo *Elizabeth Anscombe*, uma prestigiosa e, para algumas pessoas, intimidante filósofa britânica que tinha vindo a Viena aprender alemão para sua tradução das obras de Wittgenstein. Ela me deu manuscritos dos escritos mais recentes de Wittgenstein e discutiu-os comigo. As discussões estenderam-se por meses e, ocasionalmente, começavam de manhã e prosseguiam durante

o almoço e até tarde da noite. Tiveram uma profunda influência sobre mim, embora não seja muito fácil especificar detalhes. Em certa ocasião, que recordo vividamente, Anscombe, por uma série de questões habilidosas, fez-me ver como nossa concepção (e mesmo nossas percepções) de fatos bem definidos e aparentemente autocontidos pode depender de circunstâncias não aparentes neles. Há entidades, como objetos físicos, que obedecem a um "princípio de conservação" no sentido de que conservam sua identidade por uma variedade de manifestações, mesmo quando não estão de modo algum presentes, ao passo que outras entidades, como dores e imagens residuais, são "aniquiladas" com seu desaparecimento. Os princípios de conservação podem variar de um estágio a outro do desenvolvimento do organismo humano[6] e talvez sejam diferentes para diferentes línguas (cf. as "classificações cobertas" de Whorf, como as descrevi no Capítulo 16). Conjecturei que tais princípios desempenhariam papel importante na ciência, que poderiam mudar durante revoluções, e relações dedutivas entre teorias pré-revolucionárias e pós-revolucionárias poderiam ser descontinuadas em consequência disso. Expliquei essa versão inicial de incomensurabilidade no seminário de Popper (1952) e para um pequeno grupo de pessoas no apartamento de Anscombe em Oxford (também em 1952, estando presentes Geach, Von Wright e L. L. Hart), mas não consegui despertar muito entusiasmo em nenhuma dessas ocasiões. A ênfase de Wittgenstein na necessidade de pesquisa concreta e suas objeções ao raciocínio abstrato ("Olhe, não pense!") de certo modo conflitavam com minha própria tendência para a abstração, e os artigos em que sua influência é perceptível são, portanto, misturas de exemplos concretos e princípios gerais.[7] Wittgenstein estava disposto a aceitar-me como orientando em Cambridge, mas morreu antes de eu chegar. Em vez disso, Popper tornou-se meu orientador de tese.

7) Eu conhecera *Popper* em Alpbach, em 1948. Admirava seu jeito desembaraçado, seu atrevimento, sua atitude desrespeitosa com relação aos filósofos alemães que davam peso aos anais do evento em mais do que um sentido, seu senso de humor (sim, o relativamente desconhecido

---

[6] Cf. o Capítulo 16, texto correspondente às notas 9 ss. e Piaget (1954, p.5 ss.).

[7] Para detalhes, cf. meus comentários acerca desses artigos em Feyerabend (1978a).

Karl Popper de 1948 era muito diferente do estabelecido Sir Karl dos anos posteriores) e também admirava sua capacidade de reenunciar problemas ponderosos em linguagem simples e jornalística. Ele tinha espírito livre, apresentando alegremente suas ideias, despreocupado a respeito da reação dos "profissionais". As coisas eram diferentes no que diz respeito a essas próprias ideias. Os membros de nosso círculo conheciam o dedutivismo partindo de Kraft, que havia escrito a respeito dele antes de Popper,[8] a filosofia falseacionista era tomada por certa no seminário de física da conferência sob a presidência de Arthur March e, assim, não entendíamos a respeito de que era todo o alvoroço. "A filosofia deve estar em um estado desesperado", dizíamos, "se trivialidades como essa contam como grandes descobertas". O próprio Popper não parecia dar muita importância à sua filosofia da ciência na época, pois, quando solicitado a enviar uma lista de publicações, incluiu a *Sociedade aberta*, mas não a *Lógica da pesquisa científica*.

Durante minha estada em Londres, li detalhadamente as *Investigações filosóficas* de Wittgenstein (1975). Tendo um pendor um tanto pedante, reescrevi o livro de modo que se parecesse mais com um tratado expondo um argumento contínuo. Parte desse tratado foi traduzida por Anscombe para o inglês e publicada, na forma de resenha, pela *Philosophical Review* em 1955. Também participei do seminário de Popper na LSE.[*] As ideias de Popper eram similares às de Wittgenstein, mas mais abstratas e anêmicas. Isso não me dissuadiu, mas aumentou minhas próprias tendências à abstração e ao dogmatismo. No fim de minha estada em Londres, Popper convidou-me para ser seu assistente. Declinei a oferta, apesar do fato de que estava sem dinheiro algum e não sabia de onde viria minha próxima refeição. Minha decisão não foi baseada em nenhuma sequência de ideias claramente reconhecível, mas creio que, não tendo nenhuma filosofia fixa, eu preferia ir tropeçando pelo mundo das ideias afora em meu próprio ritmo a ser guiado pelo ritual de um "debate racional". Mais uma vez, tive sorte. Joseph Agassi, que ficou com o emprego, não teve muita privacidade.

---

[8] Cf. minha resenha de *Erkenntnislehre*, de Kraft, em Feyerabend, 1963a, p.319 ss. e especialmente p.321, segundo parágrafo. Cf. também as referências em Popper (1959). Mill, 1879, cap.14, dá uma explicação detalhada desse procedimento.

[*] London School of Economics. (N. T.)

Dois anos mais tarde, Popper, Schrödinger e minha própria tendência a falar demais me arrumaram um trabalho em Bristol, onde comecei a dar aulas sobre filosofia da ciência.

8) Eu tinha estudado teatro, história, matemática, física e astronomia; nunca tinha estudado filosofia. A perspectiva de ter de me dirigir a um grande público formado por jovens não enchia exatamente meu coração de alegria. Uma semana antes de começarem as aulas, eu me sentei e escrevi tudo o que sabia em um pedaço de papel. Mal enchia uma página. Agassi deu-me um excelente conselho: "Olhe, Paul", disse ele, "a primeira linha é sua primeira aula; a segunda linha, essa é sua segunda aula – e assim por diante". Segui esse conselho e me saí bastante bem, exceto que minhas aulas se tornaram uma coleção batida de gracejos de Wittgenstein, Bohr, Popper, Dingler, Eddington e outros. Enquanto estive em Bristol, continuei meus estudos sobre Teoria Quântica. Descobri que importantes princípios físicos baseavam-se em pressupostos metodológicos violados sempre que a física progride: a física obtém sua autoridade de ideias que propaga, mas nunca obedece na pesquisa real; os metodólogos desempenham o papel de agentes de publicidade que os físicos contratam para louvar seus resultados, mas a quem eles não permitiriam o acesso ao empreendimento em si. Que o falseacionismo não é uma solução ficou muito claro em discussões com David Bohm, que apresentou uma explicação hegeliana da relação entre teorias, sua evidência e suas sucessoras.[9] O material do Capítulo 3 é o resultado dessas discussões (publiquei-o originalmente em 1961).[10] As observações de Kuhn acerca da onipresença de anomalias ajustavam-se muito bem a essas dificuldades,[11] mas eu ainda tentava descobrir regras gerais que

---

[9] Expliquei o hegelianismo de Bohm no ensaio "Against Method" (1970).

[10] Popper certa vez observou (em uma discussão no Minnesota Center for the Philosophy of Science, em 1962) que o exemplo do movimento browniano é apenas outra versão do exemplo de Duhem (conflito entre leis específicas, como as leis de Kepler, e teorias gerais, como a teoria de Newton). Mas há uma diferença importantíssima. Os desvios das leis de Kepler são, em princípio, observáveis ("em princípio" querendo dizer "dadas as leis conhecidas da natureza") ao passo que desvios microscópicos da segunda lei da termodinâmica não são (os instrumentos de medida estão sujeitos às mesmas flutuações que as coisas que se supõe que meçam). Aqui, *não podemos* ficar sem uma teoria alternativa. Cf. o Capítulo 4, nota 2.

[11] Li o livro de Kuhn, ainda como manuscrito, em 1960, e discuti-o extensamente com Kuhn.

cobrissem todos os casos[12] e também os desenvolvimentos não científicos (cf. Feyerabend, 1967). Dois acontecimentos fizeram-me perceber a futilidade de tais tentativas. Um deles foi uma discussão com o professor C. F. von Weizsäcker em Hamburgo (1965) sobre os fundamentos da Teoria Quântica. Von Weizsäcker mostrou como a mecânica quântica surgiu de pesquisa concreta, ao passo que eu reclamava, por razões metodológicas gerais, que alternativas importantes haviam sido omitidas. Os argumentos que davam apoio à minha reclamação eram bastante bons – são os argumentos resumidos no Capítulo 3 –, mas ficou subitamente claro para mim que, impostos sem consideração das circunstâncias, eles eram um estorvo em vez de um auxílio: uma pessoa tentando resolver um problema, seja na ciência, seja em outro campo, *deve ter liberdade completa* e não pode ser restringida por nenhuma exigência ou norma, não importa quão plausíveis possam parecer ao lógico ou ao filósofo que as concebeu na privacidade de seu gabinete. Normas e exigências devem ser verificadas mediante pesquisa, e não pelo recurso a teorias da racionalidade. Em um longo artigo (Feyerabend, 1968-69), expliquei como Bohr tinha usado essa filosofia e como ela difere de procedimentos mais abstratos. Assim, o professor Von Weizsäcker teve a principal responsabilidade em minha mudança para o "anarquismo" – embora ele não tivesse ficado muito satisfeito quando eu lhe disse isso em 1977.

9) O segundo evento que me instigou a afastar-me do racionalismo e a ter suspeitas de todas as pretensões intelectuais foi bem diferente. Para explicá-lo, permitam-me começar com algumas observações gerais. O modo em que problemas sociais, problemas de distribuição de energia, ecologia, educação, cuidado com os idosos e assim por diante são "resolvidos" em sociedades do Primeiro Mundo pode ser descrito em geral da seguinte maneira. Surge um problema. Nada é feito a respeito dele. As pessoas ficam preocupadas. Os políticos disseminam essa preocupação. Chamam-se especialistas. Eles desenvolvem teorias e planos baseados nelas. Grupos de poder, dispondo de seus próprios especialistas, efetuam várias modificações até que uma versão aguada é aceita e efetivada. O papel de especialistas nesse processo cresceu gradualmente. Temos agora

---

[12] Cf. o relato em Feyerabend (1965).

uma situação em que *teorias* sociais e psicológicas do pensamento e ação humanas tomaram o lugar desse próprio pensamento e ação. Em vez de perguntar às pessoas que estão envolvidas em certa situação problemática, os promotores de desenvolvimento, educadores, tecnólogos e sociólogos obtêm sua informação sobre "o que essas pessoas realmente querem e precisam" de estudos teóricos executados por seus estimados colegas naquilo que eles pensam serem os campos relevantes. Não se consultam seres humanos, mas modelos abstratos; não é a população-alvo que decide, mas os produtores dos modelos. Intelectuais pelo mundo afora assumem como dado que seus modelos serão mais inteligentes, farão melhores sugestões, terão melhor apreensão da realidade dos seres humanos do que esses próprios humanos. O que tem essa situação a ver comigo?

De 1958 a 1990, fui professor de Filosofia na Universidade da Califórnia em Berkeley. Minha função era executar as políticas educacionais do estado da Califórnia, o que significa que eu tinha de ensinar às pessoas aquilo que um pequeno grupo de intelectuais brancos havia decidido que é conhecimento. Praticamente jamais refleti a respeito dessa função e não a teria tomado muito a sério caso tivesse sido informado. Contei aos estudantes o que eu havia aprendido, organizei o material de uma forma que me parecia plausível e interessante – e foi isso tudo o que eu fiz. É claro, eu também tinha algumas "ideias próprias" –, mas estas se moviam em um domínio bastante estreito (embora alguns de meus amigos já dissessem que eu estava ficando doido).

Por volta de 1964, mexicanos, negros e índios entraram na universidade em consequência de novas políticas educacionais. E lá estavam eles sentados, em parte curiosos, em parte distantes, em parte simplesmente confusos, esperando obter alguma "educação". Que oportunidade para um profeta em busca de seguidores! Que oportunidade, disseram-me meus amigos racionalistas, para contribuir para a disseminação da razão e o aperfeiçoamento da humanidade! Que maravilhosa oportunidade para uma nova onda de esclarecimento! Eu sentia as coisas de maneira muito diferente. Com efeito, dei-me conta de que os intrincados argumentos e as maravilhosas histórias que eu tinha até agora contado a um público mais ou menos sofisticado bem poderiam ser sonhos, reflexões da presunção de um pequeno grupo que tinha tido êxito em escravizar todos os demais com suas ideias. Quem era eu para dizer a essas pessoas o que e como pensar? Eu não conhecia seus problemas, embora soubesse que tinham muitos. Não estava familiarizado com seus interesses, seus sentimentos e seus receios, embora soubesse que estavam ávidos para aprender. Será que as áridas sofisticações que os filósofos tinham conseguido acumular ao longo das eras e os liberais haviam cercado de expressões sentimentais para torná-las palatáveis eram a coisa certa a oferecer a pessoas que tinham sido roubadas de sua terra, de sua cultura e de sua dignidade, e de quem agora esperava-se que primeiro absorvessem e depois repetissem as ideias anêmicas dos porta-vozes de seus oh! tão humanos captores? Eles queriam saber, queriam aprender, queriam entender o estranho mundo a seu redor – não mereciam eles nutrição melhor? Seus ancestrais tinham desenvolvido culturas próprias, linguagens pitorescas, perspectivas harmoniosas da relação entre as pessoas, e entre estas e a natureza, cujos remanescentes são uma crítica viva das tendências de separação, análise e egocentricidade inerentes ao pensamento ocidental. Essas culturas tiveram importantes conquistas no que é, atualmente, denominado sociologia, psicologia, medicina; elas expressam ideais de vida e possibilidades de existência humana. Contudo, *nunca foram examinadas com o respeito que merecem*, exceto por um pequeno número de pessoas de fora; foram ridicularizadas e substituídas, como se isso fosse algo natural, primeiro pela religião do amor fraterno e depois pela religião da ciência, ou então foram enfraquecidas por uma variedade de "interpretações". Ora, falava-se muito em liberação, em igualdade racial – mas o que significava isso? Significava a igualdade dessas tradições e as tradições do homem branco? Não, não significava. Igualdade significava que os membros de diferentes raças e culturas tinham agora a maravilhosa oportunidade de participar das manias do homem branco, tinham a oportunidade de participar de sua ciência, de sua tecnologia, de sua medicina, de sua política. Esses foram os pensamentos que passaram por minha cabeça enquanto eu olhava para meu público, e eles me fizeram recuar com repugnância e terror da tarefa que se presumia que eu executasse. Pois essa tarefa – isso agora se tornou claro para mim – era a de um feitor de escravos muito refinado, muito sofisticado. E um feitor de escravos eu não queria ser.

Experiências como essa me convenceram de que procedimentos intelectuais que abordam um problema por meio de conceitos estão no caminho errado e passei a interessar-me pelas razões do tremendo poder que esse erro agora tem sobre as mentes. Comecei examinando a ascensão do intelectualismo na Grécia Antiga e as causas que o efetuaram. Queria saber o que faz que pessoas que têm uma cultura rica e complexa deixem-se seduzir por abstrações secas e mutilem suas tradições, seu pensamento e sua língua a fim de que possam acomodar essas abstrações. Eu queria saber como intelectuais conseguem escapar impunes de um assassinato – pois é assassinato, assassinato de mentes e culturas, que é cometido ano após ano nas escolas, nas universidades e nas missões educacionais em países estrangeiros. Essa tendência tem de ser revertida, pensei eu; temos de começar aprendendo daqueles que escravizamos, pois eles têm muito o que oferecer e, de qualquer modo, têm o direito de viver como acham melhor, mesmo que não sejam tão insistentes acerca de seus direitos e de suas opiniões como seus conquistadores ocidentais sempre foram. Em 1964-65, quando essas ideias primeiro me ocorreram, tentei encontrar uma solução *intelectual* para minhas apreensões, ou seja, pressupus que cabia a *mim* e a pessoas semelhantes a mim desenvolver políticas educacionais para as outras pessoas. Conjecturei uma nova espécie de educação que iria viver de um rico reservatório de diferentes pontos de vista, permitindo a escolha de tradições mais vantajosas para o indivíduo. A tarefa do educador consistiria em facilitar a escolha, e não em substituí-la por alguma "verdade" própria. Tal reservatório, pensei, teria muito em comum com um *teatro* de ideias tal como imaginado por Piscator e Brecht e levaria ao desenvolvimento de uma grande variedade de meios de apresentação. O tratamento científico "objetivo" seria uma forma de apresentar um caso; uma peça, outra maneira (recordem que, para Aristóteles, a tragédia é "mais filosófica" que a história porque revela a *estrutura* do processo histórico e não apenas seus detalhes acidentais); um romance, ainda outra maneira. Por que deveria ser o conhecimento mostrado na vestimenta da prosa e do raciocínio acadêmicos? Platão não tinha observado que as sentenças escritas em um livro não passam de estágios transitórios de um complexo processo de conhecimento que contém gestos, piadas, observações à parte e emoções, e não tinha ele tentado capturar esse processo por meio do diálogo? E não havia diferentes formas de conhecimento, algumas muito mais detalhadas e realistas do que aquilo que surgiu com o nome de "racionalismo" nos séculos VII e VI na Grécia? Havia, então, o *dadaísmo*. Eu tinha estudado dadaísmo depois da Segunda Guerra Mundial. O que me atraiu para esse movimento foi o estilo que seus inventores usavam quando não envolvidos em atividades dadaístas. Era claro, luminoso, simples sem ser banal, preciso sem ser estreito; era um estilo adaptado à expressão tanto do pensamento como da emoção. Liguei esse estilo aos próprios exercícios dadaístas. Suponha que você despedace a linguagem, que viva por dias e semanas em um mundo de sons cacofônicos, palavras embaralhadas, eventos absurdos. Então, depois dessa preparação, você senta e escreve: "o gato está no mato".* Essa simples sentença, que pronunciamos usualmente sem pensar, como máquinas falantes (e muito da nossa fala é, de fato, rotina), parece agora como a criação de um mundo inteiro: Deus disse, faça-se a luz, e a luz se fez. Ninguém, nos tempos modernos, entendeu o milagre da linguagem e do pensamento tão bem quanto os dadaístas, pois ninguém foi capaz de imaginar, muito menos criar, um mundo em que eles não desempenhem papel algum. Tendo descoberto a natureza de uma *ordem vivente*, de uma razão que não é meramente mecânica, os dadaístas imediatamente perceberam a deterioração de tal ordem em rotina. Diagnosticaram a deterioração da linguagem que precedeu a Primeira Guerra Mundial e criou a mentalidade que a tornou possível. Depois do diagnóstico, seus exercícios assumiram outro significado, mais sinistro. Revelaram a assustadora similaridade entre a linguagem dos principais caixeiros-viajantes em "importância", a linguagem dos filósofos, políticos e teólogos e a inarticulação bruta. O louvor da honra, do patriotismo, da verdade, da racionalidade e da honestidade que enche nossa escolas, púlpitos e reuniões políticas *transforma-se imperceptivelmente em inarticulação*, não importa quanto tenha sido embrulhado em linguagem literária e não importa quão tenazmente seus autores tenham tentado copiar o estilo dos clássicos, e os próprios autores, no fim das contas, são praticamente indistinguíveis de um bando de porcos grunhindo. Há uma forma de impedir tal deterioração? Eu pensava que havia. Eu pensava que encarar todas as conquistas como transitórias, restritas *e pessoais*, e toda verdade

---

* No original, *the cat is on the mat* (o gato está sobre o capacho). Adaptamos para preservar a rima conforme o original. (N. T.)

como *criada* por nosso amor por ela e não como "descoberta", impediria a deterioração de contos de fadas certa vez promissores, e também achava que era necessário desenvolver uma nova filosofia ou uma nova religião para dar substância a essa conjectura assistemática.

Percebo agora que essas considerações foram apenas outro exemplo de presunção e loucura intelectualistas. É sinal de presunção pressupor que se tenham soluções para pessoas de cuja vida não se compartilha e cujos problemas não se conhecem. É insensatez pressupor que tal exercício de humanitarismo distante terá efeitos que sejam agradáveis às pessoas envolvidas. Com base no próprio início do Racionalismo Ocidental, os intelectuais viram a si mesmos como professores, o mundo como uma escola e as "pessoas" como alunos obedientes. Isso está muito claro em Platão. O mesmo fenômeno ocorre entre cristãos, racionalistas, fascistas, marxistas. Os marxistas não tentaram aprender daqueles que queriam libertar, mas se atacaram uns aos outros sobre interpretações, pontos de vista e evidência e tomaram como dado que o guisado intelectual resultante seria uma ótima comida para os nativos (Bakunin estava ciente das tendências doutrinárias do marxismo contemporâneo e pretendia devolver todo o poder – inclusive o poder sobre as ideias – às pessoas imediatamente envolvidas). Meu próprio ponto de vista diferia daqueles recém-mencionados, mas era, ainda assim, um *ponto de vista*, uma fantasia abstrata que eu tinha inventado e tentava agora vender sem ter compartilhado sequer um átimo da vida dos recebedores. Isso eu agora considero uma presunção intolerável. Então – o que resta?

Restam duas coisas. Eu poderia seguir meu próprio conselho e dirigir-me, tentando influenciá-las, somente àquelas pessoas que julgo compreender em uma base pessoal. Isso inclui alguns de meus amigos; talvez inclua filósofos que não conheço pessoalmente, mas parecem estar interessados em problemas similares e não estão ainda demasiadamente agastados por meu estilo e minha abordagem geral. Talvez inclua também pessoas de diferentes culturas que se sintam atraídas, até fascinadas, pela ciência ocidental e pela vida intelectual ocidental, que começaram a participar dela, mas ainda relembram, tanto em pensamento quanto nos sentimentos, a vida da cultura que deixaram para trás. Minha explicação poderia diminuir a tensão emocional que estão sujeitos a sentir e fazê-los perceber uma forma de unir os vários estágios de sua vida, em vez de opô-los uns aos outros.

Outra possibilidade é uma mudança de assunto. Comecei minha carreira como estudante de representação, produção teatral e canto no Instituto para a Renovação Metodológica do Teatro Alemão na República Democrática Alemã. Isso era atrativo para meu intelectualismo e minhas propensões dramáticas. Meu intelectualismo dizia-me que os problemas tinham de ser resolvidos pelo pensamento. Minhas propensões dramáticas faziam-me pensar que representar de modo exagerado era melhor que apresentar passo a passo um argumento abstrato. É claro que não há, aqui, um conflito, pois um argumento sem exemplificação afasta-nos dos elementos humanos que afetam os problemas mais abstratos. As artes, como as vejo atualmente, não constituem um domínio separado do pensamento abstrato, mas complementar a ele, e precisam realizar plenamente seu potencial. Examinar essa função das artes e tentar estabelecer um modo de pesquisa que una seu poder com o da ciência e o da religião parece-me ser um empreendimento fascinante, ao qual eu poderia dedicar um ano (ou dois, ou três...).

Pós-escrito sobre o relativismo

Em uma resenha crítica de meu livro *Adeus à razão*, Andrew Lugg (1991, p.116) sugere "que Feyerabend e críticos sociais de opinião semelhante deveriam tratar o relativismo com o desdém que normalmente reservam para o racionalismo". Isso agora eu fiz em *Three Dialogues of Knowledge* (1991a, p.151 ss.), em que afirmo que o relativismo oferece uma excelente explicação da relação entre visões de mundo dogmáticas, mas é apenas um primeiro passo em direção ao entendimento de tradições vivas, e em *Beyond Reason: Essays on the Philosophy of Paul K. Feyerabend* (1991b, p.515), em que escrevo que "o relativismo é uma quimera, tanto quanto o é o absolutismo [a ideia de que existe uma verdade objetiva], seu gêmeo impertinente". No mesmo livro, chamo de "idiotice" meu conselho anterior de ficar longe das tradições (ibidem, p.509). Em ambos os casos, levanto objeções contra o relativismo, indico o porquê de minha mudança de opinião e menciono algumas das dificuldades remanescentes.

Andrew Lugg (1991, p.116) acrescenta que meu

> comprometimento com o relativismo como uma teoria geral (ou uma perspectiva baseada em princípios) é consideravelmente menos do que total, e [que eu] posso ser plausivelmente interpretado como sustentando que o pro-

blema com as versões tradicionais do relativismo é que elas são apresentadas em um nível de abstração muito alto. (loc.cit.)

Isso certamente é verdade do que afirmo em *Adeus à razão* – mas antecipações disso (que noto somente agora, como resultado dos comentários de Lugg) já ocorrem em *Science in a Free Society* (1978b, seção 2, p.27 ss.).[1] Aí distingo entre participantes e observadores externos de tradições, descrevo o objetivismo como uma ilusão criada pela posição especial dos primeiros e resumo meus argumentos em uma série de teses, todas elas grafadas em itálico. A tese i diz: Tradições não são boas nem más, elas simplesmente são. Tese ii: Uma tradição assume propriedades desejáveis ou indesejáveis somente quando comparada com alguma tradição, isto é, só quando vista por participantes que veem o mundo em termos de seus próprios valores. E assim por diante. Isso soa como Protágoras, e afirmo tal coisa na tese iii. Contudo, descrevo então (teses v e vi) como as tradições interagem. Discuto duas possibilidades, uma troca guiada e uma troca aberta. Uma troca guiada adota

> uma tradição bem especificada e aceita somente aquelas respostas que correspondem a seus padrões. Se um dos lados ainda não se tornou um participante ... será atormentado, persuadido, "educado" até que o faça – e então a troca começa.

"Um *debate racional*", continuo, "é um caso especial de uma troca guiada". No caso de uma troca aberta,

> os participantes submergem, cada um deles, na maneira de pensar, sentir e perceber do outro, a tal ponto que suas ideias, percepções e visões de mundo talvez sejam inteiramente modificadas – eles se tornam pessoas diferentes participando de uma nova e diferente tradição. Uma troca aberta respeita o parceiro, seja ele um indivíduo ou uma cultura inteira, ao passo que uma troca racional promete respeito somente dentro da estrutura conceitual de

---

[1] Reimpresso, sem alterações, no capítulo 17 da segunda edição de *Against Method* (1988) e, com comentários acrescentados, no Capítulo 17, p.225 ss. da presente edição.

um debate racional. Uma troca aberta não dispõe de um órganon, embora possa inventar um; não há uma lógica, embora novas formas de lógica possam surgir em seu curso.

Em suma, uma troca aberta é parte de uma prática ainda não especificada e não especificável.

Esses comentários implicam, primeiro, que as tradições raramente são bem definidas (trocas abertas estão acontecendo o tempo todo) e, segundo, que suas interações não podem ser entendidas em termos gerais. Ao manter as tradições vivas em face de influências externas, agimos de maneira apenas parcialmente consciente. Podemos descrever resultados depois que ocorreram, não podemos incorporá-los em uma estrutura teórica duradoura (como o relativismo). Em outras palavras, não pode haver nenhuma *teoria* do conhecimento (exceto como parte de uma tradição especial e razoavelmente estável), pode haver no máximo uma *história* (bastante incompleta) das maneiras em que o conhecimento mudou no passado. Em meu próximo livro, discutirei alguns episódios de tal história.

Entrementes, comecei outra vez a usar o termo "relativismo", mas em um novo sentido. Na segunda edição deste livro, expliquei esse sentido dizendo que "Os cientistas [e, quanto a isso, todos os membros de culturas relativamente uniformes] são escultores da realidade" (op.cit., p.270).[2] Isso soa como o programa forte da sociologia da ciência, exceto que os escultores são limitados pelas propriedades do material que utilizam. De maneira similar, indivíduos, grupos profissionais e culturas podem criar uma ampla variedade de ambientes, ou "realidades" – mas nem todas as abordagens têm êxito: algumas culturas prosperam, outras subsistem por algum tempo e então decaem. Mesmo um empreendimento "objetivo" como a ciência, que aparentemente revela A Natureza Tal Como Ela É Em Si Mesma, intervém, elimina, amplia, produz e codifica os resultados de maneira rigidamente padronizada – novamente, porém, não há garantia de que os resultados aglutinar-se-ão em um mundo unificado. Assim, tudo o que *apreendemos* enquanto experimentamos ou interferimos de

---

[2] Cf. também o tratamen o mais detalhado em Feyerabend (1989).

formas menos sistemáticas, ou simplesmente vivemos como parte de uma cultura bem desenvolvida, é como o que nos rodeia *responde* a nossas ações (pensamentos, observações etc.); *não apreendemos esses próprios ambientes*: Cultura e Natureza (ou Ser, para usar um termo mais geral) estão sempre emaranhados de um modo que pode ser investigado só entrando em emaranhados adicionais e ainda mais complicados.

Ora, considerando que os cientistas usam métodos de pesquisa diferentes e até mesmo contraditórios (descrevo alguns deles no Capítulo 19 desta edição), que a maioria desses métodos é bem-sucedida e numerosas formas de vida não científicas não apenas sobreviveram, mas protegeram e enriqueceram seus habitantes, temos de concluir que o Ser responde diferente, *e positivamente*, a muitas abordagens distintas. O Ser é como uma pessoa que mostra um rosto amigável a um visitante amigável, fica zangado diante de um gesto zangado e permanece indiferente diante de um chato, não dando assim nenhuma pista no que diz respeito aos princípios que O (A? Os? As?) fazem agir como o fazem em diferentes circunstâncias. O que descobrimos ao viver, experimentar, fazer pesquisa não é, portanto, um único cenário chamado "o mundo" ou "ser" ou "realidade", mas uma variedade de respostas, cada uma delas constituindo uma realidade especial (e nem sempre bem definida) para os que a originaram. Isso é relativismo, porque o tipo de realidade encontrado depende da abordagem tomada. Contudo, difere da doutrina filosófica ao admitir malogro: nem toda abordagem tem êxito. Em minha réplica a críticos (Feyerabend, 1991b, p.570), chamo essa forma de relativismo de relativismo "cosmológico"; em um artigo publicado em *Iride* (1992), falo de um relativismo "ontológico"; em "Nature as a Work of Art" (1993), sustentei que o mundo da ciência moderna (e não apenas a descrição desse mundo) é uma produção artística construída por gerações de artesãos/cientistas; ao passo que, em "Realism and the Historicity of Knowlege" (1989), indico de que modo tais perspectivas estão relacionadas às ideias de Niels Bohr. Neste último artigo, também mencionei que o relativismo ontológico poderia ser similar à filosofia mais recente de Thomas Kuhn.

Tendo diante de mim uma cópia da Robert e Maurine Rotschild Distinguished Lecture, de Kuhn, de 19 de novembro de 1991, posso agora descrever as similaridades e as diferenças em mais detalhe.

Ambos opomo-nos ao programa forte na sociologia da ciência. Aliás, eu diria, exatamente como Kuhn, que "as afirmações do programa forte" são "absurdas: um exemplo de desconstrução desvairada". Também concordo que não é suficiente solapar a autoridade das ciências por meio de argumentos históricos: por que deveria a autoridade da história ser maior do que, digamos, a da física? Tudo o que podemos mostrar historicamente é que um recurso *geral* à autoridade científica leva a contradições. Isso solapa todo recurso desse tipo; contudo, não nos diz como a ciência deveria agora ser interpretada ou usada. (Tais questões, eu diria, têm de ser respondidas pelas próprias partes interessadas, de acordo com seus padrões, concepções e comprometimentos culturais.)

Kuhn diz que

> as dificuldades que pareceram solapar a autoridade da ciência não deveriam ser vistas simplesmente como fatos observados a respeito de sua prática. Ao contrário, são características necessárias de qualquer processo de desenvolvimento ou evolutivo.

Mas como sabemos que a ciência é um processo evolutivo em vez de um jeito estático de descobrir mais fatos e melhores leis? Ou partindo de "fatos observados acerca de sua prática" ou de interpretações impostas de fora. No primeiro caso, estamos de volta à situação que Kuhn deseja superar, ao passo que o segundo caso significa que a ciência está sendo incorporada em um contexto (cultural) mais amplo – um contexto que valoriza desenvolvimentos – e é interpretada dessa maneira (o procedimento que mencionei entre parênteses anteriormente). Parece que isso é o que Kuhn realmente quer, isto é, ele quer resolver a questão filosoficamente, não por meio de um recurso a fatos. Eu concordaria, se soubesse que para ele esse é um modo entre muitos e não o único procedimento possível.

Resumindo seu argumento, Kuhn faz três asserções. "Em primeiro lugar, a plataforma arquimediana, fora da história, fora do tempo e do espaço, está definitivamente abandonada." Sim, e não. Está abandonada como uma estrutura que pode ser descrita e, contudo, pode ser mostrada de modo independente de qualquer descrição. Não está abandonada como um desconhecido pano de fundo de nossa existência, o qual nos afeta, porém de uma forma que esconde para sempre sua essência. Tampouco está abandonado o arquimedianismo como uma abordagem possível. Seria a abordagem politicamente correta em uma teocracia, por exemplo.

Em segundo lugar, Kuhn diz que, na ausência de uma plataforma arquimediana, "uma avaliação comparativa é tudo de que dispomos". Isso, é claro, é verdade – e o é trivialmente. Em terceiro, ele desafia a noção tradicional de verdade como correspondência à realidade.

> Gostaria de enfatizar que não estou sugerindo que haja uma realidade não alcançada pela ciência. Meu ponto é, ao contrário, que não se pode fazer sentido algum da noção de realidade como ela tem ordinariamente funcionado na filosofia da ciência.

Concordo aqui com a condição de que noções mais metafísicas da realidade (como aquelas propostas por Pseudo Dionísio Areopagita) não foram ainda eliminadas.

Permitam-me repetir que são as culturas que originam certa realidade e essas próprias realidades nunca são bem definidas. As culturas mudam, interagem com outras culturas, e a indefinição resultante disso é refletida em seus mundos. Isso é o que torna possível o entendimento intercultural e a mudança científica: potencialmente, cada cultura é todas as culturas. Podemos, é claro, imaginar um mundo em que culturas sejam bem definidas e estritamente separadas e em que termos científicos tenham sido, por fim, claramente estabelecidos. Em tal mundo, apenas milagres ou revelações poderiam reformar nossa cosmologia.

Referências bibliográficas

ACHINSTEIN, P. *Minnesota Studies in the Philosophy of Science*. v. 4, Minneapolis, 1970.
ALBERTI, L. B. *Della Pittura*. 1436 (manuscrito). [Ed. bras.: *Da pintura*. Campinas: Unicamp, 1992.]
ALTHUSSER, L. *For Marx*. London; New York, 1970. [Ed. bras.: *Favor de Marx*: pour Marx. Rio de Janeiro: Zahar, 1979.]
AMES, A. Aniseikonic Glasses. In: KILPATRICK, F. P. (Ed.). *Explorations in Transactional Psychology*. New York: New York University Press, 1961.
ARISTÓTELES. *De Coelo*. [Lipsiae: B. G. Teubneri, 1881.]
_____. *De Part. Anim*. [s.l.]: [s.n.], [s.d.].
_____. *Física*. [s.l.]: [s.n.], [s.d.].
_____. *Metafísica*. [Ed. bras.: *Metafísica*. Trad. Giovanni Reale. v.2. São Paulo: Loyola, 2002.]
ARMITAGE, A. The Deviation of Falling Bodies. *Annals of Science*, Philadelphia, v.5, p.342-51, 1941-1947.
AUSTIN, J. L. *Sense and Sensibilia*. New York, 1964. [Ed. bras. *Sentido e percepção*. São Paulo: Martins Fontes, 2004.]
AYER, A. J. *Foundations of Empirical Knowledge*. [s.d.]
BABB, Stanley E. Accuracy of Planetary Theories, Particularly for Mars. *Isis*, Chicago, v.68, p.426-34, set. 1977.
BACON, F. *Novum Organum*. [1620]. [Ed. bras. *Novum organum*: ou verdadeiras indicações acerca da interpretação da natureza. São Paulo: Nova Cultural, 1988. (Os Pensadores, v.13).]

BACON, F. *Advancement of Learning*. New York, 1944 [1605]. [Ed. bras. *O progresso do conhecimento*. São Paulo: Ed. Unesp, 2007.]

BARROW, I. *Lectiones XVIII Cantabrigiae in Scholio publicis habitae in quibus Opticorum Phenomenon genuinae Rationes investigantur ac exponentur*. London, 1669.

BEAZLY, J.; ASHMOLE, B. *Greek Sculpture and Painting*. Cambridge: Cambridge University Press, 1966.

BECHER, J. R. *Expressionismus*. Olten e Freiburg: P. Raabe, 1965.

BECKER, R. *Theorie der Elektrizität*. Leipzig: B. G. Teubner, 1949.

BEN-DAVID, J. *Scientific Growth*: essays on the social organization and ethos of science. Berkeley: University of California Press, 1991.

BENN, G. *Lyrik und Prosa, Briefe und Dokumente*. Wiesbaden, 1962.

BERKELEY, G. An Essay Towards a New Theory of Vision. *Works*. London, v.1, 1901. [Ed. bras.: *Tratados sobre a visão*: um ensaio para uma nova teoria da visão e a teoria da visão confirmada e explicada. Campinas: Ed. Unicamp, 2010.]

BERNSTEIN, J. *Quantum Profiles*. Princeton, N. J.: Princeton University Press, 1991.

BIAGIOLI, M. *Galileo, courtier*: the practice of science in the culture of absolutism. 1980.

BIRKHOFF, G. *Hydrodynamics*: a study in logic, fact, and similitude. New York: Dover Publications, 1955.

BLACKER, C. *The Japanese Enlightenment*: a study of the writings of Fukuzawa Yukichi. Cambridge, 1969.

BOHR, N. *Collected Works*. Amsterdam: North-Holland, 1972. v.1.

BOREL, P. *De Vero Telescopii Inventore*: cum brevi omnium conspiciliorum historia. Ubi de eorum confectione, ac usu, seu de effectibus agitur, novaque quaedam circa ea proponuntur. Accessit etiam centuria observationum microcospicarum. Haia: ex typographia Adriani Vlacq, 1655.

BORN, M. *Born-Einstein letters*: correspondence between Albert Einstein and Max and Hedwig Born from 1916 to 1955. New York: Walker, 1971.

BORRINI, E. O. (Ed.) Lessons Learned in Community-Based Environmental Management. In: *Proceedings of the 1990 Primary Environmental Care Workshop, International Course for Primary Health Care Management at District Level in Developing Countries*. Roma: Istituto Superiore di Sanità, 1991.

BORRINI, G. Primary Environmental Care: For Environmental Advocates and Policy-Makers. *Unesco Courier*, no prelo.

BROUWER, D.; CLEMENCE, G. *Method of Celestial Mechanics*. New York: Academic Press, 1961.

BRUNO, G. *La Cena de le Ceneri, Opere Italiane*. v.I. Bari: G. Gentile, 1907 [1584].

BURBIDGE, C. Problems of Cosmogony and Cosmology. In: BERTOLA, F.; SULENTIC, J. W.; MADORE, D. F. (Eds.). *New Ideas in Astronomy*: proceedings of a conference held in honor of the 60th birthday of Halton C. Arp, Venice, Italy, May 5-7, 1987. Cambridge; New York: Cambridge University Press, 1988.

BUTTERFIELD, H. *The Whig Interpretation of History*. New York, 1965 [1931].

CAMPBELL, N. R. *Foundations of Science*: the philosophy of theory and experiment. New York: Dover, 1957.

CANNON, W. B. "Voodoo" Death. *American Anthropologist*, v.44, p.169-81, 1942.

CANNON, W. H. *Bodily Changes in Pain, Hunger, Fear and Rage*: an account of recent researches into the function of emotional excitement. New York; London: D. Appleton and Company, 1915.

CANTORE, E. *Archives d'histoire des sciences*. 1966.

CARNAP, R. The Methodological Character of Theoretical Concepts. *Minnesota Studies in the Philosophy of Science*, Minneapolis. v.I, p.38-76, 1956.

CARTWRIGHT, N. *How the Laws of Physics Lie*. Oxford: Clarendon Press; New York: Oxford University Press, 1983.

CASPAR, M.; DYCK, W. (Eds.). *Johannes Kepler in Seinen Briefen*. Munique; Berlin: R. Oldenbourg, 1930. v.1.

CENNINI, C. O *Il libro dell'arte*. New Haven: Yale University Press; London: H. Milford, Oxford University Press, 1932.

CHALMERS, A. The Galileo That Feyerabend Missed: An Improved Case Against Method. In: SCHUSTER, J. A.; YEO, R. R. (Eds.). *The Politics and Rhetoric of Scientific Method*: historical studies. Dordrecht; Boston: Reidel; Hingham, MA, Kluwer Academic Publishers, 1986.

CHAMBERS, R. *Rural Development*: putting the last first. Burnt Mill, Harlow, Essex, England: Longman Scientific & Technical; New York: Wiley, 1983.

CHAZY, J. *La Théorie de la Relativité et la Méchanique céleste*. Paris: Gauthier--Villars et cie, 1928. v.1.

CHOULANT, L. *A History and Bibliography of Anatomical Illustration*. New York: Schuman's, 1945.

CHWALINA, A. *Kleomedes, Die Kreisbewegung der Gestirne*. Leipzig: Akademische Verlagsgesellschaft, 1927.

CLAGETT, M. *The Science of Mechanics in the Middle Ages*. Madison: University of Wisconsin Press, 1959.

COHEN, I. B. Roemer and the First Determination of the Velocity of Light (1676). *Isis*, Chicago, Ill. v.31, n.2, p.327-79, 1940.

COMTE, A. *Cours de Philosophie Positive*. v.III. Ed. Littré: Paris, 1836 [Ed. bras.: *Curso de filosofia positiva*. São Paulo: Nova Cultural, 1978. (Pensadores; v.33)]

COOK, J. M. *Journal of Mathematical Physics*. v.36, 1957.

COPÉRNICO, N. Commentariolus. In: *Three Copernican Treatises*: the Commentariolus of Copernicus, the Letter against Werner, the Narratio prima of Rheticus. 3.ed. rev. New York: Octagon Books, 1971. [Ed. bras.: *Commentariolus*: pequeno comentário de Nicolau Copérnico sobre suas próprias hipóteses acerca dos movimentos celestes. São Paulo: Livraria da Física, 2003.]

_____. *De revolutionibus orbium coelestium*. Bruxelles, Culture et Civilisation, 1966 [1543]

COULTON, G. G. *Inquisition and Liberty*. Boston: Beacon Press, 1959.

CROIZIER, R. C. *Traditional Medicine in Modern China*: science, nationalism, and the tensions of cultural change. Cambridge: Harvard University Press, 1968.

CROMBIE, A. C. (Ed.). *Scientific Change*. London, 1963.

D'ELIA, P. M. S. J. *Galileo in China*: relations through the Roman College between Galileo and the Jesuit scientist-missionaries (1610-1640). Cambridge: Harvard University, 1960.

DE SANTILLANA, G. *The Origins of Scientific Thought*: from Anaximander to Proclus, 600 B.C. to 300 A.D. Chicago: University of Chicago Press, 1961.

_____. *The Crime of Galileo*. Chicago: University of Chicago Press, 1954.

DE SANTILLANA, G.; DECHEND, H. von. *Hamlet's Mill*: an essay on myth and the frame of time. Boston: Gambit, 1969.

DENZINGER, H.; SCHOENMETZER, A. *Enchiridion Symbolorum*. 36.ed. Freiburg, 1976.

DESCARTES, R. *A discourse on method*. New York: Washington Square Press, 1965. [Ed. bras.: *Discurso do método*. São Paulo: Paulus, 2002.]

_____. Dioptrice. In: *Renati Descartes Specima Philosophiae*. Amsterdã, 1657.

_____. *Oeuvres*. Paris: J. Vrin, [s.d.]. v.11.

DICKE, R. H. Remarks on the Observational Basis of General Relativity. In: CHIU, H. Y.; HOFFMAN, W. F. (Eds.). *Gravitation and Relativity*. New York: W. A. Benjamin, 1964.

DIEHL, E. *Anthologia Lyrica 2*. Lipsiae: [s.d., 1900]

DODDS, E. R. *The Greeks and the Irrational*. Boston: Beacon Press, 1957. [Ed. bras.: *Os gregos e o irracional*. São Paulo: Escuta, 2002.]

DORLING, J. Bayesianism and the Rationality of Scientific Inference. *British Journal for the Philosophy of Science*, Edinburgh, v.23, n.2, p.181-90, 1972.

DREYER, J. L. E. *A History of Astronomy from Thales to Kepler*. 2.ed. New York: Dover Publications, 1953.

DUHEM, P. *To Save the Phenomena*: an essay on the idea of physical theory from Plato to Galileo. Chicago: University of Chicago Press, 1963.

_____. *The Aim and Structure of Physical Theory*. New York, 1962.

DUPRÉ, J. The Disunity of Science. *Mind*, n.92, p.321-46, 1983.

DÜRING, I. *Aristoteles*. Heidelberg: Winter, 1966.

EHRENFEST, P. Zur Stabilitätsfrage bei den Bucherer-Langevin Elektronen. *Physikalische Zeitschrift*. v.7, p.302-3, 1906.

EINSTEIN, A. *Correspondence avec Michele Besso*: 1903-1955. Paris: Hermann, 1979.

_____. *Investigations on the Theory of the Brownian Motion*. Ed. R. Fürth. New York: Dover Publications, 1956.

_____. *Albert Einstein*: Philosopher Scientist. New York: Tudor, 1951.

_____. *Über die spezielle und allgemeine Relativitätstheorie*. Brunswick, 1922. [Ed. bras.: *A teoria da relatividade especial e geral*. Rio de Janeiro: Contraponto, 2005.]

_____. Prinzip der Relativität. *Jahrbuch der Radioaktivität und Elektrizität*. v.4, 1907.

ELSE, G. *The Origin and Early Form of Tragedy*. Cambridge: Harvard University Press, 1965.

EUCLIDES. *Óptica*. [s.l.]: [s.n.], [s.d.].

EVANS-PRITCHARD, E. E. *Social Anthropology*. New York, 1965. [Ed. port.: *Antropologia social*. Lisboa: Edições 70, 1978.]

_____. *The Nuer*: a description of the modes of livelihood and political institutions of a Nilotic people. Oxford: Clarendon Press, 1940. [Ed. bras.: *Os Nuer*: uma descrição do modo de subsistência e das instituições políticas de um povo nilota. 2.ed. São Paulo: Perspectiva, 1993.]

EXNER, F. M. Notiz zu Browns Molekularbewegung. *Ann. Phys*. n.2, p.843, 1900.

FEIGL, H. Empiricism at Bay. *Minnesota Studies in the Philosophy of Science*, Minneapolis, v.5, 1972.

_____. (Ed.) *Minnesota Studies in the Philosophy of Science*, Minneapolis, v.5, 1971.

_____. The Orthodox View of Theories: remarks in defense as well as critique. In: RADNER, M.; WINOKUR, S. (Eds.). *Analyses of theories and methods of physics and psychology*. *(Minnesota Studies in the Philosophy of Science, 4.)* Minneapolis, University of Minnesota Press, 1970. p.3-16.

FEYERABEND, P. Nature as a Work of Art. *Common Knowledge*. v.1, n.3, 1993.

_____. L'etica come mistura di verità scientifica. *Iride: filosofia e discussione pubblica*, Firenze, n.8, jan.-abr. 1992.

_____. *Three Dialogues of Knowledge*. Oxford: Wiley-Blackwell, 1991a.

_____. Concluding unphilosophical conversation. In: MUNEVAR, G. (Ed.). *Beyond Reason*: Essays on the Philosophy of Paul K. Feyerabend. Dordrecht; Boston: Kluwer Academic Publishers, 1991b.

_____. Realism and the Historicity of Knowledge. *The Journal of Philosophy*. v.86, n.8, p.393-406, Aug. 1989.

_____. *Farewell to Reason*. London; New York: Verso, 1987 [Ed. bras.: *Adeus à razão*. São Paulo: Ed. Unesp, 2010].

FEYERABEND, P. *Philosophical Papers*. Cambridge: Cambridge University Press, 1981. 2v.

———. *Der Wissenschaftstheoretische Realismus und die Autorität der Wissenschaften*. Braunschweig: F. Vieweg, 1978a.

———. *Science in a Free Society*. London: NLB, 1978b. [Ed. bras.: *A Ciência em uma sociedade livre*. São Paulo: Ed. Unesp, 2011.]

———. Zahar on Einstein. *British Journal for the Philosophy of Science*, v.25, n.1, p.25-8, mar. 1974.

———. A Taxonomy of the Relation between History and Philosophy of Science. *Minnesota Studies*. v.5, Minneapolis, 1971.

———. Against Method. *Minnesota Studies for the Philosophy of Science*. v.4, 1970.

———. On a Recent Critique of Complementarity. *Philosophy of Science*. 1968-69 (em duas partes).

———. On the Improvement of the Sciences and the Arts and the Possible Identity of the Two. *Boston Studies*. v.3, 1967.

———. Reply to Criticism: Comments on Smart, Sellars and Putnam. *Boston Studies in the Philosophy of Science*. v.2, n.5, p.105, 1965.

———. Resenha de *Erkenntnislehre*, de Kraft. *Brazilian Journal of Probability and Statistics*, v.13, p.319, 1963a.

———. How to be a Good Empiricist: a plea for tolerance in matters epistemological. *Philosophy of Science: The Delaware Seminar*. New York, v.2, p. 3-40, 1963b.

———. Explanation, Reduction, and Empiricism. *Minnesota Studies in the Philosophy of Science*. Minneapolis, v.3, p.28-97, 1962.

———. An Attempt at a Realistic Interpretation of Experience. *Proceedings of the Aristotelian Society*. New Series, v.58. 1958. [reimpresso em FEYERABEND, P. *Philosophical Papers*. Cambridge: Cambridge University Press, 1981. v.1]

———. Wittgenstein's Philosophical Investigations. *Phil. Rev.*, 1955.

FEYERABEND, P.; LAKATOS, I. Against method. *Minnesota Studies in the Philosophy of Science*, Minneapolis, v.4, 1970a.

———.; ———. In Defence of Classical Physics. *Studies in the History and Philosophy of Science*. v.1, p.59-85, 1970b.

———.; ———. Classical Empiricism. In: BUTTS, R. E.; DAVIS, J. W. (Eds.). *The Methodological Heritage of Newton*. Toronto: University of Toronto Press, 1970c.

———.; ———. On the Possibility of a Perpetuum Mobile of the Second Kind. In: FEYERABEND, P.; MAXWELL G. (Eds.). *Mind, Matter and Method*: Essays in the philosophy of science in honour of Herbert Feigl. Minneapolis: University of Minnesota Press, 1966.

FEYNMAN, R. P.; LEIGHTON, R. B.; SANDS, M. *The Feynman Lectures*. v.2. California; London, 1965.

FINOCCHIARO, M. (Ed.). *The Galileo Affair*: a documentary history. Berkeley: University of California, 1989.

_____. *Galileo and the Art of Reasoning*: rhetorical foundations of logic and scientific method. Dordrecht Holland; Boston: D. Reidel Pub. Co.; Hingham, MA: Kluwer Boston, 1980.

FORSDYKE, E. J. *Greece before Homer*: ancient chronology and mythology. New York: Norton, 1964.

FRANK, P. *Einstein, His Life and Times*. London, 1946.

FÜRTH, R. *Zs. Physik*. v.81, 1933.

GALILEI, G. *Sidereus Nuncius, Nachricht von neuen Sternen*: Dialog über die Weltsysteme (Auswahl) Vermessung der Hölle Dantes. Ed. H. Blumberg. Frankfurt: Insel-Verlag, 1965 [1610]. v.1. [Ed. bras.: *O mensageiro das estrelas*. São Paulo: Ediouro; Duetto, 2009.]

_____. The Assayer. In: DRAKE, S.; O'MALLEY, C. D. (Eds.). *The Controversy on the Comets of 1618*: Galileo Galilei, Horatio Grassi, Mario Guiducci, Johann Kepler. Philadelphia: University of Pennsylvania Press, 1960a.

_____. *The Sidereal Messenger of Galileo Galilei*. Trad. E. St. Carlos. London: Dawsons of Pall Mall, 1960b [1880].

_____. *Dialogues Concerning Two New Sciences*. Trad. Henry Crew e Alfonso de Sálvio. New York: Dover, 1958. [Ed. bras.: *Duas novas ciências*. São Paulo: Nova Stella, [s.d.].

_____. *Dialogue Concerning the Two Chief World Systems*: Ptolemaic & Copernican. Berkeley: University of California Press, 1953. [Ed. bras.: *Diálogo sobre os dois máximos sistemas do mundo*: ptolomaico e copernicano. São Paulo: Discurso Editorial; Imprensa Oficial, 2004.]

_____. *Die Geschichte der Optik*. Leipzig, 1926.

_____. Sul Candor Lunare. In: *Opere*. VIII. [Carta a Leopoldo da Toscana, 1640]

_____. Trattato della Sfera. *Opere*. v.II.

GARDNER, M. Anti-Science, the Strange Case of Paul Feyerabend. *Critical Inquiry*, n.3, 1982-1983.

GELLER, M. *John Paul II on Science and Religion*. Notre Dame, 1990.

GEYMONAT, L. *Galileo Galilei*: a biography and inquiry into his philosophy of science. Trad. Stillman Drake. New York: McGraw-Hill, 1965 [1957]. [Ed. bras.: Galileu Galilei. Rio de Janeiro: Nova Fronteira, 1997.]

GIEDYMIN, J. Consolations for the Irrationalist. *British Journal for the Philosophy of Science*, n.22, fev. 1971.

_____. The Paradox of Meaning Variance. *British Journal for the Philosophy of Science*, n.21, ago. 1970.

GINGERICH, O. Crisis vs Aesthetics in the Copernican Revolution. BEER, A. (Ed.). *Vistas in Astronomy.* v.17, 1974.
GUIDUCCI, M. *Discourse on the Comets of 1618.* [s.l.]: [s.n.], [s.d.].
GOLDBERG, S. Poincaré's Silence and Einsteins's Relativity. *British Journal for the History of Science.* v.5, p.73-84, 1970.
GOMBRICH, E. *Art and Illusion*: a study in the psychology of pictorial representation. New York: Pantheon Books, 1960. [Ed. bras.: *Arte e ilusão*: um estudo da psicologia da representação pictórica. São Paulo: Martins Fontes, 1995. 3.ed.]
GOTTFRIED, K.; WEISSKOPF, V. F. *Concepts of Particle Physics.* v.1. Oxford: Clarendon Press; New York: Oxford University Press, 1984.
GOTTSCHED, J. Vorrede zum 'Sterbenden Cato. In: GOTTSCHED, J. *Schriften zur Literatur.* Stuttgart: Ph. Reclam, 1972.
GRASSI, H. On the Three Comets of 1618. In: DRAKE, S.; O'MALLEY, C. D. (Eds.). *The Controversy on the Comets of 1618*: Galileo Galilei, Horatio Grassi, Mario Guiducci, Johann Kepler. Philadelphia: University of Pennsylvania Press, 1960.
GRAZIOSI, P. *Paleolithic art.* New York: McGraw-Hill, 1960.
GREGORY, R. L. *The Intelligent Eye.* London: Weidenfeld & Nicolson, 1970.
_____. *Eye and Brain.* London: Weidenfeld & Nicolson, 1966.
GROENEWEGEN-FRANKFORT, H. A. *Arrest and Movement*: an essay on space and time in the representational art of the ancient Near East. London: Faber and Faber, 1951.
GROSSETESTE, R. *De Iride.* In: CROMBIE, A. C. *Robert Grosseteste*: and the origins of experimental science, 1100-1700. Oxford: Clarendon Press, 1953.
GRÜNBAUM, A. A Consistent Conception of the Extended Linear Continuum as an Aggregate of Unextended Elements. *Philosophy of Science.* v.19, n.4, p.288, 1952.
GULLSTRAND, A. Apêndices à Parte I. In: HELMHOLTZ, H. *Helmholtz's Treatise on Physiological Optics.* Trad. James P. C. Southall. New York: Dover Publications, 1962.
GUTHRIE, W. K. C. *A History of Greek Philosophy.* Cambridge: Cambridge University Press, 1965. v.2.
_____. *A History of Greek Philosophy.* Cambridge: Cambridge University Press, 1962. v.1.
HACKING, I. *Representing and Intervening*: introductory topics in the philosophy of natural science. Cambridge; New York: Cambridge University Press, 1983.
HAMPL, R. *Die Gleichnisse Homers und die Bildkunst seiner Zeit.* Tübingen: M. Niemeyer, 1952.
HANFMANN, S. Narration in Greek Art. *American Journal of Archaeology.* v.61, p.71-8, jan. 1957.

HANSON, N. R. The Mathematical Power of Epicyclical Astronomy *Isis*, n.51, p.150-8, 1960.

_____. *Patterns of Discovery*: an inquiry into the conceptual foundations of science. Cambridge [Eng.]: University Press, 1958.

HAZE, R. M. *Superconductors*. London, 1988.

HEILBRON, J. *Electricity in the 17th and 18th Centuries*: a study of early Modern physics. Berkeley e Los Angeles, 1979.

HEILBRON, J.; KUHN, T. S. The Genesis of the Bohr Atom. *Historical Studies in the Physical Sciences*. n.1, p.211-90, 1969.

HEGEL, G. W. F. *Wissenschaft der Logik*. v.1, Hamburgo, 1965.

_____. *Vorlesungen über die Geschichte der Philosophie*. I. Berlin, 1840.

_____. *Philosophie der Geschichte, Werke*. v.9. Berlim, 1837.

HEITLER, W. *The Quantum Theory of Radiation*. Oxford: Clarendon Press, 1954. 3.ed.

HERSCHEL, W. Account of a Comet. *Philosophical. Transactions.* London, n.71, 1781.

HESSE, M. *Ratio*. n.9, 1967.

HESSE, M.; ROSEN, E. [Articles]. *Minnesota Studies for the Philosophy of Science*. Minnesota, v.5. 1970.

HOLTON, G. Influences on Einstein's Early Work. *Organon*, n.3, 1966.

HOYLE, F. Steady State Cosmology Revisited. In: TERZIAN, Y.; BILSON, E. M. (Eds.). *Cosmology and Astrophysics*: essays in honor of Thomas Gold. Ithaca: Cornell University Press, 1982. p.256-62.

HUBER, P. W. *Galileo's Revenge*: junk science in the courtroom. New York: Basic Books, 1991.

HUYGHENS, C. Dioptrica. In: *Hugenii Opuscula Postuma*. Ludg. Bat., 1903.

Il Sabato, 31 mar. 1990.

Il Sabato, 12 maio 1990.

JAMMER, M. *The Conceptual Development of Quantum Mechanics*. New York: McGraw-Hill, 1966.

_____. *Concepts of Space*: the history of theories of space in physics. Cambridge: Harvard University Press: Massachusetts, 1953.

JARRELL, R. A. *The Life and Scientific Work of the Tübingen Astronomer Michael Maestlin, 1550-1631*. Toronto, 1972.

JONES, R. T. *Ancients and Moderns*: a study of the background of The battle of the books. California, 1965.

KAFATOS, M.; NADEU, R. Complementarity and Cosmology. In: KAFATOS, M. (Ed.). *Bell's Theorem, Quantum Theory and the Conceptions of the Universe*. Dordrecht, 1980.

KAMEN, H. *Die Spanische Inquisition*. München, 1980. [Ed. bras.: *Inquisição na Espanha*. Rio de Janeiro: Civilização Brasileira, 1966.]
KANT, I. *Crítica da razão pura*. [São Paulo: Ícone, 2007.]
KÄSTNER, A. G. *Geschichte der Mathematik*. v.IV. Göttingen, 1800.
KAUFMANN, W. Über die Konstitution des Elektrons. *Annalen der Physik*, n.324, p.487-553. 1906.
KENNER, H. *Das Theater und der Realismus in der Griechischen Kunst*. Viena, 1954.
KEPLER, J. *Somnium seu Opus posthumum de astronomia lunari*. Trad. E. Rosen. Madison, 1967.
_____. *Kepler's Conversation with Galileo's Sidereal Messenger*. New York: Johnson Reprint Corp., 1965.
_____. Dioptrice. In: *Werke*. München: C. H. Beck, 1941. v.IV. [Augsburg, 1611].
_____. Ad Vitellionem Paralipomena. In: *Gesammelte Werke*, v.II. München: Albert Langen/Georg Müller, 1939a [1604].
_____. Ad Vitellionem Paralipomena quibus Astronomiae Pars Optica Traditur. In: *Gesammelte Werke*, v.II. Munique, 1939b [Frankfurt, 1604].
_____. *J. Keplers Grundlagen der geometrischen Optik*: (im anschluss an die optik des Witelo). Trad. F. Plehn. Leipzig: Akademische verlagsgesellschaft m. b. h., 1922.
_____. *Narratio de observatis a se quartuor Jovis satellibus*. Frankfurt, 1611.
KEYNES, J. M. Newton the Man. In: *Essays and Sketches in Biography*: including the complete text of Essays in biography, and Two memoirs. New York: Meridian Books, 1956.
KIERKEGAARD, S. *Papirer*. (Ed. HEIBERG, P. A.). [s.d.].
KILPATRICK, F. P. (Ed.). *Explorations in Transactional Psychology*. New York: New York University Press, 1961.
KIRK, G. S. *Homer and the Epic*: a shortened version of The songs of Homer. Cambridge, Eng.: University Press, 1965.
KOCHER, P. H. *Science and Religion in Elizabethan England*. New York: Octagon Books, 1969.
KOESTLER, A. *Sleepwalkers*: a history of man's changing vision of the Universe. [s.d.] [Ed. bras.: *Sonâmbulos*: história das concepções do homem sobre o universo. Sao Paulo: Ibrasa, 1961.]
KOFFKA, K. Perception: An Introduction to the Gestalt-Theorie. *Psychol. Bull.*, n.19, p.531-85, 1922. (Reimpresso parcialmente em VERNON, M. D. (Ed.). *Experiments in Visual Perception*: selected readings. Harmondsworth, Penguin, 1966.)
KOPAL, Z. *An Introduction to the Study of the Moon*. Dordrecht: D. Reidel Pub. Co.; New York: Gordon and Breach Science Publishers, 1966.

KOPPELBERG, D. *Die Aufhebung der Analytischen Philosophie*: Quine als Synthese von Carnap und Neurath. Frankfurt: Suhrkamp, 1987.

KÖRNER, S. (Ed.). *Observation and Interpretation*. London: Butterworths, 1957.

KOYRÉ, A. *Metaphysics and Measurement*: essays in scientific revolution. Cambridge: Harvard University Press, 1968.

_____. *Etudes Galiléennes*. Paris: Hermann, 1939. 3v.

KRAFFT, F. Copernicus Retroversus I. *Colloquia Copernicana* III e IV, Proceedings of the Joint Symposium of the IAU and the IUHPS, Torun, 1973.

_____. *Geschichte der Naturwissenschaften*, Freiburg: Rombach, 1971.

_____. *Vergleichende Untersuchungen zu Homer und Hesiod*. Göttingen: Vandenhoeck & Ruprecht, 1963.

KRIEG, M. B. *Green Medicine*: the search for plants that heal. Chicago: Rand McNally, 1964.

KROPOTKIN, P. A. Modern Science and Anarchism. In: BALDWIN, R. W. (Ed.). *Kropotkin's Revolutionary Pamphlets*. New York: Dover Press, 1970.

KUHN, T. S. et al. *Sources for the History of Quantum Physics*. Philadelphia: American Philosophical Society, 1967.

_____. *The Structure of Scientific Revolutions*. Chicago: University of Chicago Press, 1962. [Ed. bras.: *A estrutura das revoluções científicas*. 7.ed. São Paulo: Perspectiva, 2003.]

KÜHNER, R. *Ausführliche Grammatik der Griechischen Sprache*. Hannover: Hahnsche Buchhandlung, 1966.

KÜLPE, O. *Die realisierung*: ein beitrag zur grundlegung der realwissenschaften. Leipzig, S. Hirzel, 1912-1923.

KURZ, G. *Darstellungsformen menschlicher Bewegung in der Ilias*. Heidelberg: C. Winter Universitätsverlag, 1966.

KWOK, D. W. Y. *Scientism in Chinese Thought, 1900-1950*. New Haven: Yale University Press, 1965.

La Repubblica, 14 jul. 1990.

LACTANCIUS. *Divinae Institutiones, v.III*: De Falsa Sapientia. [S.l.: s.n.].

LAKATOS, I. *Philosophical Papers*. Cambridge; New York: Cambridge University Press, 1978. v.I.

_____. History of Science and Its Rational Reconstruction. *Boston Studies in the Philosophy of Science*, v.8. 1971.

_____. Popper on Demarcation and Induction. 1970a. (manuscrito)

_____. Falsification and the Methodology of Scientific Research Programmes. In: LAKATOS, I.; MUSGRAVE, A. (Eds.). *Criticism and the Growth of Knowledge*. Cambridge, Eng.: Cambridge University Press, 1970b.

_____. Proofs and Refutation. *British Journal for the Philosophy of Science*. 1962-63.

LAKATOS, I.; MUSGRAVE, A. (Eds.). *Criticism and the Growth of Knowledge.* Cambridge, 1965. [Ed. bras.: *A crítica e o desenvolvimento do conhecimento.* São Paulo: Cultrix; Edusp, 1979.]

LAKATOS, I.; ZAHAR, E. Why Did Copernicus' Research Programme Supersede Ptolemy's? In: LAKATOS, I. *Philosophical Papers.* Cambridge; New York: Cambridge University Press, 1978. v.I.

LAPLACE, P. *Principia.* Trad. Andrew Motte. Berkeley, 1934.

LATIMORE, R. *The Iliad of Homer.* Chicago, 1951.

LATOUR, B. *Science in Action*: how to follow scientists and engineers through society. Cambridge, Mass.: Harvard University Press, 1987. [Ed. bras.: *Ciência em ação*: como seguir cientistas e engenheiros sociedade afora. São Paulo: Ed. Unesp, 2000.]

LEA, C. H. *A History of the Inquisition of the Middle Ages.* New York: Harper & brothers, [s.d.]. 3v.

_____. *History of the Inquisition in Spain.* v.2, New York, 1906.

LÊNIN, V. I. *Materialismo e empiriocriticismo*: Notas Críticas sobre Uma Filosofia Reaccionária. Lisboa: Avante; Moscou: Progresso, 1982.

_____. Left-Wing Communism: An Infantile Disorder. *Selected Works.* v.3, London: International Publishers, 1967.

_____. *Collected Works.* v.38, London, 1961.

LEROC-GOURHAN, A. *Treasures of Prehistoric Art.* New York: H. N. Abrams, 1967.

LESSING, G. E. *Hamburger Dramaturgie.* [New York: Dover Publications, 1962.]

LÉVI-STRAUSS, C. *Structural Anthropology.* New York: Basic Books, 1967. 2v. [Ed. bras.: *Antropologia estrutural.* São Paulo: Cosac-Naify, 2008.]

_____. *The Savage Mind.* London: Weidenfeld & Nicolson, 1966. [Ed. bras.: *O pensamento selvagem.* São Paulo: Papirus, 2007. 7.ed.]

LINDBERG, D. (Ed.). *John Pecham and the Science of Optics*: Perspectiva communis. Madison: University of Wisconsin Press, 1970.

_____. The "Perspectiva Communis" of John Pecham: Its Influence, Sources and Content. *Archives Internationales d'Histoire des Sciences,* n.18, p.37-53, 1965.

LOEWITH, K.; RIEDEL, J. (Eds.). *Hegel, Studienausgabe I.* Frankfurt: Fischer Bücherei, 1968.

LOEWY, E. *Die Naturwiedergabe in der älteren Griechischen Kunst.* Rom: Loescher, 1900.

LORENTZ, H. A. *Theory of Electrons.* 2.ed. [s.d.]

LORENZ, K. *Die Acht Todsünden der Zivilisierten Menschheit.* Munique, 1984 [1973].

LUCRÉCIO. *On the Nature of Things.* Trad. Leonard. New York, 1957.

LUGG, A. Resenha de *Farewell to Reason. Can. Journal of Philosophy,* v.21, 1991, p.116.

LURIA, S. *A Slot Machine, a Broken Test Tube*: an autobiography. New York, 1985.

MACH, E. *Erkenntnis und Irrtum*. Darmstadt, 1980.
MACROBIUS. *In Somnium Scipionis expositio*. Brescia: Boninus de Boninis, 1485.
MAIER, A. *Die Vorläufer Galileis im 14. Jahrhundert*. Roma: Edizioni di Storia e Letteratura, 1949.
MAILER, N. *Of a Fire on the Moon*. London: Weidenfeld & Nicolson, 1970.
MANUEL, F. *The Religion of Isaac Newton*. Oxford: Clarendon Press, 1974.
MARCUSE, H. *Reason and Revolution*. London, New York: Oxford University Press, 1941. [Ed. bras.: *Razão e revolução*: Hegel e o advento da teoria social. São Paulo: Paz e Terra, 2004. 5.ed.]
MARSHACK, A. *The Roots of Civilization*: the cognitive beginnings of man's first art, symbol, and notation. New York: McGraw-Hill, 1972.
MARX, K. *The Poverty of Philosophy*. Chicago: C. H. Kerr & company, 1918. [Ed. bras.: *Miséria da filosofia*: resposta à Filosofia da miséria, do Sr. Proudhon. São Paulo: Expressão Popular, 2009.]
MATZ, F. *Geschichte der Griechischen Kunst, v.1*: Die geometrische und die früharchaische Form: Textband. Frankfurt: Mainz, 1950.
MAUROLYCUS, L. *Photismi de Lumine of Maurolycus; a chapter in late medieval optics*. Trad. Henry Crew. New York: Macmillan, 1940.
MCGUIRE, J. E.; RATTANSI, P. M. Newton and the 'Pipes of Pan'. *Notes and Records of the Royal Society*. London, v.21, p,108-43, Dec. 1966.
MCMULLIN, E. A Taxonomy of the Relations between History and Philosophy of Science. *Minnesota Studies*. Minneapolis, v.5, p.12-67, 1971.
MEDAWAR, P. *Advice to a Young Scientist*. New York: Harper & Row, 1979.
MERTON, R. K. *Science, Technology and Society in Seventeenth Century England*. New York: Harper & Row, 1970.
MERZ, J. T. *A History of European Scientific Thought in the 19th Century*. New York, 1965.
MEYER, A. C. *Leninism*. Cambridge: Harvard University Press, 1957.
MILL, J. S. Autobiography. In: MATRIXED, B. *Essential Works of John Stuart Mill*. New York: Bantam Books, 1965.
_____. On Liberty. In: COHEN, M. (Ed.) *The Philosophy of John Stuart Mill*. New York: Modern Library, 1961.
_____. *System of Logic*: ratiocinative and inductive: being a connected view of the principles of evidence and the methods of scientific investigation. v.2. London, 1879.
MONOD, J. *Chance and Necessity*: an essay on the natural philosophy of modern biology. New York: Vintage Books, 1972.
MORLEY, H. *Cornelius Agrippa*: The Life of Henry Cornelius Agrippa von Nettesheim, doctor and knight, commonly known as a magician. v.II. [s.d.]

MOSER, J. *Annals of Mathematical Studies*. v. 77. Princeton, 1973.

MUNEVAR. G. (Ed.). *Beyond Reason*: essays on the philosophy of Paul Feyerabend. Dordrecht; Boston: Kluwer Academic Publishers, 1991.

NADEL, S. F. *Nupe Religion*. London, Routledge & Paul, 1954.

NEEDHAM, J. *Time, the Refreshing River*. Nottingham: Spokesman; Atlantic Highlands, N.J.: Humanities Press, 1986.

NEWTON, I. *Opticks, or, A treatise of the reflections, refractions, inflections & colours of light*. New York: Dover Publications, 1952. [Ed. bras.: Optica. São Paulo: EDUSP, 1996.]

NEWTON, R. R. *The Crime of Claudius Ptolemy*. Baltimore: Johns Hopkins University Press, 1977.

NILSSON, M. P. *A History of Greek Religion*. Oxford, 1949.

NIN, A. *The Diary of Anaïs Nin*. v.I. [s.d.]

NIVEN, W. D. *The Scientific Papers of James Clerk Maxwell*. New York, 1965 [1890].

NUGAEV, R. N. Special Relativity as a Stage in the Development of Quantum Theory. *Historia Scientarium*. n.34, p.57-79, 1988.

NYE, M. J. *Molecular Reality*: a perspective on the scientific work of Jean Perrin. London: Macdonald; New York: American Elsevier, 1972.

OLSCHKI, L. *Galileo und seine Zeit*: Geschichte der neusprachlichen wissenschaftlichen Literatur. v.III. Halle, 1927 [Vaduz, 1965].

_____. *Geschichte der neusprachlichen wissenschaftlichen Literatur*. [s.d.]

PAGE, D. I. *History and the Homeric Iliad*. Berkeley, 1966.

PAIS, A. *Inward Bound*: of matter and forces in the physical world. Oxford: Clarendon Press; New York: Oxford University Press, 1986.

PARRY, A. The Language of Achilles. *Trans. & Proc. Amer. Philos. Assoc.*, v.87, 1956.

PARRY, M. Studies in the Epic Technique of Oral Verse-Making II: The Homeric Language as the Language of an Oral Poetry. *Harvard Studies in Classical Philology*. v.43, p.1-50, 1932.

_____. Studies in the epic technique of oral verse-making. I: Homer and Homeric style. *Harvard Studies in Classical Philology*. v.41, 1930.

_____. *L'Epithète traditionelle chez Homère*. Paris: Belles Lettres, 1928.

PERA, M. *Science and Rhetoric*. (no prelo)

PERA, M.; SHEA, W. R. (Eds.). *Persuading Science*: The Art of Scientific Rhetoric. Canton, MA: Science History Publications, 1991.

PERRIN, J. *Die Atome*. Leipzig, 1920.

PFUHL, E. *Malerei und Zeichnung der Griechen*. München: F. Bruckmann, 1923. v.1.

PIAGET, J. *The Construction of Reality in the Child*. New York: Basic Books, 1954. [Ed. bras.: *A construção do real na criança*. São Paulo: Ática, 2002. 3.ed.]

PICKERING, A. (Ed.). *Science as Practice and Culture*. Chicago: University of Chicago Press, 1992.
_____. Constraints on Controversy: the Case of the Magnetic Monopole. *Social Studies of Science*. v.11, n.1, p.63-93, Feb. 1981.
PLATÃO. *A república*. [Ed. bras.: Fortaleza: Edições UFC, 2009.]
_____. *Epínomis*. [Ed. bras.: *As Leis*: incluindo Epínomis. São Paulo: Edipro, 1999.]
_____. *Sofista*. [Ed. port.: Porto: Sousa & Almeida, [s.d.].]
_____. *Teeteto*. [Ed. port.: *Teeteto, ou da ciência*. Lisboa: Inquérito, [s.d.].]
PLÍNIO. *Natural History*. [Cambridge: Harvard University Press, 1986.] v.II.
PLUTARCO. *De aud. Poeti*. [s.l.]: [s.n.], [s.d.].
_____. *Face on the Moon*. Trad. H. Cherniss. London, 1967.
_____. *Vida de Sólon*. [Ed. port.: Lisboa: Relógio D'Água, 1999.]
POINCARÉ, H. *Science and Method*. New York, 1960.
POLYAK, S. L. *The Retina*: the anatomy and the histology of the retina in man, ape, and monkey, including the consideration of visual functions, the history of physiological optics, and the histological laboratory technique. Chicago: The University of Chicago Press, 1942.
POPKIN, R. *The Third Force in Seventeenth-Century Thought*. Leiden. New York: E. J. Brill, 1992.
POPPER, K. R. *Objective Knowledge*: an evolutionary approach. Oxford: Clarendon Press, 1972. [Ed. bras.: Conhecimento objetivo: uma abordagem evolucionária. São Paulo: Edusp; Belo Horizonte: Itatiaia, 1975.]
_____. In: LAKATOS, I.; MUSGRAVE, A. (Eds.). *Criticism and the Growth of Knowledge*. Cambridge, Eng.: Cambridge University Press, 1965.
_____. *The Logic of Scientific Discovery*. New York: Basic Books, 1959. [Ed. bras,: A lógica da pesquisa científica. São Paulo: Cultrix, 2009. 14.ed.]
_____. Irreversibility, or, Entropy since 1905. *British Journal for the Philosophy of Science*. v.8, 1957.
_____. *The Open Society and Its Enemies*. v.2. [s.d.]
POUPARD, P. C. (Ed.). *Galileo Galilei*: Towards a Resolution of 350 Years of Debate, 1633-1983. Pittsburgh: Duquesne University Press, 1987.
PRANDTL, L. *Fundamentals of Hydro- and Aeromechanics*. Ed. O. G. Tietjens. New York, 1954.
PRICE, D. Contra-Copernicus: A Critical Re-Estimation of the Mathematical Planetary Theory of Ptolemy, Copernicus and Kepler. In: CLAGETT, M. (Ed.). *Critical Problems in the History of Science*. Madison: University of Wisconsin Press, 1959.
PRIMAS, H. *Chemistry, Quantum Mechanics and Reductionism*: perspectives in theoretical chemistry. Berlin; New York: Springer-Verlag, 1981.

Progymnasmata: Greek textbooks of prose composition and rhetoric. Leiden: Brill, 2003.

PTOLOMEU. *Syntaxis*. Trad. Manitius. *Des Claudius Ptolemaeus Handbuch der Astronomie*. v.1, Leipzig, 1963.

RADNITZKY, G. Theorienpluralismus Theorienmonismus. In: UNIVERSITÄT DÜSSELDORF. PHILOSOPHISCHES INSTITUT. *Der Methoden- und Theorienpluralismus in den Wissenschaften*. Meisenheim am Glan: A. Hain 1971.

RATLIFF, F. *Mach Bands*: quantitative studies on neural networks in the retina. [s.d.]

REDONDI, P. *Galileo Heretic*. Princeton: Princeton University Press, 1987 [1982]. [Ed. bras.: *Galileu herético*. São Paulo: Companhia das Letras, 1991.]

RICHTER, C. R. The Phenomenon of Unexplained Sudden Death. In: GANTT, W. H. (Ed.). *The Physiological Basis of Psychiatry*. [s.d.]

RICHTER, H. *Dada*: Art and Anti-Art. New York, McGraw-Hill, 1965. [Ed. bras.: Dadá: arte e antiarte. São Paulo: Martins Fontes, 1993.]

RICHTER, J. P. *The Notebooks of Leonardo da Vinci*. New York: Dover Publications, 1970. v.2.

RIGHINI, C. G. New Light on Galileo's Lunar Observations. RIGHINI, C. G.; BONELLI, M. I.; SHEA, R. (Eds.). *Reason, Experiment and Mysticism in the Scientific Revolution*. New York: Science History Publications, 1975.

ROCK, I. *The Nature of Perceptual Adaptation*. New York: Basic Books, 1966.

RONCHI, V. *Storia del Cannochiale*. Cidade do Vaticano, 1964a.

_____. *Critica dei Fondamenti dell'Acustica e del'Ottica*. Roma: Centro didattico nazionale per l'istruzione tecnica e professionale, 1964b.

_____. *Scientific Change*: historical studies in the intellectual, social, and technical conditions for scientific discovery and technical invention, from antiquity to the present. New York, Basic Books, 1963.

_____. *Optics*: The Science of Vision. New York: New York University Press, 1957.

_____. *Histoire de la Lumière*. Paris: S.V.P.E.N, 1956.

ROSEN, E. *Three Copernican Treatises*. New York, 1959.

_____. *The Naming of the Telescope*. New York: H. Schuman, 1947.

ROSENFELD, L. Niels Bohr in the Thirties: Consolidation and Extension of the Conception of Complementarity. In: ROSENTAL, S. (Ed.). *Niels Bohr. His Life and Work as seen by his Friends and Colleagues*. Amsterdam: North-Holland, 1967.

_____. In: KORNER, S. (Ed.). *Observation and Interpretation*: in the Philosophy of Physics. New York: Dover, 1957.

RUBIN, E. Visual Figures Apparently Incompatible with Geometry. *Acta Psychologica*. v.7, p.365-87, 1950.

RYABOV, M. *An Elementary Survey of Celestial Mechanics.* New York: Dover Publications, 1961.
SALMON, W. (Ed.). *Zeno's Paradoxes.* Indianapolis: Bobbs-Merrill, 1970.
_____. The Foundations of Scientific Inference. In: COLODNY, R. G. (Ed.). *Mind and Cosmos*: essays in contemporary science and philosophy. Pittsburgh: University of Pittsburgh Press, 1966.
SAMBURSKY, S. *The Physical World of the Greeks.* London, Routledge and Paul, 1962.
SANTO AGOSTINHO. Contra Julianum. *Migne,* v.44. [s.d.].
SCHACHERMAYER, F. *Die frühe Klassik der Griechen.* Stuttgart, 1966.
SCHÄFER, H. *Von Aegyptischer Kunst.* Wiesbaden: Harrassowitz, 1963.
SCHULZ, W. *Die Anschauung vom Monde und seinen Gestalten im Mythos und Kunst der Völker.* Berlin: Treptow-Sternwarte, 1912.
SCHUMACHER, C. *Untersuchungen über die ptolemäische Theorie der unteren Planeten*: Merkur und Venus. Münster: University of Michigan Library, 1917.
SCHURMANN, F. *Ideology and Organization in Communist China.* Berkeley: University of California Press, 1966.
Science, v.237, 1987.
Science, v.215, 1982.
SEELIG, C. *Albert Einstein*: Leben und Werk eines Genies unserer Zeit. Zürich: Europa Verlag, 1960.
SHANKLAND, R. S. Conversations with Einstein. *Am. Journ. Phys.,* v.31, 1963.
_____. Conference on the Michelson-Morley Experiment. *Astrophysical Journal.* v.68, 1928.
SHAPERE, D. In: COLODNY, R. G. (Ed.). *Mind and Cosmos*: essays in contemporary science and philosophy. Pittsburgh: University of Pittsburgh Press, 1966.
SHAW, B. *Back to Methuselah.* New York: Brentano's, 1921.
SHERIF, M. *The Psychology of Social Norms.* New York, 1964.
SIMPLÍCIO. *De Coelo,* II, 12. Ed. Heiberg. [s.d.]
SKINNER, B. F. *Beyond Freedom and Dignity.* New York: Knopf, 1971. [Ed. port. *Para além da liberdade e da dignidade.* Lisboa: Edições 70, 1971.]
SMITH, K. U.; SMITH, W. M. *Perception and Motion*: an analysis of space--structured behavior. Philadelphia: Saunders, 1962.
SNELL, B. *Gesammelte Schriften,* Göttingen, 1966.
_____. *Die alten Griechen und Wir.* Göttingen: Vandenhoeck & Ruprecht, 1962.
_____. *The Discovery of the Mind*: the Greek origins of European thought. Harper Torchbooks, 1960. [Ed. port. *A descoberta do espírito.* Lisboa: Edições 70, 1992.]
_____. *Die Ausdrücke für den Begriff des Wissens in der vorplatonischen Philosophie.* Berlin: Weidmann, 1924.

SONNEFELD, A. Die Optischen Daten der Himmelsfernrohre von Galileo Galilei. *Jenaer Rundschau*. v.7, p.207-12, 1962.

STORRY, R. *A History of Modern Japan*. Harmondsworth, 1982.

STRATTON, G. Vision without Inversion of the Retinal Image. *The Psychological Review*, n.4, 1897.

STREATER, R. F.; WIGHTMAN, A. S. *PCT, Spin, Statistics and All That*. New York: W. A. Benjamin, 1964.

STUEWER, R. (Ed.). *Minnesota Studies for the Philosophy of Science*, Minnesota. v.5, 1970.

TERTULIANO. *Adversus Marcionem* (Ed. E. Evans). [s.d.]

THORNDIKE, L. (Ed.). *The Sphere of Sacrobosco and Its Commentators*. Chicago: Univ. of Chicago Press, 1949.

_____. *A History of Magic and Experimental Science*. v.6. New York, 1941.

TILLYARD, E. M. W. *The Elizabethan World Picture*. London, 1963.

TOLANSKY, S. *Optical Illusions*. Oxford; New York: Pergamon Press; Macmillan, 1964.

TOULMIN, S. *Isis*, n.38, 1967.

TRANEKJAER-RASMUSSEN, E. Perspectoid Distances. *Acta Psycologica*, XI, 1955.

TROTSKI, L. The School of Revolutionary Strategy. In:*The First Five Years of the Communist International*. v.II. New York, 1953.

TRUESDELL, C. A Program Toward Rediscovering the Rational Mechanics of the Age of Reason. *Archives for the History of Exact Sciences*. v.1. [s.d.]

TSE-TUNG, M. On Contradiction. *Selected Readings*. Pequim, 1970.

Van der WAERDEN, B.L. et al. *Geometry and Algebra in Ancient Civilizations*. Berlin; New York: Springer-Verlag, 1983.

VERNON, M. D. (Ed.). *Experiments in Visual Perception*. Harmondsworth: Penguin, 1966.

VICKERS, B. Frances Yates and the writing of history. *Journal of Modern History*, v.51, p.287-316, 1979.

Von FRITZ, K. *Grundprobleme der Geschichte der antiken Wissenschaft*. Berlin; New York: De Gruyter, 1971.

_____. *Philosophie und sprachlicher Ausdruck bei Demokrit, Plato, und Aristoteles*. Leipzig, Paris e London, 1938.

Von KLEIST. Über die allmähliche Verfertigung der Gedanken beim Reden. MEYER, H. (Ed.). *Meisterwerke Deutscher Literaturkritik*. Stuttgart, 1962.

Von ROHR, M. *Das Brillenglas als optisches Instrument*. Berlin: J. Springer, 1934.

Von SMOLUCHOWSKI, M. *Œuvres de Marie Smoluchowski*. Cracow: Jagiellonian University Pres, 1927. v.2.

Von SMOLUCHOWSKI, M. Experimentell nachweisbare, der üblichen Thermodynamik widersprechende Molekularphänomene. *Physikalische Zs.* v.8, 1912.

Von SODEN, W. *Leistung und Grenzen Sumerischer und Babylonischer Wissenschaft.* Darmstadt: Sonderausgabe Wissenschaftliche Buchgesellschaft, 1965.

WATKINS, J. W. N. *Hobbes' System of Ideas*: a study in the political significance of philosophical theories. London: Hutchinson, 1965.

WEART, S. R.; WEISS-SZILARD, G. (Eds.). *Leo Szilard, His Version of the Facts.* Cambridge, Mass.: MIT Press, 1978.

WEBSTER, T. B. L. *From Mycenae to Homer.* New York, 1964.

WESTFALL, R. S. *Essays on the Trial of Galileo.* Vatican City State: Vatican Observatory; Notre Dame, Ind.: University of Notre Dame Press, 1989.

_____. Science and Patronage: Galileo and the telescope. *Isis*, v.76, p.11-30, 1985.

_____. *Never at Rest*: a biography of Isaac Newton. Cambridge, Eng.; New York: Cambridge University Press, 1980. [Ed. bras.: *Vida de Isaac Newton*. Rio de Janeiro: Nova Fronteira, 1995.]

WESTMAN, R. S. The Melanchthon Circle, Rheticus, and the Wittenberg Interpretation of the Copernican Theory. *Isis.* v.66, n.2, p.164-93, 1975a.

_____. Michael Maestlin's Adoption of the Copernican Theory. In: *Colloquia Copernicana.* Wroclaw: Ossilineum, 1975b. v.4.

WESTMAN, R. S.; McGUIRE, J. E. *Hermeticism and the Scientific Revolution*: papers read at a Clark Library seminar, March 9, 1974. Los Angeles: William Andrews Clark Memorial Library, University of California, 1977.

WEYL, H. *Philosophy of Mathematics and Natural Science.* Princeton: Princeton University Press, 1949.

WHITE JR., L. *Medieaeval Technology and Social Change.* Oxford, 1960.

WHITE, J. *Perspective in Ancient Drawing and Painting.* London: Society for the Promotion of Hellenic Studies, 1965.

WHORF, B. *Language, Thought and Reality*: selected writings. Cambridge, Mass.: Technology Press of Massachusetts Institute of Technology, 1956.

WIELAND, W. *Die Aristotelische Physik.* Göttingen: Vandenhoeck u. Ruprecht, 1970. 2.ed.

WIGNER, E. P. The Problem of Measurement. *American Journal of Physics.* v.31, n.1, p.6-15, Jan. 1963.

WILAMOWITZ-MOELLENDORF, U. *Der Glaube der Hellenen*, 1, 1955.

WILL, C. M. *Was Einstein Right?*: putting general relativity to the test. New York: Basic Books, 1986.

_____. *Theory and Experiment in Gravitational Physics.* Cambridge, Eng.; New York: Cambridge University Press, 1981.

WILSON, E. O. *On Human Nature.* Cambridge e Massachusetts, 1972. [Ed. bras.: *Da natureza humana.* São Paulo: T.A. Queiroz, 1981.]

WITELO, E. *Perspectiva.* v.IV. Basel, 1572.

WITTGENSTEIN, L. *Investigações filosóficas.* [São Paulo: Abril Cultural, 1975.]

WOHLWILL, E. *Galileo und sein Kampf für die Kopernikanische Lehre.* Hamburg; Leipzig: L. Voss, 1909. v.1.

_____. *Der Inquisitionsprozess des Galileo Galilei*: Eine prüfung seiner rechtlichen grundlage nach den acten der römischen inquisition. Berlin: R. Oppenheim, 1870.

WOLF, R. *Geschichte der Astronomie.* München: R. Oldenbourg, 1877.

WOLFE, T. *The Bonfire of the Vanities.* New York: Farrar, Straus Giroux, 1987. [Ed. bras.: *A fogueira das vaidades.* Rio de Janeiro: Rocco, 1988.]

WOLFF, R. P. *The Poverty of Liberalism.* Boston: Beacon Press, 1968. [Ed. bras.: *Miséria do liberalismo.* São Paulo: Paz e Terra, 1990.]

YATES, F. *Giordano Bruno and the Hermetic Tradition.* London, 1963. [Ed. bras.: Giordano bruno e a tradição hermética. São Paulo: Cultrix, 1964.]

ZAHAR, E. *Einstein's Revolution*: a study in heuristic. La Salle, Ill.: Open Court, 1989.

ZILBOORG, G. *The Medical Man and the Witch*: during the renaissance. Baltimore: The Johns Hopkins press, 1935.

ZIMAN, J. *Teaching and Learning About Science and Society.* Cambridge, Eng.; New York: Cambridge University Press, 1980.

ZINNER, E. *Deutsche und Niederländische Astronomische Instrumente des 11. bis 18. Jahrhunderts.* München: Beck, 1956.

_____. *Geschichte der Sternkunde*: von den ersten Anfängen bis zur Gegenwart. Berlin: J. Springer, 1931.

Índice remissivo

agregados paratácticos 226, 228, 257, 264
Alberti, Leon Battista 307-308
alucinações hipnagógicas 236n
anamnese 106-110
anarquismo 31, 35
   epistemológico 31
   ingênuo 294-295
   metodologia e 31-36, 42
   político 34-36
   tudo vale 37, 42, 294
Anaximandro 133-134, 240
Anscombe, Elizabeth 328-331
antropologia 243-246, 253, 254
   estudo de caso da tribo quântica 246-247
aparências 252n, 253-256, 258-259, 261
   – *ver também* interpretações naturais
aprendizado – *ver* educação
argumento
   emoções e 39-41
   incomensurabilidade e 199
   valor de 38-41, 96-97
   – *ver também* anarquismo; incomensurabilidade
Aristóteles
   conhecimento e percepção 126-129
   cosmologia 72-73, 148-153, 177, 183-185, 297-301
   dinâmica e movimento 61n, 161-163
   perspectiva intuitiva dos seres humanos 166-167
   teoria copernicana e 106-110, 115-116
Arp, Halton 308, 311-312
arte
   estilo arcaico e percepção 222-242
   perspectiva 240n, 242, 243, 256-259, 260, 262-263, 274, 275
Assayer, The (Galileu) 113n, 155n
astronomia
   antiga 62n, 176-179
   medieval 176-179
   ptolemaica 161-162

– *ver também* Copérnico, Nicolau; Galilei, Galileu; Newton, Isaac; telescópio

avaliação de teorias – *ver* metodologia

Bacon, Francis 58n, 92, 151-152n, 157-159
Barrow, Isaac 74, 139n
Bohm, David 331-332
Bohr, Niels 38n, 57-58, 68
Boltzmann, Ludwig 75
Brahe, Tycho 86, 173, 181, 192-193
Brecht, Bertolt 31, 328
Bruno, Giordano 171
Burbidge, C. 307

Carnap, Rudolph 159
Chalmers, Alan 111-112n
Chambers, Robert 305
China, Medicina 63-64
ciência
    anarquismo 31-33, 35-36, 37, 42
    auxiliar 80-83, 149-151, 152-155
    chauvinismo na 20-23, 63, 214
    coerência *versus* subdivisão 177-179, 188
    conservadorismo na 33, 34, 145, 146, 247
    descoberta e êxito 20-23, 74-77, 146, 153-154, 195
    dinheiro e 64
    educação e 21, 33-36, 211-212
    influência cultural 21-23
    padrões 19, 20, 35, 211-214, 273-274, 288-290, 297-299, 305-310
    visão de mundo 310-313
    – *ver também* história; metodologia; filosofia da ciência; teorias da ciência
ciências auxiliares 80-83, 149-151, 152-155

Círculo de Kraft 321-322
classificações 215-218
comunicação
    guiada *versus* aberta 73-75, 291
conceitos
    arcaicos/paratácticos 222-241, 255-261, 278-280
    mudança de 201-204
    natureza integral de 91-94, 263-264
    totalitarismo de 216-222, 255-262
    – *ver também* ideia; contraindução; interpretações naturais
condição de consistência 49-52, 53-56, 80, 299-301
conflito com teorias aceitas – *ver* contraindução
conhecimento 44-45
    "América do" 275-276
    enumeração *versus* entendimento 238-242
    – *ver também* epistemologia
conjuntos mentais 256, 258
contos de fadas – *ver* mitos e contos de fadas
contraindução
    instrumento de pesquisa 43-47, 92-97
    teoria copernicana e 80-83, 113-118
Copérnico, Nicolau
    aceitação de 135, 188-191
    a defesa de Galileu de 106-108, 114
    desafia a evidência 41, 61, 67-69, 81-82, 92, 93
    efeito da "Revolução" 176-178
    metodologia 192-8
    símbolo do progresso 156-163
    teoria separada da experiência 141-143, 149-151, 153-154
    – *ver também* Galilei, Galileu

cosmologia 304, 307, 311
  arcaica 238-242, 243, 254-258
  Aristóteles e 72-73, 148-153
  finita 297-301
  necessidade de reavaliação 152-156, 162
  percepções culturais e 227-230
  – *ver também* astronomia; conceitos
crianças
  desenvolvimento de 38-41
  estágios perceptuais 198, 217-220
crises, teoria de 193-194
cultura 21-23

dadaísmo 335-338
Descartes, René 78n, 85
descoberta 19-21, 74-77, 146, 156
  – *ver também* ciência; teorias da ciência
dialética 42
Diógenes de Sinope 94
Duhem, Pierre 49-50

educação 333-337
  científica 21, 33-36, 211-213
Ehrenhaft, Felix 53, 76, 322-325
Einstein, Albert
  metodologia 32-33, 70-71n, 185n, 214, 304
  movimento browniano e 53-54
  teoria 42, 72, 73, 308-309
eletrodinâmica 74-75
empirismo 41, 42, 43, 54-55, 107-108, 149
  Aristóteles e 148-151
  ilusão epistemológica 107, 108-109
  princípio de autonomia 52
entendimento
  – *ver* conhecimento; percepção

epistemologia 31, 33, 37, 184
  ilusões 107, 108-109, 205
  preconceitos 252-254
escritos hermetistas 61
especulação – *ver* hipóteses; ideias; metafísica
essencialismo – *ver* agregados paratácticos
Estado – *ver* governo
Estados Unidos, sociedade não livre 291
estrutura das revoluções científicas, A (Kuhn) 56-57, 270-272
Evans-Pritchard, E. E. 243, 244-245
eventos, efeitos na ciência 39-41
experiência – *ver* interpretações naturais; observação
experimentos – *ver* empirismo; fatos

falseamento 47, 190, 201-202, 254
  ciência sufocada pelo 79-81
  – *ver também* racionalismo, crítico; Popper, Karl
fatos
  coleta e descoberta 113-114, 188-190
  natureza teórica 33-35, 43-44, 45, 67-70, 93-94
  princípio de autonomia 50-52
  seleção e supressão 43-45, 78-81, 202-204
  – *ver também* contraindução; empirismo; interpretações naturais
Favaro, Antonio 172
fé – *ver* religião
Feigl, Herbert 195-197, 271
filosofia da ciência 19-23, 31, 191-192, 196, 200, 253
  padrões 300-301
  pragmática 276-279, 288-289

– *ver também* Bacon, Francis; Kuhn, Thomas; teorias da ciência
física 76, 108, 152-153
– *ver também* movimento; óptica
formalismo – *ver* lógica
Frank, Philipp 325

Galilei, Galileu 41-42, 67-70, 78, 85, 165
  a Lua e 129-138
  argumento da torre 85-92, 102, 108-116, 146
  argumento do barco 99-102
  contraindução e 113-118
  dinâmica e mecânica 49-50
  julgamentos de 165-175
  propaganda 99, 105-108, 112n, 142-143, 158-159
  Sidereus Nuncius 118-119
  telescópio e óptica 117-121, 125-129, 137-140
  The Assayer 113n
  – *ver também* Igreja; Copérnico, Nicolau
Geller, Margaret 308, 311-312
Giedymin, J. 247-249
Gottsched, Johann 279-280
governo e ciência 214
gramática – *ver* linguagem e linguística
gregos, antigos 334-337
  arte e cultura moldam concepções 221-227, 230-243, 255-260
  astronomia e cosmologia 62n, 238-243, 253-260
  – *ver também* Aristóteles; Platão; Parmênides

Hanfmann, G. M. S. 228
Hanson, N. R. 270-271
Heráclito 133-134, 261

Hesse, Mary 60-62
hipóteses 145
  ad hoc 37-39, 73, 79, 110
  contraditórias 37-39, 43-47
  – *ver também* ideias; teorias da ciência
história
  avaliação de teorias 19-21, 59-65, 146-148, 229-230
  educação científica 33-35
  eventos da, efeitos na ciência 39-41
  materialismo 328
  metodologia 31-33, 80-83
  mudanças conceituais 221, 258
  tradições 285-289, 290, 291
  visões de mundo 310-313
Hollitscher, Walter 326-329
Homero 230-237, 255n, 273-274
Hubble, E. P. 304
humanitarismo 21-23, 212-13, 290, 337
Hume, David 80

idealismo 283-285, 295-297
ideias
  e ação 40-41, 265-266, 296-297
  comparação a outras ideias 44
  – *ver também* conceitos; hipóteses
ideologia 41-43, 94, 240
Igreja e Cristandade 317
  aceita a ciência demonstrada 172-175,
  atitudes 165-167, 171
  Galileu e 165-167
Ilíada (Homero) 230-237, 261
incomensurabilidade 199, 217, 249
  o autor chega à tese da 269-272
  suspensão de princípios universais 263-266
inconsistência – *ver* fatos

indivíduo, desenvolvimento do 35
– *ver também* liberdade;
humanitarismo
interpretações naturais 45, 92-97, 110
– *ver também* observação
instrumentos 41, 148-151, 296
– *ver também* telescópio
intuição 34, 72, 108
Investigações filosóficas (Wittgenstein) 270-271, 330
irracionalismo 207, 262

Japão 317
juízos de valor 282, 287
justificação 195-197

Kant, Immanuel 81, 86-88, 86n
Kaufmann, W. 68-69, 69n
Kepler, Johann 49-50, 128n, 132n, 307-308
 Óptica 73, 119-120, 125, 128n, 136n
 poliopia de 126n
Kierkegaard, Søren 40-41, 203
Kropotkin, Peter A. 35
Kuhn, Thomas 56-57, 270-272

Lagalla, Julius Caesar 120-121
Lakatos, Imre 60n, 206n, 213, 214
lei e ordem – *ver* metodologia
Lênin, Vladimir I. 31n, 32-33
Lessing, Gotthold 280, 280n
liberdade 40-41, 203, 291
linguagem e linguística
 científica, invenção de 34, 41, 96-97, 105-106, 249-251
 classificação 215-218
 deterioração de 336-337
 efeito de 215, 228-229, 256
 filosofia 264-266, 28(

observação 89-90, 91, 92, 95-96, 105-106
princípio da relatividade 267
traduzindo ideias e conceitos 243-245, 264-266, 267-269
linguística – *ver* linguagem e linguística
Loewy, Emmanuel 222, 223
lógica
 antropologia e 245-252
 contradição da 38n, 251-253
 especulação dos limites 33-34, 145, 247, 251, 252
 falseamento 79-80
 indutiva 38-39, 200
Lorentz, Hendrik 74-76
Lorenz, Konrad 176n, 311
Luria, S. E. 303, 304, 308-309
Lysenko, Tromfim D. 63, 196

Maestlin, Michael 182, 185, 189-191
Marx, Karl e marxismo 146-147n
Matemática 80-81, 181-182, 184, 251
Maxwell, James Clerk 74-75, 306
McMullin, Ernan 103n, 128-129n
mecânica clássica 74-77, 146-147
Medawar, Peter 176n
Medicina 62-64, 316, 334
Melanchthon, Philip 181-182
Merz, Johann T. 292-295
metafísica, ciência como 106-107, 153-154, 161-163, 310-311
metodologia
 anarquista 31-33, 34-36, 42, 294-295
 como a atividade da ciência 306-310
 contraindução 43-47, 80-83, 94-97
 empirismo 41, 42, 43, 55, 107-108, 148-151, 157-159
 falseamento 47, 79-81, 190, 202-204

lei e ordem 42
lógica e 32n, 33-34, 38n, 145, 197, 199, 246-254
paciência necessária com *status quo* 154-156
pluralista 43-47, 56-57, 58, 59, 65
preconcepções na 19-21, 79-83
problemas da 242-254
progresso científico e 37-42, 204-207
racional 34-36, 40, 41, 195
racionalismo crítico 195, 197-207
— *ver também* hipóteses; racionalismo; ciência; teorias da ciência
Mill, John Stuart 160, 250-251
    descreve aceitação de teorias 55-58
    On Liberty 65, 201
mitos e contos de fadas 44, 62n, 83
moralidade 39, 239
— *ver também* humanitarismo
movimento
    Galileu e 86-92, 99-112, 160-163
    perpétuo 53-54, 110-111
    relatividade do 103n, 105-106
browniano (dr. Robert Brown) 53-54, 54n

naturalismo 283-285, 295-297
Neumann, John Von 79n
Neurath, Otto 198, 199n
Newton, Isaac 61, 68, 220
    aceitação de teoria 49-51
    óptica 73-75

objetividade 278, 281-282, 283, 286-287, 290
— *ver também* fatos; conjuntos mentais
observação
    astronômica *versus* terrestre 120-121, 123-129

Copérnico afasta a ciência da 141-143, 149-153
interpretações naturais 45, 85, 92-97, 108-109
linguagem 89, 91, 92, 96, 105-106, 150-151
mudanças históricas 80-81
sensorial 87-90, 298
teorias e 67, 195, 198
— *ver também* metodologia; percepção; telescópio
Odisseia (Homero) 232
Ontologia 204, 227-230
Óptica (Kepler) 73, 119-120, 125, 128n, 136n, 137-139
óptica 49-50, 73-74, 181, 307-308
    observação natural 123-125
    telescópio e 118, 123-137
Oresme, Nicole 315

paixão (kierkegaardiana) 40-41
Parmênides 71-73, 94, 261
participação pública na ciência 21, 44, 45
participante *versus* observador 274-282
percepção 133, 147-149
    de culturas arcaicas 221-228
    estrutura conceitual e 215-220, 240-231
— *ver também* interpretações naturais; observação; perspectiva
Perry, Comandante Matthew 317
perspectiva 240n, 242-243, 255-258, 260-261, 307-310
pesquisa – *ver* fatos; empirismo; metodologia
Piaget, Jean 219
pitagóricos 61
Platão 200-201, 201-202, 218n, 279, 335-336

Pluralismo 43-47, 57, 58, 59, 64-65
Plutarco 135-136, 262-263n
Popper, Sir Karl R. 60n, 70n, 195-203, 323-324
    conhecimento do autor de 329-331
povos nuer 244-246
Prandtl, L. 305, 306
preconceito, reconhecimento de 45-47, 89
pressupostos, 89, 90
    – *ver também* fatos: natureza teórica
pressuposto de realidade 188-189
problema mente/corpo 96-97, 165-166
propaganda 39-41, 154
    Galileu e 99, 111-112n, 115-117, 143, 158-159
Protágoras 287-288
Pseudo Dionísio Areopagita 315
psicologia – *ver* conjuntos mentais; percepção
Ptolomeu (Claudius Ptolemaeus) 183-184, 187, 192

Quine, Willard van Orman 270-271

racionalismo 21, 99, 155, 156, 209-212, 312, 316, 335-336
    crítico 195-208
    falseamento 47, 79-81, 190, 201-202
    "Leis da Razão" 34-36
    natureza do 39, 156, 285-286
    objetividade 278, 281-283, 285-289, 290
    padrões no interior do 295
    reconstrução 246-247
    versus ciência 273-275
    – *ver também* Popper, Karl; racionalismo
realismo 223-224, 326-327
    ingênuo 91-92, 105-106

relatividade
    de Einstein 42, 67-70, 77-79
    de Galileu 107-112, 161-163
religião 34, 82-83, 277-278
    – *ver também* Igreja e Cristandade

Sacrobosco, Johannes 183
senso comum
    copernicanismo e 107-108, 161-162
    – *ver também* interpretações naturais; observação
sentidos – *ver* interpretações naturais; observações
Sidereus Nuncius (Galileu) 118-119
solução de Schwarzschild 77
Stalin, Josef 326, 328
status quo 153-154

Tales 71-72, 104-105n, 239n
tecnologia 334n
telescópio
    dificuldades celestes 123-129
    êxito terrestre 118-121
    Galileu e 117-121, 161-162
    sentidos e 131-140, 141-143
    – *ver também* óptica
teologia – *ver* Igreja e Cristandade; religião
teoria de modelos – *ver* teorias da ciência
"teoria do queijo suíço" 260
teoria quântica 42, 74-75, 78
    estudo de caso da 246-247
teorias da ciência
    aceitação das 41-42, 54-58, 93, 94, 113-115
    como metafísica 114-115, 153-154, 161-163
    condições de consistência 49-56, 80, 299-301
    desacordo numérico 67-70

desacordo qualitativo 67, 70-80
filosóficas 19-23, 31, 56, 193-194, 196, 200, 252-253, 270-272
incomensurabilidade 199, 217, 263-266, 269-272
justificação 195-197
mudança de percepções 43-47, 82
perspectiva histórica 19-21, 57-58, 59-65
separação da observação 193, 198-208
terminologia 33, 34, 42, 96-97, 106, 107, 193, 195, 260-261
visões de mundo 310-313
– *ver também* conceitos; história; hipóteses; metodologia; ciência
testes – *ver* empirismo; metodologia
tradição 285-289, 290
– *ver também* história

tradução 265
tudo vale – *ver* anarquismo

visões de mundo abstratas 310-313
vudu e bruxaria 60-62, 114n

Weiszäcker, C. F. von, 332
White, Lynn 315
Whorf, Benjamin L. 215-218, 216n, 229, 242, 267-269
Wilson, E. O. 314-315
Wittgenstein, Ludwig 135, 270-271, 285n, 305-306, 321-322, 328-332
Investigações filosóficas 332

Xenófanes 133-134

Zahar, Elie 206n
Zênon 94

SOBRE O LIVRO

Formato: 16 x 23 cm
Mancha: 27,6 x 47,6 paicas
Tipologia: Horley Old Style 11/15
Papel: Off-white 80 g/m² (miolo)
Cartão Supremo 250 g/m² (capa)
2ª edição: 2011

EQUIPE DE REALIZAÇÃO

Edição de textos
Regina Machado (Copidesque)
Nair Kayo (Preparação de originais)
Adriana Oliveira e Giuliana Gramani (Revisão)

Editoração Eletrônica
Eduardo Seiji Seki

Assistência Editorial
Alberto Bononi

GRÁFICA PAYM
Tel. [11] 4392-3344
paym@graficapaym.com.br